住房和城乡建设领域"十四五"热点培训教材

建设项目全过程工程咨询

宋　伟　车志军　主编

中国建筑工业出版社

图书在版编目（CIP）数据

建设项目全过程工程咨询 / 宋伟，车志军主编. —
北京：中国建筑工业出版社，2021.11（2025.2重印）
住房和城乡建设领域"十四五"热点培训教材
ISBN 978-7-112-26834-4

Ⅰ. ①建… Ⅱ. ①宋… ②车… Ⅲ. ①基本建设项目
-咨询服务-教材 Ⅳ. ①F284

中国版本图书馆 CIP 数据核字（2021）第 240218 号

本书系统、全面地介绍了建设单位（项目业主）希望获取的建设项目全过程工程咨询服务内容。本书用全生命周期的视野，参考最新的法律法规、技术标准和中国建筑业协会主编的《全过程工程咨询服务管理标准》T/CCIAT 0024—2020，突出"1＋N＋X"模式，以全过程工程项目管理为主线，按照建设项目实施过程进行编写。本书具体包括：绪论，全过程工程咨询项目管理，全过程工程咨询组织，工程项目决策咨询，工程项目招标采购与合同管理咨询，工程项目勘察设计咨询，工程项目投资咨询，工程项目监理咨询，工程项目施工管理咨询，工程项目竣工咨询，工程项目运营维护咨询，还有近几年兴起的全过程工程咨询数字化等。本书知识体系完整，理论联系实际，每章都编有小结和复习思考题，便于读者掌握知识重点。

本书既可作为全过程工程咨询的培训教材，也可作为建设领域工程咨询人员的工作参考书。

责任编辑：周娟华
责任校对：姜小莲

住房和城乡建设领域"十四五"热点培训教材
建设项目全过程工程咨询
宋　伟　车志军　主编
＊
中国建筑工业出版社出版、发行（北京海淀三里河路 9 号）
各地新华书店、建筑书店经销
北京鸿文瀚海文化传媒有限公司制版
建工社（河北）印刷有限公司印刷
＊
开本：787 毫米×1092 毫米　1/16　印张：23½　字数：583 千字
2022 年 1 月第一版　2025 年 2 月第五次印刷
定价：72.00 元
ISBN 978-7-112-26834-4
（38624）

《建设项目全过程工程咨询》
编审委员会

主　任：宋　伟　车志军

副主任（排名不分先后）：

张　斌	唐为之	匡先辉	罗苓隆	王德华
杨蜀梅	魏继谦	李百毅	黄　旭	潘　敏
吕　林	谢广英	李福洪	郭宗武	罗孝强
曾云华	罗迎熙	陈竹丹	李丽华	王敦伟
李海惠	王成慧	车　杨	吴玉麟	黄　杰
张贵虎	宿仁甫	马永军	吴应召	陈侃然

委　员（排名不分先后）：

周　鹏	王思航	徐　帅	唐　诚	龙绍章
张秋阳	彭湘蓉	袁　俊	周厚玲	吴雪萍
蔡利博	曹怀睿	龙　俊	潘德华	熊　毅
宋立科	刘世光	余　俊	雷　昭	任　芳
罗洪波	隆　波	钟丽丽	谢伟光	杨旭光
沈长华	胡　琳	马　方	焦亨禄	丁文童
黎如坤	孙明珠	王和义	王立伟	王珏琳

秘书处：龚　颖

参编单位（排名不分先后）

中建西南咨询顾问有限公司
四川华西集团有限公司
四川省建筑设计研究院有限公司
四川省川建院工程项目管理有限公司
四川省建筑科学研究院有限公司
机械工业第六设计研究院有限公司
四川良友建设咨询有限公司

成都万安建设项目管理有限公司
四川建科工程建设管理有限公司
开元数智工程咨询集团有限公司
四川蜀江建设工程项目管理有限公司
四川明清工程咨询有限公司
四川科达信工程项目管理咨询有限责任公司
四川汇丰工程管理有限责任公司
润泽海盛建设项目管理有限公司
四川泰兴建设管理有限责任公司
四川同兴达建设咨询有限公司
四川省兴恒信项目管理咨询有限公司
广联达科技股份有限公司
中创金建技术集团有限公司
四川珂兴建设工程造价咨询有限责任公司
成都群星工程建设监理咨询有限公司
中锦冠达工程顾问集团有限公司
四川兴恒瑞建设工程有限公司
四川瓦当工程咨询有限公司
四川智慧城科数字科技有限公司

序　言

建筑业是国民经济的支柱产业。改革开放以来，我国建筑业迅猛发展，工程总承包模式加速推进，建造能力不断增强，咨询服务水平大幅提升，产业规模不断扩大，带动大量关联产业，对经济社会发展、城乡建设和民生改善作出了重大贡献。

2017年，国务院办公厅印发的《关于促进建筑业持续健康发展的意见》提出加快推进工程总承包，培育全过程工程咨询，政府投资工程应带头推行工程总承包、全过程工程咨询，吹响了建筑业改革创新、高质量发展的号角。2019年，国家发展改革委、住房城乡建设部联合印发的《关于推进全过程工程咨询服务发展的指导意见》鼓励投资咨询、招标代理、勘察、设计、监理、造价、项目管理等企业采取联合经营、并购重组等方式发展全过程工程咨询，培育一批具有国际水平的全过程工程咨询企业。这一划时代文件的发布，拉开了建设工程项目管理和全过程工程咨询组织模式重大创新改革的序幕。这完全改变了传统建设项目管理的观念，是一次颠覆性组织管理模式的改革，是一次建设领域管理模式的创新和发展，是践行国家"走出去"发展的重大战略决策，是项目管理和全过程工程咨询企业高质量发展的重大机遇。

近几年，在国家政策法规的强力推动下，许多教学、科研单位，建设项目管理和全过程工程咨询企业抓住机遇，改革创新，砥砺前行，在探索建设项目管理和全过程工程咨询服务方面积累了丰富经验，取得了优异成绩。该书作者大多长期从事建设领域工作，是具有丰富经验的教学、科研、管理和咨询等方面的专家学者。他们将BIM等信息化、智能化技术运用于建设项目管理和全过程工程咨询管理服务中，并将多年积累的教学、科研、管理、咨询的经验、方法及先进理念进行归纳、总结和凝练，撰写成《建设项目全过程工程咨询》一书。

该书按照1+N+X组织模式推进"工程项目管理+全过程工程咨询"。该书立足于工程的前期立项、设计、施工验收和运营维护等阶段的全过程工程咨询管理和服务，对项目的前期策划决策咨询、项目管理咨询、招标采购咨询、勘察设计咨询、监理咨询、造价咨询、施工管理咨询、竣工验收咨询、运营维护咨询、全过程工程数字化咨询等全生命期的管理和咨询工作，进行了确保工程项目"投资、质量、工期、安全"控制的全面、系统、深入的阐述，既是一本理论与实践相结合、侧重于实操的好教材，也是在工程建设、管理、科研、教学与全过程工程咨询方面不可多得的专业书籍。

我相信，该书的出版，对于从事设计、施工、热爱工程咨询的专家、学者及其他专业人士，均具有良好的借鉴和指导作用，必将促进工程项目管理与实践、改革与创新水平更好、更快地提升。

中国工程院院士　肖绪文

二〇二一年九月十六日

前　言

2017 年 2 月，国务院办公厅印发《关于促进建筑业持续健康发展的意见》（国办发〔2017〕19 号），要求完善工程建设组织模式，发展全过程工程咨询，大力培育全过程工程项目管理师和全过程工程咨询项目经理专业技术人才。为了贯彻落实文件精神，2019 年 3 月，国家发展改革委、住房城乡建设部印发《关于推进全过程工程咨询服务发展的指导意见》（发改投资规〔2019〕515 号），其中强调了咨询单位要高度重视全过程工程咨询项目负责人及相关专业人才的培养，加强技术、经济、管理及法律等方面的理论知识培训，培养一批符合全过程工程咨询服务需求的综合型人才，为开展全过程工程咨询业务提供人才支撑。

国内推行建设项目全过程工程咨询以来，制约全过程工程咨询发展的一大障碍是缺乏懂得全过程工程咨询的复合型人才。当前，培养既懂得工程技术、又懂得经济、管理、法学的复合型人才，已成为各地工程咨询行业的当务之急。鉴于这种社会需求，在一些大中型工程咨询企业领导的强烈要求下，我们组织部分高校和工程咨询单位、管理部门的学者、专家共同编写了本书，以弥补教育培训方面的不足。

吸收国际工程管理及全过程咨询的新成果，结合我国工程建设实际，依照国内建设领域的法律法规和最新政策，编写一本系统性强、知识体系完整、突出重点、具有操作性、能涵盖建设项目全过程工程咨询服务内容的专业书，是我们的初衷。

本书系统、全面地介绍了建设单位（项目业主）希望获取的建设项目全过程工程咨询服务内容，具体包括投资决策综合性咨询、工程建设过程咨询、项目竣工交付后运营维护咨询，既有各项专业咨询服务，又有咨询管理服务内容，还有如何选择全过程工程咨询单位的方法。

本书用全生命周期的视野，参考最新的法律法规、技术标准和中国建筑业协会主编的《全过程工程咨询服务管理标准》T/CCIAT 0024—2020，突出"1＋N＋X"模式，以全过程工程项目管理为主线，依据建设项目实施过程进行编写。本书具体包括：绪论、全过程工程咨询项目管理、全过程工程咨询组织、工程项目决策咨询、工程项目招标采购与合同管理咨询、工程项目勘察设计咨询、工程项目投资咨询、工程项目监理咨询、工程项目施工管理咨询、工程项目竣工咨询、工程项目运营维护咨询，还有近年兴起的全过程工程咨询数字化等。

本书文字精练，结构合理，体系完整，理论联系实际，每章都编有小结和思考题，便于读者掌握知识重点。本书既可作为全过程工程咨询的培训教材，也可作为建设领域工程咨询人员的工作参考书。

本书编写的具体分工如下：第1章由四川大学宋伟编写；第2章由四川省大数据中心唐为之、匡先辉、王思航，四川省政府投资非经营性项目代建中心张斌，成都万安建设项目管理有限公司谢广英、李福洪编写；第3章由西南交通大学李百毅，开元数智工程咨询集团有限公司潘敏，四川汇丰工程管理有限责任公司马方、焦亨禄编写；第4章由四川建科工程建设管理有限公司吕林、龙俊，四川泰兴建设管理有限责任公司王成慧、丁文童编写；第5章由四川科达信工程项目管理咨询有限责任公司罗孝强，润泽海盛建设项目管理有限公司李海慧，中创金建技术集团有限公司王敦伟、黎如坤编写；第6章由中建西南咨询顾问有限公司杨蜀梅、彭湘蓉、袁俊、周厚玲、吴雪萍、蔡利博，机械工业第六设计研究院有限公司车杨编写；第7章由四川同兴达建设咨询有限公司曾云华、罗迎熙、潘德华，四川珂兴建设工程造价咨询有限责任公司孙明珠、沈长华、胡琳编写；第8章由四川良友建设咨询有限公司黄旭、刘世光、余俊，四川省政府投资非经营性项目代建中心张斌，四川明清工程咨询有限公司任芳、马永军编写；第9章由四川华西集团有限公司徐帅、唐诚、龙绍章、张秋阳，四川蜀江建设工程项目管理有限公司郭宗武、罗洪波、隆波、钟丽丽、谢伟光，四川省兴恒信项目管理咨询有限公司陈竹丹、杨旭光编写；第10章由四川省政府投资非经营性项目代建中心张斌，四川省建筑设计研究院有限公司魏继谦，四川省川建院工程项目管理有限公司曹怀睿，成都万安建设项目管理有限公司谢广英、李福洪编写；第11章由四川大学周鹏编写；第12章由广联达科技股份有限公司王和义、王立伟，四川良友建设咨询有限公司雷昭，四川同兴达建设咨询有限公司熊毅、宋立科，四川智慧城科数字科技有限公司王珏琳共同编写。

本书由宋伟教授提出编写大纲，宋伟与车志军高级工程师商定大纲、指导编写和审稿，宋伟负责统稿、修撰与定稿。在本书编写过程中，吴晓春、龚颖做了大量组织与协调工作，也对部分稿件提出修改建议，在此表示感谢。

　　本书在编写过程中，参考了大量的文献资料，在此向已列入文献和未列入文献的作者表示感谢！任何专业书籍的编写都是在他人成果的基础上做出的改进与发展。没有学术同行多年的努力和现有的研究成果，编写一本好的专业书是根本不可能的。在此，对长期以来致力于建设项目工程咨询方面探索与研究的国内学术界、产业界和政府主管部门的同仁们表示感谢！

　　书中难免存在疏漏和错误，敬请读者指正。

宋　伟

2021 年 9 月 9 日

目 录

第1章 绪 论

主要内容：
- 建设项目全过程工程咨询的基本概念
- 建设项目工程咨询的发展历程
- 全过程工程咨询的重要性
- 全过程工程咨询的服务模式与范围
- 全过程工程咨询的运作模式与组织方法

学习目标：

通过本章的学习，读者可以掌握建设项目全过程工程咨询的基本概念与特征；重点掌握全过程工程咨询的服务模式与范围、运作模式与组织方法；了解工程咨询的发展历程；了解全过程工程咨询的重要性。

1.1 基本概念

1.1.1 建设项目

建设项目是以工程建设为载体的项目，是一种固定资产投资的活动，是被相关责任方管理的一次性工程建设任务。

建设项目以建筑物或构筑物为目标产出物，需要耗费一定的资源，按照一定的工作程序在一定的时间内完成，并应符合相关质量和投资的要求。

建设项目又称工程建设项目（简称工程项目），具体是指按照一个建设单位的总体构思与功能要求，在一个或几个场地进行施工建设的所有工程子项目之和。其建成后具有完整的功能系统，可以独立形成生产能力、服务能力或者其他使用价值。

1. 建设项目的特性

建设项目具有以下的特征：

（1）建设目标明确

任何建设项目的使用功能都是通过建设目标来实现的。明确的建设目标是工程建设项目的显著特征。无论是政府投资的项目还是企业或私人投资的项目，都有自己的建设目标。例如，城市的自来水厂项目，其建设目标通常是在计划时间内、预算投资规模内，在满足建设质量要求条件下建成自来水厂，并使水厂投产时达到设计能力（如日供水量 20 万 t），水质达到国家出厂水质标准，建成自来水厂的自动化水平不低于国内同行业的水准。

（2）项目的风险性

建设项目从方案构思、具体实施到建成使用有一个过程，有的项目建设时间周期较长，它不可避免地面临较大的不确定性，如国内的经济环境、原材料与产品市场的变化、劳动力市场的波动、工程施工中的不可预见因素、天气或自然灾害的影响、公共卫生事件的影响等，有的项目还会受到国际技术市场、金融市场的影响等，这些不确定因素都会给项目带来各种风险，造成种种不利于项目目标实现的后果。

(3) 结果不可挽回性

建设项目实施以后，竣工验收会形成若干构筑物或设施，这些构筑物或设施会在日后的运营中长期发挥作用，并且不能移动。如果考虑不周、设计失误或者建造质量不高，要想推倒重来十分困难，如果真要重建，则付出的代价太大。所以，人们常说工程项目的建设结果不可挽回。

(4) 影响长期性

如上所说，建设项目建成的构筑物或设施会在项目投入运行使用后长期发挥作用，它的有利或不利影响也会长期存在。在项目筹划工作中，一个工业项目合理的厂址选择方案的确定会给项目生产经营带来极大的方便；反之，不合理的厂址选择方案不仅给生产带来不便，还可能造成生产经营成本的增加，长期下去，其负面的影响不可轻视，它必将给项目的投资收益造成较大的不良后果。

(5) 活动的多样性

建设项目从项目构思筹划到建成移交包含了多个工作阶段，每一阶段又包含大量的活动，这些活动具有不同的特点，体现出多样性的特征。例如，项目前期的筹划咨询、方案确定、勘察设计，实施阶段的招标投标、工程建造、材料与设备采购、工程监理，收尾阶段的竣工验收、项目决算等，上述所有工作既有技术方面的、经济方面的活动，还有管理方面的、法律方面的活动。不难想象，活动的多样性必然导致建设项目管理的复杂性。

(6) 参与组织多

任何建设项目的实施过程都会有各类企业参与，这些企业涉及不同的专业，如项目前期的咨询公司、地质勘察公司、工程设计公司，项目实施期间的工程承包公司、分包公司、工程监理公司、材料与设备供应商等，还有银行、金融机构、保险公司，以及专业的工程项目管理公司、工程担保公司等。此外，各级政府的建设行政主管部门和相关管理部门也要承担对建设项目监督管理的职责。

(7) 资源约束性

每一个建设项目都面临资金、土地、时间、人力、技术等方面的限制。要实现项目的工期、质量、费用、安全目标，必须对有限的资源进行最优配置。因此，建设项目管理的迫切性显现出来。人们只有对项目进行全面、全过程的计划、组织、协调和控制，才能顺利达成建设项目的预期目标。

2. 建设项目的分类

建设项目的类型较多，不同的划分方式产生不同的种类。下面介绍几种常见的分类形式。

(1) 按项目建设性质分类

建设项目按建设性质可以分为新建项目、扩建项目、改建项目、迁建项目、重建项目。

1) 新建项目。新建项目是指从无到有、全新开始建设的项目，即在原有固定资产为零的基础上投资建设的项目。按国家规定，若建设项目原有基础很小，扩大建设规模后，其新增固定资产价值超过原有固定资产价值三倍的，也当作新建项目。

2）扩建项目。扩建项目是指业主法人在原有的基础上投资扩大建设的项目。如在企业原有场地范围内或其他地点，为扩大原有产品的生产能力或增加新产品的生产能力而建设的生产车间、仓库等其他设施，工业生产企业的分厂建设等，行政事业单位增建的业务用房（如办公楼、病房、门诊部等）。

3）改建项目。改建项目是指企业单位对原有工艺设备及其厂房设施进行改造的项目。通常企业为了改进产品质量或改变产品方向，为了提高生产效率需要增加一些辅助车间或非生产性工程，这些属于改建项目。现有事业行政单位增加或扩建的部分辅助工程和生活福利设施也为改建项目。

4）迁建项目。迁建项目是指原有企事业单位为改变生产布局，迁移到别地建设的项目，不论其建设规模是企业原来的还是扩大的，都属于迁建项目。

5）重建项目。重建项目是指因自然灾害、战争等原因，使已建成企事业单位的固定资产的全部或部分报废，而后又投资重新建设的项目。项目无论是按原规模重建，还是扩大规模重建，多属于重建项目。但是，尚未建成投产的项目因自然灾害损坏再重建的，仍按原项目看待，不属于重建项目。

（2）按投资主体分类

建设项目按投资主体可以分为政府投资项目和非政府投资项目。

1）政府投资项目。政府投资项目包括中央政府投资的项目和地方政府投资的项目。它是由国家各级财政预算直接安排的工程建设项目。

2）非政府投资项目。它是除政府投资的项目之外的投资项目的总称。非政府投资项目包括企业投资项目、民间资本投资项目、国外企业与私人投资项目等。

（3）按投资用途分类

建设项目按投资用途可以分为工业项目、商业项目、住宅项目、基础设施项目、公益项目、国防项目等。

1）工业项目。工业项目是指工业企业的厂房、车间、库房及其辅助设施的建设项目，如钢铁厂、化工厂、炼油厂、汽车制造厂、电器制造厂、纺织厂、服装厂、食品厂等。

2）商业项目。商业项目是指商场、零售连锁店、大型购物中心、储存仓库、物流设施、宾馆饭店、写字楼等项目。

3）住宅项目。住宅项目是指项目建成后供人居住的房屋建筑项目，包括高层住宅、多层住宅、别墅等形式。

4）基础设施项目。基础设施项目是指城市基础设施，如城市道路、地铁轻轨工程、供水工程、污水处理工程、发电工程、供电工程、供热工程等；还有公路、铁路、桥梁、隧洞、机场、码头、管道输送系统等。

5）公益项目。公益项目是指政府投资的不以营利为目的的项目，如学校、医院、图书馆、博物馆、科技馆、运动场、体育馆等。

6）国防项目。国防项目是指与国防事业、军队建设、武器装备有关的工程项目，如雷达站、通信站、军事基地、军港、军用机场等。

7）其他项目。如水利工程、太阳能风能利用工程、农田灌溉工程、防风治沙工程、防洪排涝工程等项目。

1.1.2 建设项目全过程工程咨询

咨询是通过专业人士所储备的知识、经验及各种信息资料的综合分析，为决策者、委托人提供建议、参谋和顾问的智力劳动过程。

工程咨询是通过工程技术与经济管理等专业人士所储备的知识、经验及各种信息资料的综合分析，为决策者、委托人提供建议、参谋和顾问的智力劳动过程。

建设项目全过程工程咨询是对建设项目投资决策、工程建设和项目运营的全生命周期提供包含涉及组织、管理、经济和技术等各有关方面的局部或整体解决方案的智力服务活动的总称。

建设项目全过程工程咨询包括项目的全过程管理以及投资咨询、勘察设计、造价咨询、招标代理、施工监理、竣工验收、运行维护咨询等工程建设项目各阶段专业咨询服务。

建设项目全过程工程咨询服务包含以下具体内容：

（1）项目决策阶段内容。包括但不限于：机会研究、策划咨询、规划咨询、项目建议书、可行性研究、技术方案比选、投资估算、项目风险分析等。

（2）勘察设计阶段内容。包括但不限于：初步勘察、方案设计、初步设计、设计概算、详细勘察、设计方案经济比选与优化、施工图设计、施工图设计优化、施工图预算、专项设计等。

（3）招标采购阶段内容。包括但不限于：招标采购筹划、招标文件（含工程量清单、投标限价）咨询、合同条款策划、招标投标过程管理等。

（4）工程施工阶段内容。包括但不限于：工程质量、造价、进度控制，勘察及设计现场配合管理，安全生产管理，工程变更、索赔及合同争议处理，担任技术咨询，工程文件资料管理，安全文明施工与环境保护管理等。

（5）竣工验收阶段内容。包括但不限于：竣工策划、竣工验收、竣工资料管理、竣工结算、竣工移交、竣工决算、质量缺陷期管理等。

（6）运营维护阶段内容。包括但不限于：项目后评价、运营管理、项目绩效评价、设施管理、资产管理等。

1.1.3 建设项目全过程工程咨询的特点

建设项目全过程工程咨询具有以下特点：

1. 全生命周期

围绕建设项目全生命周期持续提供工程咨询服务。它涵盖了项目投资前期的咨询（可行性研究、投资决策）、项目实施期的咨询（项目合同策划与招标投标、项目勘察设计、投资与造价、工程监理、施工管理、竣工验收）和运维期的咨询（设施管理、资产管理、项目后评价）。

2. 系统性

全过程工程咨询整合了建设项目的工艺与设备方案的技术与经济比较、投资咨询、招标代理、工程勘察、工程设计、施工监理、造价控制、合同管理和项目管理等专项咨询业务，实现了对建设项目技术与经济、组织与管理、法律事务等集成化的咨询服务。

3. 多样化

全过程工程咨询不是分段式、单项工程咨询，而是多项工程咨询。通常采用多种服务相结合方式，根据项目建设单位的需求，为其提供多项工程咨询或全部工程咨询服务，即提供工程咨询中的局部解决方案或整体的解决方案。它是一个多样化的智力服务过程。

4. 多种组织方式

全过程工程咨询可采用由项目建设单位（投资人）委托一家咨询单位负责提供服务，也可以委托由一家咨询单位牵头组织多家咨询单位组成的全过程工程咨询服务联合体（团队）提供服务，并由全过程工程总咨询师作为全过程工程咨询服务联合体（团队）总负责人，为建设项目从决策至运营持续提供建设单位所需要的解决方案，以及项目各阶段咨询建议或全过程项目管理服务。

5. 需要复合型咨询人才

全过程工程咨询离不开复合型的咨询人才。全过程工程咨询的核心人物——总咨询师负责主持整个建设工程项目的咨询服务工作，他是一个全过程咨询项目的领导者、组织者、管理者和责任人。总咨询师需要具备多项甚至全部的咨询服务专业知识，对工程技术、经济学、管理学、法学四方面的知识要有较深的了解，具备专业咨询的能力，才能够胜任这项职责。专业工程咨询师也需要培养多种业务的咨询技能，丰富自己的咨询阅历与经验。简言之，全过程工程咨询的系统性决定了对咨询人才的复合型要求。

1.1.4　全过程工程咨询与传统工程咨询的区别

全过程工程咨询与传统工程咨询存在一些相同之处，如两者都是由专业人士来组织实施的；两者都存在资源的约束；两者都是一种智力劳动过程等。但是，全过程工程咨询与传统工程咨询存在诸多的不同，具体区别如表 1-1 所示。

全过程工程咨询与传统工程咨询的区别　　　　　　表 1-1

名称 比较	全过程工程咨询	传统工程咨询
咨询方案	整体的	局部的
责任人	总咨询师	项目经理
组织机构	全过程工程咨询单位或联合体	专业咨询单位
服务范围	全生命周期	分阶段
咨询特点	系统性	碎片化
参与人	较多，无法确定的	有限，确定的
资源需求	所有专业或较多专业	较少专业
人才要求	复合型	专业型
时间期限	从项目前期策划决策到后期运维	专业咨询期
思维方式	系统性、一体化	分专业、少整合

1.1.5 全过程工程咨询与工程总承包的区别

全过程工程咨询与工程总承包都是完善工程建设组织模式的新服务方式，既是住房和城乡建设部大力提倡的方式，也是项目建设单位（项目业主）愿意选择的工程建设活动组织方式。这两者相互联系相互影响，存在一些相同点：如两者都是由专业人士来组织实施的；两者都存在资源的约束；两者都有智力劳动过程等。但是，全过程工程咨询与工程总承包存在诸多的不同，具体区别如表 1-2 所示。

全过程工程咨询与工程总承包的区别 表 1-2

名称\比较	全过程工程咨询	工程总承包
服务类型	工程管理智力服务	建筑生产过程
最终成果	咨询方案、咨询报告、管理方案	建筑物、构筑物等实体
组织机构	咨询单位或咨询联合体	总承包企业、联合体
服务范围	全生命周期	阶段性（设计采购施工）
收费方式	专项服务费＋统筹费	总价合同
参与方	一家或多家，无法确定的	有限、确定的
资源需求	智力资源、专业咨询师	"智力＋物质"资源
承担风险	相对小	风险大
时间期限	从项目前期策划决策到后期运维	设计、采购、建设
相互关系	授权对总承包进行监督和管理	被管理

1.2 建设项目工程咨询的发展历程

1.2.1 国际建设领域工程咨询沿革

国际建设领域工程咨询可以追溯到 18 世纪 90 年代，英国建筑专家约翰·斯梅顿组织了一个"土木工程师协会"，独立承担从土木工程中分离出来的技术咨询服务。

1818 年，英国土木工程师学会（The Institution of Civil Engineers，ICE）创立，这是建筑业出现的第一个专业人士组织，但当时工程咨询还没有完全从建筑工程领域分离出来，建筑师受业主雇用负责设计和组织施工。

19 世纪 40 年代，工业革命的结果使建筑技术复杂化，导致设计与施工分离，工程承包市场形成，建筑师的作用开始转变，由为业主设计并组织施工转变为业主的工程顾问。

1852 年，美国土木工程师协会成立，标志着独立执业的工程咨询机构开始问世。美国土木工程师协会成立至今已有 170 年的历史，是历史最悠久的国家专业工程师协会。

1904 年，丹麦国家咨询工程师协会的成立标志着工程咨询业的名称正式产生。

1913 年，国际咨询工程师联合会（法文缩写为 FIDIC）的成立标志着工程咨询业步入成熟和规范发展时期。FIDIC 是国际上最有权威的被世界银行认可的咨询工程师组织。

国际咨询工程师联合会（英文名称是 International Federation of Consulting Engineers)，中文音译为"菲迪克"，即指国际咨询工程师联合会这一独立的国际组织。1913年由欧洲三国（比利时、法国和瑞士）组成的独立咨询工程师协会在比利时根特成立。组建国际咨询工程师联合会的目标是共同促进成员协会的行业利益，以及向成员协会传播他们感兴趣的信息。如今，FIDIC 的成员来自全球的六十多个国家，代表着全世界大多数私营的咨询工程师。

FIDIC 举办各类研讨会、会议及其他活动，目的在于实现其行业目标：坚持高水平的道德和职业标准，交流观点和信息，讨论协会成员和国际金融机构代表共同关心的问题，以及促进发展中国家工程咨询业的发展。

FIDIC 的出版物包括：各类会议和研讨会的论文集，为咨询工程师、项目业主和国际发展机构提供的信息，资格预审标准格式，合同文件，以及客户与咨询单位协议书。其中，FIDIC 合同具有脉络清晰、逻辑性强，业主、承包人和工程师的职责权限清楚，合同双方权利义务界限分明，便于合同管理等特点，被世界各国工程界认可，世界银行和其他国际金融机构推荐，在国际工程招标、承包中被广泛采用。

FIDIC 秉承"公平、公正、公开"的精神，属下各专业委员会制订了许多建设项目管理规范与合同文本，对国际工程咨询业的专业化、规范化贡献极大，已经成为国际工程招标、承包的标准文本。这些文本的推行极大地促进了全球工程咨询业的 100 多年健康发展。

20 世纪 70 年代以来，国际建筑市场竞争加剧，国际工程项目管理热潮兴起，使国际工程咨询业跨越到新的台阶，工程咨询理念日益更新，工程咨询的外延不断扩大，国际工程咨询业出现一些新动向。当前国际工程咨询业的发展呈现出以下几大特征。

1. 工程项目战略咨询

这是将企业战略管理的理论应用于工程项目咨询服务。

项目战略是为了谋求项目的可持续发展做出的长远性、全局性的谋划或方案。

工程项目战略咨询是指咨询工程师应用战略管理的思想为项目投资方（项目业主）所做的项目发展目标、方针、策略的咨询建议或方案，其目的是谋求项目的可持续发展。

这个方案既包括项目的中长期发展计划和投资计划，也包括从市场竞争的角度，为保持和创造项目的竞争优势，在项目的生产规模、技术的先进性、供应链的合理性、生产与服务的一体化等方面的策略方案，还包括从投资收益角度，提出项目拓展、技术改造、产品升级的时机和项目关闭与退出的决策方案。

战略咨询曾经是管理咨询公司的主要业务，随着管理咨询业向工程咨询业的扩张，特别是工业、服务业建设项目的项目投资方（项目业主）对项目本身可持续发展有强烈的愿望，希望在投资建设前期也对拟建项目有中长期发展的考虑，而不仅仅局限于项目建设顺利投产成功的传统工程咨询需求。

在这个背景下，工程项目战略咨询被列入了 FIDIC2003 巴黎年会的一个议题。近年来战略咨询也逐渐被应用于工程项目咨询活动中。

2. 重视全生命周期咨询

全生命周期咨询是指工程咨询服务贯穿于项目的全生命周期。它包括项目战略规划、项目准备、规划设计、工程建设、竣工投产、运营维护等全生命周期的各个阶段，包括投资机会研究、项目建议书、可行性研究报告编制或评估、工程勘察、设计、造价、招标、采购、合同管理咨询和施工监理、生产准备、人员培训、竣工验收咨询及项目建成投产后评估、运营期维护与资产管理咨询等项目生命周期的所有咨询。全生命周期咨询的核心就是将规划设计阶段、施工建设阶段、竣工验收阶段和运行维护阶段结合起来，提供系统性、完整性的工程项目管理各方面的咨询方案，为项目建设单位（项目业主）一体化服务。

全生命周期咨询也是 FIDIC2003 巴黎年会的一个议题。近年来，全生命周期咨询已成为世界各国工程咨询界专家、学者和咨询工程师的普遍共识。

3. 工程咨询服务链向管理延伸

实践中，一些建设项目面临资金不足的困难，建设单位（项目业主）希望工程咨询公司提供融资建议；另一些建设项目投资人对建成投产项目的未来经营管理经验不足，也寄希望于工程咨询公司提供合理的经营方案，工程咨询公司面临新的挑战。市场要求工程咨询业扩展服务范围。在国外，工程咨询公司与建筑公司、项目开发商、融资商（金融机构）等伙伴式开发经营模式，即"融资—咨询—采购—建造—经营"一体化的集成开发模式应运而生。在这种模式中，工程咨询机构扮演重要角色，承担了主要的组织职责。事实上，咨询服务在项目建设前期决策之前增加了融资咨询；又在项目建成交付使用后，除项目运维服务之外还有经营管理咨询，这确实是向两端延长了工程咨询服务链。

4. 工程咨询与其他行业的联合

由于国际建设工程市场的激烈竞争和当代科技的迅速发展，行业之间、学科之间交叉和渗透也是国际工程咨询业呈现的又一特点。工业技术、工程建设、金融投资、信息化、智能化等专业交叉融合的项目已经屡见不鲜，这也给工程咨询行业提出了更高要求。咨询工程师除熟悉自身的全过程咨询业务之外，还要善于学习，掌握整合外部资源的能力，与其他行业（如工业技术、信息化、智能化等）的工程师或专业咨询人员合作，才能为项目投资人（项目业主）或委托人提供所需要的全生命周期的工程咨询服务。

5. 咨询企业大型化与小型专业化共存

过去的 50 年，大型国际工程咨询公司，即以设计为主导、工程咨询功能齐全、有较强融资保障、实行科学的项目管理、有丰富竣工验收试车经验的国际型工程公司不断壮大，越来越强，已经成为国际工程市场的主力，虽然数量有限，但承揽了大部分工程总承包项目。而小型专业工程咨询公司资本少、规模小，但在数量上仍占大多数，小型咨询公司的服务以规划公司（为委托人做建设项目前期论证、可行性研究）、设计师事务所（为委托人做建筑及结构设计）、测量师事务所（主要在英联邦国家，为业主做造价咨询）及综合性工程咨询公司为主，针对不实行工程总承包的项目提供全过程的或阶段性的专业咨询服务。

因为能够满足市场上不同种类的投资项目工程咨询要求，所以国际化大型咨询企业与专业化小型咨询企业会长期存在。

1.2.2 国内建设领域工程咨询业的产生与发展

国内建设领域工程咨询业的产生与发展，经历了一个较为漫长而曲折的过程。

按照对工程咨询业的认识理解、政府政策、管理体制和咨询市场化等几个维度，我们可以将此划分为四个阶段。

第一阶段，工程咨询业的萌芽期（1949—1979 年）。

这是中华人民共和国成立以后，即实行改革开放以前的 30 年。当时处于计划经济时期，国内照搬苏联的投资决策管理制度，建设项目由基本建设投资计划决定立项和启动建设，国内没有工程咨询业，也不存在工程咨询市场。所有工程建设项目的前期准备工作都是由建设单位筹建机构并自行承担，各省市政府计划委员会指派设计单位和施工公司承担勘察设计和工程施工任务，建设单位自行组织一个基本建设工作组负责接洽与协调勘察设计、工程施工、设备订货与安装等参与单位，施工管理主要由建设单位（甲方）代表、设计单位代表和施工单位项目负责人共同实施，出现问题多方协商解决。

学习苏联的管理经验，少数工业项目（大型工程）和其他特殊工程的前期工作主要是工艺技术方案编制、建设建议书和经济技术分析，则由建设单位委托勘察设计单位来完成，并供建设单位批准。实际上这是简单的工程咨询工作，体现了工程咨询的理念。

第二阶段，工程咨询业的起步期（1980—1989 年）。

这是改革开放开始的 20 世纪 80 年代初期到 80 年代末期的 10 年。这一时期工程咨询逐步为社会各界人士理解和重视。促使人们转变观念有两大因素：国际工程咨询机构的进入和可行性研究方法的推广。

随着改革开放的发展，引进外资已经成为发展国内经济的重要途径。特别是争取获得世界银行、亚洲开发银行和国际金融组织贷款的项目，与此同时世界银行等对申请的项目有管理要求，如必须经过提供贷款方指定的工程咨询机构评审认可，项目才能获得批准并签订贷款协议。这项规定促使中国政府放宽限制，允许国际工程咨询机构进入本国承担项目评估服务。

这段时间随着我国经济建设的全面推进，以提高投资效益为目标的项目决策科学化已成为政府管理部门的共识。1978 年，联合国工业发展组织发布了《工业可行性研究编制手册》，该手册对可行性研究的主要内容、计算方法都做了明确规定，使投资项目可行性研究工作规范化。20 世纪 80 年代开始，世界银行在我国对投资项目可行性研究进行了大力推广。1982 年，国家计划委员会明确规定把项目可行性研究纳入基本建设程序，并在当年报经国务院批准，成立了中国国际工程咨询公司，它隶属于国家计划委员会，主要承担政府投资重大工程项目可行性研究的审查评估工作。

1984 年，国务院提出：改革建筑业和基本建设的管理体制，大力提高投资效益。提出推行投资包干制和招标承包制（择优选择设计、施工单位）。

1985 年，国家又决定对建设项目实行"先评估，后决策"制度，特别是大中型建设项目和限额以上技术改造项目，必须经过有资格的咨询公司评估后才能提请审批。

随后，各省市政府的计划委员会便陆续组建了下属的工程咨询机构，承担政府固定资产投资项目的前期审查评估工作。这些工程咨询机构受政府部门委托前期评估各地上报的投资项目，机构具有半官方性质，当时国内还没有形成工程咨询的市场。

1988 年 7 月，建设部发布《关于开展建设监理工作的通知》，代表着工程监理制度国内开始实施。当时推行建设监理，虽然此项工作不完全由独立的工程咨询机构来承担，但客观上拓宽了工程咨询的工作范围，从建设项目的前期评估扩展到实施过程的监理，对于提高项目管理水平与投资效益，发挥了积极作用。

20 世纪 80 年代中后期，国内工程咨询业的市场化兴起，从中央到各省市，依托各级政府计委（经委）等职能部门或金融机构，先后成立了各种专业性和综合性的独立的工程咨询公司，它们成为刚刚起步且处于探索阶段的中国工程咨询服务业的主体，事实上，那时国内民间工程咨询机构较少，中外合作（合资）的工程咨询公司也不多。

第三阶段，工程咨询业的成长期（1990—1999 年）。

这是 20 世纪 90 年代的 10 年。进入 20 世纪 90 年代以后，国家投资体制实行改革，中国工程咨询业的发展进入了这一阶段的显著特征不仅表现为工程咨询市场逐步发育，市场主体呈现多元化，而且行业管理渐趋规范，产业化进程明显加快。

1990 年 7 月，成立了中国建设工程造价管理协会；1992 年底，成立了中国工程咨询协会；1994 年，国家计划委员会颁布了《工程咨询业管理暂行办法》《工程咨询单位资格认定暂行办法》。

我国开始运用行政规章规范管理工程咨询业务范围、工程咨询单位和工程咨询行业以及涉外工程咨询等，并将勘察设计、建设监理纳入工程咨询。此外，还明确了工程咨询单位应加入工程咨询协会，并委托中国工程咨询协会负责承办工程咨询单位资质认定工作。

这 10 年期间，我国工程咨询的产业化进程不断加快，工程咨询市场逐步发育，行业的业务范围也渐渐多样化。建设工程咨询市场上，除做建设项目前期决策咨询之外，出现了以工程造价咨询为主的咨询公司、工程监理公司。20 世纪 90 年代后期在一些沿海城市还出现了一些为建设项目进行全过程造价咨询的工程咨询公司。

在国际化方面，国外工程咨询机构开始大力开拓中国市场，在中国设立办事处或合资合作公司，全球 200 家国际知名的工程咨询公司中有 140 多家已经进入中国市场。国内工程咨询企业也开始尝试进入国际市场，先后在世界上的 50 多个国家承担项目。为了适应这一发展需要，1992 年成立了中国国际工程咨询协会，担负起研究国际工程咨询市场，以帮助中国工程咨询企业"走出去"，参加国际竞争的任务。

1999 年初，建设部召开的"全国勘察设计咨询管理工作会议"指出，工程咨询在工程建设中起主导作用，是实施工程质量监督和保证的重要环节。会议还提出建立为工程建设全过程提供技术性、管理性服务的设计咨询体系：要求在经营方式和组织形式上与市场接轨、与国际接轨，逐步改造成国际型工程公司、工程设计咨询公司、专业事务所、岩土工程咨询公司等，鼓励大型勘察设计咨询单位实行多元化经营，以形成国际通行的工程咨询设计服务体系。这次会议提出的改革思路和工作目标，对现在的全过程工程咨询都有指导意义。

第四阶段，工程咨询业的成熟期（2000—2021 年）。

这是 21 世纪的 20 多年。进入 21 世纪，2001 年我国加入 WTO 后，随着政府机构与事业单位改革，科研设计单位的全面转制及各类工程咨询单位脱钩改制，市场咨询主体增多，国有的、民营的、混合所有制的咨询企业和国外咨询公司、中外合资咨询公司等都进入了国内工程咨询市场，工程咨询市场快速发展。另外，2000 年《中华人民共和国招标投标法》施行和 2004 年国务院正式颁发了《关于投资体制改革的决定》（国发〔2004〕20号），要求对政府投资项目加快推行"代建制"，通过专业化的项目管理单位组织建设实施，严格控制项目的投资、质量和工期，竣工验收后移交给使用单位，2006 年前后各省市施行"政府投资非经营性项目实行代建制"的管理措施，促进了招标投标代理企业、工程项目管理公司的产生与发展，给国内工程咨询市场增添了新服务主体，也丰富了咨询服务的内容。

2003 年，建设部发布《关于培养发展工程总承包和工程项目管理企业的指导意见》（建市〔2003〕30 号），提出了工程总承包的主要方式：设计-采购-施工总承包（EPC）、设计-施工总承包（DB）、设计-采购总承包（EP）、采购-施工总承包（PC）；还有工程项目管理方式：项目管理服务（PM）和项目管理承包（PMC），强调了推行工程总承包和工程项目管理的措施。由于工程总承包和项目管理总承包已成为当前国际上大型工程咨询公司开展业务的一个趋势，并逐渐成为这些公司的主营业务，此文件的发布也是顺应国际工程建设发展的大趋势，加快国内建筑产业与国际接轨的举措。

2016 年，住房和城乡建设部发布《关于进一步推进工程总承包发展的若干意见》（建市〔2016〕93 号），指出工程总承包是国际通行的建设项目组织实施方式，有利于提升建设项目各阶段工作的深度融合，提高工程建设水平，充分发挥工程总承包企业的技术与管理优势，促进企业做优做强，推动产业转型升级，并从完善工程总承包管理制度、提升企业工程总承包能力与水平、加强推进工程总承包发展的组织和措施三方面提出了指导意见。

上述两个文件的出台，给国内建设领域工程咨询业的发展提供了新契机，给各类工程咨询企业增添了新的发展动力。国内工程咨询市场逐渐壮大，咨询主体既有独立的工程顾问公司、工程咨询公司、工程设计咨询公司、建筑设计咨询公司或事务所、专门的项目管理公司，又有专业咨询公司（勘察设计、招标投标代理、工程监理、工程造价等），还有国际工程咨询公司，国内工程咨询市场的规模也不断扩大。伴随我国对外开放的逐步扩大，国内工程咨询业的发展进入一个国际竞争的新时代，工程咨询单位的生存与发展问题就愈显突出，工程建设组织方式的改革呼之欲出。

2010 年 2 月，国家发展和改革委发布《关于印发工程咨询业 2010—2015 年发展规划纲要的通知》（发改投资〔2010〕264 号），作为五年发展的指导性文件，明确了工程咨询业发展的指导思想、原则、目标和任务，建立并落实保障措施。该文件对国内工程咨询业的发展促进较大。

随着国内经济改革的深入推进，城市化步伐的加快，建筑业的可持续发展议题显现。2017 年 2 月，国务院办公厅印发了《关于促进建筑业持续健康发展的意见》（国办发〔2017〕19 号），在完善工程建设组织模式下第四条"培育全过程咨询"中提出：鼓励从事投资咨询、勘察、设计、监理、招标代理、造价等企业采取并购重组、联合经营等方式发展全过程工程咨询，培育一批具有国际水平的全过程工程咨询企业。……政府投资工程应带头推行全过程工程咨询，鼓励非政府投资工程委托全过程工程咨询服务。2019 年 3 月，国家发展改革委、住房城乡建设部发布了《关于推进全过程咨询服务发展的指导意见》（发改投资规〔2019〕515 号）。

这两个文件的发布，为国内建设领域工程咨询业发展再次指明了方向，提出了顺应市场需求和工程咨询业发展规律的新要求——发展全过程工程咨询服务。自此以后，创新咨询服务组织实施方式，培养全过程工程咨询企业成为工程咨询业的首要任务。可以预见，不久的将来在工程咨询市场上，全过程工程咨询企业将成为工程咨询主力军。

全过程工程咨询服务的推行，标志着国内工程咨询业进入成熟期，也加快了与国际工程咨询业接轨的步伐。

1.3　建设项目全过程工程咨询的重要性

1.3.1　当前国内工程咨询市场的新挑战

改革开放以来，我国建筑产业有了较快的发展，各地城市化进程加快，给建筑产业的发展提供了良好的机会。与此同时，建筑领域工程咨询服务市场化、专业化也得到快速发展，逐渐形成了投资咨询、招标代理、勘察、设计、监理、造价、项目管理等专业咨询的服务业态。这在一定程度上满足了工程项目建设单位（项目业主）希望获得专业咨询服务的部分需求。

但是，随着我国固定资产投资项目建设水平逐步提高，为更好地实现投资建设的目的，投资者或建设单位（项目业主）在固定资产投资项目决策、工程建设、项目运营过程中，对现有的分段式、专项咨询服务反映出的弊端有了更多的认识，对综合性、跨阶段、一体化的工程咨询服务需求日益强烈。

实践中，传统的分段式、专业化的咨询服务暴露出诸多弊端：缺乏系统性，建设项目有关信息不能够共享，参与方各自为政，各项咨询方案实施中存在不少的工作界面衔接矛盾，只要出现责任不明，各方就相互推诿，协调工作量较大，项目后期的运行维护咨询服务空缺，特殊的专项咨询缺乏，全生命周期工程咨询不完整等。

国内建设市场上，投资者或建设单位（项目业主）普遍存在工程项目管理水平有限的情况，而现代工程项目所涉及的工程技术、经济与管理、法律事务等越来越复杂，虽然可以通过多次采购工程咨询服务大部分涵盖工程实施范围，但对建设单位（项目业主）的统筹协调水平也提出了更高的要求。这是大多数委托方——建设单位（项目业主）在短时期内无法达到的。因此，对于可以贯穿建设项目全生命周期、涵盖各专业的一体化咨询服务形式，建设市场上的呼声越来越高，这也是工程咨询市场发展的自然选择。

因此，要化解这种新需求与现行制度造成的碎片化服务供给模式之间日益突出的矛盾，只有创新咨询服务组织实施方式，大力发展以市场需求为导向、满足委托方多样化需求的全过程工程咨询服务模式。

1.3.2　建设项目全过程工程咨询的重要意义

建设项目全过程工程咨询的重要现实意义有以下几个方面。

1. 打破国内工程咨询业的体块分割，提升工程咨询业的服务水平

我国工程咨询服务主要包括勘察、设计、监理、造价、招标代理等，由于国家体制问题，政府部门条块分割管理，长期以来形成了勘察设计、工程监理、工程造价、招标代理等专项咨询服务，管理部门为此设置了单独准入门槛，工程咨询服务呈现碎片化或分段化服务业态，工程咨询市场无法提供建设项目全生命周期的一体化服务。这种碎片化的智力服务给建设单位（项目业主）的全过程项目管理造成不便，同时增加了各阶段咨询服务之间的协调工作量，更没有体现出建设项目全生命周期的整体工程咨询服务，已经无法满足建设单位（项目业主）对建设项目综合性、跨阶段工程咨询的新要求。

全过程工程咨询的应用彻底打破了国内工程咨询业的体块分割管理体制，打破了传统的分段式、碎片化的咨询方式，逐渐建立起建设项目全生命周期的、整体性的工程咨询新方式。新方式既可满足建设单位（项目业主）对工程咨询的一体化新需求，又能迫使各类专业咨询企业扩大自己的咨询服务范围，提高市场竞争力，还能够提升国内工程咨询业的整体服务水平，使其尽快地赶上国际工程咨询业的发展。

2. 系统完整的咨询服务有效地保障建设项目实现既定目标

全过程工程咨询是以建设项目全生命周期为时段的一体化咨询服务，系统性强，服务类型完整，服务方式灵活，适应性强，不但以建设项目全过程项目管理为核心，而且提供各种专业咨询（勘察设计、工程监理、工程造价、招标代理、合同管理等）和特殊专项咨询（根据建设单位的要求）。如此完整的工程咨询服务体系确实能帮助建设单位（项目业主）强化全过程项目管理，增强建设工程各环节的内在联系，强化项目咨询服务链整体组织，让建设单位（项目业主）得到完整的建筑工程咨询服务。

咨询单位提交的合理咨询方案付诸实施以后，能够有效地保障建设项目既定目标的实现，比如建设项目的进度、质量、总投资目标按期实现，项目建成后按计划投入使用，正常运营获取收益，达成建设项目的净现值、内部利润率和投资回收期等经济效益目标，最终提高项目的投资收益水平，促进建设项目的可持续发展。

3. 协助建设单位（项目业主）顺利实施项目建设全过程

全过程工程咨询是受建设单位（项目业主）的委托，咨询单位对项目前期策划、投资决策、勘察设计、工程造价、招标投标、施工监理、竣工验收、运行维护咨询等做出的各阶段咨询服务的总称。整个咨询工作涵盖了建设项目的全生命周期，实际上项目实施的各阶段咨询和各项专业咨询存在着相互联系，有的咨询工作之间存在先后顺序的逻辑关系。此外。各项咨询活动又与建设项目的实施过程紧密相关，如前期策划与项目立项、勘察设计与项目报建、设计方案与招标采购、中标及合同签订与施工许可、施工图会审与施工准备、材料和设备采购与施工过程、竣工验收与项目投产等。由此可见，上述各环节之间的相互衔接直接影响到整个建设项目的实施进程。建设项目实施过程确实需要一个全过程项目管理组织代替建设单位（项目业主）进行组织与协调，或者聘请一家全过程工程咨询单位协助整个建设项目的实施。由于建设项目参与方较多，有材料与设备供应商、施工承包商、专业施工承包商、监理单位等，还有政府管理部门，各方都有自己的利益和工作习惯，难免会出现意见分歧，甚至引发冲突。全过程工程咨询单位可以从项目实施全流程方面综合考虑，提出咨询建议，加强协调与沟通，如工程咨询单位和工程承包单位的及时沟通，以解决工程实施中出现的问题，最大限度地处理工程施工中的各项难题，减少工程施工中各参与单位的责任推诿，甚至出现实施界面工作脱节，避免矛盾与冲突，缩短工程项目建设周期，确保建设项目顺利实施，按期达成投资建设总目标。

4. 最大限度地节约建设项目总投资

全过程工程咨询服务整合各阶段咨询和专业咨询的工作内容，更有利于实现建设项目全过程投资控制。咨询单位通过限额设计、施工图优化、精细化设计、全过程造价咨询、变更与合同咨询等，帮助建设单位（项目业主）防止建设工程项目的"三超"现象出现。如专业咨询人员凭借自身专业知识和管理经验，加大对工程中材料设备的管控，监理工程师做好对工程中隐蔽工程的工程量计算与确认，强化对施工现场的管理，有效保证工程的结算价格在预算范围之内。

全过程工程咨询能够高效统筹项目的概算预算、设计管理、材料设备采购与管理、合同管理、信息管理等，实时监控每一环节的成本，保证前期咨询与后期执行数据基本一致、账实相符，提高投资收益，确保项目的投资目标实现，并且还能够最大限度地节约建设项目总投资。

5. 提高建设项目的整体质量

全过程工程咨询以建设项目全生命周期的视角，提供全方位的咨询方案。全过程工程咨询应用系统思维，首先，设立建设项目全过程管理的质量目标；其次，制订各阶段质量保证方案，从规划设计、材料与设备的采购、建筑施工与设备安装过程到竣工验收的质量保证方案，对建设项目全流程质量保障提供咨询服务；再次，全过程工程咨询活动克服了传统单一咨询服务易出现的管理疏漏和界面脱节问题，促进工程项目决策、设计、招采、施工、监理等不同环节、不同专业的质量管理工作无缝衔接；最后，施工过程的工程监理服务将质量目标和质量保证方案贯彻落实到具体的子项目、分项目、分部分项工程中，有助于提高工程建设的过程质量，从而提升建设项目的整体品质。

6. 降低建设项目的综合风险

建设项目的风险是指项目建设活动中消极的、人们不希望的后果发生的潜在可能性。风险是期望与现实的背离，风险是财产的损失和生命的伤害，风险是项目的失败。由于工程项目实施需要持续一段时间，任何建设项目都存在一定的风险。

建设项目的综合风险是指项目面临的技术风险、经济风险、社会风险、自然风险的总和。长期以来我国工程咨询行业只能够提供专业咨询、碎片化的服务，既影响项目建设的效率和质量，又增加了项目实施中的各种风险。针对项目综合风险，全过程工程咨询服务可以发挥对建设项目全过程咨询与协助管控的优势，将项目风险管理的理论与方法应用到各项咨询活动中，降低决策失误、投资失败的概率，避免安全事故，减少工程变更与索赔，杜绝延期交付等，尽可能规避自然风险和社会风险，或者将项目风险的损失损害降到最低。

此外，因为聘请了全过程工程咨询单位提供工程咨询服务，建设单位（项目业主）的管理责任有了分担，所以建设单位工作失职风险有所降低。

7. 促进国内建设领域咨询方式的转变与咨询企业的转型

2017年2月，国务院办公厅印发了《关于促进建筑业持续健康发展的意见》（国办发〔2017〕19号），在完善工程建设组织模式下第四条"培育全过程咨询"中提出：鼓励从事投资咨询、勘察、设计、监理、招标代理、造价等企业采取并购重组、联合经营等方式发展全过程工程咨询，培育一批具有国际水平的全过程工程咨询企业……政府投资工程应带头推行全过程工程咨询，鼓励非政府投资工程委托全过程工程咨询服务。

2019年3月，国家发展改革委、住房城乡建设部发布了《关于推进全过程咨询服务发展的指导意见》（发改投资规〔2019〕515号）。该文件明确指出：改革开放以来，我国工程咨询服务市场化、专业化快速发展，形成了投资咨询、招标代理、勘察、设计、监理、造价、项目管理等咨询服务业态……随着我国固定资产投资项目建设水平逐步提高，为更好地实现投资建设意图，投资者或建设单位在固定资产投资项目决策、工程建设、项目运营过程中，对综合性、跨阶段、一体化的咨询服务需求日益增强。这种需求与现行制度造成的单项服务供给模式之间的矛盾日益突出。因此，有必要创新咨询服务组织实施方式，大力发展以市场需求为导向、满足委托方多样化需求的全过程工程咨询服务模式。

贯彻上述文件精神，全过程工程咨询的实施一定会大力促进国内建设领域咨询方式的转变，也会迫使现有工程咨询企业的转型升级，更好地适应建设咨询市场的新需要。

8. 培养复合型咨询人才，提高工程咨询业的国际竞争力

全过程工程咨询需要复合型咨询人才，全过程工程咨询项目的负责人——总咨询师就是复合型人才的典型代表。

全过程工程咨询服务的推广会倒逼复合型咨询人才的造就与培养。目前，国内各省市在建设领域推广全过程工程咨询活动中，懂得工程技术、经济、管理和法学的复合型人才极度短缺，已经成为全过程工程咨询服务的痛点。比如，一些专业咨询公司想承揽一项建设项目全过程工程咨询的服务，要选派一名合格的总咨询师都难以实现。由此可见，培养复合型咨询人才成为当务之急。全过程咨询服务单位为了开展全过程工程咨询业务，适应建设领域咨询服务组织方式的转变，提高工程咨询企业的市场竞争力，在配备具有相应执业能力的专业技术人员和管理人员的同时，重视复合型咨询人才的培养和复合型咨询人才队伍建设，这也是咨询企业生存与发展的需要。

当各省市造就出一大批复合型工程咨询人才后，国内的建设领域全过程工程咨询才开始步入正轨且健康发展，才能够较好地满足建设单位（项目业主）对工程项目一体化工程咨询的需求。到那时，我国工程咨询业的国际竞争力一定会得到大幅度的提升。

1.4 建设项目全过程工程咨询的服务模式与范围

1.4.1 建设项目全过程工程咨询的服务模式

建设项目全过程工程咨询的服务模式：1+N+X。

在这个模式中，"1"指全过程工程项目管理，由一家企业或两家以上企业组成的联合体承担全过程工程咨询项目管理，服务范围包括投资决策、工程建设、运营维护三阶段中一个或多个阶段咨询服务。

"N"指一项或多项的专业咨询。由全过程工程咨询的组织承担或具有勘察设计、工程监理、工程造价等至少一项资格的咨询单位承担。

"X"指建设单位（项目业主）要求的专项咨询服务，不是由全过程工程咨询的组织承担，需要整合外部资源来实施的专项服务，如工程保险咨询、法律咨询等。

"1+N+X"模式覆盖了建设项目全过程工程咨询的服务形式，为所有类型的工程咨询单位开展建设项目全过程工程咨询提供了工作指导。工程咨询单位可以根据自身的资源能力、优势特点等，选择合适的服务方式，为建设单位（项目业主）提供满意的工程咨询服务。

1.4.2 全过程工程咨询的服务范围

全过程工程咨询的服务范围包括投资决策综合性咨询、工程建设过程咨询和项目竣工交付后运营维护咨询。

1. 投资决策综合性咨询

建设项目投资决策综合性咨询包括的服务内容有：机会研究、策划咨询、规划咨询、项目建议书、资源与环境评价、初步可行性研究、技术方案比选、投资估算、融资策划、项目风险分析、项目竞争性分析、详细可行性研究、项目可持续发展研究等。全过程工程咨询单位要负责编写上述咨询文件，个别专业性强的咨询报告由咨询单位组织相关专家共同完成。

此外，根据项目的具体情况，咨询单位还要进行项目节能评价、安全评价、社会稳定风险评价、地质灾害危险评估、绿色建造咨询和交通影响评价等咨询工作，咨询成果应该符合国家的法律法规、技术标准和地方技术标准，并且满足建设项目实施进度的要求。

2. 工程建设过程咨询

工程建设过程可以分为招标采购、勘察设计、工程施工和竣工验收四个阶段。下面分别阐述各阶段的咨询服务内容。

（1）招标采购阶段内容。全过程工程咨询单位开展以下工作：①根据建设项目的具体情况选择确定合适的工程发包方式；②对承包人或供应商进行调研，了解他们的资信能力、服务质量和财务状况等；③编制采购策划文件（含采购项目、标段、预算、采购条件、实施计划、合同条款策划等）；④负责采购过程的具体实施工作，并满足工程施工进度要求；⑤组织招标采购的全过程，包括招标文件编制（含招标公告、工程量清单、投标限价等）、招标投标过程管理（含投标人资格审查、现场踏勘与澄清会议、投标文件和保证金审核、开标、组建评标小组与评标、评标报告与推荐中标候选人），协助建设单位（项目业主）与中标人合同谈判并最终签约；⑥对采购的材料、设备检查验收，包括对甲方供材料、设备进场检查验收。

（2）勘察设计阶段内容。项目地质勘察方面，勘察单位负责完成项目地质勘察工作，提交地质勘察报告。全过程工程咨询单位要审核勘察任务书和勘察实施技术方案；监督见证勘察作业过程；审查勘察成果的完整性、真实性与符合性。全过程工程咨询单位要最终审核地质条件与勘察成果文件的吻合程度，不一致时应积极组织相关单位共同商讨处理方案。

项目设计方面，设计单位负责完成项目设计全过程，包括方案设计、初步设计、设计概算、设计方案经济比选与优化、施工图设计、施工图设计优化、施工图预算、专项设计等工作，设计单位要编制相应的设计成果文件。全过程工程咨询单位要根据项目总进度计划，确定设计周期，并跟进设计进度，确保满足报建、招采、施工的时间要求。咨询单位还可以依据建设单位（项目业主）的想法，对项目建筑功能、节能环保、平面布置、空间利用、造价优化、文化塑造等提出设计建议，以提升建设项目的整体品质。咨询单位也要负责编制设计任务书，审查设计成果文件的深度与质量，并在项目施工前咨询单位负责组织相关各方进行施工图会审，确保设计文件对施工的正确指导，避免后期变更。咨询单位还应该预先审阅设计施工图纸资料，必要时组织调整和优化设计工作。此外，咨询单位还需对设计变更进行审核和控制，保证项目实施的进度、质量、投资目标实现。最后，咨询单位要协助建设单位（项目业主）收集、归档、保存相关设计文件，并组织审核竣工验收图。

（3）工程施工阶段内容。全过程工程咨询单位要承担施工项目监督管理的责任、负责做好施工单位与勘察设计单位的协助配合和做好工程施工监理工作。

首先，咨询单位协助或代表建设单位（项目业主）对项目施工的进度、质量、造价、安全、文明施工与绿色施工进行监督管理，制定相应的管理目标、实施计划与行动方案，确保这些目标的实现。其次，咨询单位做好工程施工单位与勘察设计单位之间的协调与配合工作，具体工作包括组织勘察设计的现场自行服务；必要时组织对原设计图的专项设计或深化设计；组织设计交底与施工图会审和设计文件的管理等。最后，应按照合同约定，自行承担工程监理职责或委托工程监理单位履行工程监理职责。如自行承担工程监理职责，咨询单位要组建驻场监理团队，制订和实施相应监理措施，采用旁站、巡视和平行检验等方式对项目实施监理，并及时、准确地做好监理工作记录。工程监理的核心内容是：工程总进度目标的总体控制与阶段性控制；履行建设工程质量管理的监理职责；进行工程量计量并签认应支付的工程款，实施工程造价控制；根据相关法律法规和强制性标准，履行建设工程安全生产的监理职责；施工合同管理，参与处理工程变更、工程延期、索赔及施工合同争议等事宜。

施工阶段的工程监理要做好全过程文件、资料、信息的收集、整理、归档与保存工作，确保施工资料、竣工文件的完整性和准确性。工程监理是全过程工程咨询的组成部分，要服从全过程工程咨询服务的总体安排。

（4）竣工验收阶段内容。首先，对建设单位从项目投资决策到实施阶段形成的过程文件、图纸、资料等进行全面的收集、分类、整理，协助建设单位完成竣工验收、竣工结算、工程移交、竣工决算等工作。其次，组织所有施工单位将验收合格的建设项目（子项目）及完整资料文件移交给建设单位（项目业主）。

此阶段的工程咨询，除了制订竣工验收项目交接的工作方案和做好方案实施工作，并编制竣工验收、竣工结算、项目移交、竣工决算报告外，还需要协助项目建设单位（项目业主）做好项目保修的组织与管理工作，如协助签订保修合同、质量缺陷修复费审核等。

3. 竣工交付后运营维护咨询

运营维护阶段内容：全过程工程咨询单位为建设单位提供项目后评价、项目绩效评价、运营维护策划、设施管理、资产管理等方面的咨询服务。

运营维护阶段咨询单位除了对已经竣工验收和投入使用的项目提供设施设备的运营与维护方案，确保项目资产的增值保值之外，还需要对建设项目全过程的经验教训进行系统、全面的总结，为项目的可持续发展提出建议，也为后续的建设项目投资决策和项目实施提供参考。

1.5　建设项目全过程工程咨询的运作模式与组织方式

全过程工程咨询服务是建设咨询市场的一种新型智力服务形式，既符合国际建设市场发展规律，也适应了国内建设行业发展的新需求。要能够满足建设单位（项目业主）和委托方多样化的工程咨询需求，只有坚持以咨询市场需求为导向，创新全过程工程咨询的运作模式和咨询活动的组织方式。

1.5.1　全过程工程咨询的运作模式

全过程工程咨询的运作模式是指各类工程咨询单位采用组织变革方式，实现在建设市场上承揽全过程工程咨询服务的基本样式。

目前，国内建设领域全过程工程咨询有以下三种运作模式，如图 1-1 所示。

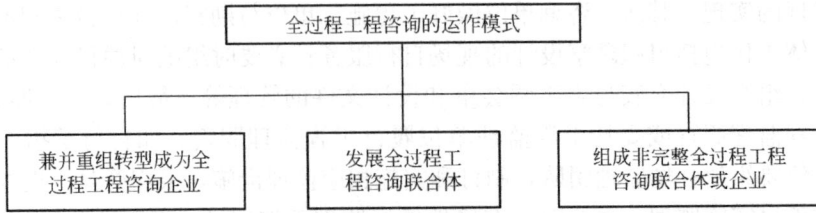

图 1-1　全过程工程咨询的运作模式

1. 兼并重组转型成为全过程工程咨询企业

投资咨询、勘察设计、工程监理、工程造价、项目运维等咨询企业采取并购重组等方式发展成为全过程工程咨询企业，提供全过程工程咨询服务。

目前国内以大型城市建筑设计院（公司）与大型工业设计院（公司）为龙头，通过自我发展或收购兼并其他相关企业逐步发展成为全过程工程咨询企业，向市场提供建设项目全过程工程咨询服务。这是一种典型的完整型全过程工程咨询企业。

同时，还有一些具备多种专业咨询资质与能力（如建设监理、工程造价、招标投标代理等）的企业，也采取收购兼并方式整合其他投资咨询、勘察设计等企业，逐步补齐自身的咨询服务链，形成全过程工程咨询的能力，主动转型成为全过程工程咨询服务企业。

2. 发展全过程工程咨询联合体

工程咨询联合体是指两个或两个以上法人或者其他咨询单位组成一个联合组织，其目的是以一个投标人的身份参与工程咨询投标，承揽全过程工程咨询服务。

由投资咨询、勘察设计、工程监理、工程造价、项目管理等企业采取联合经营、项目合作等方式发展成为全过程工程咨询联营组织，提供完整的全过程工程咨询服务。联合体没有股权参与，只是一种短期的项目合作。

目前国内以勘察设计公司、项目管理公司为主联合其他专业（建设监理、工程造价等）咨询公司牵头组成全过程工程咨询联合体，参与建设咨询市场竞争，也是一种全过程工程咨询服务的常见运作模式。

因为任何企业之间的兼并、合并都涉及相关方的利益平衡，谈判过程会持续一段时间，有时还会出现反复。对于一些暂时无法组建建设项目全生命周期工程咨询企业的咨询单位，联合体也是培养全过程工程咨询能力的选择之一。

3. 组成非完整全过程工程咨询联合体或企业

这是由具有各种专业咨询的企业与其他专业咨询企业整合组成不完整的全过程工程咨询联合体或企业，提供建设项目全过程工程咨询服务链中的部分工程咨询服务。

鉴于目前国内各省市还存在大量的中小型专业咨询公司，如工程监理、工程造价、工程前期咨询、招标采购咨询等公司，这些公司人数不多、资本少、规模不大、服务范围小，只能够提供单项或少数几项专业咨询服务。这些企业无足够资产与能力去兼并其他咨询企业，他们整合其他相关咨询企业的能力较弱，即便是组成小型工程咨询联合体，也只可能提供部分工程咨询服务。

事实上，这类小型咨询联合体就是非完整的全过程咨询联合体，在一段时期内他们还会在国内长期存在，其中有的联合体可能具备某些专业咨询的优势。作为一种补充，这类非完整的全过程咨询联合体同样能够给建设咨询市场提供部分高质量的咨询服务，当下他们仍然有一定的生存空间。

1.5.2　建设项目全过程工程咨询的组织方式

全过程工程咨询的组织方式是指全过程工程咨询活动的组织方式，即工程项目建设单位（项目业主）与各种全过程工程咨询组织签约、委托咨询服务的工作方式。

建设项目全过程工程咨询的活动组织要根据具体建设项目的技术与经济特点（如项目的规模、复杂程度、所涉及的技术领域、投资总额、生态环境、资源条件等）、所在地区社会人文环境、建设咨询市场发展水平等因素，选取针对性好、操作性强的方式。

目前为止，至少有以下三种类型组织方式可供工程项目建设单位（项目业主）选择，如图 1-2 所示。

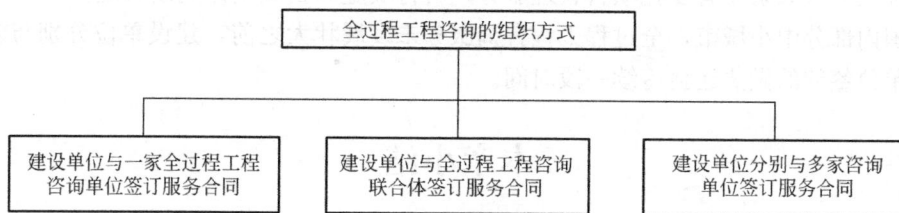

图 1-2　全过程工程咨询的组织方式

1. 建设单位与一家全过程工程咨询单位签订服务合同

建设单位只与一家全过程工程咨询单位签订咨询服务合同。建设单位将整个建设项目的所有工程咨询服务全部发包委托给这家公司。这种方式类似于工程总承包方式。

这种做法的优点在于建设单位对项目的管理更加简化，充分利用外部的智力资源，减少了内部配备各类专业人员的麻烦，也不需要对全过程中各阶段的咨询服务进行协调。这种做法的缺点是与分阶段委托服务相比，建设单位可能会支付更多的全过程工程咨询费用，包括统筹协调费用；另外，能否找到一家适合具体建设项目的全过程工程咨询公司，也是一个不确定的因素。

2. 建设单位与全过程工程咨询联合体签订服务合同

建设单位与全过程工程咨询联合体签订咨询服务合同，是指将整个建设项目的所有工程咨询服务全部发包委托给这个联合体。这种方式类似于联合体工程总承包方式。

联合体是一个临时性的组织，不具有法人资格。组成联合体的目的是增强投标竞争能力，减少联合体各方因支付巨额履约保证金而产生的资金负担，分散联合体各方的投标风险，弥补有关各方技术与智力资源的相对不足，提高各方共同承担咨询项目履约的可靠性。

联合体虽然不是一个法人组织，但是对外投标应以所有组成联合体的各方主体共同的名义进行，不能以其中一个或几个主体的名义进行全过程工程咨询的承揽工作。因此，建设单位要与联合体各方共同签订全过程工程咨询服务合同。而联合体内部之间的权利、义务、责任承担等问题，则需要依据联合体各方订立的联合体协议来解决。

联合体各方均应具备承担招标项目的工程咨询的相应能力，国家有关文件或者工程咨询招标文件对投标人资格条件有规定的，联合体各方均应当达到相应的资格条件。

全过程工程咨询联合体承揽工程咨询服务项目，各省市还在探索过程中，经过一段时间的尝试，还会产生一些新做法、新方式。

3. 建设单位分别与多家工程咨询单位签订服务合同

由于建设项目的特殊性或建设咨询市场不够发达等，建设单位（项目业主）只能分别与多家工程咨询单位签订服务合同，最终形成全过程咨询服务。这实际上是分段式的工程咨询服务的叠加。因为有的咨询单位能提供几项专业咨询，而有的咨询单位则只能提供一项专业咨询。

这种方式的优点是比较于一家全过程工程咨询单位签约，建设单位可能会节省部分工程咨询费用并获得全过程工程咨询服务；但缺点是建设单位增加了工程咨询服务发包的工作量，还需要对各阶段咨询服务和各专项咨询服务进行协调；此外，建设单位需要更多的项目管理人才（如果没有委托项目管理服务）自行实施项目全生命周期管理。

在国内部分中小城市，全过程工程咨询服务未发展壮大之前，建设单位分别与多家工程咨询单位签约的做法还会持续一段时间。

本章小结

建设项目是以工程建设为载体的项目，是一种固定资产投资的活动，是被相关责任方管理的一次性工程建设任务。建设项目全过程工程咨询是对建设项目投资决策、工程建设和项目运营的全生命周期提供包含涉及组织、管理、经济和技术等各有关方面的局部或整体解决方案的智力服务活动的总称，包括项目的全过程管理以及投资、勘察设计、造价、招标代理、施工监理、竣工验收、运行维护等工程建设项目各阶段专业咨询服务。建设项目全过程工程咨询的特点是全生命周期、系统性、多样性、多种组织方式、需要复合型人才。国际工程咨询业经历了200年发展，现在呈现出几大特征：工程项目战略咨询、重视全生命周期咨询、工程咨询服务链向管理延伸、工程咨询与其他行业的联合、咨询企业大型化与小型专业化共存。国内工程咨询业经历了萌芽期、起步期、成长期，现在进入了成熟期，逐步与国际工程咨询业接轨。

建设项目全过程工程咨询的服务模式是1+N+X。全过程工程咨询的服务范围包括投资决策综合性咨询、工程建设过程咨询和项目竣工交付后运营维护咨询。

全过程工程咨询的运作模式是指各类工程咨询单位采用组织变革方式实现在建设市场上承揽全过程工程咨询服务的基本样式，具体包括兼并重组转型成为全过程工程咨询企业、发展全过程工程咨询联合体、组成非完整全过程工程咨询联合体或企业三种模式。全过程工程咨询的组织方式是指全过程工程咨询活动的组织方式，即工程项目建设单位（项目业主）与各种全过程工程咨询组织签约、委托咨询服务的工作方式，具体包括建设单位与一家全过程工程咨询单位签订服务合同、建设单位与全过程工程咨询联合体签订服务合同、建设单位分别与多家工程咨询单位签订服务合同三种方式。

复习思考题

1. 建设项目全过程工程咨询的基本内容是什么？
2. 建设项目全过程工程咨询的显著特点有哪些？
3. 国际工程咨询业的发展趋势是什么？
4. 建设项目全过程工程咨询的服务模式的内涵是什么？
5. 全过程工程咨询的运作模式是什么？有哪几种？
6. 全过程工程咨询的组织方式是什么？有哪几种？

本章参考文献

［1］中国建筑业协会. 中国建筑业协会团体标准　全过程工程咨询服务管理标准 T/CCIAT 0024—2020 ［S］. 北京：中国建筑工业出版社，2020.

［2］胡勇，郭建淼，刘志伟. 全过程工程咨询理论与实施指南 ［M］. 北京：中国电力出版社，2019.

［3］陈金海，等. 建设项目全过程工程咨询指南 ［M］. 北京：中国建筑工业出版社，2018.

［4］宋伟，任代祥. 科技咨询 ［M］. 北京：人民邮电出版社，2015.

［5］宋伟. 项目管理学 ［M］. 2 版. 北京：人民邮电出版社，2013.

［6］宋伟，刘岗. 工程项目管理 ［M］. 2 版. 北京：科学出版社，2012.

第 2 章　全过程工程咨询项目管理

主要内容：

- 工程项目前期咨询
- 工程项目建设实施咨询
- 工程项目竣工验收及移交咨询
- 工程项目运营维护咨询
- 工程项目风险、协调、信息管理咨询
- 全过程工程项目计划与统筹管理
- 建设工程项目审批咨询

学习目标：

通过本章的学习，读者重点掌握建设工程全过程工程咨询项目管理策划、管理流程与管理方法；熟悉建设工程项目全过程工程咨询项目管理的范围；掌握工程项目前期、实施期、竣工移交期和运维期的咨询内容；了解建设工程项目各阶段报批报建办理流程及必备的资料清单。

2.1　工程项目前期咨询

建设工程项目前期咨询的任务是全过程工程咨询单位应按照全过程工程咨询服务合同的要求，完成或协助建设单位完成建设工程项目立项审批、项目征地、项目招标采购、项目勘察设计、项目施工准备等项目管理及咨询服务工作。

建设工程项目前期咨询的目标是力求项目在微观上达到功能、规模、市场、投资效益目标；在宏观上符合国家、地区和行业的发展方向，达成预期的经济效益和社会效益。

建设工程项目前期咨询包括项目决策阶段咨询、项目招标采购阶段咨询、项目勘察设计阶段咨询和项目准备阶段咨询。

2.1.1　项目决策阶段咨询

全过程工程咨询单位应按照全过程工程咨询服务合同要求，与建设单位充分沟通，明确项目建设意图，收集资料，开展市场调查，对项目进行融投资策划、项目建议书编制、可行性研究统筹论证、投资估算、选址意向方案等咨询服务。

1. 项目决策阶段项目策划

项目策划应在规划、可行性研究、方案设计等之前进行，并编制《项目策划报告》，为项目决策提供依据和建议。

（1）项目策划内容

1）市场调研；

2）项目定位；

3）项目设计；

4）项目运营、项目经济策划与评价；

5）项目组织管理策划等。

（2）项目策划动态管理

1）项目策划各项内容完成后应形成相应的策划报告；

2）项目策划特有的系统性和综合性决定了策划内容应在项目实践过程中不断地补充和完善。

项目策划完成及最终目标体系的建立不是一次性的，而是一个动态的过程，随着建设工程项目实施的进展，要不断进行调整、补充和完善，才能真正实现建设单位的意图，才能同时获得经济效益和社会效益。

2. 项目决策阶段项目管理

（1）主要工作内容及流程

1）编制项目建议书并取得批复文件；

2）项目立项备案或核准；

3）编制项目选址意向方案并取得批复文件；

4）委托概念规划方案设计并取得成果文件；

5）编制各项评估评价报告（环境影响评价、节能评估、安全评价、社会稳定风险评价、地质灾害危险性评估、交通影响评价等专项评估评价）及可行性研究报告并取得批复文件。

（2）项目建议书编制管理

项目建议书作为建设工程项目投资，尤其是政府投资项目立项的重要依据，全过程工程咨询单位应对项目建设的必要性进行充分论证，并对主要建设内容、拟建地点、规模、投资估算、资金筹措以及社会效益和经济效益等进行初步分析。项目建议书编制应满足下列要求：

1）依据建设工程项目的相关资料进行编制；

2）编制格式、内容和深度达到规定要求；

3）由专业咨询工程师编制，经全过程工程咨询单位项目总咨询师审核、建设单位确认后，报投资主管部门审批。

（3）项目可行性研究报告编制管理

全过程工程咨询单位负责编制项目可行性研究报告，应重点分析建设工程项目的经济技术可行性、社会效益以及项目资金等主要建设条件的落实情况，应提供多种建设方案进行比选，提出项目建设必要性、可行性和合理性的研究结论。项目可行性研究报告编制应满足下列要求：

1）咨询部门编制时可行性研究报告应满足编制范围、重点、深度、完成时间、费用预算和质量的要求；

2）咨询部门应组建专业齐全、技术资格合格、工作能力匹配、组织有序的团队承担编制任务；

3）咨询部门应根据建设工程项目的特点及项目总体计划要求，对可行性研究报告编制团队制定的编制工作计划和编制大纲提出意见并确定后，作为开展编制工作的依据；

4）可行性研究报告的编制格式、内容和深度达到规定的要求；

5）全过程工程咨询单位应对可行性研究报告编制实施全过程监督管理，在报告初稿形成后，提出修改和完善意见；

6）全过程工程咨询单位应组织对可行性研究报告成果的评审和验收，并按国家、地方和行业的相关规定，完成论证和报审工作。

（4）项目投资估算编制管理

1）项目投资估算的作用

项目建议书中的投资估算是项目投资主管部门审批项目建议书的依据之一，对建设项目的规划有参考作用。项目可行性研究阶段的投资估算是项目投资决策的重要依据，也是分析、计算项目经济效果的基础资料。当可行性研究报告批准后，投资估算额即作为建设项目投资的最高限额，通常不得随意突破。

此外，项目投资估算对建设工程设计概算起控制作用，设计概算不得突破批准的投资估算额；批准的投资估算额可作为建设项目资金筹措及制定贷款计划、向银行申请贷款的依据。

2）项目投资估算编制应满足的要求

① 项目投资估算编制应符合现行国家标准《建设工程造价咨询规范》GB/T 51095 的相关要求；

② 全过程工程咨询单位负责编制项目投资估算工作，并配合参加投资估算评估和答疑等服务；

③ 经审核通过的项目投资估算书作为项目投资估算咨询服务的阶段性成果。

2.1.2　招标采购阶段咨询

建设工程项目的招标采购是在项目决策阶段形成的咨询成果（如项目建议书、可行性研究报告、相关专项研究报告等）基础上，并取得立项批文后进行组织实施。全过程工程咨询单位应按照合同约定及相关法律法规要求自行完成或委托第三方完成所服务项目的招标或非招标采购工作；同时，做好组织、协调、审核和流程管理，并接受建设单位和当地招标投标主管部门的监督检查；按规定完成招标采购有关的审核和备案手续。

1. 咨询服务内容

（1）编制招标采购策划方案；

（2）编制招标文件、合同条款策划；

（3）招标采购过程管理。

2. 招标采购的主要流程

（1）招标准备；

（2）资格预审（采用资格后审方式时不适用）；

（3）招标投标；

（4）开标、评标和定标；

（5）合同签订及后续服务。

3. 招标采购项目管理

（1）招标采购策划管理

全过程工程咨询单位应依据相关法律法规、政策文件、标准规范和工程相关文件对项目进行招标策划工作；按不同招标类别分类并进行充分的研究分析，厘清招标策划重点工作，对可能出现的问题制订出有针对性的预防措施。

（2）招标采购制度管理

全过程工程咨询单位应协助建设单位制定招标采购阶段的管理制度，包括：招标采购组织机构及职责、招标采购工作准则、工作流程、质疑投诉处理、资料移交、服务费支付、招标采购机构的考核制度、招标采购人员职业规范、奖励与处罚，以及建设单位和招标采购部门等各参与方在招标采购过程的会签流程等内容。

（3）招标采购过程管理

建设工程项目招标采购过程管理主要包括招标程序管理及各阶段的工作内容管理。全过程工程咨询单位应严格执行有关法律法规和政策规定的程序和内容，流程规范、内容严谨地组织招标采购过程管理工作。

（4）招标采购合同管理

1）拟定合同条款：合同协议书、通用合同条款、专用合同条款、补充合同条款。

2）要点分析：承包范围以及合同签约双方的责权利和义务；风险的范围及分担办法；严重不平衡报价的控制；进度款的控制支付；工程价款的调整、变更签证的程序及管理；违约及索赔的处理办法。

4. 招标采购流程评价

在项目招标采购完成之后，全过程工程咨询单位应对招标采购流程进行评估，将合同各参与主体在执行过程中的利弊得失、经验教训总结出来，为建设单位同类型招标采购提供借鉴，为全过程工程咨询单位决策层提供参考。

2.1.3　勘察设计阶段咨询

全过程工程咨询单位勘察设计部门应制定项目勘察设计阶段管理制度，确定勘察设计管理目标和流程，配备相应资源。

1. 项目勘察设计策划

全过程工程咨询单位应在项目决策阶段所取得的策划与决策成果的基础上，通过深入收集资料和调查研究，进一步分析和明确建设单位需求，运用组织、管理、经济和技术等手段精心策划项目勘察设计工作，实现项目勘察设计和投资控制的集成与融合，为顺利推进项目招标和施工等奠定良好的基础。

2. 项目勘察设计目标管理

项目勘察设计管理以目标管理为核心，主要包括勘察设计质量管理、进度管理与投资管理。全过程工程咨询单位应督促勘察设计单位按照相关法律法规规定，现行勘察设计相关规范、规程、技术标准的要求，以及合同约定要求开展项目勘察设计工作。

（1）质量目标管理

勘察设计是工程建设质量的关键因素之一。全过程工程咨询单位应加强设计质量管理，提高建筑设计水平，使工程建设项目达到技术先进、经济合理、安全可靠、节约资源、降低成本、质量优良、和谐美观的综合效果。

勘察设计过程的质量管理需要采用动态控制的方法，即通过事先控制、事中控制和事后控制来实现。其最重要的方法就是全过程工程咨询单位在各个勘察设计阶段前编制设计任务书，分阶段提交给设计部门，明确各阶段设计要求和内容，在各阶段设计过程中和结束后及时对设计提出修改意见，并对设计成果进行评审及确认。

（2）进度目标管理

为了保证勘察设计的正常进度，全过程工程咨询单位应督促项目勘察设计单位编制针对勘察设计的总进度计划，并将专项设计及深化设计纳入其出图计划中。

运用计算机软件、网络技术进行全过程监测勘察设计工作进度，动态调整进度计划，尊重勘察设计的规律和出图管理制度，全过程工程咨询单位督促整个勘察设计工作按计划顺利完成。

（3）投资目标管理

全过程工程咨询单位在项目勘察设计阶段的投资目标管理，应根据项目投资估算情况对项目定位、功能、建设标准等提出建议，并根据项目的总体目标确定合理的功能水平，确保初步设计概算不超过立项批复的投资估算，经审查的施工图预算不超过设计概算。

3. 项目勘察设计沟通管理

勘察设计过程内部环节具有环环相扣、紧密联系的逻辑关系，忽视任何环节的内部沟通都可能造成勘察设计过程的混乱。此外，还需要与项目建设单位、施工单位、监理部门积极沟通，交流思想，共同提高设计文件的质量和施工图纸的可操作性，尽量避免施工期的更改与返工。

依据项目勘察设计委托合同，全过程工程咨询单位应进一步明确勘察设计单位与建设单位之间在勘察设计工作方面的关系、联络方式、报告审批制度等。全过程工程咨询单位要主动做好各方的协调与沟通工作，及时交流信息，减少分歧和误解，确保项目勘察设计工作按期、保质地顺利完成。

2.1.4　施工准备阶段咨询

全过程工程咨询单位在建设工程项目施工准备阶段的咨询服务内容主要包括：项目开工前的各项手续应办理完成并取得相应许可证书文件；施工设计文件应通过审查并取得相应审查意见书；各参建单位应已确定并签订合同且已具备进场条件。全过程工程咨询单位应根据建设工程项目的总体策划要求，制定项目工程施工准备阶段的项目管理计划及实施方案，确保建设工程项目按期动工。

1. 报批报建咨询

全过程工程咨询单位除了在项目决策阶段所办理取得的项目立项批复文件（项目建议书、选址意向方案、各项评估评价报告、可行性研究报告等）手续外，还应在项目施工前办理完成并取得或协助建设单位取得以下报批报建手续：

（1）方案设计规划审批；

（2）建设工程地质勘察报告审查；

（3）初步设计审查；

（4）施工图设计审查；

（5）建设用地规划许可证；

（6）建设工程规划许可证；

（7）建设工程施工许可证等阶段性报批报建成果文件及其他相关报批报建手续。

2. 项目施工现场准备咨询

在办理建设工程施工许可证前，全过程工程咨询单位应督促并组织总承包单位及相关参建单位完成以下现场准备工作：

（1）建设工程施工场地三通一平及临时设施搭建；

（2）临时水（给水排水）、电、光纤接口点；建筑红线、水准点等报批报建手续；

（3）坐标放线、文物勘探、土氡浓度检测等并取得相应成果文件；

（4）质监和安监现场勘验并取得备案手续；

（5）民工工资专户开设及协助建设单位办理报建费核缴工作；

（6）施工图设计交底与图纸会审；

（7）办理建筑工程施工许可证。

全过程工程咨询单位应根据上述报批报建工作内容及当地建设主管部门报批报建管理规定、程序要求和项目特点，详细制定项目前期报批报建工作计划和办理流程，对整个报批报建手续办理过程进行统筹管理与协调，确保各项手续成果文件及时顺利取得。

3. 各参建单位施工准备

（1）人员准备

全过程工程咨询单位应根据各参建单位招标投标文件、合同约定的工程施工范围和内容及要求，督促各参建单位及时提交各类管理人员和施工人员计划，并提供花名册及检查实际到岗情况。重点是项目经理、技术负责人、工程测量员、施工员、质量安全管理人员必须按规定及时到岗。

（2）机具、材料准备

全过程工程咨询单位应督促施工单位按施工组织设计所计划的各类施工机具设备、各类施工材料，根据工程施工进展及时进场并满足施工的需要，同时各类材料按规定进行见证取样检验。

2.2　工程项目建设实施咨询

全过程工程咨询实施阶段的项目管理，是指通过一定的组织形式，运用系统工程的观点、理论和方法，对工程建设项目实施阶段的所有系统（包括投资管理体系、质量保证体系、进度保障系统和安全环保管理系统）的运行过程进行计划、组织、指挥、协调和控制，并形成有机集成的管理体系，以达到保证工程质量、缩短工期、提高投资效益的目的。

2.2.1　实施阶段项目管理的基本要求

（1）全过程工程咨询服务单位应组建现场专业团队——项目经理部，承担工程实施阶段咨询服务工作。现场项目经理部应配备具有相应执业资格的项目管理服务人员和各专业咨询服务人员。

（2）明确工程实施咨询服务部门和负责人，界定管理职责与分工。

（3）工程实施咨询服务部门的负责人，应具有相应执业资格，并具有类似工程的工程咨询经验。

（4）工程实施咨询服务部门的负责人应按照全过程工程咨询服务工作大纲的要求，负责工程实施过程中涉及勘察、设计、造价、监理、施工等相关工作的协调和管理，并直接向总咨询师负责。

（5）工程实施咨询服务部门应制定工程实施阶段咨询服务相应的管理制度，确定工程实施咨询服务的管理目标和流程，配备相应资源。

2.2.2　实施阶段项目管理策划

项目经理部必须围绕着项目的总目标，组织、协调参建各方关系。作为全过程工程咨询服务的总集成者，应对项目全生命周期的项目管理进行总体项目策划，而实施阶段的项目策划应包含以下内容。

（1）根据全过程工程咨询服务合同对项目进行投资、进度、质量、安全、环保等方面的管理，建立全面管理制度、明确职责分工和业务关系。

（2）明确投资控制目标、质量目标、进度目标、安全目标、环保目标，在施工阶段主要起到监督、协调、管理的作用。

（3）负责项目投资管理，确定项目投资控制的重点难点，确定项目投资控制目标。

（4）编制项目总控计划，组织建立项目进度管理制度，明确进度管理程序，规定进度管理职责及工作要求。

（5）质量管理应坚持缺陷预防的原则，按照策划、实施、检查、处置的循环方式进行系统运作。

（6）编制安全和环保管理的实施方案及应急预案，确保安全和环保目标的实现。

2.2.3　工程项目合同管理

全过程工程咨询单位通过对合同履行过程中所进行的组织、计划、指挥、监督和协调等工作，促使各参建单位密切配合，进而使人、财、物各要素得到合理组织和利用，保证工程建设活动的顺利进行，提高工程项目管理水平，实现项目工程投资、进度、质量、环保等目标，取得良好的经济效益和社会效益。

1. 全过程工程咨询单位合同管理的主要内容

（1）制订合同实施计划，建立合同台账，进行合同实施控制；

（2）建立项目合同管理制度，确保合同全面履行；

（3）检查各类合同履行情况，确保合同执行中的合规、合法；

（4）对各类合同进行跟踪管理，提供合同管理报告；

（5）及时处理合同纠纷并提出应对措施；

（6）处理合同索赔事宜。

2. 全过程工程咨询单位对合同实施的管理

（1）全过程工程咨询单位应组织项目合同管理部门编制合同实施管理计划。

（2）合同分类及台账建立。针对各类合同的签订顺序及内容，合同管理部门应分类建立合同管理台账，完整记录合同的执行及变更情况。

（3）合同交底。合同实施前，全过程工程咨询单位应组织相关部门和合同谈判人员进行合同交底。造价咨询部门对合同价进行全面、详细的复查，分析存在的问题，根据复查结果制订防范措施。

（4）合同履行跟踪与诊断。全过程工程咨询单位根据合同约定对履约情况进行检查和监督，通报合同实施情况及存在的问题，并提出解决的建议和意见。

（5）合同变更。在合同履行过程中，如出现实施偏差或合同条款与实际发生重大冲突需进行合同条款完善与补充时，全过程工程咨询单位应及时向建设单位汇报。合同管理部门制订纠偏方案或提出补充意见，全过程工程咨询单位应组织有关专业咨询部门进行研究审查，征得相关方的认同后，报建设单位批准并协助建设单位签订补充协议。

（6）合同索赔。当合同履约人提出索赔要求时，全过程工程咨询单位应及时组织相关单位进行索赔材料的审查，使合同索赔主张客观、公正、合规、合法。

2.2.4　实施阶段与勘察设计配合咨询

全过程工程咨询单位在实施阶段的勘察设计咨询管理也是建设工程项目过程中的重要环节。勘察设计在实施阶段的有效监督和管理，以及和实施的协调与配合，对建设工程项目投资、质量、进度控制起着重要影响。

1. 工程实施阶段勘察设计咨询服务的内容

（1）勘察设计文件的接收、分发和存档管理。

（2）提供勘察设计的现场咨询服务。勘察、设计单位按照相关法律法规和合同约定，为工程建设实施现场提供与勘察、设计有关的技术交底、地基验槽、处理现场勘察设计变更事宜、处理现场质量安全事故、参加工程验收等服务。

（3）组织设计人员对原设计图纸进行必要的专项设计或深化设计。

1）编制专项设计及深化设计任务书。明确建设单位需求和专项设计及深化设计技术标准。要求专项设计及深化设计人员严格按照拟定的要求编制设计文件。

2）根据设计任务书，编制专项设计及深化设计的设计方案及质量计划书。

3）加强专项设计及深化设计过程的沟通与交流，各方及时提交设计成果文件。

4）专项设计及深化设计应履行完善的签字、盖章等手续及出图程序。

5）加强设计成果的会审工作，层层把关，全面校审，确保满足总设计要求。

（4）组织设计交底与图纸会审。

2. 工程实施阶段勘察设计咨询服务应注意的事项

（1）建立规范的勘察设计资料档案管理制度，确保图纸的使用和图纸的数量满足实施的需要。

（2）及时响应实施现场提出的技术问题和修改意见。

（3）专项设计和深化设计满足原设计的总体要求。

（4）将设计交底与图纸会审会议纪要及时归档。

2.2.5　工程项目投资控制咨询

1. 全过程工程咨询单位投资控制的工作内容

（1）制定项目投资总控目标；

（2）编制实施阶段年度、季度和月度资金使用计划。根据工程量变化、工期要求和建设单位资金情况等适时调整资金使用计划；

（3）建立各类工程合同与支付台账；

（4）每月进行投资计划值与实际值的比较，并提供各种报表。制订每月的动态成本计划；

（5）审核工程进度款及其他工程付款申请；

（6）控制工程设计变更，控制工程经济签证；

（7）审核及处理各种施工索赔中与资金有关的事宜；

（8）承担人工、材料、设备、机械及专业工程等的市场价格咨询工作，并出具相应的价格咨询报告或审核意见；

（9）组织审核工程合同期中结算。

2. 全过程工程咨询单位对投资控制实施的管理

全过程工程咨询单位应根据项目施工合同及其他相关文件，在满足工程质量和进度要求的前提下，保障工程实际造价不超过预定的建筑安装工程费投资目标。在项目管理过程中，重点注意以下事项：

（1）审核工程形象进度报告与进度款支付申请时，重点审核所涉及的增减工程变更金额和增减索赔金额。

（2）对造价影响较大的工程变更，及时与建设单位沟通处理。

（3）规范现场工程签证，及时办理现场签证手续。

2.2.6　工程项目进度控制咨询

1. 全过程工程咨询单位进度控制的工作内容

（1）编制项目总进度控制计划，依据施工合同确定的总工期制定进度控制目标，按项目实施过程、专业、阶段或实施周期对进度控制目标进行分解；

（2）审查施工单位的项目施工各阶段、年、季、月度的进度计划，并控制其执行；

（3）协调解决影响工程进度控制的关键问题；

（4）在项目实施过程中，进行进度计划值与实际值的比较，及时制订纠偏措施，每月、季和年提交各种进度控制报告。

2. 全过程工程咨询单位对进度控制的实施管理

（1）在保证进度控制目标的前提下，遵从各种资源供应条件，遵循合理的施工顺序，保证工程进度实施的连续性和均衡性。

全过程工程咨询单位根据现实的施工场地条件、资源配置条件，审查施工总进度计划，特别是施工顺序的合理性审查，并对影响工程进度实施的连续性和均衡性的施工方案提出调整或改进措施。

（2）建设项目出现进度偏差时，应及时找出原因，分析对策并提出解决方案。

（3）以关键线路上的各项任务和主要影响因素作为项目进度控制的重点。

进度计划执行过程中，对关键线路的各项任务作为进度控制的重点，不断进行检查，将实际进度与计划进度进行对比，找出偏离计划的原因，特别是找出主要原因。然后，采取有效的措施对计划进行控制、调整、纠偏，以满足进度目标的要求。

（4）保证阶段性施工进度计划与总进度计划目标一致。

应采用动态控制原理，通过对阶段性进度计划的有效控制，保证总进度计划目标的实现。

（5）加强对项目进度有影响的相关方活动的跟踪与协调。

1）全过程工程咨询单位应对进度计划的实施过程进行定期检查和不定期检查。对参建各方进度实施跟踪与统筹协调，合理安排交叉作业，采用有效的奖惩措施，确保总工期目标的实现。

2）跟踪检查后应组织召开专题会议，对检查情况进行汇总，对存在的问题讨论解决办法并督促实施。编写进度检查汇总报告。

2.2.7　工程项目质量控制咨询

全过程工程咨询单位对工程项目质量的控制是项目建设实施过程中极其重要的管理工作，是工程项目是否按照建筑程序、相关法律法规、技术规范、强制性标准达到合同约定的质量要求的重要保证。

1. 工程实施阶段的质量控制应满足的要求

（1）全过程工程咨询单位按照工程施工合同确定的质量要求，编制质量管理规划和质量管理计划，并将其分解为各单项工程、单位工程、分部工程、分项工程的质量目标。

（2）全过程工程咨询单位督促施工单位建立健全质量管理体系和质量管理考核制度，明确各方质量责任和质量管理工作程序流程，检查质量管理体系运行的情况。

（3）全过程工程咨询单位根据合同约定，分解质量责任。

2. 工程实施阶段质量控制咨询服务应包括下列内容

（1）设置质量管理组织机构、明确质量职责，建立项目质量保证体系。

（2）按照实施过程的先后次序，做好事前质量控制、事中质量控制和事后质量控制。

事前质量控制：检查承包人资质，审查参建单位是否建立健全质量管理相关制度，参与施工图纸会审和设计交底，审查主要分部分项工程施工方案，核查施工现场环境及施工条件，检查进场的主要施工设备，签认建筑构配件，设备报验，签认材料的报验，检查参建单位项目质量管理文件的符合性。

事中质量控制：设置质量控制点，严格管理设计变更，加强隐蔽工作验收，过程资料检查。

事后质量控制：工程质量鉴定文件，工程质量验收，工程质量评定。

（3）组织工程竣工验收。

3. 工程实施阶段的质量控制应注意的事项

（1）质量目标细化、明确到具体的责任人。

（2）各项工作任务完成后及时编制和完善相应的质量保证文件。

（3）实施过程质量验收不合格时，督促相关责任人按相关规定和要求进行整改。

（4）质量验收程序规范，参与主体明确。

2.2.8　工程项目安全与环境管理咨询

1. 实施阶段安全与环境管理的工作内容

（1）编制安全文明施工及环境管理计划；

（2）建立项目安全文明施工与环境管理制度；

（3）督促施工单位建立健全施工安全生产管理体系和安全生产责任制度；

（4）进行安全文明施工的考核和奖惩，督促施工单位持续改进项目的安全文明施工措施；

（5）组织安全与文明施工及环境管理检查；

（6）审查施工单位编制的安全应急预案；

（7）组织安全事故调查处理；

（8）组织进行安全管理与环境管理评价。

2. 实施阶段的安全管理的具体工作内容

（1）编制安全文明施工计划，应坚持"安全第一、预防为主、综合治理"的方针，建立安全生产责任制，明确各岗位人员的责任。

督促各参建单位建立专门的安全生产管理体系，明确其安全管理职责，落实各参建单位安全责任。

（2）审查施工单位编制的应急预案并进行备案，督促施工单位组织应急演练，建立健全事故应急处置机制。

（3）针对项目危险源和不利环境因素进行辨识与评估结果，确定对策和控制方案。对危险性较大的分部分项工程编制安全技术措施或专项施工方案。工程监理部门审查施工单位编制的安全技术措施或专项施工方案，并督促施工单位按规定组织专家对超过一定规模的危险性较大的分部分项工程进行专项方案论证。

（4）督促施工单位按规定进行安全技术交底、三级安全教育。

（5）定期召开安全管理会议，制定安全检查制度，定期或不定期进行安全检查，对查出的安全隐患要督促整改及及时复查，形成安全检查记录表。

（6）检查施工现场安全设施的配置是否符合国家及地方的有关规定。

（7）督促施工单位采用对安全生产、职业健康安全和环境管理目标有保证的技术和施工方案。

（8）安全事故发生后，全过程工程咨询单位应督促相关单位立即启动事故应急预案。

（9）评估项目安全生产能力满足规定要求的程度，实施项目安全生产管理标准化工作，督促施工单位按照国家或省、市规定的安全文明施工标准化工地标准进行安全文明施工。

（10）要求各参建单位确保各类人员的职业健康需求，预防可能产生的职业和心理疾病。

3. 实施阶段的环境管理具体工作内容

（1）绿色建造

依据项目环境条件和相关法律法规要求、项目管理范围和项目管理分解结构、项目管理策划的绿色建造要求，督促和审查施工单位编制的涵盖绿色施工及环境保护、职业健康与安全等内容的绿色施工专项方案。它具体包括绿色建造范围和管理职责分工，绿色建造目标和控制指标，重要环境因素控制计划及相应方案，节能减排及污染物控制的主要技术措施，绿色建造所需的资源和费用等内容。

开展绿色施工实施效果考核、评价，督促施工单位持续改进绿色施工措施。

（2）环境管理

全过程工程咨询单位审查施工单位编制的项目环境管理计划。考虑施工现场和周边环境条件、施工可能对环境带来的影响，进行项目环境管理策划。确定施工现场环境管理目标和指标。督促施工单位根据项目环境管理计划进行环境管理交底，实施环境管理培训，落实环境管理手段、设施和设备，确保环境管理目标的实现。

2.3　工程项目竣工验收及移交咨询

竣工验收是指建设工程项目竣工后，全过程工程咨询单位协助建设单位组织各参建单位及上级行政主管部门，按规定验收程序对该项目是否符合合同要求、规划设计要求以及建筑施工和设备安装质量要求，进行全面检验，合格后取得竣工合格资料和相关凭证的过程。

竣工验收是全面检查建设工程项目是否符合建设工程法律法规、技术标准、合同约定和设计要求的重要环节，对促进建设工程项目及时投产、发挥投资效果和总结建设经验有着重要的作用。

《中华人民共和国建筑法》规定：交付竣工验收的建筑工程，必须符合规定的建筑工程质量标准，有完整的工程技术资料、经济资料和经签署的工程保修书，并具备国家规定的其他竣工条件。建筑工程竣工验收合格后，方可交付使用。未经验收或者验收不合格的，不得交付使用。

竣工移交包括项目实体移交和项目资料移交两个部分。

2.3.1　工程项目竣工验收咨询

1. 建设工程项目竣工验收咨询服务的主要内容

（1）督促和审核施工单位编制竣工验收计划。

（2）组织参建单位按工程竣工验收资料统计表整理、完善竣工验收资料。

（3）负责审核各参建单位的竣工验收文件资料，并按竣工验收计划协助建设单位组织竣工验收。

（4）协助建设单位完成竣工结算、竣工移交、竣工决算等工作。

2. 竣工验收计划的编制

建设工程项目竣工验收条件具备后，全过程工程咨询单位组织参建单位成立验收工作小组，编制竣工验收计划，竣工验收计划应明确验收范围、验收时间、组织形式、验收程序及执行的验收标准等内容。施工单位自检合格后，填写工程竣工报告和竣工报验单，并报建设单位批准。

（1）全过程工程咨询单位审核项目竣工验收计划，并全面掌握项目竣工验收条件，认真审核项目竣工验收内容，做到安排的竣工验收计划有具体的可行性措施。

（2）建设单位批准项目竣工验收计划。建设单位核实项目竣工验收实际情况，按照报批程序执行，做到安排的竣工验收计划有可靠的保证。

3. 全过程工程咨询单位对竣工验收的管理

（1）工程完工后，对建设工程项目从项目决策到实施阶段形成的过程文件、图纸、资料等进行全面收集、整理。督促施工单位对工程质量及资料进行自检。

（2）依据有关法律法规、工程建设强制性标准、设计文件、施工合同等对施工单位报送的竣工资料进行审查。

（3）对工程质量进行预验收。对存在的问题，由工程监理部门督促施工单位及时按要求整改。

（4）在预验收合格后，督促工程监理部门对工程质量进行评估，并出具工程质量评估报告。工程质量评估报告应由总监理工程师和全过程工程咨询单位相关负责人审核签字。

（5）督促勘察单位、设计单位对勘察文件、设计文件及施工过程中由设计单位签署的设计变更通知单进行检查，并出具质量检查报告。质量检查报告应由该项目勘察、设计负责人和勘察、设计单位有关负责人审核签字。

（6）在收到施工单位提交的工程竣工报告后应进行审查，确认符合验收要求后提交建设单位。交付竣工验收的工程必须符合相关工程质量标准，有完整的工程技术、经济资料和经签署完整的工程质量保修书，并具备国家规定的其他竣工验收条件。

（7）对符合竣工验收要求的工程，建设单位收到工程竣工报告后实施竣工验收工作。全过程工程咨询单位协助建设单位成立验收组。对于重大工程和技术复杂工程，根据需要可邀请有关专家参加验收组。

（8）竣工验收组应制订工程验收方案，方案包括组织形式、验收程序、执行验收标准等。验收方案经建设单位确认后实施。

（9）工程竣工验收必须接受建设行政主管部门的现场监督。全过程工程咨询单位协助建设单位在工程竣工验收7个工作日前将验收的时间、地点及验收组名单书面通知负责监督的建设行政主管部门，申请竣工验收。

（10）按规定程序组织工程竣工验收。

（11）工程竣工验收合格后，协助建设单位根据工程规模和进度，按照建设、规划、国土、环保、消防、人防、水务、卫生、园林、国安等部门的工作要求，组织安排并验收。

2.3.2　工程项目竣工资料与备案咨询

工程竣工验收合格后，全过程工程咨询单位协助建设单位在规定的时间内将工程竣工验收报告和相关文件报建设行政主管部门备案。

1. 竣工验收资料

（1）建设工程竣工验收报告；

（2）合同文件；

（3）施工许可证；

（4）施工图设计文件审查意见；

（5）工程质量评估报告；

（6）工程勘察、设计质量检查报告；

（7）有关质量检测和功能性试验资料；

（8）规划验收认可文件；

（9）消防验收文件或准许使用文件；

（10）环保验收文件或准许使用文件；

（11）由技术监督局出具的电梯验收准用证及分部验收文件；

（12）燃气工程验收文件；

（13）建设工程质量保修书；

（14）法规、规章、规定必须提供的其他文件。

2. 竣工验收备案

（1）工程竣工验收合格之日起 15 个工作日内，全过程工程咨询单位协助建设单位及时向当地建设行政主管部门竣工验收备案。

（2）备案机关审查竣工验收备案文件完整后，在竣工验收备案表上签署备案意见并签章。

2.3.3　工程项目竣工移交咨询

项目竣工移交在工程竣工备案后进行。建设工程项目竣工移交包括项目实体移交和项目资料移交两个部分。

1. 编制工程移交计划

建设工程项目移交工作开展之前，全过程工程咨询单位督促施工单位制订移交工作计划和移交记录表，明确各项移交验收工作的主体、时间、责任人等事项。移交过程中发现的问题应在移交记录表中明确整改时间，并经整改验收合格后再次移交，最终由移交及接收单位相关负责人签字确认后完成项目实体移交工作。

2. 建设工程项目竣工资料移交

（1）建设工程项目竣工资料移交城建档案馆

工程竣工验收合格 3 个月内，全过程工程咨询单位应协助建设单位组织参建单位按照建设行政主管部门相关规定要求向城建档案馆移交工程档案文件。项目并联验收通过后 6 个月内，将本工程经验收备案合格的工程档案资料移交城建档案馆。

竣工资料移交城建档案馆时，全过程工程咨询单位应协助建设单位组织项目参建单位收集、整理竣工资料，并应在进行工程竣工验收前，提请城建档案馆对竣工资料进行预验收。根据预验收意见限期整改完毕后再进行移交，并取得建设档案资料认可书及资料目录清单。资料移交的份数应按照建设行政主管部门规定的要求执行。

（2）建设工程项目竣工资料移交建设单位

竣工资料应按照建设单位已经发布的项目相关档案管理规定或合同中约定的时间期限内移交。若未规定，可在竣工结算或决算审计结束并正式移交城建档案馆后一个月内完成。

竣工资料移交建设单位时，全过程工程咨询单位组织各参建单位按照建设行政主管部门相关规定要求的归档资料目录进行收集、整理、移交，并完善相关移交手续。

3. 建设工程项目竣工实体移交

工程项目竣工验收合格，建设单位颁发项目工程接收证书后，施工单位进行竣工清场，并经工程监理部门检查验收合格后，正式将项目实体移交给建设单位或建设单位委托的物业单位。

项目实体移交包括建设项目实体、配套的通用设备和专用设备等。施工单位应按合同约定按时移交工程成品，并建立交接记录，完善交接手续。

2.3.4　工程项目竣工结算与决算咨询

1. 竣工结算咨询

工程竣工验收通过后，全过程工程咨询单位应督促施工单位按照施工合同约定在规定的时间内提交竣工结算报告和完整的结算资料。

全过程工程咨询单位应及时进行竣工结算审核。已列入政府审计的项目，全过程工程咨询单位应及时组织审核竣工结算报告或协助建设单位编制竣工财务决算报告并报送审计机关进行审计，建设单位、施工单位、全过程工程咨询单位及其他参建单位应配合审计机关的审计工作。

全过程工程咨询单位审核工程结算的项目内容，审核施工单位报审的结算资料，签署结算报审表以及报审资料清单，并报建设单位确认。

在竣工结算审核过程中出现争议的，全过程工程咨询单位应组织项目参与各方进行会商，依据合同约定和事实协商解决，并形成会议纪要。

竣工结算审核的结论应由建设单位、全过程工程咨询单位、施工单位共同签认。对竣工结算的争议部分按合同约定的争议解决方式处理。

全过程工程咨询单位应组织项目竣工结算报告的审核、确认工作，施工单位提出支付工程竣工结算款的申请，建设单位按照施工合同约定和竣工结算报告的审核意见进行支付。

结算资料、成果文件归档。

2. 竣工决算咨询

（1）竣工决算编制咨询

1）竣工决算严格遵守编、审分离的原则，全过程工程咨询单位不得同时承担同一项目的编制和审计工作。

2）项目竣工决算报告的编制遵循一个概算范围内的工程项目编制一个竣工决算报告的原则。

3）项目竣工决算严格按照国家有关法律法规的规定，实事求是、编报及时、数字准确、内容完整。

4）在编制项目竣工决算前，完成各项账务处理及财产物资的盘点核实，做到账账、账证、账实、账表相符。

（2）竣工决算编制咨询应注意的事项

1）项目竣工决算报告在项目竣工验收交付使用后约定的时间内完成。

2）项目竣工决算未经审批前，建设单位不撤销，项目负责人、财务主管人员、工程技术主管人员不调离。

3）建设单位配合全过程工程咨询服务单位做好项目竣工决算的相关工作。

2.4　工程项目运营维护咨询

在建设工程项目运营维护阶段，全过程工程咨询单位应为建设单位提供项目总结评价、运营维护管理、资产管理等方面的咨询服务与管理。对建设工程项目全过程工程咨询的经验教训进行总结，为后续的建设工程项目决策与实施提供参考。

2.4.1　设施设备管理

全过程工程咨询单位应提供设施设备管理方案，管理方案包含的内容有空间管理、租赁管理、运维管理、环境和风险管理、家具和设备管理、工作场所管理、物业管理、绿色运行管理、其他系统与运维系统的数据交换管理。

通过对设施设备的管理，达到项目价值实现和项目增值的目的。

2.4.2　资产管理咨询

1. 交付使用资产的定义

交付使用资产是指建设单位已经完成了建设工程设备购置与工程建造过程，并按规定程序办理了验收交接手续，交付生产、使用单位的各项资产。它包括房屋、建筑物、机器设备等固定资产；部分资产达不到固定资产标准的工具、器具、家具等流动资产；土地使用权、专利权等无形资产以及递延资产。建设工程产权归属本单位的，计入交付使用资产——固定资产价值；产权不属于本单位的，做转出投资处理，冲销相应的资金。

2. 资产交付流程图

资产交付流程图如图 2-1 所示。

3. 项目资产管理咨询的内容和要求

（1）项目资产管理咨询的内容

项目资产管理咨询的内容包括：资产保值增值分析，运营安全分析和策划，项目运营资产的清查和评估，建设项目招商和租赁管理策划。

（2）项目资产管理咨询的要求

1）全过程工程咨询单位通过对项目资产的分析，为建设单位提供资产管理的依据。

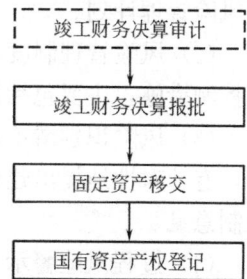

图 2-1　资产交付流程图

2）全过程工程咨询单位充分了解各方需求，为资产管理制订清晰的目标，并为建设单位提供合理化建议。

3）全过程工程咨询单位厘清项目运营各部门和单位的职责和界面，对工作流程运转开展全过程管理和闭环控制。

2.4.3　项目后评价咨询

1. 项目后评价的定义

项目后评价是指在项目建设完成并投入使用或运营一定时间后，对项目的目的、执行过程、效益、作用和影响进行系统、客观的分析和总结的一种技术经济活动。将项目可行性研究报告及审批文件的主要内容与项目建成后所达到的实际效果进行对比分析，找出差距及原因，总结经验教训，提出相应的对策建议，为后续的建设项目决策提供参考，以不断提高投资决策水平和投资效益。

2. 项目后评价咨询服务

项目后评价咨询服务应包括项目自我总结评价报告编制和项目后评价报告编制。

（1）项目自我总结评价报告包括的内容有项目概况、项目实施过程总结、项目实施效果评价、项目目标评价、项目后评价结论、主要经验教训、相关的对策建议。

（2）项目后评价报告包括的内容有项目概况、项目全过程总结和评价、项目效果和效益评价、项目目标和可持续性评价、项目后评价结论、主要经验教训、相关的对策建议。

2.5 工程项目风险、协调、信息管理咨询

2.5.1 工程项目风险管理

建设工程项目风险是指从项目决策到项目竣工验收各阶段有可能发生的并且是不确定性的意外事件，造成人身、财产及经济损失。面对项目风险的不确定性，全过程工程咨询单位应针对项目的特点进行风险识别、评价，制订规范且有序的流程，用以防范项目风险，使建设工程项目的风险保持在一个普遍可以接受的范围内。

1. 工程项目风险管理的主要内容

（1）风险管理计划：全过程工程咨询单位应针对项目各阶段实施的不同特点制订对应的风险管理计划。

（2）风险管理制度：全过程工程咨询单位应针对项目各阶段不同情况采取相应的预防性控制措施，主要包括岗位提示制度、警示警告制度及应急预案等。

（3）风险识别清单：全过程工程咨询单位应根据以往类似项目出现过的风险及处理办法，有针对性地提出建设工程项目的风险识别清单及预防措施，并对可能出现的风险提出控制意见。

（4）过程风险警示：全过程工程咨询单位应针对项目各阶段不同的风险问题或可能出现的风险问题提出警示，以通告各参建单位引起重视和采取措施。

（5）风险管理评价：全过程工程咨询单位应根据项目风险管理措施，对项目风险管理效果实施评价。

2. 工程项目风险管理的基本流程

（1）风险识别：收集与项目风险有关的信息资料，识别项目风险的来源，确定风险因素及发生的条件和发生的概率，编制项目风险识别报告，填写风险识别清单。

（2）风险评估：利用所收集到的数据资料分析和识别报告与清单，通过对各种风险的定性定量分析，确定对工程项目工期、费用等损失量及工程质量、功能和使用等方面的影响程度后，再进一步确定风险量和风险等级，为风险管控提供依据。

（3）风险应对：在风险评估的基础上，制订全面、有效的项目风险控制方案和应急预案。常用的主要风险应对措施有以下几项。

1）风险回避：当经过分析评估的风险过高或发生风险将造成较大程度的损失时，建设工程项目或其中某一阶段的实施方案将被放弃或将其目标进行调整，以回避可能发生的风险。

2）风险转移：通过风险的分析评估，采取项目担保或工程保险进行风险的转移，可

将风险事件发生的部分或全部风险转移到项目外的第三方。

3）风险分散：全过程工程咨询单位应系统地通过对项目各阶段的风险进行全过程识别、分析、评估及监控，按照风险合理分担的原则，充分发挥工程项目各参建方的优势和积极性，以降低风险发生概率、减少风险损失。

4）风险自留：当经过风险分析评估，其风险无法避免时，但建设工程项目所带来的收益远远大于风险所造成的损失，或处理风险发生的成本远远大于风险发生后所造成的损失时可以选择风险自留。全过程工程咨询单位应积极制订风险应急计划，以准备应对风险事件的发生。

（4）风险监控：全过程工程咨询单位应在已识别、分析和预测风险的基础上，做好已识别风险的跟踪记录，对风险的触发条件进行有效监控，实施项目风险的动态周期管理。

（5）风险管理评估评价：建设工程项目完成后，全过程工程咨询单位应对工程项目风险管理实施进行总结评价，评估项目风险管理目标的实现程度，总结经验教训，提高未来项目的风险管理水平。

2.5.2　工程项目协调管理

建设工程项目从项目决策、招标采购、勘察设计、项目实施、项目竣工、项目移交、运营维护全过程是一项复杂的系统工程。在系统参与单位众多的活动过程中，全过程工程咨询单位应协助建设单位调动各种资源，利用工程管理经验，组织和协调好各参与单位和部门之间的关系，做好政府有关部门及毗邻单位的协调工作，保障建设工程项目目标的实现。

1. 外部的协调

（1）与建设单位的协调。建设单位是工程项目的所有者，行使项目的最高权力，咨询单位项目经理部是为建设单位提供服务的，必须服从建设单位的决策、指令。做好沟通协调的要点主要有：①加强双方的理解；②尊重建设单位，注重向建设单位请示、报告；③经常向建设单位解释项目的过程和项目的管理方法，使其理解项目管理方法，减少其非程序干预和越级指挥。

（2）与参与单位的协调。项目的参与单位主要包括咨询、勘察、设计、施工、材料设备供应等单位。它们与全过程工程咨询单位没有直接的合同关系，但根据它们与建设单位合同的约定，必须接受全过程工程咨询单位的领导、组织、协调和监督。

（3）与政府等相关部门的协调。项目各阶段建设行政主管部门及其委托的质量安全监督机构，环保、环卫、消防、城管、街道等部门和机构将对项目实施监督、检查甚至执法。全过程工程咨询单位应做好与这些部门、机构的沟通协调，并要求各参与单位与其做好沟通、协调工作。

2. 内部的协调

（1）员工关系的协调。全过程工程咨询单位的内部机构及人员配备，形成了各专业咨询人员组成的工作体系，其工作效率的高低取决于对员工关系的协调程度与好坏。主要做好以下工作：①咨询人员的使用要取长补短；②工作安排要职责分明；③绩效考核要实事求是；④对矛盾的调解要恰到好处。

（2）组织关系的协调。全过程工程咨询单位在建设工程项目全过程工程咨询服务的机构设置是由若干专业咨询部门组成的项目经理部以及全过程工程咨询单位后台支撑业务部门所形成的工作体系。每个专业咨询部门及业务部门都有着各自的目标和任务。要使每个专业咨询部门及业务部门都从建设工程项目的整体利益出发，理解和履行各自的职责，使整个建设工程项目处于有序的良性状态。

2.5.3　工程项目信息管理

建设工程项目信息管理是指对建设工程项目信息的收集、加工、整理、存储、传递、应用等一系列工作的总称。信息管理是全过程工程咨询单位管理的重要手段之一，及时掌握准确、完整的信息可以帮助全过程工程咨询单位卓有成效地完成咨询服务。

1. 项目信息管理的工作流程

（1）全过程工程咨询单位的信息来源包括建设单位、勘察设计单位、施工单位、政府各相关主管部门、企业内部各业务部门等。

（2）通过信息平台进行信息的采集、筛选、归纳和编码。

（3）项目资料按信息分类编码系统建立页面。

（4）各类信息收集时，做到及时、准确、真实、完整。

（5）信息的运用。

2. 项目实施阶段信息的收集

（1）建设工程施工现场的地质、水文、测量、气象等数据；地上、地下管线，地下洞室，地上既有建筑物、构筑物及树木、道路，建筑红线，水、电、气管道的引入标志；地质勘察报告、地形测量图及标桩等环境信息。

（2）施工单位机构组成及进场人员资格；施工现场质量及安全生产保证体系；施工组织设计及（专项）施工方案、施工进度计划；分包单位资格等信息。

（3）进场设备的规格型号、保修记录；工程材料、构配件、设备的进场、保管、使用等信息。

（4）施工项目管理机构的管理程序；承包人内部工程质量、成本、进度控制及安全生产管理的措施及实施效果；工序交接制度；事故处理程序；应急预案等信息。

（5）施工中需要执行的国家、行业或地方工程建设标准；施工合同履行情况等信息。

（6）施工过程中发生的工程数据，如地基验槽及处理记录、工序交接检查记录、隐蔽工程检查验收记录、分部分项工程检查验收记录等信息。

（7）工程材料、构配件、设备质量证明资料及现场检测报告。

（8）设备安装试运行及测试信息，如电气接地电阻、绝缘电阻测试，管道通水、通气、通风试验，电梯施工试验，消防报警、自动喷淋系统联动试验等信息。

（9）工期索赔相关信息，如索赔处理程序、索赔处理依据、索赔证据等。

3. 项目信息的加工、整理、分发、检索和存储

（1）信息的加工和整理

信息的加工和整理主要是指将所获得的数据和信息通过鉴别、选择、核对、合并、排序、更新、计算、汇总等，生成不同形式的数据和信息，目的是提供给各类管理人员使用。

全过程工程咨询单位对数据和信息的加工首先需要鉴别数据和信息的真实性。一般而言，项目管理人员自己收集的数据和信息的可靠度较高；而对于施工单位报送的数据，就需要鉴别真实性、核对可靠性，对于动态数据需要及时更新。

（2）信息的分发和检索

加工整理后的信息要及时提供给需要使用信息的人员，信息的分发要根据需要来进行。信息的检索需要建立在一定的分级管理制度上。信息分发和检索的基本原则是：需要信息的部门和人员有权在第一时间方便地得到所需要的信息。

（3）信息的存储

全过程工程咨询单位应建立统一数据库来存储信息。这需要根据建设工程实际，规范地组织数据库文件。

1）按照工程进行组织，同一工程按照质量、造价、进度、合同等类别组织，各类信息再进一步根据具体情况细化；

2）工程参建各方要协调统一数据存储方式，数据文件名要规范化，要建立统一的编码体系；

3）尽可能以网络数据库形式存储数据，减少数据剩余，保证数据的唯一性并实现数据共享。

2.6　全过程工程项目计划与统筹管理

全过程工程咨询单位应根据项目性质、特征、建设模式以及服务合同进行管理策划。管理策划主要包括项目管理范围、项目管理组织、项目管理流程、项目管理制度等。编制全过程工程咨询服务规划大纲，用以指导全过程工程咨询工作的开展；编制专业咨询服务实施方案，用以指导各专业咨询工作。

全过程工程咨询服务规划大纲应根据全过程工程咨询服务合同进行编制，并应明确全过程工程咨询服务的目标和控制要求及管理职责和实施程序。专业咨询服务实施方案应根据全过程工程咨询服务规划大纲要求进行编制，并结合各专业咨询服务对规划大纲的相应内容进行细化，且具有可操作性。专业咨询服务实施方案应在全过程工程咨询服务团队内部进行交底并形成交底记录。

2.6.1　工程项目前期计划与统筹管理

建设工程项目前期计划与统筹管理包括项目决策阶段和项目准备阶段的计划与统筹管理。

1. 项目决策阶段的计划与统筹管理

（1）项目决策阶段咨询服务范围。全过程工程咨询单位应按照全过程工程咨询服务合同要求，与建设单位充分沟通并开展市场调查、项目投融资策划、项目建议书编制、可行性研究论证、投资估算等咨询服务范围的工作。

（2）项目决策阶段咨询服务内容。全过程工程咨询单位按照咨询服务范围完成项目策划报告、项目建议书、选址意向方案、专项评估评价（水土保持报告、节能评估、环境影响评价、安全评价、社会稳定风险评价、地质灾害危险性评价、交通影响评价等）、可行性研究报告、投资估算等的编制，并取得相应的批复文件。

（3）全过程工程咨询单位根据项目决策咨询服务范围、服务内容及项目策划要求制订各专项咨询服务计划，并明确目标和成果文件要求。

（4）全过程工程咨询单位应对项目决策阶段的咨询服务工作进行统筹安排和管理，以确保按计划完成各专项咨询服务工作。其主要步骤包括：

1）确定具有相应能力及资质的编制（人）单位；

2）向编制（人）单位进行项目使用功能及相关要求交底，并提供相关资料；

3）督促编制（人）单位按时编制相应报告；

4）复核审查编制成果文件；

5）及时向相关行政主管部门递交报批成果文件，按流程完成报批工作，并取得相应的批复文件；

6）在项目建议书和可行性研究报告编制过程中，对编制（人）单位编制的投资估算的客观性、全面性、合理性进行审核。可行性研究报告批准后，其投资估算额即作为建设项目投资的最高限额，不得随意突破。

2. 项目准备阶段的计划与统筹管理

项目准备阶段的计划与统筹管理包括招标采购、合同管理、投资控制、勘察设计、报批报建等咨询服务工作。全过程工程咨询单位应对建设项目准备阶段各参与单位进行组织、协调、计划与统筹管理，确保建设工程项目准备阶段各项准备工作的顺利完成，按计划进入项目实施阶段。

（1）招标采购

建设工程项目招标采购咨询服务应在项目取得有关项目建议书、可行性研究报告、立项批文后组织实施。全过程工程咨询单位应根据合同约定开展项目的招标或非招标采购工作，编制招标策划方案，制订整个项目的招标采购计划；全面做好项目招标采购的组织、协调、审核和流程管理，确保各项招标采购合规合法、公平公正。

（2）合同管理

全过程工程咨询单位不仅要做好招标过程中项目合同策划，而且要对项目签订的各类合同进行科学、系统、全面的管理。建立项目合同管理制度及各类合同台账，明确合同管理体系、组织、职责、内容及流程等，以保证项目有序进行。

（3）投资控制

全过程工程咨询单位对建设工程项目准备阶段的投资控制应做到：

1）建立覆盖项目全过程的投资管理体系、组织和制度，配备相应专业咨询人员；

2）对造价咨询工作进行协调、管理、监督，对造价咨询成果进行复核；

3）对初步设计概算和施工图预算进行客观、合理、全面的审核；

4）初步设计概算不超过批准的投资估算，施工图预算不超过批准的初步设计概算；

5）在项目整个设计过程中，认真做好限额设计等。

（4）勘察设计

全过程工程咨询单位应成立勘察设计咨询管理部门，明确管理负责人，界定管理职责与分工，制定相应管理制度，确定管理目标和流程，配备相应资源。根据项目总体策划要求进行任务分解，制定勘察设计进度计划及目标管理细则。

勘察设计目标管理主要包括质量目标、进度目标、投资目标、过程管理及组织协调等。

（5）报批报建

全过程工程咨询单位应在项目决策咨询阶段完成或协助建设单位完成并取得：

1）项目立项批复文件（项目建议书、选址意向方案、各项评估评价报告、可行性研究报告等）；

2）方案设计规划审批；

3）建设工程地质勘察报告审查；

4）初步设计审查；

5）施工图设计审查；

6）建设用地规划许可证；

7）建设工程规划许可证；

8）建设工程施工许可证等阶段性报批报建成果文件及其他相关报批报建手续。

在办理建设工程施工许可证前，全过程工程咨询单位应督促并组织总承包单位及相关单位完成：

1）建设工程施工场地三通一平及临时设施搭建；

2）临时水、电、光纤、建筑红线、水准点等报批报建手续；

3）坐标放线、文物勘探、土氡浓度检测等并取得相应成果文件；

4）质监和安监现场勘验并取得备案手续；

5）民工工资专户开设及协助建设单位办理报建费核缴工作；

6）施工图设计交底与图纸会审；

7）办理建筑工程施工许可证。

全过程工程咨询单位应根据上述报批报建工作内容及项目所在地建设主管部门报批报建管理规定、程序要求和项目特点，详细制订项目前期报批报建工作计划和办理流程，对整个报批报建手续办理过程进行统筹管理与协调，确保各项手续成果文件及时、顺利的取得。

2.6.2　工程项目实施计划与统筹管理

建设工程项目实施阶段是工程设计意图的最终实现并形成实体的过程。项目前期各项手续应已具备，施工设计文件应已通过审查，各参建单位应已确定并签订合同且已具备进场条件。全过程工程咨询单位应根据建设工程项目的总体策划要求，编制项目实施阶段的项目管理规划大纲及项目管理实施方案，制定项目实施阶段投资、进度、质量、安全与环境等管理目标计划、管理制度与控制流程，并实施全过程管理与控制。

1. 投资控制

全过程工程咨询单位应建立项目实施阶段投资控制管理制度与流程，对造价咨询部门进行组织、协调与管理，对提交的造价咨询成果进行复核。根据项目施工合同及其他相关文件，在满足工程质量和进度的前提下，确保工程实际造价不超过经批准后的概算金额。

2. 进度控制

全过程工程咨询单位应根据合同约定工期及建设单位要求对项目实施阶段全过程进行统一部署，制定总进度计划目标和里程碑及节点控制计划。

（1）编制项目实施总进度目标计划和阶段性目标计划，经建设单位审批后执行，并在执行过程中监督、检查、优化及控制。如发现偏差，及时采取有效措施对计划进行调整，保证项目工期目标的实现。

（2）审核施工单位编制的工程施工年、季、月度进度计划，经建设单位审批后执行，并作为施工单位组织施工的进度依据。

（3）根据总进度控制计划审核施工单位及材料、设备供应商提交的材料设备供货进场计划，并在执行过程中监督、检查。

（4）在项目实施过程中，每月对进度计划值与实际进度值进行比较，分析偏差原因，及时制订纠偏方案与调整措施，确保总进度计划目标的实现。提交月度、季度和年度工程进度控制报告。

3. 质量控制

全过程工程咨询单位根据施工合同确定的质量要求，制定项目实施总体质量目标，并将其分解为单位工程、单项工程、分部分项工程质量目标，同时将质量目标细化明确到具体责任人。全过程工程咨询单位应建立质量管理制度和质量管理考核制度，明确各参建方的质量责任和质量管理工作程序及流程，督促项目各参建方建立健全质量管理体系，落实各项质量管理制度，并在执行过程中监督、检查、考核。

（1）编制质量计划、实施质量控制、开展质量检查与处置、落实质量改进计划。

（2）审查及审批施工方案、专项方案，对超过一定规模的危险性较大的分部分项工程的专项方案，督促施工单位组织进行专项方案专家论证。设置质量控制点并及时跟踪检查。

（3）组织进行施工工序、隐蔽工程、分部分项工程验收。

4. 合同管理

全过程工程咨询单位应建立项目合同管理制度及流程，确保合同依法订立和全面履行。

（1）制订合同实施管理计划，进行合同实施跟踪控制及合同管理总结等，确保合同执行中的合规、合法。

（2）协助建设单位起草总承包范围外的专项分包、甲供（如有）材料和设备合同，参与各类合同谈判、评审和签订。

（3）严格按照合同约定及法律法规及时处理合同纠纷及索赔，并提出有效应对措施。

5. 安全与环境管理

全过程工程咨询单位应根据合同约定及建设工程项目的具体情况，依照现行法律法规、管理条例，组织制订项目安全文明施工与绿色施工目标计划；督促施工单位按照国家或省、市相关规定的安全文明施工及绿色施工标准化工地标准组织施工；督促各参建单位建立专门的安全生产管理体系，明确其安全管理职能，落实各参建单位安全责任。全过程工程咨询单位应坚持"安全第一、预防为主、综合治理"的方针，建立健全安全生产责任制，明确各岗位人员的责任。

6. 信息资料管理

信息资料管理的重点工作包括：

（1）项目信息的收集；

（2）项目信息的加工、整理、分发、检索、存储和应用。

全过程工程咨询单位应制定完善的项目资料管理制度和流程，编制项目实施阶段资料管理工作计划，确保资料收集、分类、整理、完善、组卷、归档的及时性和准确性。

7. 风险管理

全过程工程咨询单位应结合建设工程项目的用途和工程特点，对项目实施过程中容易产生的风险因素进行全面的分析和识别，并根据分析结果制订对应的解决措施。

（1）编制科学、合理的质量风险、进度风险控制方案；

（2）制订切实可行的投资风险控制对策；

（3）制订全面、有效的各施工环节中一切安全及环保风险控制措施等。

2.6.3　工程项目竣工验收计划与统筹管理

全过程工程咨询单位应根据建设工程项目全过程工程咨询服务合同约定及项目性质特点和项目收尾进度，结合项目当地建设主管部门对建设工程项目竣工验收的管理规定要求，制订具体的竣工验收工作计划，明确验收范围、验收时间、组织形式、验收程序及执行验收标准等。全过程工程咨询单位应对项目从前期咨询到实施阶段所形成的全部过程文件、图纸、资料等进行全面收集、整理，协助建设单位完成建设工程项目竣工验收、试车、竣工移交、竣工结算与决算、资料归档备案及质量保修等各环节的统筹管理。

1. 竣工验收

建设工程项目的竣工验收是考核和检查建设工程是否符合设计要求和工程质量的关键环节，是资产转入运营的标志。全过程工程咨询单位应制订项目竣工验收的具体计划与方案，主要包括验收的程序、验收的依据和验收的条件以及验收组织管理，协助建设单位完成竣工验收工作。

2. 竣工结算

竣工结算见第 2 章第 2.3.4 节。

3. 档案管理

全过程工程咨询单位应组织各参建单位按竣工验收计划收集、整理、归档项目竣工资料。对竣工档案资料进行严格审核，保证竣工档案资料的完整性。竣工档案资料应满足现行法律法规及属地档案馆的规定要求。

4. 竣工移交

竣工移交见第 2 章第 2.3.3 节。

5. 竣工决算

竣工决算见第 2 章第 2.3.4 节。

6. 质量保修

全过程工程咨询单位应根据合同约定和法律法规、规范规定，制定项目质量保修期管理制度和保修工作计划，协助建设单位进行项目质量保修的组织与管理，并实施监督。

2.6.4　工程项目运营维护计划与统筹管理

在建设工程项目运营维护阶段，全过程工程咨询单位应为建设单位提供项目自我总结评价、运营维护管理、资产管理等方面的咨询服务计划与统筹管理；对建设工程项目全过程工程咨询的经验教训进行总结，为后续的建设工程项目决策与实施提供参考。

1. 项目自我总结评价

全过程工程咨询单位应按照其依据真实、建设工程资料可靠、运营维护资料齐全及相关文件资料编制项目自我总结评价报告。

2. 设施设备管理

全过程工程咨询单位应为建设工程项目提供设施设备管理方案、管理要求和管理建议，以保证项目的价值实现和项目的增值。

3. 资产管理

全过程工程咨询单位应通过对资产和运营的分析，为建设单位提供资产管理的依据；通过充分了解各方需求，为资产管理制定清晰的目标，并为建设单位提供合理化建议。

2.7　建设工程项目审批咨询

2.7.1　建设工程项目审批概述

1. 建设工程项目审批的定义

建设工程项目审批是依照建设工程程序办理政府各职能部门的审批手续。在建设项目管理过程中，项目的报批报建是一个非常重要的环节。如果项目没有按照法定的程序进行审批，那么整个项目的建设就是一种非法行为，项目的建设单位可能面临重大的法律风险。

在全过程工程咨询项目管理过程中，全过程工程咨询单位代表项目建设单位负责工程项目管理，原来建设单位承担的项目报批报建管理的责任也就转移给全过程工程咨询单位。组织良好的项目报批报建咨询工作，是全过程工程咨询单位履行项目管理的重要职责。

报批报建贯穿于项目建设行为的始终，从头到尾涉及几十个关键节点，且环环相扣、紧密相连。除了顺利完成每个节点的报建工作外，还需根据项目的整体实施计划、经营目标等要求统筹安排各个环节，孰先孰后、孰重孰轻、并行串行，要了然于胸。既要统筹管理整体报批报建工作节奏，又要运用报批报建技巧尽量节省时间。如果报建审批不顺利，就可能极大影响项目建设的总周期，还会增加项目成本，直接影响工程项目的经济效益和社会效益。因此，从这一角度看，建设程序与项目审批咨询的重要性是不言而喻的。

2. 全过程工程咨询报批报建流程示意图

建设工程项目审批程序可能因项目所在地、项目类型的不同而不同。因此，要完成基本建设工程项目审批程序，必须对应特定的项目条件。四川省房屋建筑类一般政府投资项目的基本建设程序如图 2-2 所示。

从图 2-2 中可以看出，项目报批报建贯穿于项目建设全过程，在不同的项目阶段，需要有不同的政府主管行政职能部门进行审批。其中，最关键的审批环节包括项目建议书、可行性研究报告、建设用地规划许可证、国有土地使用证、建设工程规划许可证、建设工程施工许可证、竣工验收及备案等。各地关于项目建设审批流程可能在细节上有所不同，但大体上按照类似的程序进行。

```
┌─────────────────────────────────────────────────────────────────────────┐
│  ┌─────────────────────────────────────────────────────────┐            │
│  │  ┌──────────┐                                            │   决策阶段  │
│  │  │ 项目建议书 │                                            │            │
│  │  └──────────┘                                            │            │
│  │  ┌──────────┐                                            │            │
│  │  │ 可行性研究 │                                            │            │
│  │  └──────────┘                                            │            │
│  │  ┌──────────┐          ┌──────┐                          │            │
│  │  │ 选址意见书 │          │ 立项 │                          │            │
│  │  └──────────┘          └──────┘                          │            │
│  │  ┌──────────┐                                            │            │
│  │  │ 稳评、节能、│                                           │            │
│  │  │ 水保、交评、│                                           │            │
│  │  │ 环评备案  │                                            │            │
│  │  └──────────┘                                            │            │
│  │  ┌──────────┐                                            │            │
│  │  │ 划拨决定书 │                                            │            │
│  │  └──────────┘                                            │            │
│  └─────────────────────────────────────────────────────────┘            │
```

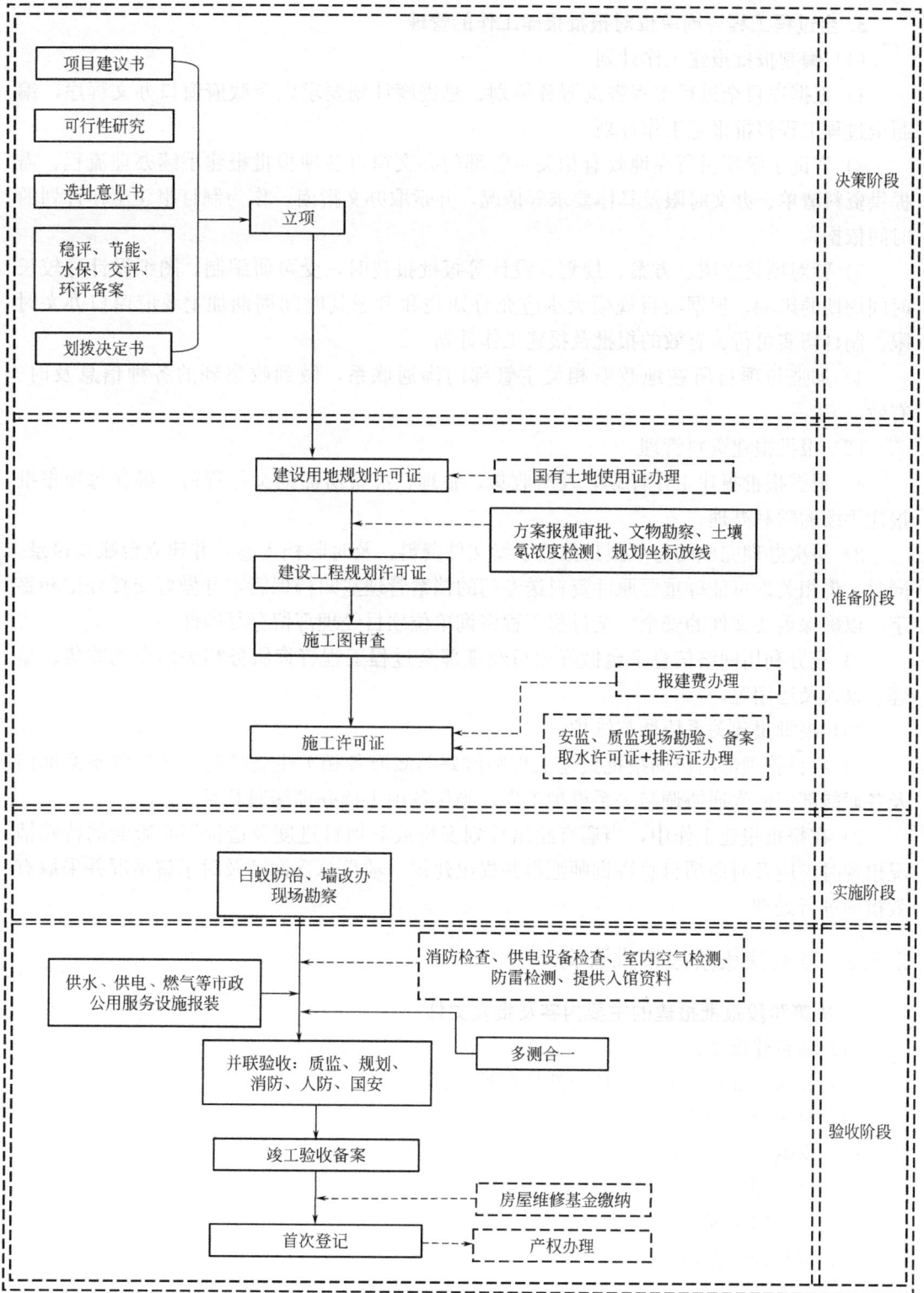

图 2-2　全过程工程咨询报批报建流程示意图

3. 全过程工程咨询单位对报批报建工作的管理

（1）编制报批报建工作计划

1）根据项目全过程工程咨询服务策划、总进度计划要求以及政府窗口办文程序，编制全过程工程报批报建工作计划。

2）咨询了解项目所在地政府相关主管部门办文窗口各项报批报建手续办理流程、需提供资料清单、办文时限及具体要求等情况，并索取办文指南，作为制订报建工作计划的时间依据。

3）针对项目立项、方案、规划、设计等报批报建时，受可研编制、图纸设计等较长时间周期的影响，根据项目规模大小应充分知晓和考虑其时间周期加上政府窗口办文时限，制订切实可行、有效的报批及报建工作计划。

4）加强与项目所在地政府相关主管部门沟通联系，做到收集到的各种信息及时、有效。

（2）报批报建资料管理

1）根据报批报建工作计划，及时收集、整理、准备所需的文件资料，确保每项报批报建手续的顺利办理。

2）每次办理完成的每项报批报建手续文件资料，及时归档入卷，并建立台账及目录。同时，将相关许可证等重要原件资料送专门的档案管理室归档保管，并做好交接登记和签字，以确保重要文件的安全。全过程工程咨询单位项目经理部留存复印件。

3）充分利用网络信息平台做好项目经理部全过程工程咨询服务相关信息的收集、整理、录入及运用等。

（3）报批报建关系协调与维护

1）项目管理部门协同报批报建工程师做好与政府各相关主管部门、各验收备案部门及各职能部门的沟通协调与关系维护工作，确保各项手续办理畅通及时。

2）在报批报建工作中，当遇有超出计划安排或对项目进度及造价等有影响的特殊情况出现时，应及时向项目总咨询师汇报并提出建议，项目总咨询师及时了解情况并采取有效措施进行处理。

2.7.2　项目决策阶段审批咨询

1. 决策阶段报批报建的主要内容及批复文件

（1）项目建议书；

（2）项目选址意向方案及项目选址意见书；

（3）水土保持报告；

（4）交通影响评价；

（5）节能评估；

（6）环境影响评价；

（7）可行性研究报告；

（8）安全预评价；

（9）其他事项。

2. 全过程工程咨询单位在决策阶段报批报建的主要工作

（1）根据完成各项审批和工作任务所需时间的要求，制订项目决策阶段的报批报建计划；

（2）及时向具有相应审批权限的政府行政职能主管部门递交报批文件；

（3）重点关注国家发展改革委的项目建议书、可行性研究报告的审批；

（4）按照具有相应审批权限的政府行政职能主管部门的流程完成报批工作。

2.7.3 项目准备阶段审批咨询

1. 准备阶段报批报建的主要内容及报建成果文件

（1）建设用地规划许可证；

（2）方案设计规划审批；

（3）建设工程规划许可证；

（4）施工图设计文件审查；

（5）建设工程施工许可证；

（6）办理临时用水、用电、建筑红线、水准点等开工前现场报建手续；

（7）组织相关单位完成坐标放线、文物勘探、土壤氡气浓度检测等开工前的相关工作，并取得相应成果文件；

（8）协助建设单位、施工图审查单位、设计单位、勘察单位完成地质勘察报告及设计文件的施工图审查工作，取得相应的审查意见书；

（9）办理报建费核缴工作；

（10）组织相关单位及时完成施工现场勘验、安监备案、质监备案等相关手续；

（11）完成建设项目可能涉及消防论证、绿色建筑、超限论证等特殊性报建工作的相关事项，并应符合项目所在地相关政府职能行政主管部门对报建工作的特殊要求；

（12）其他事项。

2. 全过程工程咨询单位项目准备阶段报批报建的主要工作

（1）项目准备阶段的报批报建工作关系到项目能否顺利开工，全过程工程咨询单位应根据完成各项审批和工作任务所需时间的要求，制订本阶段相关的报建工作计划；

（2）准备阶段报批报建的重点工作任务是建设用地规划许可证、建设工程规划许可证、建设工程施工许可证的办理；

（3）落实项目周边供水、供电、供气、市政接口等相关情况，并及时将资料发放相关参建单位；

（4）及时对报建工作计划进行跟踪落实以及纠偏；

（5）完成报批报建资料的归档、保管、移交；

（6）做好与相关政府职能行政主管部门的沟通协调工作。

2.7.4 项目实施阶段审批咨询

由于大量的报批报建工作内容在项目准备阶段已经完成，所以建设工程项目实施阶段的报批报建工作较为简单。其主要报批报建工作有白蚁防治，墙体改革办公室（以下简称墙改办）现场勘察工作，并取得相关手续，核实绿色建筑和装配式建筑指标以及重大设计变更的报审工作等。

（1）白蚁防治检测机构按照工程建设节点对白蚁防治进行检测，并出具检测报告。

（2）墙改办检查新型墙体材料的质量、生产和使用情况，并出具相关合格手续。

（3）各地对绿色建筑作出新规定。例如，《成都市城乡建设委员会关于把绿色建筑和装配式建筑建设条件作为项目基本情况纳入建设全过程咨询管理的通知》（成建委〔2017〕354号）要求，全过程工程咨询单位应根据建设工程项目的类型和规模，核实项目在前期土地出让、项目设计、施工招标和中标及备案、质监和安监备案、施工许可办理各阶段所取得的相关手续文件中，对绿色建筑的星级标准和装配式建筑的装配率指标相关条文和要求是否一致；在施工过程中，全过程工程咨询单位应协助建设单位做好绿色建筑和装配式建筑建设要求的落实，并督促施工单位做好进场材料质量把关和施工安装质量安全管理。

（4）及时跟踪设计、施工阶段的设计变更等资料的管理。重大设计变更涉及需重新报相关政府职能行政主管部门审批的，应完善相关报审工作。

2.7.5　项目竣工验收阶段审批咨询

1. 竣工验收阶段报批报建的主要内容及报建成果文件

（1）建设工程竣工验收报告；

（2）安全验收评价；

（3）建设工程档案验收意见书；

（4）建设工程规划核实意见书；

（5）建设工程规划土地核实意见书；

（6）国家安全事项验收批复文件；

（7）建设项目人防工程竣工验收意见书；

（8）建设工程消防验收意见书；

（9）建设工程并联并行验收及备案意见书；

（10）环境保护验收意见书；

（11）多测合一报告；

（12）组织相关政府行政职能主管部门对公共建筑配套进行现场勘验，合格后出具公共建筑履行证明；

（13）办理房屋维修基金核缴工作；

（14）不动产证；

（15）其他事项。

2. 全过程工程咨询单位项目竣工验收阶段报批报建的主要工作

（1）项目竣工验收阶段的报批报建工作是建设工程项目实现建设目标并取得最终成果的重要体现。全过程工程咨询单位应根据完成各项审批和工作任务所需时间的要求，制订本阶段的报建工作计划；

（2）严格落实报批报建工作计划，并根据实际情况做出应有的调整；

（3）完成报建资料的归档、保管、移交；

（4）做好与相关政府职能行政主管部门的沟通协调工作。

本章小结

　　全过程工程咨询是全过程工程咨询单位提供的项目前期决策阶段、准备阶段、实施阶段和运营维护阶段的项目管理服务和专业咨询服务。

　　本章依据相关法律法规、技术标准对全过程工程咨询单位项目管理体系的建立，各阶段项目管理的内容、项目管理流程和方法的阐述，以及对全过程工程项目风险管理、信息管理、报批报建的统筹管理分析，明晰了全过程工程咨询服务项目管理遵循的基本原则、基本思路和管理方法。为开展全过程工程咨询项目管理提供了体系化解决方案。

复习思考题

　　1. 项目建议书的编制和评估应注意哪些事项？

　　2. 可行性研究报告的编制应满足哪些要求？

　　3. 招标采购阶段的咨询服务应包括哪些内容？

　　4. 工程实施阶段投资控制咨询服务的工作内容是什么？

　　5. 工程实施阶段进度控制应满足哪些要求？

　　6. 工程实施阶段质量控制咨询服务应包括的内容是什么？

　　7. 项目竣工移交应满足的要求是什么？

　　8. 项目后评价应包含哪两个部分？

本章参考文献

[1] 四川省住房与城乡建设厅. 四川省工程建设地方标准　四川省建设工程项目管理标准 DBJ51/T 101—2018 [S]. 成都：西南交通大学出版社，2018.

[2] 中国建筑业协会. 中国建筑业协会团体标准　全过程工程咨询服务管理标准 T/CCIAT 0024—2020 [S]. 北京：中国建筑工业出版社，2020.

[3] 吴玉珊，等. 建设项目全过程工程咨询理论与实务 [M]. 北京：中国建筑工业出版社，2018.

[4] 中国建设工程造价管理协会. 全过程工程咨询典型案例——以投资控制为核心 [M]. 北京：中国建筑工业出版社，2021.

[5] 王宏毅. 大型剧院类项目全过程工程咨询——四川大剧院实践案例 [M]. 北京：中国建筑工业出版社，2020.

第3章　全过程工程咨询组织

主要内容：
- 全过程工程咨询组织与机构设置
- 全过程工程咨询人员素质与职责
- 全过程工程咨询单位遴选策略与履约能力

学习目标：

通过本章的学习，读者可以掌握全过程工程咨询组织的组织方式与组织结构；掌握全过程工程咨询单位遴选方法与应具备的履约能力；了解全过程工程咨询机构组建原则；了解全过程工程咨询团队在咨询活动中起到的作用；了解全过程工程咨询人员素质与职责。

3.1　全过程工程咨询组织与机构设置

3.1.1　基本概念

（1）全过程工程咨询单位

全过程工程咨询单位是指建设项目全过程工程咨询服务的提供方。全过程工程咨询单位应具有国家现行法律规定的与工程规模和委托工作内容相适应的工程咨询、规划、勘察、设计、监理、招标代理、造价咨询等一项或多项资质（或资信），可以是独立咨询单位或咨询单位组成的联合体。

（2）专业咨询单位

专业咨询单位是指为项目提供投资、规划、勘察、设计、造价、招标代理、监理、BIM技术等专业咨询工作的咨询单位。

（3）总咨询师

总咨询师是指全过程工程咨询单位委派或投资人指定，具有相应资格和能力，为建设项目提供全过程工程咨询的项目总负责人，原则上由具有注册建筑师、注册结构工程师及其他勘察设计注册工程师、注册造价工程师、注册监理工程师、注册建造师、注册咨询工程师（投资）中一个或多个执业资格且具有高级职称以及相关工程经验的人员担任。

（4）专业咨询工程师

专业咨询工程师是指具备相应资格和能力，在总咨询师管理协调下，开展全过程工程咨询服务的相关专业咨询的专业人士。专业咨询工程师主要包括但不限于以下专业人士：注册建筑师、注册结构工程师及其他勘察设计注册工程师、注册造价工程师、注册监理工程师、注册建造师、注册咨询工程师（投资）等及相关执业人员。

（5）全过程工程咨询团队

全过程工程咨询单位承接了具体的建设单位（委托方）的工程咨询任务以后，在企业内部首先要组建一个该建设项目的全过程工程咨询团队（咨询项目组），配备总咨询师、相关专业咨询师、工程师和管理人员。这是开展全过程工程咨询（阶段性工程咨询）的基本组织形式。

3.1.2　全过程工程咨询组织结构

1. 全过程工程咨询组织的基本形式

采用"1＋N＋X"模型组织全过程工程咨询组织基本形式，其中：

（1）"1"：全过程工程项目管理组织（团队），由一家咨询企业或者两家以上咨询企业组成的联合体承担全过程工程咨询项目管理。服务包括项目策划管理、报建报批、勘察管理、设计管理、合同管理、投资管理、招标采购管理、施工组织管理、参建单位管理、验收管理、运营维护等一个阶段或多个阶段的咨询服务。依据咨询服务合同，也可以承担建设项目进度、质量、投资、安全、信息、沟通、风险等管理与协调工作。

（2）"N"：全过程工程咨询中一项或多项专业咨询服务组织（团队）。这些专业咨询团队服务的内容如下：

1）项目决策阶段包括但不限于：机会研究、策划咨询、规划咨询、项目建议书、可行性研究、投资估算、方案比选等；

2）勘察设计阶段包括但不限于：初步勘察、方案设计、初步设计、设计概算、详细勘察、施工图设计、施工图预算、设计咨询及审图、BIM 及专项设计等；

3）招标采购阶段包括但不限于：招标代理、全过程造价咨询等；

4）工程施工阶段包括但不限于：监理、全过程造价咨询等；

5）竣工验收及结算阶段包括但不限于：全过程造价咨询、档案管理等；

6）运营维护阶段包括但不限于：项目后评价、运营管理、项目绩效评价、设施管理、资产管理等。

（3）"X"：即根据建设项目业主需要，不由全过程工程咨询单位实施，但应整合外部资源协调管理的专项服务。

（4）"＋"：即信息化平台（信息化、数据化、智能化）。

2. 全过程工程咨询项目组织结构

全过程工程咨询项目组织结构如图 3-1 所示。

全过程工程咨询单位接受了建设单位的委托以后，组建委托项目的咨询项目部（团队）首当其冲。咨询单位可以按投资决策阶段、勘察设计阶段、招标采购阶段、工程施工阶段、竣工验收阶段、运营维护阶段等分别组建咨询小组，也可以按专业组建咨询团队。基本的组织结构如图 3-1 所示，如有其他专业（BIM、数字化）咨询，可以添补咨询团队。内部组织结构确定后，在总咨询师的领导下配备专业人员、任命团队负责人（小组长）、划分职责分工、明确权利与责任、建立协调配合机制，才能够确保工程咨询工作的顺利开展。

有的工程咨询公司只承担了一个或几个阶段性的工程咨询任务，可以参照上图建立自己的咨询机构和内部分工。

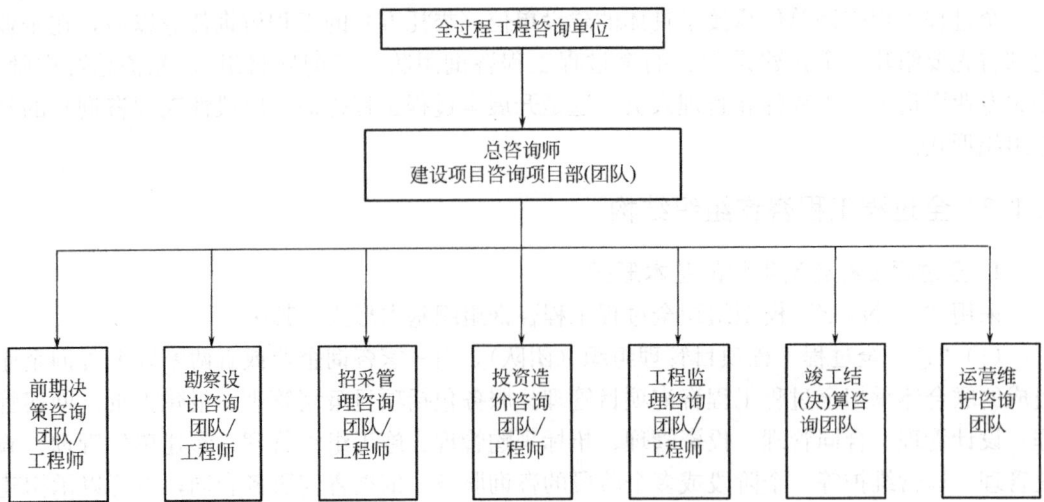

图 3-1　全过程投资咨询项目组织结构图

3.1.3　全过程工程咨询组织组建原则及作用

1. 全过程工程咨询组织组建原则

建设项目全过程工程咨询是从投资决策阶段、勘察设计阶段、招标采购阶段、工程施工阶段、竣工验收阶段、运营维护阶段等项目全生命周期角度，提供项目管理、投资咨询、招标代理、勘察、设计、监理、造价、数字化管理等综合性多元化服务及系统性问题一站式整合服务。全过程工程咨询单位应当成立以总咨询师为核心，以技术全面、管理精湛的专业咨询师为骨干的咨询团队，才能承担全方位的全过程工程咨询服务。因此，全过程工程咨询团队应根据项目咨询服务合同内容，提供阶段性咨询还是全生命周期咨询，配备具有相应执业资格和能力的管理人员、专业技术人员，如项目管理负责人、监理工程师、造价工程师、岩土工程师、结构工程师、建筑工程师、电气工程师、设备工程师、建造师等，由此组成全过程工程咨询的组织（团队）。

2. 全过程工程咨询团队在咨询活动中起到的作用

全过程工程咨询团队能在兼顾社会责任的前提下，充分利用有限的资源，通过先进的经济技术知识和管理手段，高质量、高效率地完成咨询任务，为建设项目业主单位（委托人）创造更多的经济效益和社会效益。全过程工程咨询团队在项目全过程工程咨询活动中发挥重要的作用：

（1）全过程工程咨询团队是建设项目工程咨询的组织者、参谋者、管理者、协调人的集成，利用系统管理和资源整合的优势，充分发挥其专业特长，以项目建设目标为中心开展咨询服务；通过集成化管理和综合性专业服务，系统性防控风险，确保项目建设质量、进度、安全、环保等目标实现，并使投资效益最大化。

（2）全过程工程咨询团队可构建一个综合咨询信息平台。通过集成化咨询服务，构建一个综合咨询信息平台，系统、全面地收集信息，多阶段、全方位地交流信息，有利于一体化咨询工作的开展，避免各专业咨询和不同咨询界面的脱节，减少一些重复劳动，提高专业咨询工作的效率。另外，充分的信息交流有利于建设项目业主对项目总体的管控，也有利于建设行政主管部门对政府投资项目的监督与管理。

（3）全过程工程咨询团队可以更好控制建设项目风险。咨询团队提供集成化的、全生命周期一体化的咨询服务，可以系统、全面地了解建设项目实施过程中不同阶段面临的各种风险，及时发现风险因素，提出风险预警，分析风险发生的后果，提出规避风险的措施，更好地应对项目实施中的各类突发事件，以确保建设项目目标的预期实现。

3.1.4　全过程工程咨询中业主与咨询单位的关系

从项目管理的角度，一个建设工程从初期的构想到最终的拆除，包括了立项、设计、招标、施工、竣工、运维等完整项目周期，而建设单位的项目管理是贯穿整个全生命周期的轴心工作。随着项目建设规模的扩大，项目复杂程度的增加，建设周期延长，参与建设的单位增多，建设单位面临越来越多的工程技术和项目管理的问题，迫切需要全过程工程咨询公司提供专业化、一体化的咨询服务，才能够弥补建设单位的智力资源不足和工程经验缺乏，以确保建设项目各项目标的实现。

建设单位与全过程工程咨询单位是合作伙伴，这是用全过程工程咨询委托服务合同为契约，建立的这种双方合作关系。无论是阶段性咨询还是全过程工程咨询服务，合作双方都有自己的权利义务，建设单位与全过程工程咨询企业的职责分别如下。

（1）建设单位的职责

建设单位作为建设项目的业主方、所有者，对项目拥有监督管理的责任。

合同签订后，建设单位应及时向咨询单位移交前期工作资料，协助咨询单位做好工程建设过程中涉及有关咨询与管理工作，为咨询单位创造良好的工作条件。审核本项目的项目建设书、可行性研究、初步设计（概算）、施工图；审核设计（预算）、工程进度计划、资金使用计划，并给予及时审批和决策。负责按批准后的工程进度计划、资金使用计划进行建设资金安排。

对项目建设过程中招标投标、设备、材料选定及质量验收等有关工作进行审批和确认。按照建设进度计划，稽查工程质量、进度规模及资金使用情况，及时审核实施过程中重大设计变更及资金调整计划。对设计变更、工程签证、计量支付、索赔、延期等事项进行最终审批和确认。

协调解决工程中重大问题，为咨询单位提供必要的现场办公场所（服务需要），帮助咨询单位办理施工用水、用电等有关手续。负责组织竣工结算验收，在竣工验收后及时与咨询单位办理接收手续。对咨询单位因擅自变更建设内容、扩大建设规模、提高建设标准，致使工期延长、投资增加或工程质量不合格所造成的损失进行索偿。建设单位有权要求咨询单位更换不称职的项目部工作人员。

（2）全过程工程咨询单位的职责

全过程工程咨询单位是开展全过程工程咨询项目的组织基础，基于"1＋N＋X"的全过程工程咨询模式，全过程工程咨询单位内部组织也应遵循"1＋N＋X"模式，即全过程工程咨询内部组织"1＋N＋X"模型。其中："1"代表总咨询师岗位，"N"与"X"为各专项工程咨询团队。总咨询师负责以"一条主线"同时对各专项咨询工作进行协同与整合；各专项工程咨询团队负责在总咨询师的指挥下开展具体的专项咨询工作。

　　全过程工程咨询团队由总咨询师、各专业团队负责人、各专业咨询工程师和行政人员组成，团队（项目部）应根据服务内容配备专业齐全，数量应满足建设项目全过程工程咨询的工作需要。总咨询师（全过程工程咨询项目经理）应根据全过程工程咨询单位的授权范围和内容，履行管理职责，对项目全过程工程咨询进行全面的协调和管理，并承担相应责任。

　　咨询单位根据建设单位（委托人）的授权以及有关法律、法规的规定，享有以下项目建设的组织、管理及协调权：咨询单位接受建设单位委托，代表建设单位对本工程项目组织实施进行全过程管理及服务，以建设单位名义对项目进行管理（依据委托合同）。根据本项目特点和需要，编制项目管理各项基本制度，并在各项制度中将咨询单位和建设单位的管理权限进行明确。

　　按项目立项批复、方案论证、可行性研究等文件，充分考虑建设单位使用需要、建设功能和有关规划设计要求，组织设计单位、造价咨询单位编制工程初步设计及概算，报建设单位批准及主管部门批准。负责组织设计、造价咨询单位进行施工图设计和预算的编制，报建设单位批准。编制适合本工程实际的资金及进度计划，报建设单位及主管部门批准。协助建设单位申报规划、建管、投资等有关手续，取得投资许可证、施工许可证等开工所需的相关证照。在公开招标原则下，受建设单位委托，选择确定勘察、设计、监理、施工等相关单位。

　　严格按批准和审定的建设规模、功能、标准和概算组织建设，咨询单位依据服务合同的授权对建设单位与第三方签订的合同公正地行使管理权，但对于可能对费用、质量、进度产生重大影响的任何变更，须报经建设单位获得批准。严格按批准的进度组织实施，保证项目按合同规定的期限建成，并确保工程质量。

　　定期向建设单位汇报工程进度，接受建设单位的监督和管理。组织各单项工程的质量验收，申报项目竣工验收。工程验收合格后，向建设单位及时送交竣工结算资料。办理工程移交事宜，同时向有关部门移交完整的建设档案资料。

3.1.5　全过程工程咨询服务的转委托服务

　　全过程工程咨询单位应当自行完成自有资质证书许可范围内的咨询业务，在保证工程项目完整性的前提下，按照合同约定或经建设单位同意，将约定的部分咨询业务择优转委托给具有相应资质或能力的咨询单位。

　　全过程工程咨询单位应负责转委托单位的监督、协调、管理等工作。

　　（1）监督工作。由于全过程工程咨询单位对转委托单位的委托业务承担连带责任，需要开展日常监督，督促执行全过程工程咨询单位制订的工作计划、完成工作大纲内容，对质量、安全、进度负责。

　　（2）协调工作。全过程工程咨询单位与转委托咨询单位之间存在一些业务联系，需要沟通与协调，主要包括处理日常工作配合问题，解决工作分歧问题，负责转委托咨询服务承上启下的衔接沟通、人员配合等具体事宜。

　　（3）管理工作。全过程工程咨询单位对转委托单位日常工作的管理，主要包括咨询工作时效、成果文件质量、工作流程合理性、团队协作等方面。

3.2　全过程工程咨询人员素质与职责

3.2.1　全过程工程咨询人员素质

根据全过程工程咨询的特点，总咨询师及专业咨询师应加强技术、经济、管理及法律等方面的理论知识学习，成长为符合全过程工程咨询服务需求的综合型人才，才能满足全过程工程咨询业务的服务需求。

全过程工程咨询服务的综合型人才应该具备以下几个方面的综合素质：

1. 知识素质

（1）技术知识

现今，建设工程已由简单的功能需求发展到综合、智慧、绿色的现代化建筑，大型复杂的工程项目专业性要求越来越高，新技术、新工艺层出不穷。要进行有效的项目管理，必须掌握先进的工程技术知识。没有较强的技术知识，就无法对项目实施方案进行决策、组织、计划和管理，也无法有效地进行沟通协调、解决项目中的问题。作为咨询人员，必须精通所从事专业的技术知识，最好熟练掌握两个以上的专业方向，也要对其他相关专业知识面有一定的了解。知识全面性和广度是解决问题的基础。

（2）经济知识

项目效益是建设参与各方关注的重点，也是项目投资的价值所在。同时，随着建设项目的复杂性不断提高，发承包模式的多样化，新技术、新工艺的运用，都给工程造价带来了困难和挑战，产生的矛盾和分歧越来越多，对工程质量、进度、安全等各方面都带来负面影响。因此，建设工程经济知识是保证实现建设项目目标、提高项目效益的根本之一，全过程工程咨询人员必须对建设工程经济有较深的理论知识和较强的运用能力。

（3）政策、法律知识

建筑行业主管部门发布的工程建设方面政策文件特别多，对国家和地区新的指导思想和精神的掌握，才能与时俱进，为解决问题和发展方向指明道路。另外，建设工程涉及招标投标、合同、建设、审计等方面的法律众多，要保证项目目标的实现，防范风险，解决矛盾纠纷，掌握必要的法律知识是必不可缺的。

（4）国际化知识

全过程工程咨询人员应该与国际著名的工程顾问公司开展多种经验交流活动，熟悉国际工程咨询的交易规则，提供自身国际化业务水平，提高综合素养，才能提升咨询单位的国际竞争力和影响力，为实现"一带一路"倡议服务。

（5）数字化知识

随着大数据及人工智能的推广和运用，学习数字化应用技术，利用 BIM、大数据、物联网等信息技术和信息资源，有利于提高信息化管理与应用水平，为开展全过程工程咨询业务提供保障。

2. 能力素质

（1）管理能力

全过程工程咨询人员是项目管理的主导者和实施者，应具有良好的决策、计划、组织、沟通、协调、社交能力。管理是开展全过程造价咨询的基础，所有的咨询活动都建立在管理的平台上，所以咨询人员拥有娴熟的管理能力是做好工程咨询的前提。

（2）应变（急）能力

建设工程项目建设周期一般较长，短者长达数月，长者一年以上或数年，期间受各种因素影响，突发事件较多，如自然灾害、社会环境、政策法规、现场情况、人为因素等。当发生突发事件时，咨询人员应第一时间作出应对方案和措施，解决问题。除了丰富的知识，系统的思维能力和应变思维能力对咨询人员非常重要。

（3）创新能力

随着建设工程的科技技术水平不断提升，建设模式也在不断创新，如发承包方式的多样化，咨询内容的不断扩展等，同时新的问题也不断涌现。咨询人员对出现问题的解决能力要求也越发突出，特别是一些新型项目、新技术、新工艺、新的咨询内容，都需要咨询人员在符合法律、法规的条件下利用建设工程知识和技术，创新解决问题的方法，这也是开展全过程工程咨询服务的重要意义。

（4）项目管理经验

项目管理既是一门科学，也是一门艺术，是理论知识、工程经验与社交沟通的结合。通过不断的项目管理实践，总结和提炼出一套管理方法，提升管理水平和解决问题的能力，同时项目管理经验的积累对新问题的解决方案也能提供很好的参考。

3. 其他素质

（1）思想素质

优秀的管理者应具有很强的社会责任感和道德观念。在全过程工程咨询活动中要充分考虑社会环境、安全、人文、公共利益等因素，负责任、敢担当地进行项目管理。同时，职业道德也至关重要，敬业、诚信、合作精神、使命感和责任感都是咨询人员应具备的基本素质。只有遵纪守法、严于律己的人，才能提供高质量的咨询服务。

（2）身体素质

全过程工程咨询是一项庞大的、系统的、复杂的服务工作，咨询人员的工作压力和负荷相比单一的阶段性咨询服务大得多，对咨询人员的生理素质和心理素质都要有相应的要求。身体健康、坚持工作是前提，心理素质、抗压能力同样重要。咨询人员要尽可能做到性格开朗、心胸豁达、意志坚定、沉着冷静，这样才能做好咨询服务工作。

3.2.2　全过程工程咨询人员任职资格

1. 总咨询师任职资格

总咨询师应当取得工程建设类注册执业资格且具有工程类、工程经济类高级职称，并具有历年相关专业工作经验。

2. 专业咨询师任职资格

专业咨询师应当取得工程勘察、设计、监理或造价咨询等法律法规规定的相应执业资格。

3.2.3　全过程工程咨询人员工作职责及工作内容

1. 全过程工程咨询人员工作职责

全过程工程咨询人员应按相关标准规定履行其相应职责，工程咨询单位可结合工程咨询实际情况，调整咨询人员的职责。

（1）总咨询师的职责

总咨询师是指由受托的全过程工程咨询单位（联合体单位组成的机构需由联合体牵头单位授权）的法定代表人书面授权，全面负责履行合同、主持项目全过程工程咨询服务工作的负责人。

总咨询师根据全过程工程咨询单位的授权范围，履行管理职责，对项目进行全过程的协调和管理并承担相应的职责。当采用分阶段咨询时，总咨询师应具有该阶段主要专业咨询的注册执业资格，具备较强的统筹能力。总咨询师应具备以下基本职责：

1）组织制订项目全过程工程咨询服务的组织架构、专业分工、决策机制、管理制度、工作流程及相关成果文件标准等，并组织实施。

2）组织编制全过程工程咨询服务工作大纲及咨询工作制度，明确咨询工作流程和咨询成果文件模板。

3）组织审核咨询工作计划，审批专业咨询实施方案。

4）确定全过程工程咨询项目部人员及岗位职责，选定专业咨询工程师，明确专业咨询工程师的职责，根据咨询工作需要及时调配专业咨询人员。

5）代表工程咨询方统筹、协调和管理项目全过程各专业咨询服务工作，调解相关争议，解决项目实施中出现的问题。

6）检查和监督工作计划的执行情况，组织评价咨询工作绩效。

7）参与工程咨询单位或联合体重大决策，在授权范围内决定咨询任务分解、利益分配和资源使用。

8）审核确认工程咨询成果文件，并在其确认的相关咨询成果文件上签章。

9）定期向委托方报告项目进展计划及完成情况。

（2）专业咨询师的职责

工程咨询方应根据委托方的需要，实施建设项目全过程或多个阶段工程咨询服务时，根据相应服务内容的工程项目管理、招标代理、勘察、设计、监理、造价、BIM 等业务，配置不同专业的咨询师，专业咨询师应具备以下基本职责：

1）参与全过程工程咨询服务工作大纲的编制。

2）参与编写本专业咨询工作大纲、咨询工作计划，负责专业咨询实施方案的编制。

3）根据专业咨询大纲、咨询工作计划、任务分配和现行法律法规、标准规范、质量要求等，组织实施所负责的专业咨询服务工作。

4）组织编制工程咨询成果文件，并在其确认的相关咨询成果文件上签章。

5）定期向总咨询师汇报项目进展计划及完成情况。

2. 全过程工程咨询人员的主要工作内容

建设项目全过程包括项目决策阶段、勘察设计阶段、招标采购阶段、项目施工阶段、竣工验收阶段以及运营维护阶段。在每一阶段，全过程工程咨询人员负责不同的工作内容。

（1）工程项目决策阶段主要工作内容

1）编制项目建议书、可行性研究报告、环境影响评价、节能评估、安全评价、社会稳定风险评价、地质灾害危险性评估、水土保持评价、交通影响评价、绿色建筑评价等报告。

2）协助业主递交报批报建文件至政府各行政主管部门并完成审批工作。

3）负责项目配套建设手续审查，包括交通和防洪影响评价报告、人防、超限抗震设防、水土保持方案、取水许可、用电许可、用气许可等手续审查。

4）协助业主获取建设用地规划许可证、建设工程规划许可证、建设工程施工许可证，办理建设工程质量安全监督手续。

5）投资估算要符合科学性、合理性、效益最高等原则，其精度应满足控制初步设计概算的要求。

（2）工程项目勘察设计阶段主要工作内容

1）编制与审查勘察方案、勘察文件。

2）审查与优化方案设计、初步设计、施工图设计等文件。

3）参与限额设计，编制与审核设计概算，确保编审质量不超过投资估算。

4）参与设计方案评价与优化，编制与审核施工图预算，确保编审质量不超过设计概算。

（3）工程项目招标采购阶段的主要工作内容

1）协助业主制订招标策划方案，确定工程发承包模式。

2）编制与审核招标文件，策划合同条款。

3）编制与审核最高投标限价、工程量清单。

4）协助业主管理招标过程、合同谈判。

（4）工程项目施工阶段主要工作内容

1）设计咨询。包括设计交底与图纸会审、专项设计咨询服务、设计文件的资料咨询服务、重大施工方案的合理化建议、设计变更管理等内容。

2）进度控制。包括进度计划跟踪与检查、主动控制工程进度、项目进度计划调整等内容。

3）质量控制。包括制定质量管理和保证制度、实施全面质量控制、质量验收等内容。

4）造价控制。包括制订资金使用计划，工程造价动态管理，审核工程预付款和进度款，材料设备的询价与核价，工程变更、工程签证及工程索赔管理，审核合同期中结算等内容。

5）安全与环境控制。包括负责安全文明施工管理、环境保护分类管理等内容。

6）组织协调。对内、对外保持及时、有效的沟通，整理与保管沟通记录。

（5）工程项目竣工验收阶段主要工作内容

1）编制与审核竣工结算、竣工决算报告，配合竣工结算审计。

2）收集与整理竣工资料，组织竣工档案的验收与移交。

3）组织工程预验收，参与工程竣工验收、试生产，组织工程项目实体移交。

（6）工程项目运营维护阶段主要工作内容

1）编制项目后评价报告、项目绩效评价报告。

2）负责项目维护，更新造价管控。

3）负责工程质量缺陷管理。

4）负责设施、资产、物业管理。

3.3　全过程工程咨询单位遴选策略与履约能力

3.3.1　全过程工程咨询单位遴选策略

全过程工程咨询单位遴选需要根据全过程工程咨询的工作内容，兼顾技术咨询和管理咨询的特点，从遴选范围、招标方式、评选标准等方面进行统筹与计划。

1. 遴选范围

根据《国务院办公厅关于促进建筑业持续健康发展的意见》（国办发〔2017〕19 号）和《关于推进全过程工程咨询服务发展的指导意见》（发改投资规〔2019〕515 号）的精神，我国要大力培育全过程工程咨询，鼓励全过程工程咨询的服务内容多样化、差异化。因此，全过程工程咨询单位的遴选范围可以适当广泛，符合国家及地区的相应政策与法规即可，不设附加限制性条件，一般具有工程咨询、勘察设计、监理一项或多项资质即可满足遴选范围的要求。

2. 招标方式

招标方式可以根据现行法律法规条例规定和项目本身特点以及全过程工程咨询的工作内容，从公开招标、邀请招标、比选、竞争性谈判（竞争性磋商）等招标方式中进行选择。

3. 评选标准

全过程工程咨询单位遴选的评选标准一般从企业资信、经济指标、工程业绩、企业不良信用信息扣分，包括拖欠工程款和农民工工资信息、质量安全事故的信息、行政处罚的信息以及其他不良信息等方面进行评价。具体的评价分值与权重设置需要根据项目的本身特点以及全过程工程咨询的工作内容进行统筹确定，可以采用综合评分法对备选咨询单位进行比选。

3.3.2　全过程工程咨询单位的履约能力

全过程工程咨询单位的履约能力包括策划能力、组织能力、协调能力、执行能力等，但最重要的是兼顾技术咨询和管理咨询服务内容，编制全过程工程咨询工作大纲和全过程工程咨询工作计划，并较好地付诸实施的能力。

1. 编制全过程工程咨询工作大纲的能力

全过程工程咨询强调智力性策划、多阶段集成，通过对建设方案进行技术经济分析论证和实施全过程管控，为委托方投资决策和建设管理提供增值服务。具体要求是，工程咨询方应根据全过程工程咨询合同约定，结合工程实际情况，编制全过程工程咨询工作大纲，并应经工程咨询方技术负责人审批后及时报送委托方。全过程工程咨询工作大纲内容应包括工程概况、咨询业务范围及内容、咨询组织机构及人员安排、咨询工作重难点及总体思路、咨询工作进度安排、咨询工作成果等。

全过程工程咨询工作大纲通常被定义为"目标明确的行动"或者是"对未来的规划和思考"，它可能是一个规范化的过程，一个清晰的结果，也可能是一个问题的策划过程。它是创造性的、具有一定要求的精神活动，主要是为解决"做什么，怎么做，什么时候做，谁来做，用什么资源来做"等一系列可以在头脑中完成的工作，是通过分析、归类、组织等一系列活动来完成一个项目，是活动过程中有意识的决定，是建立在目标事实和估计基础上的决策过程，是一系列的策划过程，是通过行动来致力于设计一个好的未来，并且使之变成现实的过程，是预算、策划和其他的细节，是需要在项目执行期间遵守的约束。全过程工程咨询工作大纲通常具有以下几个特性。

（1）迭代性。很多研究者就已经意识到编制全过程工程咨询工作大纲的过程是一个迭代的而非线性的过程，由于在编制时缺少完备和准确的信息来做决策，从而使得咨询工作大纲的过程具有明显的迭代特征。

（2）协同性。咨询工作大纲的编制过程是在不同阶段由不同参与人员的协同策划过程，从参与编制的各方所需要的高效沟通和协同角度来看，咨询工作大纲的编制过程的另一个重要特征是协同性。

（3）信息流动性。咨询工作大纲的编制过程存在大量的信息交换，因此咨询工作大纲的编制过程的第三个特征是信息的流动性。

事实上，一个好的全过程工程咨询工作大纲对一个建设项目的顺利完成是至关重要的，它包含项目投标阶段、合同签订与现场施工准备期，并一直延续到现场施工正式开始后的一段时间（通常为现场施工后的一个月至两个月不等），是保证项目向前发展的主要动力，是建设项目的重要决策阶段。其通常必须在第一个现场工程师到达之前，第一批材料到达现场之前完成初步编制并在正式施工后进行进一步的完善，因此它是现场所有工作的开始。同时，在这一阶段很多施工机械与机具的主要参数与施工方法都必须得以确定，因此项目参与者经常不得不在一定的风险下进行决策。一个高效的咨询工作大纲可以提高项目的控制能力和组织能力，而缺少全过程工程咨询工作大纲的项目则将注定了项目失败的可能性很大。

然而，全过程工程咨询工作大纲的编制与过程管理并不容易，不但需要具备较扎实的计划理论基础，还需要掌握大量的现场施工方法以及丰富的现场工作经验。实际上，不但要求了解施工技术，而且需要掌握现场管理和具体的操作方法，同时还需要对分包商进行管理和协调；另外，需要熟悉新工艺、新方法、新材料、新规范等。Pasquire 等指出，虽然咨询工作大纲的编制者在编制过程中花了大量时间研究和尽可能地应用他们的经验，但是他们仍然渴望运用新的方法来改进他们的工作，尤其渴望掌握高效管理与处理信息的方法。

实际上，全过程工程咨询工作大纲作为增加项目成功的有力保证、提高利润的有效手段，已经逐渐被建筑业所认识。但与此同时，建筑也变得越来越复杂，其合同关系与采购供应链也遍布全球的众多行业，全过程工程咨询工作大纲也因此变得更为复杂，再加上编制的迭代性质也使得其过程管理比顺序化的过程管理更为复杂，因此正如 Poon 等人所倡导的那样：全过程工程咨询工作大纲正变成一个复杂的系统工程，其过程本身的复杂程度已远远超过了前人的想象，已容不得半点忽视，应该对其进行重点考核。

2. 编制全过程工程咨询工作计划的能力

全过程工程咨询单位需要应用现代信息技术建立知识管理平台，强化知识管理，为全过程工程咨询提供有力支撑。具体要求是，在每项咨询活动开始前，咨询工作部门负责人应组织专业咨询人员根据咨询活动需求编制相应的咨询工作计划。

　　咨询工作计划内容应包括：咨询工作目标和任务，咨询工作依据，咨询工作组织机构、人员配备及岗位职责，咨询工作制度及流程，咨询工作进度安排，咨询工作可交付成果及其表达形式。实际上，计划从本质上来说是一系列信息收集、整理、分析与迭代决策过程，首先，计划工作是由信息驱动的。计划工作的成功与否取决于驾驭信息的能力，包括信息的收集、整理、分析和交流，以帮助计划工作者及时做出正确的决策。在实际工程中，信息缺乏是由于两种原因导致的：①决策之时，决策所需要的有效信息还不具备；②决策之时，决策所需要的有效信息虽然可能已经存在了，但是由于混杂在大量信息当中，分布在不同的系统里，存在不同格式，形成了信息孤岛，所以导致实际工程中计划工程师因为不能明确具体的信息需求，信息提供者要么无法提供，要么直接把手中现有的资料全部打包提供，导致计划工程师经常性地"迷失在海量的信息之中"。因此，计划的首要工作就是信息需求分析。比如，进行计划分项中的某一任务的时候，要明确该任务都需要哪些信息？从哪里可以获得这些信息？什么时候可以得到这些信息？哪些信息是必需的？哪些信息在一定条件下是可以猜测的？根据信息情况分成以下三种决策：①基于信息充足的决策；②基于信息不全，但可以通过风险分析后做决策；③基于信息严重缺失的决策，从而可以突出计划过程中信息管理与决策管理的管控要点，以便于聚焦。

　　其次，计划工作更是一系列迭代特征明显的复杂决策过程，涉及包括施工方法的选择决策、合同界面的决策、材料采购相关的决策等在内的一系列决策活动。其决策质量的好坏取决于信息的全面性、及时性和准确性。理想情况下，当决策所需要的信息在决策之时如能百分之百具备，则决策质量就可能相对较高。然而，在实际工程中，一方面，由于决策顺序的不正确，而导致了大量的"自产式"不确定性，从而影响了决策质量；另一方面，也存在决策所需要的信息在决策之时确实还未出现的情况，此时就需要在信息不全或者信息缺失的环境下通过猜测与估计进行决策。随着工程的进行，信息逐渐完善和准确，这些最新出现的信息应当及时地被跟踪与管理，同时需要把这些最新出现的信息与以前决策所依据的那些猜测与估计进行一一核对及修正，并进而对原始的决策以及该决策所引起的"骨牌效应"进行全面的评估与修正，进而保证计划的动态"进化"与持续完善。因此，Sriprasert 指出：咨询工作计划与全过程工程咨询工作大纲共同构成全过程工程咨询骨架，是全过程工程咨询的核心价值所在。

3. 执行全过程工程咨询工作计划的能力

　　全过程工程咨询单位还应当具备执行咨询工作计划的能力，按照咨询工作目标和任务，及时组建咨询工作团队，任命总咨询师（项目负责人），在总咨询师的统一领导下，依照咨询工作流程与制度，逐步实施咨询工作各项业务，并依据计划要求按时完成阶段性工作成果，按期完成咨询工作的最终成果。这项执行能力体现在所提交的最终咨询成果——高质量的咨询方案与报告等让建设单位（委托方）满意。

本章小结

　　全过程工程咨询是从投资决策阶段、勘察设计阶段、招标采购阶段、工程施工阶段、竣工验收阶段、运营阶段等项目全生命周期角度，提供项目管理、投资咨询、招标代理、勘察、设计、监理、造价、数字化管理等综合性多元化服务及系统性问题的一站式整合服务。全过程工程咨询单位应当成立以总咨询师为核心，以技术全面、管理精湛的专业咨询师为骨干的咨询团队，才能提供全方位的全过程工程咨询服务。全过程工程咨询团队应根据项目咨询合同服务内容需要，配备具有相应执业能力的管理人员和专业技术人员，服务形式宜采用"1＋N＋X"模式。全过程工程咨询单位的履约能力包括策划能力、组织能力、协调能力、执行能力等，主要是统筹技术咨询和管理咨询服务内容，编制全过程工程咨询工作大纲并落实好，编制全过程工程咨询工作计划并付诸实施，以达成咨询工作目标。

复习思考题

1. 什么是"1＋N＋X"全过程工程咨询组织基本模型？
2. 全过程工程咨询服务的转委托包括哪些内容？
3. 全过程工程咨询团队在咨询活动中起到什么样的作用？
4. 为什么需要具备编制全过程工程咨询工作大纲的能力？
5. 全过程工程咨询工作大纲通常具有哪些特性？
6. 为什么需要具备编制全过程工程咨询工作计划的能力？

本章参考文献

中国建筑业协会 . 中国建筑业协会团体标准　全过程咨询服务管理标准 T/CCIAT 0024—2020 [S]. 北京：中国建筑工业出版社，2020.

第 4 章　工程项目决策咨询

主要内容：
- 工程决策咨询项目管理
- 工程项目建议书
- 工程项目可行性研究报告
- 工程项目决策方法

学习目标：

通过本章的学习，读者可以掌握工程项目建议书的内容和编制方法；掌握工程项目可行性研究报告的内容和编制方法；熟悉工程项目决策的具体方法；了解工程决策咨询阶段项目管理的工作内容。

4.1　工程决策咨询项目管理

全过程工程咨询服务单位具备项目业主委托内容相适应的决策咨询能力的应依据合同自行完成建设项目决策咨询任务。全过程工程咨询服务单位不具备项目业主委托内容相适应的决策咨询能力的，应按照合同约定或经建设单位同意，择优委托具有相应能力的单位承担决策咨询任务。

4.1.1　工程决策咨询的相关概念

1. 工程决策咨询的含义

关于"决策"一词的含义，有很多种解释，各种解释的角度和深度有所不同。按照现代决策学的观点，决策是指为了达到某一目标，对两个或多个备选方案进行分析和比较，从中选择一个较优方案的过程。

由此，我们可以把"工程决策"理解为：工程决策是指为了实现工程的建设目标，对两个或多个备选的工程建设方案进行分析和比较，从中选择一个较优的工程建设方案的过程。

进而，我们可以把"工程决策咨询"理解为：工程决策咨询是指运用工程技术、科学技术、经济管理和法律法规等多学科方面的知识和经验，为建设工程项目的决策提供咨询活动的智力服务。

2. 建设工程项目的建设目标

建设工程项目的建设目标可以分为两个层次，即项目的宏观建设目标和项目的具体建设目标。不同性质的建设工程项目，其建设目标是不同的。

宏观建设目标是指项目建设对国家、地区、部门、行业的整体发展目标所产生的积极影响和作用。

具体建设目标是指项目建设要达到的直接效果，具体建设目标主要有效益目标、规模目标、功能目标、市场目标等。

3. 建设工程项目的分类

建设工程项目（在本章后继论述中，简称"项目"）可以从项目性质、投资主体、融资主体、经营主体、资金来源等多个方面进行分类，不同项目的决策要求、决策程序有所不同。

按照项目性质，可以分为新建项目、改扩建项目、技术改造项目、更新改造项目。

按照投资主体，可以分为政府投资项目、私人投资项目、特许经营项目。

按照融资主体，可以分为新设项目法人项目、既有项目法人项目。

按照经营主体，可以分为政府投资项目、企业投资项目、外商投资项目。

按照资金来源，可以分为国内投资项目、外商投资项目、港澳台商投资项目。

按照投资规模，可以分为大型项目、中型项目、小型项目。

按照投资管理，可以分为综合平衡项目、完全竞争项目、政策调控项目。

按照决策程序，可以分为审批项目、核准项目、备案项目、债权人决策项目。

4. 建设工程项目决策的类型

从决策者的角度，建设工程项目决策可分为三类：

（1）企业投资项目决策

企业投资项目决策，是指企业根据自身发展规划、资源条件、市场地位等因素，以获得经济效益、社会效益为目标，作出是否投资建设项目的决定。企业投资项目原则上应由企业自主决策投资，同时应满足备案或政府核准要求。

（2）政府投资项目决策

政府投资项目决策，是指政府投资行政管理部门根据经济社会发展的需要，以实现经济调节、促进社会经济可持续发展、满足国家经济安全和社会公共需求，作出是否投资建设项目的决定。

（3）金融机构贷款决策

金融机构贷款决策，是指银行等金融机构遵循"独立审贷、自主决策、自担风险"的原则，依据申请贷款的项目法人的信用水平、经营管理能力、还贷能力和项目的盈利能力，作出是否贷款的决定。

4.1.2　工程决策咨询的重要意义

建设项目引入工程决策咨询，可以从技术的先进性、经济的合理性和实施的可能性三方面进行深入的调查研究，有利于项目建设单位统筹考虑影响项目成功的各种因素，提前预测风险、规避风险，提高工程项目决策的科学性。

因此，工程决策环节在项目建设程序中具有统领作用，对项目顺利实施、有效控制和高效利用投资至关重要。工程决策的科学性直接影响到项目建设目标的实现程度和项目的经济、社会效益，甚至关系到项目的可持续发展和项目的最终成败。

依据国家发展改革委、住房城乡建设部于 2019 年 3 月 15 日发布的《关于推进全过程工程咨询服务发展的指导意见》（发改投资规〔2019〕515 号）的精神，充分发挥投资决策综合性咨询在促进投资高质量发展和投资审批制度改革中的支撑作用，鼓励项目建设单位采用投资决策综合性咨询；政府投资项目要优先开展综合性咨询。由此可见，作为全过程工程咨询服务重要组成部分的投资决策综合性咨询，将会在国内政府投资项目和非政府投资项目建设过程中发挥统领作用，提高项目决策的科学性。

4.1.3 工程决策咨询的服务方式

在全过程工程咨询活动中，工程决策咨询的工作应当由具有工程咨询能力的工程咨询单位完成。按照国家发展改革委颁布的《工程咨询行业管理办法》的相关规定，工程咨询单位是指在中国境内设立的从事工程咨询业务并具有独立法人资格的企业、事业单位；对工程咨询单位实行告知性备案管理。

工程决策咨询服务可由工程咨询单位采取市场合作、委托专业服务等方式牵头提供，或由其会同具备相应资格的服务机构联合提供。牵头提供工程决策咨询服务的机构，根据与委托方的合同约定对服务成果承担总体责任；联合提供工程决策咨询服务的机构，各合作方承担相应责任。从工程决策咨询工作承担单位的角度，工程决策咨询服务有以下三种服务方式：

1. 一体化服务方式

一体化服务方式是指工程决策咨询工作由全过程工程咨询服务合同中签约的全过程工程咨询单位完成，全过程工程咨询单位负责工程决策咨询成果文件的编制、报审（批、核、备）以及与相关部门、单位的沟通。此时，全过程工程咨询单位应当具备工程咨询能力且已取得备案。

2. 联合体服务方式

联合体服务方式是指工程决策咨询工作由全过程工程咨询服务合同中签约的全过程工程咨询单位联合体中的工程咨询单位完成。工程咨询单位作为联合体成员，负责工程决策咨询成果文件的编制、报审（批、核、备）以及与相关部门、单位的沟通，联合体牵头单位协助与相关部门、单位的沟通。

3. 总分包服务方式

总分包服务方式是指工程决策咨询工作由全过程工程咨询服务合同中签约的全过程工程咨询单位委托的其他工程咨询单位完成，其他工程咨询单位作为服务分包方，负责工程决策咨询成果文件的编制、报审（批、核、备）以及与相关部门、单位的沟通；全过程工程咨询单位作为服务总包方，负责审核工程决策咨询成果文件和对工程咨询分包单位的督促与协调。

4.1.4 工程决策咨询的服务机构

工程决策咨询服务机构就是工程决策咨询的工作团队。该服务机构由决策咨询总咨询师、决策咨询专业咨询师及其助理、其他服务人员组成。

（1）决策咨询总咨询师。服务机构应当设立决策咨询总咨询师 1 名，由其负责工程决策咨询的全面工作。决策咨询总咨询师应当具有咨询工程师（投资）职业资格，且其登记专业应当与全过程工程咨询项目相符。决策咨询总咨询师对全过程工程咨询总咨询师负责。

（2）决策咨询专业咨询师。服务机构可以根据具体的咨询工作，按照决策咨询的专业，设置数名决策咨询专业咨询师，负责各咨询专业的具体工作。决策咨询专业咨询师应当具有咨询工程师（投资）职业资格，且其登记专业应当与其承担的咨询工作的专业相符。决策咨询专业咨询师对决策咨询总咨询师负责。

（3）决策咨询专业咨询师助理。服务机构可以根据咨询工作量的情况，设置一些决策咨询专业咨询师助理，在决策咨询专业咨询师的指导下完成专业咨询工作。决策咨询专业咨询师助理应当具有与咨询专业相符的专业技术背景、工程管理知识、咨询工作经验。

（4）其他服务人员。服务机构可以根据工作需要，设置一些其他服务人员，如资料员、驾驶员等。

4.1.5　工程决策咨询的服务内容

工程决策咨询的目的是为投资人最终作出是否投资建设项目的决定提供咨询意见。从投资决策的角度，工程决策咨询应当包括以下内容：

（1）分析项目建设的可能性，与国家和地方的经济和社会发展规划、行业部门的发展规划、区域发展规划以及城乡规划等相应规划的符合性，与产业政策的符合性，与公司发展战略的符合性，研究项目运营发展所必需的条件；

（2）分析项目建设的必要性，推荐符合市场需求的产品（服务）方案和建设规模；

（3）比较并推荐先进、可靠、适用的项目建设方案；

（4）估算项目建设与运营所需的投资和费用，计算分析项目的盈利能力、偿债能力与财务生存能力；

（5）从经济、社会、资源、环境影响及安全卫生的角度，分析评价项目建设与运营所产生的外部影响，分析评价项目的经济合理性、与所处的社会环境是否和谐以及资源节约和综合利用效果；

（6）分析项目存在的风险，并提出防范和降低风险的措施；

（7）在上述分析评价、归纳总结的基础上，分析项目目标可能实现的程度，判别项目建设的必要性和技术经济的可行性，提出研究结论；

（8）对项目建设与后期运营的有关问题及应采取的措施提出必要的建议。

4.1.6　工程决策咨询的工作程序

投资主体不同的建设项目，政府的管理要求有所不同，建设单位对工程决策咨询服务存在差别。

1. 审批制建设项目的审批程序

实行审批制的建设项目是指采用直接投资或资本金注入方式的政府投资的建设项目。政府投资项目主要审批项目建议书、项目可行性研究报告、初步设计和概算。除影响重大的项目需要审批开工报告外，一般不再审批开工报告。

审批制建设项目的审批程序如下：

（1）编制项目建议书（初步可行性研究报告）；

（2）项目建议书的受理与审批；

（3）编制项目可行性研究报告；

（4）项目可行性研究报告的受理与审批。

2. 核准制建设项目的核准程序

实行核准制的建设项目是指《政府核准的投资项目目录》范围以内的企业投资的建设项目。实行核准制的建设项目仅需要向政府提交项目申请报告（书），不需要再经过批准项目建议书、可行性研究报告、开工报告的程序。

核准制建设项目的核准程序如下：

（1）编制项目申请报告（书）；

（2）报送项目申请报告；

（3）项目申请报告的受理与核准。

3. 备案制建设项目的备案程序

实行备案制的建设项目是指《政府核准的投资项目目录》范围以外的企业投资的建设项目。实行备案制的建设项目，由企业自主决策，按照属地原则，告知备案机关。

备案制建设项目的备案程序如下：

（1）企业报送备案信息；

（2）备案机关备案。

4. 政府和社会资本合作建设项目的审批程序

实行政府和社会资本合作（PPP）的建设项目，一般按照审批制建设项目的要求，需要编制项目建议书、项目可行性研究报告、项目实施方案、物有所值评价报告和财政承受能力评价报告，并进行相应的审批。

5. 工程决策咨询的咨询程序

工程决策咨询的一般程序如下：

（1）建设单位选聘工程决策咨询单位；

（2）咨询单位编制项目决策成果文件；

（3）咨询单位审核项目决策成果文件；

（4）建设单位确认项目决策成果文件；

（5）建设单位申报项目决策成果文件；

（6）政府相关行政主管部门审批/核准/备案项目决策成果文件。

4.1.7　工程决策咨询的成果文件

1. 工程决策咨询报告

根据委托咨询内容的不同，工程决策咨询报告可以分为：

（1）项目规划研究报告。从项目的角度研究产业、企业、园区发展的机会和所需要的条件，研究产业发展、企业和园区项目建设与国家产业政策、区域规划、经济社会配套、资源支撑、生态环境容量等方面的符合性，提出合理的产业方向与规模、总体实施方案、产业空间布局等。

（2）投资机会研究报告。投资机会研究报告是对某类项目的背景、市场需求、资源条件、发展趋势、所需的投入、可能的产出等方面进行准备性的调查、研究、分析，从而发现有价值的投资机会。

（3）初步可行性研究报告。在投资机会研究的基础上，对项目方案进行初步的技术、经济分析和社会、环境评价，对项目是否必要、是否可行、是否值得投入更多的人力和资金进行可行性研究，作出初步判断。

（4）项目建议书。对推荐项目作出初步说明，论述项目建设的必要性、条件的可行性、获得的可能性，供决策部门选择并确定是否进行下一步工作。对于政府投资项目，项目建议书是项目立项的必要前置条件，但可以用初步可行性研究报告代替项目建议书。

（5）可行性研究报告。对拟建项目的建设方案和建设条件进行分析、比较、论证，得出项目是否值得投资、建设方案是否合理可行的研究结论，为项目决策提供依据。可行性研究报告是工程决策咨询最核心的成果文件。

（6）项目申请报告。对于核准制建设项目，从政府公共管理的角度，论证项目建设的外部性、公共性事项，包括维护经济安全、合理利用资源、保护生态环境、优化产业布局、保障公众利益、防止出现垄断等，为项目核准机关对核准拟建项目提供依据。

（7）资金申请报告。从资金使用合理性的角度，论证拟建项目的合规性、企业承担项目的能力、项目财务上的可行性以及项目对社会、经济、资源、环境等方面的影响和贡献等，为资金管理部门审批政府资金支持、财政专项资金支持、国际金融组织或者外国政府贷款提供依据。

（8）项目评估报告。对前述各类咨询报告进行评估论证，客观评价咨询报告的质量，进一步论证咨询报告未完善的内容，提出明确的评估意见和对后续工作的建议，为项目的最终决策提供依据。

对于项目的决策咨询，主要的咨询报告是项目建议书和可行性研究报告。详见本章第4.2节和第4.3节。

2. 专题研究报告和支撑性文件

在项目决策过程中，对一些影响项目决策的重大或重要事项，需要提供专题研究报告或支撑性文件，为决策提供补充材料。这些专题研究报告和支撑性文件见表4-1。

专题研究报告和支撑性文件　　　　　　　　　　　　　　表 4-1

序号	评估报告		适用的建设工程项目	审批部门	设定依据	备注
1	与项目用地相关	建设项目用地预审申请报告	(1)需要占用土地利用总体规划确定的城市建设用地范围内的国有建设用地的建设项目； (2)确需使用土地利用总体规划确定的城市建设用地范围外的土地,涉及农用地的建设项目	市级以上自然资源行政主管部门	自然资源部《建设项目用地预审管理办法》	
2		地质灾害危险性评估报告	(1)城市建设有可能导致地质灾害发生的建设项目； (2)在地质灾害易发区内进行的建设项目	—	自然资源部《建设项目用地预审管理办法》	在办理用地预审手续后,完成地质灾害危险性评估、压覆矿产资源登记等,作为审批建设用地的条件
3		建设项目压覆重要矿产资源评估报告	压覆重要矿产资源的建设项目	—		

序号	评估报告		适用的建设工程项目	审批部门	设定依据	备注
4	与项目用地相关	使用林地申请表	(1)需要占用林地的建设项目; (2)需要临时占用林地的建设项目; (3)森林经营单位在所经营的林地范围内修筑直接为林业生产服务的工程设施占用林地的建设项目	县级以上林业和草原行政主管部门	国家林草局《建设项目使用林地审核审批管理办法》	应附:建设项目使用林地可行性报告或者林地现状调查表
5		草原征占用申请表	(1)需要征收、征用或者使用草原的建设项目; (2)需要临时占用草原的建设项目; (3)在草原上修建为草原保护和畜牧业生产服务的工程设施使用草原的建设项目	县级以上林业和草原行政主管部门	国家林草局《草原征占用审核审批管理规范》	
6		地震安全性评价报告	(1)国家重大建设工程; (2)受地震破坏后可能引发水灾、火灾、爆炸、剧毒或者强腐蚀性物质大量泄漏或者其他严重次生灾害的建设工程,包括水库大坝、堤防和贮油、贮气,贮存易燃易爆、剧毒或者强腐蚀性物质的设施以及其他可能发生严重次生灾害的建设工程; (3)受地震破坏后可能引发放射性污染的核电站和核设施建设工程; (4)省、自治区、直辖市认为对本行政区域有重大价值或者有重大影响的其他建设工程	县级以上地震行政主管部门	国家地震局《地震安全性评价管理条例》	
7	与周边环境影响相关	环境影响评价报告书(表)	项目的实施可能对环境造成不利影响的建设项目	市级以上生态环境行政主管部门	《中华人民共和国环境影响评价法》	
8		安全预评价报告	矿山、金属冶炼建设项目和用于生产、储存、装卸危险物品的建设项目	县级以上安全生产监督管理部门	《中华人民共和国安全生产法》	与周边环境的相互安全性影响评价部分
9		社会稳定性风险评估报告	项目的实施可能对社会稳定、公共安全等方面造成不利影响的建设项目	项目决策单位	国务院《重大行政决策暂行条例》	
10		交通影响评价报告	(1)城市交通设施的建设项目; (2)在城市中心区或交通敏感区域,建筑面积达到一定规模的非交通设施建设项目; (3)在中心区外围的市区或交通相对宽松的地区,建筑面积达到一定规模的非交通设施建设项目; (4)在城市重要干道两侧的非交通设施建设项目; (5)重要的公共建筑; (6)产生交通量变化大的非交通设施建设项目	县级以上交通行政主管部门	《中华人民共和国道路交通安全法实施条例》	规模标准由各地交通行政主管部门制定

续表

序号	评估报告		适用的建设工程项目	审批部门	设定依据	备注
11	与周边环境影响相关	航道通航条件影响评价报告	(1)跨越、穿越航道的桥梁、隧道、管道、渡槽、缆线等建筑物、构筑物； (2)通航河流上的永久性拦河闸坝； (3)航道保护范围内的临河、临湖、临海建筑物、构筑物，包括码头、取(排)水口、栈桥、护岸、船台、滑道、船坞、圈围工程等	县级以上交通行政主管部门或者航道管理机构	交通运输部《航道通航条件影响评价审核管理办法》	
12		水土保持方案报告书(表)	在山区、丘陵区、风沙区以及水土保持规划确定的容易发生水土流失的其他区域开办可能造成水土流失的生产建设项目	县级以上水利行政主管部门	《中华人民共和国水土保持法》	
13		洪水影响评价报告	在洪泛区、蓄滞洪区内建设非防洪建设项目	县级以上水利行政主管部门	《中华人民共和国防洪法》	
14		工程对文物影响评估报告	项目建设范围内有可能埋藏地下文物的建设项目	县级以上文物行政主管部门	《中华人民共和国文物保护法》	
15	与项目性质相关	安全预评价报告	矿山、金属冶炼建设项目和用于生产、储存、装卸危险物品的建设项目	县级以上安全生产监督管理部门	《中华人民共和国安全生产法》	项目建设和运营安全性风险评价部分
16		职业病危害预评价报告	可能产生职业病危害的新建、扩建、改建建设项目和技术改造、技术引进项目	县级以上卫生行政主管部门	《中华人民共和国职业病防治法》	
17		水资源论证报告	需要申请或者重新申请取水许可的新建、改建、扩建的建设项目	县级以上水行政主管部门	国务院《取水许可证制度实施办法》	
18		节能评估报告	年综合能源消费量1000t标准煤以上或者年电力消费量500万千瓦时以上的固定资产投资项目	省级以上节能行政主管部门	国家发展改革委《固定资产投资项目节能审查办法》	
19	与项目设计相关	高层建筑工程超限设计可行性论证报告	超限高层建筑工程项目	省级以上超限高层建筑工程抗震设防专家委员会	住房和城乡建设部《超限高层建筑工程抗震设防专项审查技术要点》	
20		高边坡支护方案可行性论证报告	涉及高边坡的房屋建筑和市政基础设施工程项目	县级以上建设行政主管部门确定的审查机构	住房和城乡建设部《房屋建筑和市政基础设施工程施工图设计文件审查管理办法》	

续表

序号	评估报告		适用的建设工程项目	审批部门	设定依据	备注
21	与项目设计相关	防雷装置设计技术论证报告	(1)油库、气库、弹药库、化学品仓库和烟花爆竹、石化等易燃易爆建设工程和场所； (2)雷电易发区内的矿区、旅游景点或者投入使用的建(构)筑物、设施等需要单独安装雷电防护装置的场所； (3)雷电风险高且没有防雷标准规范、需要进行特殊论证的大型项目	县级以上气象行政主管部门确定的审查机构	国家气象局《雷电防护装置设计审核和竣工验收规定》	
22		电力设施保护方案论证报告	涉及电力设施保护范围内的工程项目	县级以上电力行政管理部门	国务院《电力设施保护条例》	

其他专题研究报告和支撑性文件，根据各地相关行政管理部门的具体规定执行。

4.1.8　工程决策咨询的相关方职责

在全过程工程咨询活动中，工程决策咨询涉及建设单位、全过程工程咨询单位、工程决策咨询单位、其他专业咨询单位、政府行政主管部门等多个单位。各方的工作职责如下：

（1）建设单位。负责确认工程决策咨询报告、专题研究报告和支撑性文件。

（2）全过程工程咨询单位。负责审核工程决策咨询报告、专题研究报告和支撑性文件；负责工程决策咨询活动的组织、督促、协调。

（3）工程决策咨询单位。负责工程决策咨询报告的编制、报审（批、核、备）以及与相关部门、单位的沟通。

（4）其他专业咨询单位。负责专题研究报告和支撑性文件的编制、报审（批、核、备）以及与相关部门、单位的沟通。

（5）政府行政主管部门。负责工程决策咨询报告、专题研究报告和支撑性文件的审批、核准、备案；负责对工程决策咨询活动的行政监督。

根据工程决策咨询的具体服务方式，全过程工程咨询单位和工程决策咨询单位可能是一家单位，工程决策咨询单位也可能完成其他专业咨询单位的部分工作，此时，上述工作职责相应归并。

4.2　工程项目建议书

4.2.1　工程项目建议书的编制依据

工程项目建议书的编制依据包括：

（1）国民经济的发展、国家和地方中长期规划；

（2）产业政策、生产力布局、国内外市场、项目所在地的内外部条件；

（3）有关机构发布的工程建设方面的标准、规范、定额；

（4）其他相关的法律、法规和政策；

（5）项目管理单位的组织机构、经营范围、财务能力等；

（6）项目资金来源落实材料；

（7）项目初步设想方案，如总投资、产品及介绍、产量、预计销售价格、直接成本及清单；

（8）联合建设项目需提交联合建设合同或协议；

（9）根据不同行业项目的特殊要求所需要的其他相关资料；

（10）全过程工程咨询单位的知识和经验体系；

（11）其他与项目相关的资料。

4.2.2　工程项目建议书的编制流程

工程项目建议书的编制流程如图 4-1 所示。

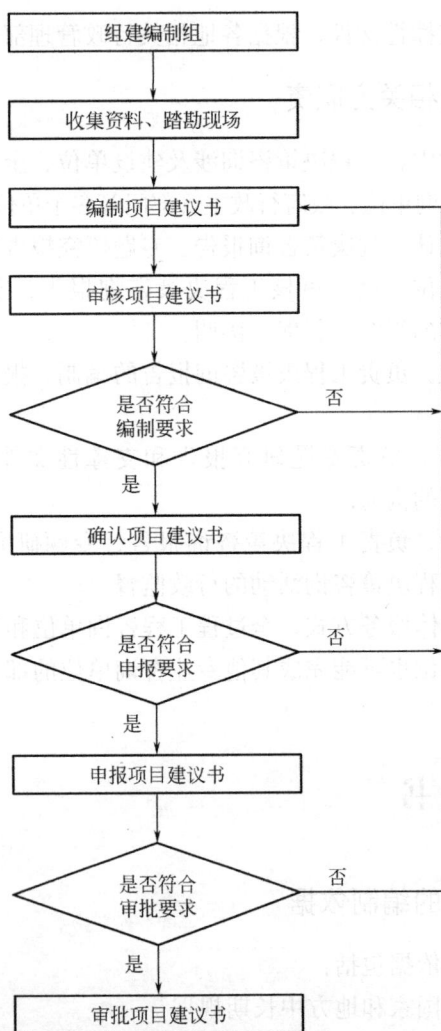

图 4-1　工程项目建议书的编制流程

4.2.3　工程项目建议书的编制要求

工程项目建议书的编制要求包括：

（1）要全面掌握宏观信息，即国家经济和社会发展规划、行业或地区规划（尤其是市政路网规划）、线路周边自然资源等信息。

（2）要重点论证项目建设的必要性。

（3）要根据项目预测结果，并结合规划情况及和同类项目类比的情况，论证并提出合理的建设规模和投资规模。

（4）要尽可能全面地勾画项目的整体构架，减少较大建设内容的遗漏。

4.2.4　工程项目建议书的编制内容

工程项目建议书的编制内容见表 4-2 。

工程项目建议书的编制内容　　　　　表 4-2

序号	提纲		主要内容
1	项目建设的依据、必要性和任务	项目建设的依据	(1)概述项目所在地的行政区划和自然、地理、资源情况,社会经济现状以及地区国民经济与社会发展规划对项目建设的要求。 (2)概述项目所在地建设现状及其近、远期发展规划对项目建设的要求。 (3)说明项目所依据的产业发展规划和各项专业规划
		项目建设的必要性	(1)阐明项目在地区国民经济和社会发展规划中的地位与作用,论证项目建设的必要性。 (2)根据地区国民经济发展规划和建设项目要达到的目标,在产业发展规划和相关规划的基础上,进行必要的补充调查研究,对所在地区功能基本相同的项目方案进行分析、比较,阐明各项目方案的优缺点,论述推荐本项目的理由
		项目建设的任务	(1)阐述本项目的建设任务,按照国家政策和总体效益优化原则,分析研究有关部门对本项目的要求,结合工程条件,考虑本项目在区域规划中的作用,提出项目的开发目标和任务的主次顺序。 (2)对分期开发的项目分别拟定近期和远期的开发目标与任务
2	项目建设条件	水文、气候	(1)简述工程所在区域自然地理、水系概况等。 (2)简述工程地点的气候特性和主要气象要素的统计特征值
		地质	(1)简述工程区域地形地貌、地层岩性、地质构造、构造稳定性,并初步确定工程场区地震基本烈度。 (2)对工程地质环境及主要工程地质问题提出初步评价意见
		其他外部条件	(1)分析项目所在地区和附近有关地区的生态、社会、人文环境等外部条件及其对本项目的相互影响。 (2)说明有关部门和地区对项目建设的意见、协作关系以及有关协议。 (3)说明有关其他部门、地区影响该工程立项的因素

序号	提纲		主要内容
3	项目初步建设方案	项目目标及功能定位	说明本项目功能定位及市场目标定位
		项目方案构思	说明对本项目的目标、功能、范围以及项目涉及的各主要因素和大体轮廓的设想与初步界定
		项目方案初步论证	(1)说明本项目的大致的建设内容及规模。 (2)提出选址初步意见和初步的主建、公用、辅助工程方案,估算出总建筑面积及主要单项工程的建筑面积
4	投资机会研究		根据条件和背景相类似的建设项目来估算投资额和生产成本,初步分析建设项目的投资效果,提供一个或一个以上可能进行建设的项目投资或投资方案
5	环境影响初步评价		(1)说明项目所在地区的环境质量、环境功能等环境特征。 (2)根据工程影响区的环境状况,结合工程开发的规模、运用方式、施工组织方式等特性,应说明工程开发是否与这些规划的目标相协调。从环境保护角度分析是否存在工程开发的重大制约因素。 (3)对环境的主要不利影响,初步提出减免的对策和措施
6	项目管理实施方案	进度计划	包括项目立项、规划方案送审、可研报批、征地拆迁、勘察、设计、施工图设计及相关审查、招标投标等。建设工期应合理、科学,符合相关部门对建设工期的要求
		招标方案	对项目的招标事项,包括招标范围、招标组织形式、招标方式等进行论述。招标方案应符合国家有关政策和法律法规,符合项目特点和实际需求,具备可操作性和对后期工作的指导性
7	投资估算及资金筹措	投资估算	(1)简述投资估算的编制原则、依据及采用的价格水平年。 (2)初拟主要基础单价及主要工程单价。 (3)提出投资主要指标,包括主要单项工程投资、工程静态总投资及动态总投资。 (4)估算分年度投资。 (5)对主体建筑工程应进行单价分析,按工程量估算投资。其他建筑工程、临时工程投资可按类比法估算。设备及安装工程投资可采用扩大指标估算。其他费用可根据工程规模逐项分别估算或综合估算
		资金筹措设想	(1)提出项目投资主体的组成以及对投资承诺的初步意见。 (2)提出资金来源的设想
8	经济初步评价	经济评价依据	说明经济评价的基本依据
		财务初步评价	(1)说明财务评价的价格水平、主要参数及评价准则。 (2)说明项目总投资。 (3)说明资金来源和条件。 (4)说明各项财务支出,构成项目成本的各项费用,初步估算项目收入。 (5)简述项目利润分配原则。 (6)提出财务初步评价指标。 (7)若需要融资,还需简述还贷资金来源,预测满足贷款偿还条件的物品价格。 对项目的财务可行性进行初步评价

续表

序号	提纲		主要内容
9	社会初步评价	社会影响初步分析	初步分析预测项目可能产生的正面影响和负面影响,包括项目对所在地区居民收入的影响,对居民生活水平和生活质量的影响,对居民就业的影响,对不同利益群体的影响,对教育、卫生等方面的影响
		社会互适性初步分析	初步分析预测项目能否为当地的社会环境、人文条件所接纳,以及当地政府、居民支持项目存在与发展的程度,考察项目与当地社会环境的相互适应关系
		项目的初步社会风险分析	(1)对可能影响项目的各种社会因素进行识别并提出防范措施。 (2)对项目的社会可行性进行初步评价
10	结论与建议		(1)综述项目建设的必要性、任务、规模、建设条件、建设方案、环境影响、建设工期、投资估算和经济评价等主要成果。 (2)简述项目建设的主要问题,以及地方政府及各部门有关方面的意见和要求。 (3)提出综合评价结论,并提出今后工作的建议

4.3　工程项目可行性研究报告

4.3.1　工程项目可行性研究报告的编制依据

工程项目可行性研究报告的编制依据包括:

(1) 项目建议书(初步可行性研究报告),对于政府投资项目还需要项目建议书的批复文件;

(2) 相关行政主管部门的专项批复意见,如城市规划行政主管部门出具的项目规划意见、国土资源行政主管部门出具的项目用地意见、环境保护行政主管部门出具的项目环评意见等;

(3) 国家和地方的国民经济和社会发展规划、相关领域专项规划、行业部门的产业发展规划、产业政策等,如土地利用规划、江河流域开发治理规划、铁路公路路网规划、电力电网规划、森林开发规划,以及企业发展战略规划等;

(4) 有关法律、法规和政策;

(5) 有关机构发布的工程建设方面的标准、规范、定额;

(6) 拟建场(厂)址的自然、经济、社会概况等基础资料;

(7) 合资、合作项目各方签订的协议书或意向书;

(8) 并购项目、混改项目、PPP 等类项目各方有关的协议或意向书等;

(9) 与拟建项目有关的各种市场信息资料或社会公众要求等;

(10) 有关专题研究报告,如市场研究、竞争力分析、场(厂)址比选、风险分析等;

(11) 编制可行性研究报告的规范性文件,如《投资项目可行性研究指南(试行版)》《建设项目经济评价方法与参数(第三版)》等;

（12）全过程工程咨询单位的知识和经验体系。

4.3.2 工程项目可行性研究报告的编制流程

工程项目可行性研究报告的编制流程如图 4-2 所示。

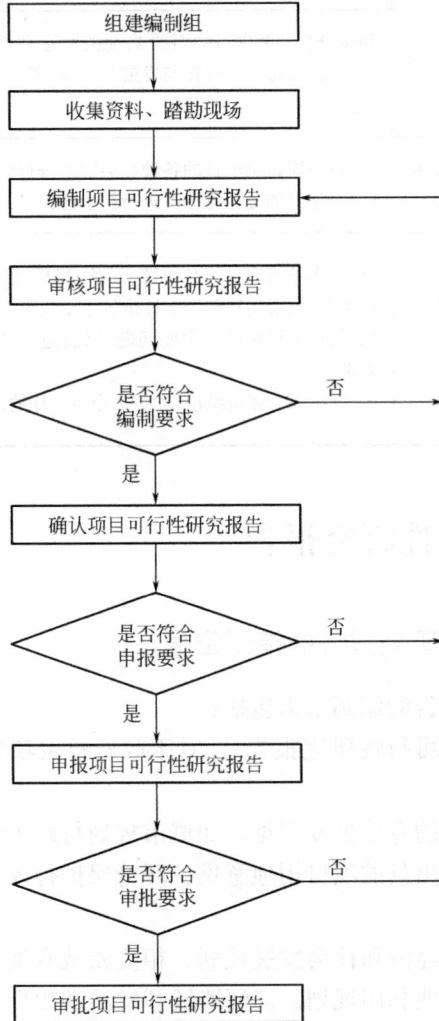

```
组建编制组
    ↓
收集资料、踏勘现场
    ↓
编制项目可行性研究报告 ←──────────┐
    ↓                             │
审核项目可行性研究报告              │
    ↓                             │
是否符合编制要求 ──否──────────────┤
    │是                          │
确认项目可行性研究报告              │
    ↓                             │
是否符合申报要求 ──否──────────────┤
    │是                          │
申报项目可行性研究报告              │
    ↓                             │
是否符合审批要求 ──否──────────────┘
    │是
审批项目可行性研究报告
```

图 4-2　工程项目可行性研究报告的编制流程

4.3.3　工程项目可行性研究报告的编制要求

（1）可行性研究报告的基本要求

1）预见性。可行性研究不仅应对历史、现状资料进行研究和分析，更重要的是应对未来的市场需求、投资效益或效果进行预测和估算。

2）客观公正性。可行性研究必须坚持实事求是，在调查研究的基础上，按照客观情况进行论证和评价。

3）可靠性。可行性研究应认真研究和确定项目的技术经济措施，以保证项目的可靠性，同时也应否定不可行的项目或方案，以避免投资损失。

4）科学性。可行性研究必须应用现代科学技术手段进行市场预测、方案比选与优化等，运用科学的评价指标体系和方法来分析评价项目的财务效益、经济效益和社会影响等，为项目决策提供科学依据。

5）合规性。可行性研究必须符合相关法律、法规和政策，必须重视生态文明、环境保护和安全生产，必须与建设和谐社会和美丽生活相适应。

（2）可行性研究报告的深度要求

1）可行性研究报告应达到内容齐全、数据准确、论据充分、结论明确的要求，以满足决策者定方案、定项目的需要。

2）可行性研究应以市场为导向，围绕增强核心竞争力做工作，以经济效益或投资效果为中心，最大限度地优化方案，提高投资效益或效果。对项目可能的风险做出必要的提示。

3）可行性研究中选用的主要设备的规格、参数应能满足预订货的要求。引进技术设备的资料应能满足合同谈判的要求。

4）可行性研究中的重大技术、财务方案应有两个以上方案的比选。

5）可行性研究中确定的主要工程技术数据应能满足项目初步设计的要求。

6）可行性研究阶段对投资和成本费用的估算应采用分项详细估算法。投资估算的准确度应能满足决策者的要求。

7）可行性研究确定的融资方案应能满足项目资金筹措及使用计划对投资数额、时间和币种的要求，并能满足银行等金融机构信贷决策的需要。

8）可行性研究报告应反映可行性研究过程中出现的某些方案的重大分歧及未被采纳的理由，以供决策者权衡利弊并进行决策。

9）可行性研究报告应符合国家、行业、地方或公司有关法律、法规和政策的规定，符合投资方或出资人的有关规定和要求。应附有供评估、决策审批所必需的合同、协议和相关行政许可文件。报告中采用的法规文件应是最新的和有效的。

4.3.4　工程项目可行性研究报告的编制内容

工程项目可行性研究报告的编制内容见表 4-3。

工程项目可行性研究报告的编制内容

表 4-3

序号	提纲		主要内容
1	总论	概述	项目名称；主办单位基本情况；主要投资者情况介绍；项目提出者的背景；投资的目的、意义和必要性；可行性研究报告编制的依据、指导思想和原则；可行性研究范围。当有多家单位共同研究或编制可行性研究报告时，要说明各单位分工情况
		研究结论	可行性研究的简要综合结论；项目存在的主要问题和建议
2	市场预测	产品（服务）市场分析	产品（服务）用途；国外市场供应现状及预测、需求现状及预测、供需平衡分析；国内市场供应现状及预测、需求现状及预测、供需平衡分析；产品需求周期性分析；公共产品的社会需求预测
		主要投入物市场预测	主要投入物供应现状；主要投入物供需平衡预测

序号	提纲		主要内容
2	市场预测	市场竞争力分析	(1)目标市场分析。目标市场选择与结构分析;主要用户分析。 (2)产品竞争力优劣势分析。主要竞争者分析;产品质量与结构分析;产品成本和盈利空间分析;企业在组织管理和营销等方面的优劣势分析;产品竞争力综合分析
		营销策略	
		主要投入物与产出物价格预测	产品价格现状及预测;主要原辅材料、燃料、动力价格现状及预测
		市场风险分析	风险因素识别;风险程度估计;风险对策与反馈
3	资源条件评价		资源可利用量;资源品质情况;资源赋存条件;资源开发价值
4	建设规模与产品方案		建设规模;产品方案与产品组合方案
5	建设条件与场(厂)址选择	建设条件	建设地点的自然条件;建设地点的社会经济条件;外部交通运输状况;公用工程条件;用地条件;生态、环境、安全和卫生条件
		场(厂)址选择	场(厂)址选择;渣场(填埋场)址选择;排污场(塘)址选择
6	技术、设备、工程方案	技术方案选择	工艺技术方案的选择;工艺流程和消耗定额;工艺技术风险分析
		主要设备方案选择	主要设备选择;自动控制;装置界区内公用工程设施;工艺装置"二废"排放与预处理;装置占地与建、构筑物面积及定员;设备风险分析
		工程方案选择	工程建筑设计方案;工程结构设计方案;工程防震抗震设计方案
7	原辅材料、燃料、动力供应		主要原材料、辅助材料、燃料的种类、规格、年需用量;矿产资源的品位、成分、储量等初步情况;水、电、汽和其他动力供应;供应方案选择
8	总图运输与公用辅助工程	总图运输	总图平面与竖向布置;总图主要工程量;场(厂)内外运输方案
		公用辅助工程	系统配套工程方案;服务性工程方案;生活福利性工程方案;场(厂)外配套工程方案
9	节能、节水	节能	全场(厂)性综合节能技术和措施;装置节能技术和措施;能耗指标分析
		节水	全场(厂)性综合节水技术和措施;装置节水技术和措施;水耗指标分析
10	环境保护		项目所在地区环境质量现状;执行有关环境保护法律法规和技术标准;主要污染源及主要污染物;环境保护措施及方案;环境管理及监测;环境保护投资;环境影响分析;存在的问题及建议
11	安全、职业卫生与消防	安全	项目涉及的危险物品的特性分析;项目涉及的重点监管的危险物品;项目涉及的重点监管的危险生产工艺;项目重大危险源分析;项目建设、生产过程中可能产生的危险有害因素分析;安全设施费用及占比
		职业卫生	项目周边环境职业危害因素分析;项目建设、生产过程中可能产生的职业病危害因素和职业病分析;可能接触职业病危害因素的部位和人员分析;职业卫生设施费用及占比
		消防	各专业防火措施;消防系统;消防设施费用及占比
12	组织机构与人力资源配置		企业管理体制和组织机构设置;生产班制和人力资源配置;人员培训与安置

序号	提纲		主要内容
13	项目实施进度		建设工期;实施进度安排
14	投资估算		投资估算编制依据及说明;建设投资估算;单项工程投资估算;建设期利息估算;流动资金估算;总投资估算;分年投资计划;投资估算分析
15	资金筹措		资金来源;资金使用计划;项目资本金的筹措;融资成本分析;融资风险分析;融资渠道分析
16	财务评价		财务评价基础数据与参数选取;产品成本与费用估算;销售收入与税金估算;财务评价报表;盈利能力分析;偿债能力分析;不确定性分析;财务评价结论
17	经济效益和社会效益分析	经济效益分析	经济效益分析报表;主要经济分析指标;敏感性分析;经济效益指标分析
		社会效益分析	社会效益分析报表;社会效益指标分析
18	风险分析		风险因素的识别;风险程度的估计;风险对策;风险分析结果的反馈;风险分析结论与提示
19	研究结论与建议		推荐方案总体描述;推荐方案的综合评价;存在的问题;建议与实施条件

4.3.5　部分项目可行性研究报告的编制特点

1. 政府投资项目

对于政府投资建设的社会公益性项目、公共基础设施项目和环境保护项目等,除上述各项内容外,可行性研究及其报告的内容还应包括:

(1) 政府投资的必要性;

(2) 项目的招标投标和实施代建制方案;

(3) 政府投资项目的投资方式。对采用资本金注入方式的项目,要分析出资人代表的情况及其合理性;

(4) 对没有营业收入或收入不足以弥补运营成本的公益性项目,要从项目运营的财务可持续性角度,分析、研究政府提供补贴的方式和数额;

(5) PPP项目应根据政府有关规定,在满足项目目标和基准收益的前提下,推算政府介入的条件和给予的优惠等。

2. 水利水电项目

水利水电项目通常具有防洪、灌溉、治涝、发电、供水等多项功能。

需要重点研究的内容包括:水利水电资源的开发利用条件,水文、气象、工程地质条件,坝型与枢纽布置,库区淹没与移民安置等;项目经济评价以经济分析为主、财务分析为辅;对于社会公益性的水利项目,如防洪、治涝项目,财务分析的目的是测算维持项目正常运行需要国家补助的资金数额和提出需要采取的经济优惠政策。

水利水电项目的主要工程方案是主要建筑物方案。库区淹没和移民安置是极其重要的内容之一,应重点研究和论述。

3. 交通运输项目

交通运输项目包括公路、铁路、机场、港口、地铁、桥梁、隧道等项目,不生产实物产品，而为社会提供运输服务。

需要重点研究的内容包括：项目对经济和社会发展、区域综合运输网布局、路网布局等方面的作用和意义；研究运量、线路方案、建设规模、技术标准、建筑工程方案等；项目经济评价以经济分析为主、财务分析为辅。

交通运输项目除站点的建设与改造外，大多涉及跨区域，尤其是交通干线，项目占用土地较多，跨越河流、村庄等敏感区域，因此社会评价是交通运输项目的重点内容之一。项目站线选择应充分考虑搬迁和移民安置等，应作为重点内容研究和论述。

机场建设项目涉及空域规划和无线电导航等飞行程序设计，轨道交通涉及城市地下与地面复杂环境与构造，这些都具有很强的行业和专业特点，技术复杂。

4. 农业开发项目

农业开发项目一般多为综合开发项目，可能包括农、林、牧、副、渔和加工业等项目，建设内容比较复杂。

需要重点研究的内容包括：市场分析，建设规模和产品方案，原材料供应等；农业项目受气候等自然条件影响，效益与费用的不确定性较大。项目经济评价一般分为项目层和经营层两个层次，项目层次评价以经济分析为主、财务分析为辅，经营层次评价只进行财务分析。

5. 文教卫生项目

文教卫生项目包括学校、体育馆、图书馆、医院、卫生防疫与疾病控制系统等项目。项目建设的目的在于改善公共福利环境，提高人民的生活水平，保障社会公平，促进社会发展。

需要重点研究的内容包括：根据项目的服务范围，确定项目的建设规模；依据项目的功能定位，比较选择适宜的建筑方案、主要设备和器械；项目经济评价以经济分析为主，常用的方法有最小成本分析、经济费用效果分析等。

6. 资源开发项目

资源开发项目包括煤、石油、天然气、金属、非金属等矿产资源的开发项目，水利水电资源的开发利用项目（除外）、森林资源的采伐项目等。

需要重点研究的内容包括：资源开发利用的条件，包括资源开发的合理性、拟开发资源的可利用量、自然品质、赋存条件和开发价值；分析项目是否符合资源总体开发规划的要求，是否符合资源综合利用、可持续发展的要求，是否符合保护生态环境的有关规定。

7. 公共建筑项目

公共建筑项目是指行政办公用房、文化娱乐场馆、体育场馆、医疗卫生设施、教育科研设计机构用房、文物古迹和革命纪念建筑、城市通信设施、外国使领馆等。这类项目具有很强的政府主导性，大部分属于政府投资，符合政府投资项目的特点。

该类项目主要强调社会服务功能，研究的重点是社会需求与服务，强调投资效果分析，经济分析的重点是强调费用效果最佳，以及财务的可持续性分析，在充分满足服务功能的前提下，计算项目的运行费用，提出可持续运行的方案等。

8. 城市基础设施项目

城市基础设施项目是指给水、排水、道路、桥梁、隧道、防洪、燃气、热力、环境卫生、园林和景观等新建工程以及改造工程。

这类项目与公共建筑项目基本类似，其财务分析方法和经济分析方法可以相互借鉴。

9. 房地产项目

房地产项目包括商用住宅和商用办公、商场（统称商品房）等项目，也包括经济适用房、两限房、廉租房（统称经济适用房）等项目以及部分基础设施项目。

商品房项目完全由市场主导，其建设目的在于满足市场需求和盈利，项目研究的重点在于取得较好的地块和提升容积率。项目的营销手段是项目定价并取得盈利的重要内容。

经济适用房项目不完全由市场主导，其定价和土地供应由政府主导，项目研究的重点在于取得较好的地块和提升容积率并有较好的设计方案，满足政府和客户的需求。项目不以追求盈利为目的。

4.4　工程项目决策方法

4.4.1　工程项目决策方法概述

1. 工程项目决策方法的分类

工程项目决策方法有很多种，形成了一个完整的方法体系。

按照分析问题的方式，这些方法大体可以分为哲学方法、逻辑方法、学科方法三大类。哲学方法是辩证地分析事物的两面性，包括它的优点和缺点、正面效应和反面效应。逻辑方法是用概念、判断、推理、假说等逻辑思维形式，对事物进行归纳、演绎、综合。学科方法是利用各种学科中常用的研究方法，包括文献法、观察法、访谈法、问卷法、测量法和实验法、价值工程方法、网络控制方法、市场调查方法、战略规划方法、财务评价方法、经济评价方法、风险分析方法等。

按照分析对象的内容，这些方法大体可以分为项目综合分析方法、项目规划分析方法、项目市场分析方法、项目评价分析方法、项目管理分析方法五大类。具体方法体系如图 4-3 所示。

2. 工程项目决策方法的特点

工程项目决策方法的主要特点有：

（1）定性分析和定量分析相结合，重视定量分析。

（2）静态分析与动态分析相结合，重视动态分析。

（3）统计分析与预测分析相结合，重视预测分析。

4.4.2　项目综合分析的决策方法

1. 逻辑框架法

（1）逻辑框架法概述

逻辑框架法是一种概念化论述项目的方法，即用一张简单的框图来清晰地分析一个复杂项目的内涵和各种逻辑关系，以便给人们一个整体的框架概念。

逻辑框架法是将几个内容相关、必须同步考虑的动态因素组合在一起，通过分析各种要素之间的逻辑关系，从设计策划到目标实现等方面来评价一项活动或工作。

```
                                                        ┌─ 区位熵法
                                    ┌─ 逻辑框架法(LFA)     ├─ 偏离-份额分析法
                项目综合分析方法 ────┤  层次分析法(AHP)     ├─ 波特钻石模型法
                                    │  SWOT分析法         ├─ 城市规模等级模型法
                                    └─ PEST分析法         ├─ 利益相关方分析法
                                                        ├─ 情景分析法
                项目规划分析方法 ──────────────────────────┤  梯次递进法
                                                        └─ 地理信息系统与多
                                    ┌─ 类推预测法            目标决策支持系统
                                    │  专家会议法
                                    │  德尔菲法            ┌─ 回归分析法
                                    │  因果分析法 ─────────┤  消费系数法
                                    │                     └─ 弹性系数法
                                    │                     ┌─ 移动平均法
                项目市场分析方法 ────┤  延伸预测法 ─────────┤  指数平滑法
                                    │                     │  成长曲线法
                                    │  价值链分析法         └─ 季节波动法
    工程                            │  竞争能力分析法 ──────┬─ 五因素分析模型法
    项                              │                     └─ 核心竞争力分析法
    目    ──────┤                  │  投资组合分析法 ──────┬─ 波士顿矩阵法
    决                              │                     └─ 通用矩阵法
    策
    方                              ┌─ 财务分析法 ───────── 现金流量分析
    法                              │  经济分析法 ───────── 费用效益分析
                                    │  社会评价法 ─────────┬─ 社会调查法
                                    │                     └─ 社会分析法
                项目评价分析方法 ────┤                     ┌─ 方案经济比较法
                                    │  方案比选法 ─────────┤  有无项目对比法
                                    │                     └─ 价值工程分析法
                                    │  风险分析法 ─────────┬─ 蒙特卡洛模拟法
                                    └                     └─ 概率树法
                                    ┌─ 项目招标投标咨询方法
                                    │  项目进度控制方法 ────┬─ 关键路径法
                项目管理分析方法 ────┤                     └─ PERT法
                                    │  项目费用控制方法 ────── 赢值法
                                    │                     ┌─ ABC分析法
                                    └─ 项目质量控制方法 ────┤  鱼刺图分析法
                                                          └─ 控制图法
```

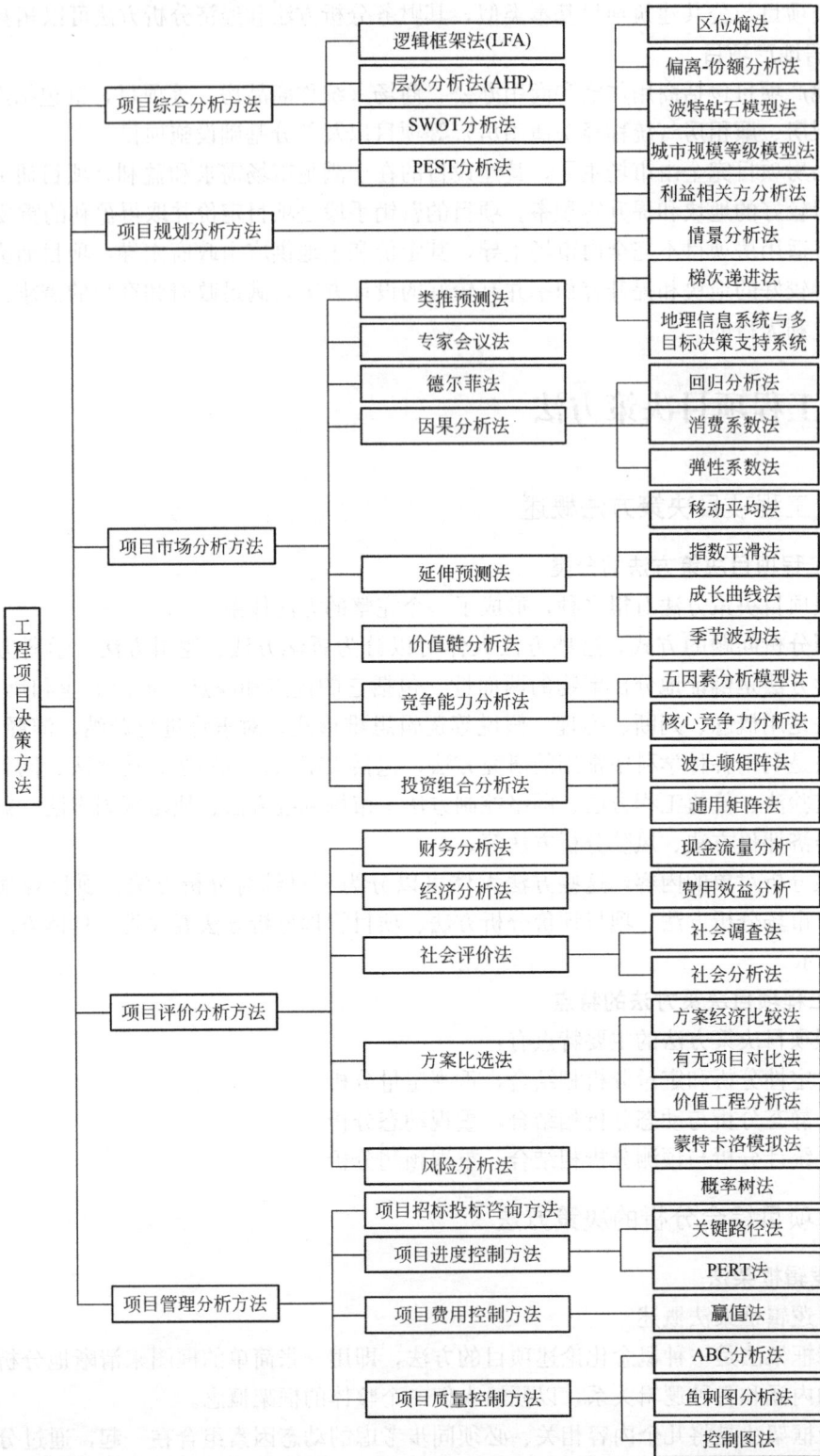

图 4-3　工程项目决策方法体系

逻辑框架法的核心是项目的各种要素之间的因果关系，即"如果"提供了某种条件，"那么"就会产生某种结果。这些条件包括事物内在的因素及其所需要的各种外部条件。

在工程决策活动中，逻辑框架法通常用于规划编制、项目建议书、可行性研究及评价等工作中。

（2）逻辑框架的基本模式

逻辑框架的基本模式是一个 4×4 的矩阵，见表 4-4。

逻辑框架的基本模式　　　　　　　　　　表 4-4

目标层次	客观验证指标	客观验证方法	重要假设及外部条件
宏观目标	宏观目标验证指标	评价及监测手段和方法	实现宏观目标的假设条件
具体目标	具体目标验证指标	评价及监测手段和方法	实现具体目标的假设条件
产出成果	产出成果衡量指标	评价及监测手段和方法	实现项目产出的假设条件
投入/活动	投入方式及定量指标	投入活动验证方法	落实项目投入的外部条件

（3）逻辑框架矩阵表的编制步骤

1）确定项目的具体目标；

2）确定为实现项目具体目标所要实现的产出成果；

3）确定为达到每项产出成果所需要投入的活动；

4）确定项目的宏观目标；

5）用"如果，那么"的逻辑关系自下而上检验纵向逻辑关系；

6）确定每一层次目标的实现所需要的重要假设和外部条件；

7）依次确定项目的直接目标、产出成果和宏观目标的可验证的指标；

8）确定指标的客观验证方法；

9）确定各项投入活动的预算成本和验证指标及方法；

10）对整个逻辑框架的设计进行对照检查和核对。

2. 层次分析法

（1）层次分析法概述

层次分析法是将决策问题的有关元素分解成目标、准则、方案等层次，在此基础上进行定性分析和定量分析的一种决策方法。

层次分析法的特点是在对复杂决策问题的本质、影响因素及其内在关系等进行深入分析之后，构建一个层次结构模型，然后利用较少的定量信息，把决策的思维过程数学化，从而为求解多准则或无结构特性的复杂决策问题提供一种简便的综合决策分析方法。

（2）层次分析法的基本步骤

建立层次结构模型→构造、比较、判别矩阵→单准则下层次排序及其一致性检验→层次总排序及其一致性检验。

3. SWOT 分析法

（1）SWOT 分析法概述

SWOT 分析法，即优势、劣势、机会和威胁分析，也称态势分析法。

SWOT 分析基于内外部竞争环境和竞争条件下的态势分析，就是将与研究对象密切相关的各种主要内部优势、劣势和外部的机会、威胁等，通过调查列举出来，并依照矩阵形式排列，然后用系统分析的思想把各种因素相互匹配起来加以分析，从中得出一系列相应的结论。

根据优势、劣势与机会、威胁两两组合，SWOT 分析可以形成 SO（优势—机会）战略、WO（劣势—机会）战略、ST（优势—威胁）战略、WT（劣势—威胁）战略四种不同类型的组合战略。

（2）SWOT 矩阵的基本模式

SWOT 矩阵的基本模式是一个 2×2 的矩阵，见表 4-5。

SWOT 矩阵的基本模式 表 4-5

内部条件	优势(S)	劣势(W)
外部环境	机会(O)	威胁(T)

（3）SWOT 分析法的基本步骤

分析环境因素→构造 SWOT 矩阵→制订行动计划。

4. PEST 分析法

（1）PEST 分析法概述

PEST 分析是指宏观环境的分析，包括政治、经济、社会和技术分析四个方面。

PEST 分析法从不同角度全面地分析外部环境，从变动的因素上探求行业或企业可能的发展潜能，对行业或企业的发展前景有一个大的整体把握，并制订出相应的对策。

（2）PEST 分析法的基本步骤

政治环境分析→经济环境分析→社会自然环境分析→技术环境分析。

4.4.3 项目规划分析的决策方法

1. 德尔菲法

（1）德尔菲法概述

德尔菲法是在专家个人判断法和专家会议法的基础上发展起来的一种专家调查法。

德尔菲法具有匿名性、反馈性、收敛性、广泛性等特点，克服了一般集合意见法和其他预测法的不足，尤其适用于长期预测。当预测时间跨度长达 10～30 年，以及预测缺乏历史数据时，采用德尔菲法能够取得较好的效果。

（2）德尔菲法的基本步骤

建立预测工作组→选择专家→设计调查表→组织调查实施→汇总处理调查结果。

2. 情景分析法

（1）情景分析法概述

情景分析法又称前景描述法，是一种面向未来的定性研究方法，是对预测对象未来发展的可能性和导致预测对象从现状向未来发展的一系列事件、结果的描述和分析。

情景分析法不是试图对未来情况进行准确预测，而是通过对预测对象的发展趋势进行多种设想或预计来寻找更好的解决方案，减少因对未来不确定而造成的损失。

（2）情景分析法的基本步骤

确定关键问题→识别影响因素→情景构建→情景分析→情景评价→确定发展战略。

4.4.4　项目市场分析的决策方法

1. 战略分析方法

战略分析是指通过剖析企业内外环境，准确认识面临的机遇和挑战，客观评价自身的优势与劣势，以抓住机遇、扬长避短，明确发展方向和远景目标。

战略分析方法主要包括 SWOT 分析法、PEST 分析法、竞争能力分析法、价值链分析法、投资组合分析法、平衡计分卡法等。

其中，竞争能力分析包括行业竞争结构分析和企业竞争能力分析。行业竞争结构分析的方法有五因素分析模型法、行业吸引力分析法等。企业竞争能力分析的方法有竞争态势矩阵法、企业核心竞争力分析法等。

投资组合分析的方法主要是波士顿矩阵和通用矩阵。

2. 市场预测方法

市场预测方法有很多种，不同的市场预测方法具有不同的适用条件、应用范围和预测精度。预测时，应根据预测周期、产品生命周期、预测对象、数据资料、精度要求、时间与费用限制等因素选择适当的方法，也可以采用几种方式进行组合预测，相互验证或修正。在实践中，多采用定性预测与定量预测相结合的方法。

常用预测方法及特点见表 4-6。

常用预测方法及特点　　　　　　　　　　　　　　　表 4-6

预测方法		方法简介	适用范围	数据资料	精确度
定性方法	类推预测法	运用相似性原理，对比类似产品发展过程，寻找变化规律，进行预测。包括产品类推预测法、行业类推预测法、地区类推预测法	长期预测	多年历史资料	尚好
	专家预测法	组织有关专家进行预测，综合专家意见，得出预测结论。包括专家个人判断法、专家会议法、混合式会议法、德尔菲法	长期预测		较好
	征兆预测法	根据事物之间的因果联系，分析影响事物发生变化的内在联系的因素指标，作为征兆指标进行预测	长期预测		较好
	点面联想法	以调查对象的资料为基础，通过分析、判断、联想等由点到面来预测的方法	长期预测		较好
定量方法	因果预测法	回归分析法	运用因果关系，建立回归分析模型，包括一元回归、多元回归和非线性回归等	短、中、长期预测	需要多年数据	很好
		消费系数法	对产品在各行业的消费数量进行分析，结合行业规划，预测需求总量	短、中、长期预测		很好
		弹性系数法	运用两个变量之间的弹性系数进行预测，弹性系数包括收入弹性系数、价格弹性系数、能源需求弹性系数	中、长期预测		较好
		购买力估算法	通过分析社会居民总购买力和投资意向，导出对某种产品的需求量	短、中、长期预测		较好

续表

	预测方法		方法简介	适用范围	数据资料	精确度
定量方法	延伸性预测法	移动平均法	对于具有时序变化规律的事物,取时间序列中连续几个数据值的平均值,作为下期预测值	近期或短期预测	数据最低要求5~10个	尚好
		指数平滑法	与移动平均法相似,只考虑历史数据的近远期作用不同,给予不同权值	近期或短期预测		较好
		成长曲线模型	运用数学模型,拟合一条趋势线,外推未来事物的发展规律	短、中、长期预测	至少5年数据	较好

4.4.5　项目评价分析的决策方法

1. 财务分析方法

（1）现金流量分析

现金流量分析是指对项目筹资、建设、运行到关闭终止的全生命周期内,现金流出和流入的全部资金活动的分析。现金流量分析是进行投资决策的基础,是项目经济评价的重要工具。

识别并估计现金流量应遵循以下基本原则：

1）费用与效益计算范围的一致性原则；

2）费用与效益识别的有无对比原则；

3）动态分析与静态分析相结合,以动态分析为主的原则；

4）基础数据确定的稳妥原则。

现金流量分析指标见表4-7。

现金流量分析指标　　　　　　　　　　　表4-7

	常用指标	定义	判据	优点	不足
时间性指标	静态投资回收期（P_t）	在不考虑资金时间价值的条件下,以净收益抵偿投资所需要的时间	若 $P_t \leqslant P_c$（行业基准静态投资回收期）,项目可行；否则,项目不可行	经济意义明确、直观、计算简单,便于衡量项目风险的大小	不能全面地反映项目在生命期内的真实效益；无法用以准确辨识项目的优劣
	动态投资回收期（P_t'）	在考虑资金时间价值的情况下,用项目每年的净收益回收全部投资所需要的时间	若 $P_t' \leqslant P_c'$（行业基准动态投资回收期）,项目可行；否则,项目不可行；进行多个方案比较时,动态投资回收期越短,方案越好	可以较准确地反映实际情况	计算相对复杂

续表

常用指标		定义	判据	优点	不足
价值性指标	财务净现值（FNPV）	将项目整个计算期内各年的净现金流量，按某个给定的折现率，折算到计算期初的现值代数和	若 $FNPV \geqslant 0$，项目可行；否则，项目不可行	直接以货币额表示项目投资的收益性大小	折现率和资金成本难以事先准确确定；不能直接反映资金的利用率
	财务净年值（FNAV）	把项目寿命期内的净现金流量按设定的折现率折算成与其等值的各年年末的等额净现金流量值	若 $FNAV \geqslant 0$，项目可行；否则，项目不可行进行多个方案比较时，财务净年值越大，方案越好	具有很好的可比性	
比率性指标	财务内部收益率（FIRR）	指使项目净现值为零时的折现率	若 $FIRR \geqslant i_c$（行业基准收益率），项目可行；否则，项目不可行	考察了项目在整个生命期内的全部情况	计算烦琐；不能直接用于互斥方案之间的比选；不适用于只有现金流入或现金流出的项目
	财务净现值率（FNPVR）	按设定折现率求得的项目计算期的净现值与其全部投资现值的比率	若 $FNPVR \geqslant 0$，项目可行；否则，项目不可行		

（2）投资估算分析

投资估算是指在对项目的建设规模、产品方案、技术方案、设备方案、选址方案和工程建设方案及项目进度计划等进行研究并基本确定的基础上，对建设项目总投资数额及分年资金需要量进行的估算。

投资估算的方法主要有建设投资简单估算法、建设投资分类估算法、建设期利息估算法、流动资金估算法等。

1）建设投资简单估算法。建设投资简单估算法有单位生产能力估算法、生产能力指数法、比例估算法、系数估算法、估算指标法等。单位生产能力估算法最为粗略，一般仅用于规划、投资机会研究阶段。生产能力指数法相比单位生产能力估算法准确度提高，在不同阶段都有一定的应用，但范围受限。初步可行性研究阶段主要采用估算指标法，也可根据具体条件选择其他估算方法。

2）建设投资分类估算法。建设投资分类估算法是指对构成建设投资的各类投资，即工程费用（含建筑工程费、设备购置费和安装工程费）、工程建设其他费用、预备费（含基本预备费和涨价预备费），分类进行估算。

3）建设期利息估算法。建设期利息估算法是指对债务资金在建设期内发生并应计入固定资产原值的利息，包括借款（或债券）利息及手续费、承诺费、发行费、管理费等，分类进行估算。

4）流动资金估算法。流动资金法可按行业要求或前期研究的不同阶段采用扩大指标估算法估算或分项详细估算法估算。采用详细估算法估算流动资金应在营业收入和经营成本估算之后进行。

（3）融资方案分析

融资方案分析是指在已确定建设方案并完成投资估算的基础上，结合项目实施组织和建设进度计划，进行融资结构、融资成本和融资风险分析，优化融资方案，并作为融资后财务分析的基础。

融资方案分析主要包括资金成本分析、资金结构优化比选等。

1）资金成本分析。资金成本分析主要包括权益资金成本分析、债务资金成本分析、加权平均资金成本分析。权益资金成本分析要分析优先股资金成本和普通股资金成本。债务资金成本分析要分析所得税前的债务资金成本、所得税后的债务资金成本、扣除通货膨胀影响的债务资金成本。

2）资金结构优化比选。资金结构优化是指通过合理地选择资金来源及数量而达到增加收益和弱化风险的目的。资金结构优化比选的实质是选择最佳资金结构，可以采用比较资金成本法和每股利润分析法。

2. 经济分析方法

（1）工程项目经济分析的概念

经济分析又称国民经济评价，是从宏观经济角度对投资项目进行决策分析与评价，判定其经济合理性的活动。经济分析按照合理配置资源的原则，从项目对社会经济所做的贡献以及社会经济为项目付出代价的角度，识别项目的效益和费用，采用社会折现率、经济价格等经济分析参数，分析项目对社会经济（社会福利）的净贡献，评价项目投资的经济效益。

（2）工程项目经济分析的作用

1）正确反映项目对社会福利的净贡献，评价项目的经济合理性。

2）合理反映社会资源的配置效率，为政府审批或核准项目提供重要依据。

3）合理比选和优化方案，为财务效益较差的基础性公益性项目提供制订财务方案的依据。

（3）工程项目经济分析的原则

1）遵循项目评价的"有无对比"原则，采用"有无对比"方法识别项目的效益和费用。

2）采用经济价格（或计算价格），通常以影子价格替代，估算各项效益和费用。

3）采用费用效益分析方法或费用效果分析方法，寻求以最小的投入（费用）获取最大的产出（效益或效果）。

（4）工程项目经济分析的适用范围

市场自行调节领域的项目一般不必进行经济分析。市场配置资源失灵领域的项目需要进行经济分析。现阶段需要进行经济分析的项目主要有：

1）政府预算内投资关系国家安全、国土开发和市场不能有效配置资源的公益性项目和公共基础设施项目、保护和改善生态环境项目、重大战略性资源开发项目；

2）政府各类专项建设基金投资的交通运输、农林水利等基础设施、基础产业建设项目；

3）利用国际金融组织和外国政府贷款，需要政府主权信用担保的建设项目；

4）企业投资建设的涉及国家经济安全，影响生态环境、不可再生资源和公众利益，可能出现垄断，涉及整体布局等公共性问题，需要政府核准的建设项目；

5）法律、法规规定的其他建设项目。

（5）工程项目经济分析的方法

工程项目经济分析的方法主要有项目费用效益分析和项目费用效果分析两类。费用效益分析是通过对项目效益和费用流量的识别和计算，判断项目经济的合理性。费用效果分析是通过对项目预期效果和所支付费用的比较，判断项目费用的有效性和项目经济的合理性。

费用是指社会经济为项目所付出的代价，可以货币量化计算。效益是指项目对社会经济的贡献，也可以货币量化计算。效果是指项目引起的效应或效能，表示项目目标的实现程度，往往不能或难于货币量化。

具体的分析方法和分析指标见表 4-8。

工程项目经济分析的方法和指标　　　　　　　　　　　表 4-8

分析方法		分析指标
项目费用效益分析	(1)直接计算法。直接进行效益和费用流量的识别和计算，包括直接效益、直接费用、间接效益、间接费用。 (2)调整计算法。在财务分析项目投资现金流量表的基础上调整编制经济费用效益流量表，包括效益和费用范围调整和数值调整	(1)经济净现值($ENPV$)。用社会折现率将项目计算期内各年的经济净效益流量折算到项目建设期初的现值之和，反映项目对社会经济净贡献的绝对量。$ENPV \geqslant 0$，项目可行；否则，项目不可行。 (2)经济内部收益率($EIRR$)。能使项目在计算期内各年经济净效益流量的现值累计等于零时的折现率，反映资源配置的经济效率。$EIRR \geqslant i_s$(社会折现率)，项目可行；否则，项目不可行
项目费用效果分析	(1)最小费用法。满足固定效果，寻求费用最小的方案，也称固定效果法。 (2)最大效果法。费用固定，追求效果最大化的方案，也称固定费用法。 (3)增量分析法。当备选方案效果和费用均不固定，且分别具有较大幅度的差别时，比较两个备选方案之间的费用差额和效果差额，分析获得增量效果所花费的增量费用是否值得	(1)效果费用比($R_{E/C}$)，即单位费用所达到的效果。 (2)费用效果比($R_{C/E}$)，即单位效果所花费的费用

（6）经济分析与财务分析的异同与联系

经济分析与财务分析有诸多相似，也有一些区别。两者的异同与联系见表 4-9。

3. 社会评价方法

（1）社会评价的概念

社会评价是对建设项目中的社会因素、社会事项及其产生的影响进行评价。社会评价具有宏观性、长期性、多重性、复杂性、差异性等特点。社会评价的目的是判断投资项目社会发展目标实现的可行性，评价项目建设和运营活动对社会发展目标所作出的贡献和影响。社会评价的主要内容可以归结为社会调查、社会分析、社会管理方案制订三项。社会评价需要特殊关注贫困人口、女性、少数民族、非自愿移民等弱势群体。

经济分析与财务分析的异同与联系　　　　表 4-9

异同与联系		财务分析	经济分析
不同之处	分析角度和出发点	从项目的财务主体、投资者甚至债权人角度，分析项目的财务效益和财务可持续性，分析投资各方的收益或损失，评价投资或贷款的风险及收益	从全社会的角度分析评价项目对社会经济的净贡献
	效益和费用的含义及范围	只根据项目直接发生的财务收支，计算项目的直接效益和费用，称为现金流入和现金流出	从全社会的角度考察项目的效益和费用，不仅要考虑直接的效益和费用，还要考虑间接的效益和费用，称为效益流量和费用流量
	采用的价格体系	使用预测的财务收支价格体系，可以考虑通货膨胀因素	使用影子价格体系，不考虑通货膨胀因素
	分析内容	盈利能力分析、偿债能力分析和财务生存能力分析	经济效益费用分析、经济效果费用分析
	基准参数	财务基准收益率	社会折现率
	计算期	根据项目实际情况，经济分析计算期可长于财务分析计算期	
相同之处		经济分析与财务分析都采用效益与费用比较的方法，遵循效益和费用识别的"有无对比"原则。依据资金时间价值原理进行动态分析，计算内部收益率和净现值等指标	
相互联系		经济分析与财务分析关系密切。在很多情况下，经济分析是以财务分析为基础，对财务分析估算的财务数据进行一定的调整计算，得到经济效益和费用数据。少数情况下，经济分析也可以独立进行，即在项目的财务分析之前就进行经济分析	

（2）社会评价的作用

社会评价的作用主要体现在以下三个方面：

1）有利于经济发展目标与社会发展目标的协调一致，防止单纯追求项目经济效益。

2）有利于项目所在地区的利益协调一致，减少社会矛盾和纠纷，促进社会稳定。

3）有利于避免或减少项目建设和运营的社会风险，提高投资效益。

（3）社会评价的适用范围

社会评价主要针对社会因素复杂、社会影响久远（具有重大的负面社会影响或显著的社会效益）、社会矛盾突出、社会风险较大、社会问题较多的项目。这类项目包括引发大规模移民征地的项目，如交通、供水、采矿和油田项目，以及具有明显社会发展目标的项目，如扶贫项目、区域性发展项目和社会服务项目（如教育、文化和公共卫生项目等）。

（4）社会评价的方法

社会评价的方法主要有利益相关者分析方法、参与式方法、逻辑框架法等。

1）利益相关者分析方法。利益相关者分析方法是通过分析和判断与项目有直接或间接利益关系的群体在项目中受到的影响、对项目的反应以及对项目的影响力来评价不同的利益群体在项目建设过程中的地位与作用，并据此判断项目与受影响利益群体之间的相互关系和适应性。利益相关者分析方法的基本步骤是：识别利益相关者→分析利益相关者的利益构成→分析利益相关者的重要性和影响力→制订主要利益相关者参与方案。

2）参与式方法。参与式方法是通过一系列的方法或措施，促使项目的相关群体积极、全面地介入项目决策、实施、管理和利益分享等过程，使当地人和外来者一起对当地的社会、经济、文化、自然资源进行分析评价。参与式方法包括参与式评价和参与式行动两个方面。

3）逻辑框架法。逻辑框架法是借助逻辑框架图中关于项目不同层次、不同阶段的描述和分析，判断项目全过程中各种因果关系和逻辑关系，进一步判断项目面临的社会风险。项目的外部条件是评价的重点。

（5）社会评价与社会稳定风险分析的异同

社会评价与社会稳定风险分析两者关系密切，既有相同之处，也有区别。两者的异同详见表4-10。

社会评价与社会稳定风险分析的异同 表4-10

异同		社会评价	社会稳定风险分析
不同之处	分析角度	比较全面,既要分析评价项目的正面影响,又要分析可能引起的负面影响	从项目实施可能对当地自然、经济、人文、社会发展的负面影响角度进行社会影响分析评价
	管理功能	对项目管理功能无强制性要求	更加强调社会管理功能
	报告编写	评价内容较为宽泛,指标体系也不规范	政策依据较为明确,评价内容及过程清晰,相应指标体系基本完善
相同之处	理论体系	两者均以社会学、人类学和项目学的理论和方法,通过调查、收集与项目相关的社会信息,系统分析、论证各种社会因素对项目建设的合理性、合法性、可行性和风险可控性的影响	
	分析方法	两者都要运用利益相关者分析法、参与式方法,识别利益相关者及其社会风险因素	
	工作过程	两者均需经历社会调查、社会分析和社会管理方案制订的过程	
	工作内容	两者均涉及识别项目的社会风险因素,分析社会风险产生的原因、发生的可能性,提出可能的解决措施和方案等内容	

4. 方案比选方法

（1）方案比选的任务

方案比选的任务是对两种以上可能的建设方案，从技术、经济、环境、社会各方面，对建设方案的科学性、可能性、可行性进行论证、排序、比选和优化，选择"相对最佳"的建设方案，确保项目的综合效益最大化。

（2）方案比选的原则

1）先进性原则。拟比选的建设方案一般要比国内现有的技术先进，力争有较强的国际竞争力。

2）适用性原则。拟比选的建设方案必须考虑对当地资源的适用性，充分发挥项目所在地的资源优势。

3）可靠性原则。拟比选的建设方案必须是成熟、稳定的，对产品的质量性能和项目的生产能力有足够的保证程度。

4）安全性原则。拟比选的建设方案必须考虑是否会对操作人员造成伤害，有无保护措施，有无"三废"的产生和治理情况，是否会破坏自然和生态平衡等。

5）经济性原则。拟比选的建设方案要根据项目的具体情况，分析建设方案的投资费用、劳动力需要量、能源消耗量、产品最终成本等，选择"性价比"较高的建设方案。

6）可比性原则。拟比选的建设方案应在满足需要、消耗、价格、时间和风险等方面具备可比性。

7）技术、经济、社会和环境相结合原则。建设方案研究要统筹兼顾技术、经济、社会和环境等诸多方面，权衡利弊，综合比选。

（3）方案比选的范围

1）项目整体方案的比选。主要包括：建设规模与产品方案、总体技术路线、场址选择方案、总体布局和主要运输方案、环境保护方案、其他总体性建设方案等。

2）分项工程的方案比选。主要包括：各车间建设方案、各生产装置建设方案、各专项工程（道路、管线、码头等）建设方案、其他分项工程建设方案等。

3）各专业工程的方案比选。主要包括：公用工程配套设施建设方案、主要设备选择方案等。

（4）方案比选的步骤

命题的准备→组织形式的确定→基础资料的搜集→方案的初审→方法和指标的选择→开展比选工作。

（5）方案技术比选的方法

1）简单评分法。采用简单评分法时，首先，确定技术方案的评价体系指标和标准；其次，在根据这些指标的合格性标准剔除不符合要求的方案后，由专家对剩余的备选方案按选定的评价指标和标准评价打分，经汇总得到每个备选方案的评价总分；最后，方案总分排列即为方案的优劣排序。

2）加权评分法。在简单评分法的基础上，根据每个选定指标重要程度的不同给予不同的权重，然后计算各备选方案的加权评价分，得出优劣排序。

（6）方案经济比选的方法

1）方案的绝对经济效果分析。其目的是遴选合格的备选方案，从经济比选的要求上考虑，备选方案只需满足选定的评价指标的评判标准即可。评价指标包括静态评价指标（如投资收益率、静态投资回收期、利息备付率、偿债备付率、资产负债率、流动比率、速动比率等）和动态评价指标（如净现值、净现值率、费用现值、净年值、费用年值、内部收益率、动态投资回收期、效益费用比等）。一般来说，方案比选主要考虑盈利能力、偿债能力和财务可持续性等方面。部分评价指标详见表4-11。

2）方案的相对经济效果分析。常用的有万加特纳整数规划法、互斥方案组合法等。万加特纳整数规划法适用于计算机计算分析；能处理设计复杂的混合关系且数目庞大的方案组合，结果上可以直接获得明确的、唯一的最优组合；要求决策的前提、依据和约束条件应完备、清晰。互斥方案组合法适用于手动及计算机计算；侧重给出已知决策的前提、依据和约束条件下的决策方案组合优选序列，方便决策者根据决策依据的调整变化选择最优或次优的方案组合。

5. 风险分析方法

（1）不确定性分析的方法

不确定性分析是指对影响项目的不确定性因素进行分析，测算它们的增减变化对项目效益的影响，找出最主要的敏感因素及其临界点的过程。

绝对经济效果分析部分评价指标　　　　　　　　　　　　表 4-11

评价指标		指标简介	评价准则	指标特点及应用
投资收益率	总投资收益率（ROI）	投资方案达到设计生产能力后一个正常生产年份的年息税前利润或年均息税前利润与方案总投资的比率	若 $ROI \geqslant ROI_c$（基准总投资收益率），方案在经济上可接受；否则，不可接受	两项指标的经济意义明确、直观，计算简便，在一定程度上反映了投资效果的优劣，可适用于各种投资规模，特别适用于数据准备不充分的决策早期的机会研究、项目建议书阶段。但这两项指标都没有考虑资金时间价值，因此多用于初步比选分析或作为辅助指标使用
	资本金净利润率（ROE）	投资方案达到设计生产能力后一个正常生产年份的年净利润或年均净利润与方案的资本金投资的比率	若 $ROE \geqslant ROE_c$（基准资本金净利润率），方案在经济上可接受；否则，不可接受	
静态投资回收期（P_t）		在不考虑资金时间价值的条件下，以方案的净收益回收总投资所需要的时间	若 $P_t \leqslant P_c$（基准投资回收期），方案在经济上可接受；否则，不可接受	该指标容易理解，计算简便，在一定程度上反映了资本的周转速度，适宜于技术上更新迅速的项目，或资金相当短缺的项目。但该指标只考虑投资回收前的经济效果，没有全面考虑方案整个计算期内的现金流量，且没有考虑资金的时间价值，因此只能作为辅助评价指标
净现值（NPV）		用一个预定的基准收益率（或设定的折现率）i_c，分别把整个计算期间内各年所发生的净现金流量都折现到投资方案开始实施时（即方案计算期初）的现值之和	若 $NPV \geqslant 0$，方案在经济上可接受；否则，不可接受；在多个方案比选时，费用现值（PC）越小的方案越好	该指标考虑了资金的时间价值，且全面考虑了项目在整个计算期内的经济状况；能直接以货币额表示项目的超额收益水平；判断直观。但该指标的计算必须首先确定一个符合经济现实的基准收益率，基准收益率的确定是比较困难的。该指标不能用于判定单一方案合格与否，只能用于多方案比选
净年值（NAV）		用一个预定的基准收益率（或设定的折现率）i_c，把项目寿命期内的净现金流量折算成与其等值的各年年末的等额净现金流量值	若 $NAV \geqslant 0$，方案在经济上可接受；否则，不可接受；在多个方案比选时，费用年值（AC）越小的方案越好	该指标是基于按年动态平均视角的年均超额收益；能直接以货币额表示项目的超额收益水平；判断直观。对于特定现金流量类型的方案评价和方案相对经济效果分析，NAV 比 NPV 更具优势
内部收益率（IRR）		使投资方案在计算期内各年净现金流量的现值累计等于零时的折现率	若 $IRR \geqslant i_c$（基准收益率），方案在经济上可接受；否则，不可接受	该指标考虑了资金的时间价值以及整个计算期内的经济状况；能直接衡量方案未收回投资的收益率；不需要事先确定一个基准收益率。该指标仅适用于常规现金流量项目，且要求项目的现金流入、现金流出均可用货币计量

常用的不确定性分析方法有敏感性分析和盈亏平衡分析。

1）敏感性分析。敏感性分析用以考察项目涉及的各种不确定因素对项目基本方案经济评价指标的影响，找出敏感因素，估计项目效益对它们的敏感程度，粗略预测项目可能承担的风险，为进一步的风险分析打下基础。

敏感性分析包括单因素敏感性分析和多因素敏感性分析。单因素敏感性分析是指每次只改变一个因素的数值来进行分析，估算单个因素的变化对项目效益产生的影响；多因素分析则是同时改变两个或两个以上因素进行分析，估算多因素同时发生变化的影响。为了找出关键的敏感因素，通常多进行单因素敏感性分析。

敏感性分析指标主要是敏感度系数和临界点。敏感度系数是项目分析指标变化的百分率与不确定因素变化的百分率之比，敏感度系数越高，表示项目分析指标对该不确定因素敏感程度越高。临界点是指不确定因素的极限变化，即不确定因素的变化使项目由可行变为不可行的临界数值，可用临界点百分比或者临界值分别表示，临界点的高低与设定的基准收益率有关，在一定的基准收益率下，临界点越低，项目对该因素就越敏感。

敏感性分析虽然可以找出项目分析指标对之敏感的不确定因素，并估计其对项目分析指标的影响程度，但却并不能得知这些影响发生的可能性有多大，这是敏感性分析的不足之处。

2）盈亏平衡分析。盈亏平衡分析是在一定市场和经营管理条件下，根据达到设计生产能力时的成本费用与收入数据，通过求取盈亏平衡点，研究分析成本费用与收入平衡的关系。盈亏平衡分析可以分为线性盈亏平衡分析和非线性盈亏平衡分析两种，投资项目决策分析与评价中一般仅进行线性盈亏平衡分析。

通过盈亏平衡分析可以找出盈亏平衡点，考察企业（或项目）对市场导致的产出（销售）量变化的适应能力和抗风险能力。盈亏平衡点的表达形式有多种，可以用产量、产品售价、单位可变成本和年总固定成本等绝对量表示，也可以用某些相对值表示。投资项目决策分析与评价中最常用的是以产量和生产能力利用率表示的盈亏平衡点，也有采用产品售价表示的盈亏平衡点。用产量和生产能力利用率表示的盈亏平衡点越低，表明企业适应市场需求变化的能力越大，抗风险能力越强。用产品售价表示的盈亏平衡点越低，表明企业适应市场价格下降的能力越大，抗风险能力越强。

盈亏平衡点可以采用公式计算法，也可以采用图解法求取。

盈亏平衡分析时应注意：盈亏平衡点应按项目达产年份的数据计算，不能按计算期内的平均值计算；当计算期内各年数值不同时，最好按还款期间和还完借款以后的年份分别计算。

（2）风险分析的方法

风险分析是认识投资项目可能存在的潜在风险因素，估计这些因素发生的可能性及由此造成的影响，研究防止或减少不利影响而采取对策。风险分析包括风险识别、风险估计、风险评价与风险对策研究四个步骤。

1）风险识别。风险识别就是要识别和确定项目可能存在的风险因素，同时初步确定这些风险因素可能给项目带来的影响。一般来说，项目的主要风险可以分为内部风险（包括技术风险、组织管理风险、进度延误风险等）和外部风险（包括市场风险、政策风险、环境与社会风险等）。常用的风险识别方法有解析法、风险结构分解法、专家调查法、故障树法、事件树法、问卷调查法、情景分析法等。

2）风险估计。风险估计是在风险识别后对风险事件发生可能性、风险事件影响范围、风险事件发生的时间和风险后果对项目严重程度所进行的估计。风险估计的方法包括风险概率估计方法和风险影响估计方法两类，前者分为主观估计和客观估计，后者有概率树分析法、蒙特卡洛模拟法、决策矩阵法。

3）风险评价。风险评价是在项目风险识别和风险估计的基础上，通过相应的指标体系和评价标准，对风险程度进行划分，以揭示影响项目成败的关键风险因素，以便针对关键风险因素，采取防范对策。工程项目风险评价的依据主要有工程项目类型、风险管理计划、风险识别的成果、工程项目进展状况、数据的准确性和可靠性、概率和影响程度等。

风险评价包括单因素风险评价和整体风险评价。单因素风险评价，即评价单个风险因素对项目的影响程度，以找出影响项目的关键风险因素，评价方法主要有风险概率矩阵、专家评价法等。项目整体风险评价，即综合评价若干主要风险因素对项目整体的影响程度，可以按照确定风险评价基准、确定项目的风险水平、确定项目风险等级三个步骤进行。对于重大投资项目或估计风险很大的项目，应进行投资项目整体风险分析。

4）风险对策研究。可行性研究阶段的风险对策研究是整个项目风险管理的重要组成部分，风险对策研究应贯穿于可行性研究的全过程，风险对策应具针对性、可行性、经济性。

应对风险的对策可以归纳为消极风险的应对策略、积极风险或机会的应对策略。前者的具体对策一般包括风险回避、风险减轻、风险转移和风险接受，针对的是可能对项目目标带来消极影响的风险。后者针对的是可以给项目带来机会的某些风险，采取的策略总是着眼于对机会的把握和充分利用。

风险回避是彻底规避风险的一种做法，即断绝风险的来源。风险减轻是指把不利风险事件发生的可能性和（或）影响降低到可以接受的临界值范围内，也是绝大部分项目应用的主要风险对策。风险转移是试图将项目业主可能面临的风险转移给他人承担，以避免风险损失，可细分为保险转移方式和非保险转移方式两种，其中保险转移方式是在工程项目实施阶段常见的风险对策之一。风险接受就是将可能的风险损失留给项目业主自己承担，可细分为主动风险接受和被动风险接受两种，费用后备措施、进度后备措施、技术后备措施是常用的风险接受方式。

本章小结

工程决策咨询是指运用工程技术、科学技术、经济管理和法律法规等多学科方面的知识和经验，为建设工程项目的决策提供咨询活动的智力服务。在工程建设项目中引入工程决策咨询，可以提高工程决策的科学性，有利于项目建设单位统筹考虑影响项目可行性的各种因素，增强决策论证的协调性。工程决策咨询服务可由工程咨询单位采取市场签约、接受委托专业服务等方式提供，或由具备相应资格的服务单位（机构）联合提供。工程决策咨询服务可以分为一体化、联合体、总分包三种服务方式。

工程决策咨询的工作流程可以归纳为成果文件的编制、审核、确认、申报、审批（核准、备案）五个步骤。审批制、核准制、备案制建设项目的具体要求有所不同。工程决策咨询的成果文件包括工程决策咨询报告及其专题报告和支持性文件。在全过程工程咨询活动中，工程决策咨询报告主要是工程项目建议书和工程项目可行性研究报告。

工程项目决策的方法大体可以分为综合分析、规划分析、市场分析、项目评价、项目管理五大类，形成了一个完整的方法体系。在全过程工程咨询活动中，应根据建设项目的实际需要灵活选用决策方法。

复习思考题

    1. 工程决策咨询工作应由哪些单位完成？在全过程工程咨询活动中，分别有哪些角色？

    2. 如何设置工程决策咨询服务机构？如何进行机构组织内部分工？

    3. 不同投资管理模式的项目如何进行工程决策咨询？各相关单位的工作职责是什么？

    4. 工程决策咨询的成果文件有哪些？

    5. 工程项目建议书和可行性研究报告有什么联系和异同？

    6. 工程项目决策方法有哪些特点？如何分类？

    7. 哪些工程项目需要进行国民经济评价和社会影响评价？这两种评价的意义是什么？

本章参考文献

[1] 全国咨询工程师（投资）职业资格考试参考教材编写委员会. 项目决策分析与评价［M］. 北京：中国计划出版社，2020.

[2] 全国咨询工程师（投资）职业资格考试参考教材编写委员会. 现代咨询方法与实务［M］. 北京：中国计划出版社，2020.

[3] 雷开贵，雷冬青，李永双. 全过程工程咨询服务实务要览［M］. 北京：中国建筑工业出版社，2021.

[4] 吴玉珊，韩江涛，龙奋杰，等. 建设项目全过程工程咨询理论与实务［M］. 北京：中国建筑工业出版社，2018.

[5] 天津国际工程咨询公司等. 全过程工程咨询实务与核心技术［M］. 北京：中国建筑工业出版社，2020.

[6] 江西省江咨工程咨询有限公司. 全过程工程咨询服务指南［M］. 北京：中国建筑工业出版社，2020.

[7] 孙冲冲. 全过程工程咨询丛书 工程项目规划及设计咨询［M］. 北京：中国电力出版社，2021.

[8] 黄锐锋. 建设工程全过程管理实用手册［M］. 北京：中国建筑工业出版社，2019.

[9]《投资项目可行性研究指南（试行版）》编写组. 投资项目可行性研究指南（试行版）［M］. 北京：中国电力出版社，2002.

第 5 章　工程项目招标采购与合同管理咨询

主要内容：
- 招标采购与合同管理咨询概述
- 招标采购过程管理咨询
- 招标采购策划咨询
- 招标文件编制咨询
- 合同条款策划管理咨询
- 合同管理咨询

学习目标：

通本章的学习，读者应掌握全过程工程咨询管理中招标采购需求、招标采购过程管理、招标采购总体策划、招标文件策划、合同条款策划，以及合同管理等知识；重点掌握不同的工程组织实施方式招标策划、招标程序管理、招标核准、招标范围及限额、标准招标文件的使用、评标办法的选用、投标报价管理、合同示范文本的使用、合同条款策划、合同签订前审核、合同履行管理等知识体系；了解非招标采购方式的实施及管理。

5.1　招标采购与合同管理咨询概述

全过程工程咨询服务单位具备项目业主委托内容相适应的招标采购咨询能力的，应依据合同自行完成建设项目招标采购咨询任务；不具备项目业主委托内容相适应的招标采购咨询能力的，应按照合同约定或经建设单位同意，择优委托具有相应能力的单位承担招标采购咨询任务。

根据《全过程工程咨询服务管理标准》T/CCIAT 0024—2020，全过程咨询服务范围包括了项目决策阶段、项目实施阶段、项目运维阶段全方位的全过程咨询服务；全过程咨询单位可以根据建设单位的委托，独立承担全过程全部专业服务，全面整合建设工程中所需的各专业咨询服务以及全过程项目管理。

结合当前全过程咨询服务的发展现状，全过程咨询的服务形式宜采用"1＋N＋X"模式，其中："1"是指全过程项目工程管理；"N"是指全过程各专业咨询，包括但不限于项目前期咨询、勘察咨询、设计咨询、造价咨询、项目管理、招标代理、监理咨询、运营维护咨询、BIM咨询等专业咨询；"X"是指全过程工程咨询单位整合资源、协调管理的专项服务。

全过程咨询单位在项目招标采购阶段，应对招标采购管理、合同管理进行全面管理。

建设工程项目招标采购管理是工程实施阶段的一项重要且复杂的工作内容，包括对项目前期咨询、勘察、设计、施工、项目管理、招标代理、监理、设备及材料等产品或服务的提供单位的招标采购。根据《中华人民共和国招标投标法（2017 修改版）》《中华人民共和国招标投标法实施条例（2017 修改版）》《中华人民共和国政府采购法》及相关法律法规和行政规范文件的规定，全过程咨询单位通过对招标策划、合同策划、招标过程管理等一系列流程，遵循公开、公平、公正、诚实信用的原则，选择具有相应能力和资格的中标人，根据招标文件、投标文件及中标通知书签订书面合同，明确招标人和中标人的责权利。

国家发展改革委、住房城乡建设部《关于推进全过程工程咨询服务发展的指导意见》（发改投资规〔2019〕515 号）下发以来，我国工程建设全过程咨询服务发展迅速，全过程咨询的实施方式也形成了以下三种方式：

（1）由一家具有综合能力的咨询单位实施全过程咨询；

（2）由一家牵头咨询单位同多家专业咨询单位组成的联合体（包括招标代理、勘察、设计、监理、造价、项目管理等不同能力的咨询单位）实施全过程咨询；

（3）按照传统的工程咨询模式，由建设单位统筹，分别由招标代理、勘察、设计、监理、造价、项目管理多家专业咨询单位分别实施部分或全过程咨询。

建设单位选择哪种全过程咨询的实施方式是一个必须面对的问题，而实施方式的选择与各种因素有关。例如，采用"1＋N＋X"模式时，"N"包括哪些专业咨询（特别是全过程咨询单位是否负责招标代理）？"X"具体包括哪些协调服务项目？全过程咨询单位能够提供的咨询服务范围；在项目招标采购阶段，建设单位对招标采购及合同管理的整体考虑；还有工程建设组织实施方式等因素。因此，建设单位需要综合考虑各种相关因素才能够合理选择全过程咨询的实施方式。

本章以国有投资的工程建设项目为对象，根据不同的工程建设组织实施方式及建设单位的需求，结合"1＋N＋X"模式中，以"1"——全过程咨询单位项目管理的角度，分别对工程总承包单位、施工总承包单位、勘察设计及监理等服务单位、设备材料采购单位的招标采购管理及合同管理进行阐述。

5.1.1 工程建设组织实施方式

工程建设组织实施方式应根据工程项目的规模和复杂程度及业主方管理能力等因素，通过对项目建设范围、建设技术标准、功能要求、招标人要求、合同工作范围、前期条件是否明确、技术方案是否成熟等进行分析，合理选择实施方式。

目前，我国工程建设组织实施方式主要包括施工总承包模式（传统的 DBB 模式）和工程总承包模式（EPC 工程总承包）。

1. 施工总承包模式

施工总承包模式即设计-招标-施工（Design-Bid-Build）模式（通常简称 DBB 模式），是目前国内工程承包发包的主要方式。这种模式最突出的特点是建设单位委托设计单位完成工程项目的设计文件后，业主再找施工总承包单位按照施工图纸和规范要求进行施工作业，提交符合施工合同要求的工程产品的一种项目管理与实施的建造方式。在项目实施过程中，建设单位、设计单位、施工单位、监理单位及行政监督机关按照法律和合同的要求完成各自的职责和义务，完成项目建设，建设单位往往在多个单位之间解决工程实施过程中出现的各种矛盾和冲突，导致工期的延长、成本的增加等问题。

2. 工程总承包模式

工程总承包模式，是指承包单位按照与建设单位签订的合同，对工程设计（Engineering Design）、采购（Procurement）、施工（Construction）或者设计、施工等阶段实行总承包，并对工程的质量、安全、工期和造价等全面负责的工程建设组织实施方式。根据工程总承包范围又分为 EPC、EP、EC、PC 等模式。工程总承包合同一般约定总承包商对项目的质量、工期、安全和造价等各项绩效指标向业主全面负责，业主只负责整体的、原则的、目标的管理和控制，有利于项目的工期控制和投资控制。工程总承包模式是目前大型投资项目建设极力推行运用的总承包方式之一，主要适用于工程规模大型化、复杂化，项目工期长，实施过程中的不确定性因素多的工程项目。EPC 总承包模式适用于业主与 EPC 总承包商管理职责明晰的项目。

5.1.2　工程总承包组织实施方式招标采购

1. 工程总承包组织实施方式招标规定

（1）根据《房屋建筑和市政基础设施项目工程总承包管理办法》（建市规〔2019〕12 号）规定，全过程咨询单位应协助建设单位依法采用招标或者直接发包等方式选择工程总承包单位。工程总承包项目范围内的设计、采购或者施工中，有任一项属于依法必须进行招标的项目范围且达到国家规定规模标准的，应当采用招标的方式选择工程总承包单位。

（2）根据工程总承包模式的特点，应当在发包前完成项目审批、核准或者备案程序。采用工程总承包方式的企业投资项目，应当在核准或者备案后进行工程总承包项目发包。采用工程总承包方式的政府投资项目，原则上应当在初步设计审批完成后进行工程总承包项目发包；其中，按照国家有关规定简化报批文件和审批程序的政府投资项目，应当在完成相应的投资决策审批后进行工程总承包项目发包。

（3）建设单位根据自身资源和能力，可以自行对工程总承包项目进行管理，也可以委托勘察设计单位、代建单位等项目管理单位，赋予相应的权利，依照合同对工程总承包项目进行管理。

2. 工程总承包发包阶段及特点

工程总承包发包阶段的影响因素有政策法规、项目特点与资金来源、建设单位或全过程咨询单位的管理能力、潜在的工程总承包单位的管理能力等。

全过程咨询单位应根据拟建项目的实际情况，结合各种影响因素，科学合理地选择工程总承包单位，在确保工程项目顺利进行的同时，充分实现建设单位的管理意图，实现项目的效益最大化。结合对各地工程总承包管理办法的分析，工程总承包发包阶段分为以下两种方式：

（1）可研后发包。以可行性研究报告及方案设计、发包人要求为基础选择工程总承包单位，约定合同价格，无图纸算量（如房建量可以是建筑面积或体育馆座位数），一般采用总价合同。除非发包人要求变更，否则，一切变更都不涉及合同价款的调整，风险由承包商承担。

（2）初设后发包。以发包人要求和初步设计图纸为基础选择工程总承包单位，约定合同价格，可用初步设计图算量（如房建量只能是分部工程量，安装是系统，如给水排水系统、供电系统，计量单位是建筑面积），采用总价合同最为恰当。合同价款包含风险金，除非发包人要求变更或提出初设更改，否则，一切变更（除非合同另有约定）都不涉及合同价款的调整。

3. 工程总承包组织实施方式的招标采购范围

采用工程总承包组织实施方式，根据我国现行招标投标法规及政府采购法规的规定、建设单位管理能力及管理需求，确定项目的招标采购范围。

（1）咨询服务单位的招标采购：全过程咨询单位或专业咨询单位（包括项目建议书及可行性研究工程咨询单位、初步地质勘察单位、方案设计或初步设计单位、招标代理单位、监理单位等咨询服务单位）的招标采购；

（2）工程总承包单位的招标采购：工程总承包单位负责勘察设计、采购、施工全部工作内容；

（3）其他项目配套单位的招标采购：如检测机构、通信单位、燃气供应单位等配套单位的招标采购。

5.1.3　施工总承包组织实施方式招标采购

1. 施工总承包组织实施方式招标规定

施工总承包组织实施方式是建设单位委托设计单位完成工程项目的设计文件后，施工总承包单位按照施工图纸和规范要求组织施工作业，监理单位负责工程监理［主要包括："三控"（质量控制、投资控制、进度控制）、"两管"（合同管理、信息管理）、"一协调"（协调参与各方关系）］，提交符合施工合同要求的工程产品的一种项目管理与实施的建造方式。也就是说，全过程咨询单位要负责组织建设项目中涉及的工程单位以及与工程建设有关的货物、服务单位参与工程建设。

根据《中华人民共和国招标投标法实施条例（2017修改版）》相关规定：

第二条　招标投标法第三条所称工程建设项目，是指工程以及与工程建设有关的货物、服务。所称工程，是指建设工程，包括建筑物和构筑物的新建、改建、扩建及其相关的装修、拆除、修缮等；所称与工程建设有关的货物，是指构成工程不可分割的组成部分，且为实现工程基本功能所必需的设备、材料等；所称与工程建设有关的服务，是指为完成工程所需的勘察、设计、监理等服务。

第三条　依法必须进行招标的工程建设项目的具体范围和规模标准，由国务院发展改革部门会同国务院有关部门制订，报国务院批准后公布施行。

国务院批准最新的必须进行招标的工程建设项目的具体范围和规模的标准为：《必须招标的工程项目规定》（国家发展改革委令第16号）及《必须招标的基础设施和公用事业项目范围规定》（发改法规规〔2018〕843号）。

2. 施工总承包组织实施方式发包阶段及特点

施工总承包组织实施方式招标采购一般按照工程实施过程不同阶段，即包括前期决策阶段（包括项目建议书及可行性研究）、工程项目勘察设计阶段（包括工程勘察单位及工程设计单位）、施工阶段（包括施工单位、监理单位、设备及材料供应单位等）等分别实施招标采购。而施工阶段招标采购一般又分为施工总承包单位和专业分包单位的招标采购，而专业分包单位又分为建设单位直接发包和总承包单位发包两种形式。

3. 施工总承包组织实施方式招标采购范围

施工总承包组织实施方式招标采购，根据我国现行招标投标法规及政府采购法规的规定、建设单位管理能力及管理需求，确定项目的招标采购范围。

（1）咨询服务单位的招标采购：全过程咨询单位或专业咨询单位（包括项目建议书及可行性研究工程咨询单位、勘察单位、设计单位、招标代理单位、监理单位等咨询服务单位）招标采购；

（2）工程施工单位的招标采购：施工总承包单位、专业分包施工单位；

（3）设备、材料供应单位的招标采购：主要包括建设单位采购的设备、材料供应单位；

（4）其他项目配套单位的招标采购：如检测机构、通信单位、燃气供应单位等。

5.2　招标采购过程管理咨询

建设项目的采购方式应当根据我国相关招标投标及政府采购等法律法规的规定，结合建设单位管理能力及管理需求、项目实际状况等诸多因素，确定项目采购方式。项目采购方式分为招标采购方式及非招标采购方式两种方式（见图 5-1）。

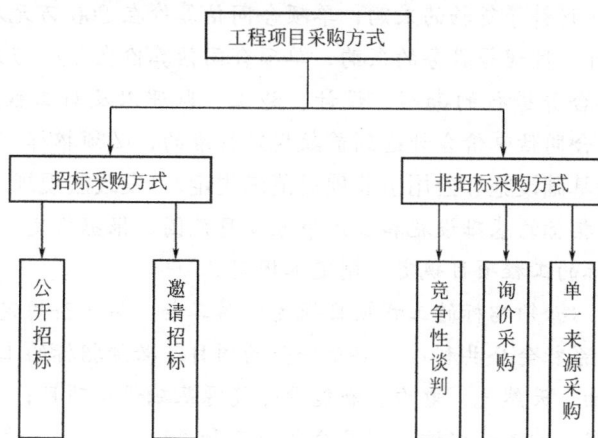

图 5-1　工程项目采购方式

1. 招标采购方式

根据《中华人民共和国招标投标法》《中华人民共和国政府采购法》《房屋建筑和市政基础设施工程施工招标投标管理办法》，以及相关法律法规的规定，达到《必须招标的工程项目规定》（国家发展改革委令第 16 号）及《必须招标的基础设施和公用事业项目范围规定》（发改法规规〔2018〕843 号）标准的项目包括项目的勘察、设计、施工、监理，以及与工程建设有关的重要设备、材料等的采购，必须进行招标。

（1）招标方式

依据《中华人民共和国招标投标法》第十条规定，招标分为公开招标和邀请招标。

1）公开招标：是指招标人以招标公告的方式邀请不特定的法人或者其他组织投标。

2）邀请招标：是指招标人以投标邀请书的方式邀请特定的法人或者其他组织投标。

(2) 必须招标的工程项目规定

1) 依据《必须招标的工程项目规定》（国家发展改革委令第 16 号）：

第一条 为了确定必须招标的工程项目，规范招标投标活动，提高工作效率、降低企业成本、预防腐败，根据《中华人民共和国招标投标法》第三条的规定，制定本规定。

第二条 全部或者部分使用国有资金投资或者国家融资的项目包括：

（一）使用预算资金 200 万元人民币以上，并且该资金占投资额 10％以上的项目；

（二）使用国有企业事业单位资金，并且该资金占控股或者主导地位的项目。

第三条 使用国际组织或者外国政府贷款、援助资金的项目包括：

（一）使用世界银行、亚洲开发银行等国际组织贷款、援助资金的项目；

（二）使用外国政府及其机构贷款、援助资金的项目。

第四条 不属于本规定第二条、第三条规定情形的大型基础设施、公用事业等关系社会公共利益、公众安全的项目，必须招标的具体范围由国务院发展改革部门会同国务院有关部门按照确有必要、严格限定的原则制定，报国务院批准。

第五条 本规定第二条至第四条规定范围内的项目，其勘察、设计、施工、监理以及与工程建设有关的重要设备、材料等的采购达到下列标准之一的，必须招标：

（一）施工单项合同估算价在 400 万元人民币以上；

（二）重要设备、材料等货物的采购，单项合同估算价在 200 万元人民币以上；

（三）勘察、设计、监理等服务的采购，单项合同估算价在 100 万元人民币以上。

同一项目中可以合并进行的勘察、设计、施工、监理以及与工程建设有关的重要设备、材料等的采购，合同估算价合计达到前款规定标准的，必须招标。

2)《必须招标的基础设施和公用事业项目范围规定》（发改法规规〔2018〕843 号）；

第一条 为必须招标的基础设施和公用事业项目范围，根据规定《中华人民共和国招标投标法》《必须招标的工程项目规定》制定本规定。

第二条 不属于《必须招标的工程项目规定》第二条、第三条规定的情形的大型基础设施、公用事业等关系社会公共利益、公众安全的项目，必须招标的工程项目范围包括：

（一）煤炭、石油、天然气、电力、新能源等能源基础设施项目；

（二）铁路、公路、管道、水运，以及公共航空和 A1 级通用机场等交通运输基础设施项目；

（三）电信枢纽、通信信息网络等通信基础设施项目；

（四）防洪、灌溉、排涝、引（供）水等水利基础设施项目；

（五）城市轨道交通等城建项目。

2. 非招标采购方式

《国家发展改革委办公厅关于进一步做好〈必须招标的工程项目规定〉和〈必须招标的基础设施和公用事业项目范围规定〉实施工作的通知》（发改办法规〔2020〕770 号）及《中华人民共和国政府采购法实施条例》规定：

（1）规范规模标准以下工程建设项目的采购，即 16 号令①第二条至第四条及 843 号

---

① 是指《必须招标的工程项目规定》（国家发展改革委令第 16 号）。

文[1]第二条规定范围的项目，其施工、货物、服务采购的单项合同估算价未达到16号令第五条规定规模标准的，该单项采购由采购人依法自主选择采购方式，任何单位和个人不得违法干涉；其中，涉及政府采购的，按照政府采购法律法规规定执行。国有企业可以结合实际，建立健全规模标准以下工程建设项目采购制度，推进采购活动的公开透明。

（2）严格执行16号令和843号文规定的范围和规模标准，不得另行制定必须进行招标的项目范围和规模标准，也不得作出与16号令、843号文和本通知相抵触的规定，持续深化招标投标领域"放管服"改革，努力营造良好市场环境。

（3）《中华人民共和国政府采购法实施条例》第七条　政府采购工程以及与工程建设有关的货物、服务，采用招标方式采购的，适用《中华人民共和国招标投标法》及其实施条例；采用其他方式采购的，适用政府采购法及本条例。政府采购工程以及与工程建设有关的货物、服务，应当执行政府采购政策。

因此，对于国有投资的建设项目，其施工、货物、服务采购的单项合同估算价未达到16号令和843号文规定的范围和规模标准，不属于必须招标的项目，应当依照政府采购法及其实施条例的规定采用竞争性谈判、询价采购、单一来源采购方式进行采购。

① 竞争性谈判：是指谈判小组与符合资格条件的供应商就采购货物、工程和服务事宜进行谈判，供应商按照谈判文件的要求提交响应文件和最后报价，采购人从谈判小组提出的成交候选人中确定成交供应商的采购方式。

② 询价采购：是指询价小组向符合资格条件的供应商发出采购货物询价通知书，要求供应商一次报出不得更改的价格，采购人从询价小组提出的成交候选人中确定成交供应商的采购方式。

③ 单一来源采购：是指采购人从某一特定供应商处采购货物、工程和服务的采购方式。

5.2.1　招标采购过程管理

1. 招标采购管理程序

（1）全过程咨询单位的选择

根据全过程咨询单位的具体咨询服务范围，如其服务范围包括了勘察、设计、监理等咨询服务，且属于必须招标的项目（达到16号令和843号文规定的招标范围和规模标准），则应按照规定通过招标方式进行招标，否则可以直接委托或通过非招标采购方式进行采购。如果全过程咨询单位的咨询服务范围包括招标代理咨询服务，在选择全过程咨询服务单位时还应满足招标代理单位比选的相关规定。

（2）招标代理单位的比选

国家投资的建设工程项目，经相关部门招标核准后，建设单位通过公共资源交易网发布招标代理机构比选公告，通过公开比选确定招标代理机构。

（3）编制招标采购管理实施细则

全过程咨询单位接受建设单位委托后，充分了解项目前期决策、立项批复、招标核准，结合全过程工程咨询服务工作大纲，依据我国招标投标相关法律法规、结合项目所在

---

① 指《必须招标的基础设施和公用事业项目范围规定》（发改法规〔2018〕843号）。

地招标投标的政策文件，建设单位及全过程咨询单位的管理制度，编制适合项目的招标采购管理实施细则。

（4）编制招标采购总体计划

在项目招标策划阶段，全过程咨询单位根据项目的建设组织实施方式、项目管理方式、工程项目总体进度计划，以及建设单位对项目招标的设想，对项目可能涉及的招标采购的前期咨询、勘察、设计、施工、招标代理、监理、设备及材料等产品或服务的需要工作持续时间，成果的提供时间，质量要求进行总体研究、分析，编制招标采购工作的总体计划。招标采购工作的总体计划经建设单位批准后，全过程咨询单位对可能涉及的招标项目需要配合的单位或部门进行清晰的交底，落实其需要完成的前期工作时间节点及工作成果要求。

（5）编制项目招标采购工作计划

全过程咨询单位应依据批准的招标采购实施细则和招标采购总体计划，结合项目及管理的特点，编制出项目招标采购工作计划。工作计划主要包括：招标采购范围、招标采购实施期间计划（包括招标月度计划、周计划）、招标采购方式（包括非招标采购方式）、招标人要求（采购要求）、招标清单及招标控制价、评标方法、计价模式、招标风险管理等内容。

项目招标采购工作计划经建设单位审查通过后，全过程咨询单位根据招标采购范围、招标采购实施期间计划的要求，应明确招标采购事项涉及的配合招标的工程管理部门、设计管理部门、造价咨询部门等相关部门做好相应的配合工作。如在涉及设计单位招标工作计划时，落实前期咨询单位及工程管理部门等参与单位对设计单位招标时间计划安排、需要完成的相关工作成果及设计单位招标相关需求［完成可研报告及立项批复、完成地质勘察，编制设计招标发包人要求（质量、成本、功能）、投标人要求（资质条件、能力、信誉）、设计方案评分标准、设计服务要求、技术成果经济补偿等）等相关事项］，确保设计单位招标顺利进行。

（6）编制并审核具体项目招标文件

根据批准的招标采购工作计划，针对每个具体招标项目编制招标文件，并报建设单位审查通过。编制的招标文件应选择招标事项对应的《标准文本》，同时结合招标事项对招标具体范围、标段划分、招标清单及招标控制价、招标方式、招标日期、投标条件、投标资格审查方式、质量和技术要求、评标方法、计价模式、合同条款等内容进行编制，经全过程咨询单位自行审查通过后，应组织建设单位及招标事项涉及的如设计单位、造价咨询单位、法律咨询单位、审核单位等项目管理参与单位，对招标文件进行审查并进行完善定稿。

如在编制施工总承包单位招标文件期间，应注意与地质勘察单位、设计单位、造价咨询单位、建设单位、设备及甲供材料单位等相关单位密切沟通，除确保相关工作和成果在招标时间上要步调一致外，对涉及的招标人要求、招标范围、标段划分界面、地质勘察报告、设计图纸、工程量清单与招标控制价、投标报价、合同条款策划（合同范围、价款结算方式、合同风险、价款调整条件）均要满足相关法律法规及招标的要求，相关资料要符合逻辑性，避免出现矛盾之处，便于后期合同管理签订和管理。

（7）按照招标程序实施招标工作

全过程咨询单位依据《招标投标法》等相关法规及项目所在地的地方法规组织招标

工作。

一般的招标程序如下：在规定的公共资源交易平台发布招标文件（或发出投标邀请书）、招标答疑、行业主管部门对招标文件监督、投标、开标、评标、公示、定标、发出中标通知书、招标投标书面报告、签订合同等。

2. 招标核准及招标方式

（1）招标核准

《中华人民共和国招标投标法实施条例》第七条规定：按照国家有关规定需要履行项目审批、核准手续的依法必须进行招标的项目，其招标范围、招标方式、招标组织形式应当报项目审批、核准部门审批、核准。项目审批、核准部门应当及时将审批、核准确定的招标范围、招标方式、招标组织形式通报有关行政监督部门。

（2）招标方式选择

《中华人民共和国招标投标法实施条例》第八条规定：国有资金占控股或者主导地位的依法必须进行招标的项目，应当公开招标；但有下列情形之一的，可以邀请招标：

① 技术复杂、有特殊要求或者受自然环境限制，只有少量潜在投标人可供选择；

② 采用公开招标方式的费用占项目合同金额的比例过大。

有前款第二项所列情形，属于本条例第七条规定的项目，由项目审批、核准部门在审批、核准项目时作出认定；其他项目由招标人申请有关行政监督部门作出认定。

《中华人民共和国招标投标法》第十一条规定：国务院发展计划部门确定的国家重点项目和省、自治区、直辖市人民政府确定的地方重点项目不适宜公开招标的，经国务院发展计划部门或者省、自治区、直辖市人民政府批准，可以进行邀请招标。

3. 可以不进行招标的情形

（1）《中华人民共和国招标投标法》第六十六条规定：涉及国家安全、国家秘密、抢险救灾或者属于利用扶贫资金实行以工代赈、需要使用农民工等特殊情况，不适宜进行招标的项目，按照国家有关规定可以不进行招标。

除此之外，根据《住房城乡建设部关于修改〈房屋建筑和市政基础设施工程施工招标投标管理办法〉的决定》（2018年9月19日）第九条规定，工程有以下情形之一的，经县级以上地方人民政府建设行政主管部门批准，可以不进行施工招标：

① 停建或者缓建后恢复建设的单位工程且承包人未发生变更的；

② 施工企业自建自用的工程，且该施工企业资质等级符合工程要求的；

③ 在建工程追加附属小型工程或主体加层工程，且承包人未发生变更的；

④ 法律、法规、规章规定的其他情形。

（2）《中华人民共和国招标投标法实施条例》（国务院令第613号）第九条规定：除《招标投标法》第六十六条规定的可以不进行招标的特殊情况外，有下列情形之一的，可以不进行招标：

① 需要采用不可替代的专利或者专有技术；

② 采购人依法能够自行建设、生产或者提供；

③ 已通过招标方式选定的特许经营项目投资人依法能够自行建设、生产或者提供；

④ 需要向原中标人采购工程、货物或者服务，否则将影响施工或者功能配套要求；

⑤ 国家规定的其他特殊情形。

4. 招标文件编制

(1)《中华人民共和国招标投标法实施条例》（国务院令第 613 号）第十五条规定："编制依法必须进行招标的项目的资格预审文件和招标文件，应当使用国务院发展改革部门会同有关行政监督部门制定的标准文本。"

(2) 为进一步完善标准文件编制规则，构建覆盖主要采购对象、多种合同类型、不同项目规模的标准文件体系，提高招标文件编制质量，促进招标投标活动的公开、公平和公正，营造良好的市场竞争环境，国家发展改革委会同有关行政监督部门制定的适用于依法必须招标的工程建设项目涉及的工程以及与工程建设有关的设备、材料等货物项目和勘察、设计、监理等服务项目标准招标文本（以下简称为《标准文件》），见表 5-1。

标准招标文件一览表　　　　　　　　表 5-1

序号	《标准文件》类型	批准部门及文号	实施时间
1	《标准设计施工总承包招标文件》	发改法规(2011)3018 号九部委联合发布	2012 年 5 月 1 日实施
2	《标准施工招标资格预审文件》	九部委令 2008 年 5 月 1 日实施 56 号(2007)	2008 年 5 月 1 日实施
3	《标准工程施工招标文件》	九部委令 2008 年 5 月 1 日实施 56 号(2007)	2008 年 5 月 1 日实施
4	《简明标准施工招标文件》	发改法规(2011)3018 号九部委联合发布	2012 年 5 月 1 日实施
5	《园林绿化工程施工招标文件示范文本》	T/CHSLA 100005—2020	
6	《标准勘察招标文件》《标准设计招标文件》《标准监理招标文件》服务项目标准招标文本	发改法规(2017)1606 号(2017 年 9 月九部委联合发布)	2018 年 1 月 1 日起实施
7	《标准设备采购招标文件》《标准材料采购招标文件》等货物标准招标文本	发改法规(2017)1606 号(2017 年 9 月九部委联合发布)	2018 年 1 月 1 日起实施

(3)《标准文件》使用规定

1)《标准文件》中的"投标人须知"（投标人须知前附表和其他附表除外）、"评标办法"（评标办法前附表除外）、"通用合同条款"等内容，应当不加修改地引用。

2) 行业主管部门可以作出的补充规定。国务院有关行业主管部门可根据本行业招标特点和管理需要，可以对《标准文件》涉及的"专用合同条款""供货要求""发包人要求""委托人要求"等内容作出具体规定。其中，"专用合同条款"可对"通用合同条款"进行补充、细化，但除"通用合同条款"明确规定可以作出不同约定外，"专用合同条款"补充和细化的内容不得与"通用合同条款"相抵触，否则抵触内容无效。

3) 招标人可以补充、细化和修改的内容。《标准文件》中的"投标人须知前附表"用于进一步明确"投标人须知"正文中的未尽事宜，招标人应结合招标项目具体特点和实际需要编制和填写，但不得与"投标人须知"正文内容相抵触，否则抵触内容无效。

"评标办法前附表"用于明确评标的方法、因素、标准和程序。招标人应根据招标项目具体特点和实际需要，详细列明全部审查或评审因素、标准，没有列明的因素和标准不得作为评标的依据。

招标人可根据招标项目的具体特点和实际需要，在"专用合同条款"中对《标准文件》中的"通用合同条款"进行补充、细化和修改，但不得违反法律、行政法规的强制性规定,以及平等、自愿、公平和诚实信用原则,否则相关内容无效。

(4)《四川省房屋建筑和市政工程标准招标文件(2021 年版)》

《四川省房屋建筑和市政工程标准招标文件(2021 年版)》(以下简称《标准招标文件》)自 2021 年 1 月 1 日起实施。《标准招标文件》适用于四川省行政区域内依法必须招标的房屋建筑和市政工程电子招标。房屋建筑和市政工程的勘察、设计、施工、设计施工总承包、监理、设备采购、材料采购等招标,均应通过公共资源交易平台管理机构(含分中心)的电子交易平台实行全流程电子化招标和投标,包括通过系统编制招标文件、上传招标文件、获取招标文件、提出对招标文件的异议和对异议进行答复、发布澄清或修改文件、提交投标文件、电子开标(不见面开标)、提出对开标的异议和对异议进行答复、电子评标(含远程异地评标)、网签合同、交易见证、获取中标通知书等。《标准招标文件》主要包括:

①《四川省房屋建筑和市政工程标准勘察招标文件(2021 年版)》(电子文档);

②《四川省房屋建筑和市政工程标准设计招标文件(2021 年版)》(电子文档);

③《四川省房屋建筑和市政工程标准勘察设计招标文件(2021 年版)》(电子文档);

④《四川省房屋建筑和市政工程标准施工招标文件(2021 年版)》(电子文档);

⑤《四川省房屋建筑和市政工程标准设计施工总承包招标文件(2021 年版)》(电子文档);

⑥《四川省房屋建筑和市政工程标准监理招标文件(2021 年版)》(电子文档);

⑦《四川省房屋建筑和市政工程标准设备采购招标文件(2021 年版)》(电子文档);

⑧《四川省房屋建筑和市政工程标准材料采购招标文件(2021 年版)》(电子文档)。

(5)以《标准工程施工招标文件(2008 年版)》为例,介绍施工招标文件的构成。

《标准工程施工招标文件(2008 年版)》共八章,主要内容如下:

第一章　招标公告。包括招标条件、项目概况与招标范围、投标人资格要求、招标文件的获取、投标文件的递交、发布公告的媒介、确认、联系方式。

第二章　投标人须知。包括构成招标文件的内容及构成投标文件的内容。

第三章　评标办法。分别规定经评审的最低投标价法和综合评估法两种评标方法,供招标人根据招标项目具体特点和实际需要选用。招标人选择综合评估法的,各评审因素的评审标准、分值和权重等由招标人自主确定。国务院有关部门对各评审因素的评审标准、分值和权重等有规定的,从其规定。

第四章　合同条款及格式。按照《合同示范文本》,结合项目实际,完善合同协议书、通用合同条款和专用合同条款内容,作为签订正式合同的依据。

第五章　工程量清单。由招标人根据工程量清单的国家标准、行业标准,以及行业标准施工招标文件(如有)、招标项目具体特点和实际需要编制,并与“投标人须知”“通用合同条款”“专用合同条款”“技术标准和要求”“图纸”相衔接。本章所附表格可根据有关规定作相应的调整和补充。

第六章　图纸。由招标人根据行业标准施工招标件(如有)、招标项目具体特点和实际需要编制,并与“投标人须知”“通用合同条款”“专用合同条款”“技术标准和要求”相衔接。

第七章　技术标准和要求。由招标人根据行业标准施工招标文件(如有)、招标项目具体特点和实际需要编制。"技术标准和要求"中的各项技术标准应符合国家强制性标准，不得要求标明某一特定的专利、商标、名称、设计、原产地或生产供应者，不得含有倾向或者排斥潜在投标人的其他内容。如果必须引用某一生产供应者的技术标准才能准确或清楚地说明拟招标项目的技术标准时，则应当在参照后面加上"或相当于"字样。

第八章 投标文件格式。（略）

5. 评标方法选择

（1）评标方法

依据《评标委员会和评标方法暂行规定》（七部委第 12 号令）、《住房城乡建设部关于修改〈房屋建筑和市政基础设施工程施工招标投标管理办法〉的决定》等规定，评标方法包括：综合评估法、经评审的最低投标价法或者法律法规允许的其他评标方法。

经评审的最低投标价法：招标人在招标文件中公布预算控制价或财政部门的评审价，作为投标最高限价。评标时按各投标人由低至高的报价排序依次对投标文件进行详细评审，评出合格的 3 个投标人，技术标可行，报价由低至高顺序排出中标候选人，最终以经评审后的最低投标价中标。

综合评估法：对投标文件商务标投标报价与技术标分别进行评分，按规定的分值权重综合评估投标文件的方法，按照得分的高低顺序推荐中标候选人。得分相同时，可在招标文件明确结合投标人投标报价、信用状况、业绩、年限等得分高低排序。

参照《四川省住房和城乡建设厅四川省政府政务服务和公共资源交易服务中心关于印发〈四川省房屋建筑和市政工程标准招标文件（2021 年版）〉的通知》（川建招标发〔2020〕327 号）规定，对采用综合评估法的商务标投标报价分值权重限定了分值区间：勘察：20~40 分；设计：团队招标 20~40 分，方案招标 0~20 分；勘察设计：勘察 5~10 分，设计 10~20 分；监理：20~40 分；施工：不低于 60 分；采购：不低于 60 分；工程总承包：不低于 60 分。具体投标报价分值在招标文件中确定。

（2）评标方法选择

评标方法的选择，要结合招标项目类型、项目特点、项目组织实施方式等因素，具体如表 5-2 所示。

招标项目评标方法推荐表   表 5-2

招标项目	适宜的评标方法	适用范围
施工招标	经评审的最低投标价法	适用于通用技术、性能标准的工程建设项目
	综合评估法	重、难点工程，技术性能标准有特殊要求的项目，报价权重不低于 60%
设备、材料采购类标	经评审的最低投标价法	普通设备、材料，但价格敏感度高
	综合评估法	对技术性能有特殊要求的设备、材料，报价权重不低于 60%
勘察、设计及监理等服务类招标	综合评估法	不以价格为主要评审因素的服务类项目，报价权重为 20%~40%
工程总承包招标	综合评估法	适用于设计、采购、施工工程总承包项目，报价权重不低于 60%

6. 投标报价管理

(1) 合同计价类型

建设工程合同按计价方式分为单价合同、总价合同、成本加酬金合同。

1) 单价合同

单价合同是指合同当事人约定以工程量清单及其综合单价进行合同价格计算、调整和确认的建设工程施工合同，在约定的范围内合同单价不做调整。合同当事人应在专用合同条款中约定综合单价包含的风险范围和风险费用的计算方法，并约定风险范围以外的合同价格的调整方法，其中，因市场价格波动引起的调整按〔市场价格波动引起的调整〕约定执行。

单价合同是最常见的合同类型。单价合同中承包单位仅承担合同约定的报价风险，工程量变化风险由建设单位承担，合同风险分配比较合理，适用于大多数工程项目。

2) 总价合同

总价合同是指合同当事人约定以施工图、已标价工程量清单或预算书及有关条件进行合同价格计算、调整和确认的建设工程施工合同，在约定的范围内合同总价不做调整。合同当事人应在专用合同条款中约定总价包含的风险范围和风险费用的计算方法，并约定风险范围以外的合同价格的调整方法，其中因市场价格波动引起的调整按〔市场价格波动引起的调整〕、因法律变化引起的调整按〔法律变化引起的调整〕约定执行。

总价合同中承包人承担了合同约定范围内全部工程量和价格的风险，其报价中包含了合同约定的风险范围及风险费用。在双方都无法准确预测风险及可能的工程变更的情况下，承包单位承担了较大的风险，建设单位承担的风险相对较小。对建设单位而言，总价合同签订后，在约定的风险范围内项目的总投资就基本确定了，有利于投资控制。工程总承包项目一般采用总价合同。

3) 成本加酬金合同

成本加酬金合同是指工程施工的合同价款是按照工程建设实际成本加上约定的酬金进行计算。酬金的计算一般按照成本的一定比例或者约定计算原则。

成本加酬金合同是由建设单位承担了全部工程量和价格的风险，承包单位缺乏成本控制的动力，甚至还会期望提高建设成本来增加自己的酬金。它一般适用于抢险应急工程、工程技术难度大或不能进行招标确定总价或单价的项目。很多项目管理合同、咨询服务合同等往往采用成本加酬金合同。

(2) 投标报价选择

建设工程项目合同计价类型的选择应根据拟建工程项目的自身特点，结合建设单位对风险的管控能力，依据《建筑工程施工发包与承包计价管理办法》(中华人民共和国住房和城乡建设部令第 16 号)、《国家发展改革委关于进一步放开建设项目专业服务价格的通知》(发改价格〔2015〕299 号)规定，在已放开非政府投资及非政府委托的建设项目专业服务价格的基础上，全面放开实行政府指导价管理的建设项目专业服务(包括建设项目前期工作咨询、工程勘察设计、招标代理、工程监理、环境影响咨询 5 项服务)价格，实行市场调节价。因此，招标文件在投标人投标报价时报价方式为：

1) 勘察：固定总价报价或固定单价报价；

2) 设计：固定总价报价或按建筑面积单价报价；

　　3）施工：按工程量清单单价报价；

　　4）监理：固定总价报价；

　　5）工程总承包：由招标人自行设定，一般采用固定总价。

7. 合同示范文本选择

　　全过程咨询单位在编制招标文件合同条款及格式章节时，应根据具体招标项目的招标事项，选择与招标事项对应的合同示范文本，结合建设工程具体情况及项目管理实际，结合项目招标策划及合同策划，按照法律法规的规定和建设单位管理需求等依法约定合同主体双方应承担相应的法律责任及合同权利义务，科学合理地拟定项目合同条款。

　　特别说明：合同示范文本为非强制性使用文本。

　　住房和城乡建设部和市场监督管理总局制定的合同示范文本见表5-3。

住房和城乡建设部和市场监督管理总局制定的合同示范文本一览表　　　表 5-3

序号	示范文本类型	示范文本编号
1	《建设工程勘察合同(示范文本)》	GF—2016—0203
2	《建设工程设计合同示范文本(房屋建筑工程)》	GF—2015—0209
3	《建设工程设计合同示范文本(专业建设工程)》	GF—2015—0210
4	《建设工程监理合同(示范文本)》	GF—2012—0202
5	《建设工程施工合同(示范文本)》	GF—2017—0201
6	《园林绿化工程施工合同示范文本(试行)》	GF—2020—2605
7	《建设项目工程总承包合同(示范文本)》	GF—2020—0216
8	《建设工程造价咨询合同(示范文本)》	GF—2015—0212
9	《全过程工程咨询服务合同示范文本(征求意见稿)》	建司局函市〔2020〕199号

　　为了便于合同当事人使用合同示范文本，现以《建设工程施工合同（示范文本）》GF—2017—0201（以下简称《示范文本》）为例，现就有关问题说明如下：

　　《示范文本》由合同协议书、通用合同条款和专用合同条款三部分组成。

　　（1）合同协议书

　　《示范文本》中的合同协议书共计13条，主要包括工程概况、合同工期、质量标准、签约合同价和合同价格形式、项目经理、合同文件构成、承诺以及合同生效条件等重要内容，集中约定了合同当事人基本的合同权利义务。

　　（2）通用合同条款

　　通用合同条款是合同当事人根据《中华人民共和国建筑法》《中华人民共和国合同法》等法律法规的规定，就工程建设的实施及相关事项，对合同当事人的权利义务作出的原则性约定。

　　通用合同条款共计20条，具体条款分别为：一般约定、发包人、承包人、监理人、工程质量、安全文明施工与环境保护、工期和进度、材料与设备、试验与检验、变更、价格调整、合同价格、计量与支付、验收和工程试车、竣工结算、缺陷责任与保修、违约、不可抗力、保险、索赔和争议解决。前述条款安排既考虑了现行法律法规对工程建设的有关要求，也考虑了建设工程施工管理的特殊需要。

（3）专用合同条款

专用合同条款是对通用合同条款原则性约定的细化、完善、补充、修改或另行约定的条款。合同当事人可以根据不同建设工程的特点及具体情况，通过双方的谈判、协商，对相应的专用合同条款进行修改、补充。在使用专用合同条款时，应注意以下事项：

① 专用合同条款的编号应与相应的通用合同条款的编号一致；

② 合同当事人可以通过对专用合同条款的修改，满足具体建设工程的特殊要求，避免直接修改通用合同条款；

③ 在专用合同条款中有横道线的地方，合同当事人可针对相应的通用合同条款进行细化、完善、补充、修改或另行约定；如无细化、完善、补充、修改或另行约定，则填写"无"或划"/"。

8. 评标委员会的组建

（1）《中华人民共和国招标投标法实施条例（2017 修改版）》第四十六条规定：除招标投标法第三十七条第三款规定的特殊招标项目外，依法必须进行招标的项目，其评标委员会的专家成员应当从评标专家库内相关专业的专家名单中以随机抽取方式确定。

（2）《评标委员会和评标方法暂行规定》（2013 年第 23 号令修正）规定：

第八条　评标委员会由招标人负责组建。评标委员会成员名单一般应于开标前确定。评标委员会成员名单在中标结果确定前应当保密。

第九条　评标委员会由招标人或其委托的招标代理机构熟悉相关业务的代表，以及有关技术、经济等方面的专家组成，成员人数为五人以上单数，其中技术、经济等方面的专家不得少于成员总数的三分之二。

评标委员会设负责人的，评标委员会负责人由评标委员会成员推举产生或者由招标人确定。评标委员会负责人与评标委员会的其他成员有同等的表决权。

第十条　评标委员会的专家成员应当从依法组建的专家库内的相关专家名单中确定。

5.2.2　非招标采购过程管理

对于国有投资的项目，其施工、货物、服务采购的单项合同估算价未达到 16 号令和 843 号文规定的范围和规模标准，以及不属于《中华人民共和国招标投标法》规定的招标事项，可以建立工程建设项目采购制度，推进采购活动公开透明，或者参照《中华人民共和国政府采购法》及相关规定采用竞争性谈判、询价采购、单一来源采购方式进行采购管理。

5.3　招标采购策划咨询

5.3.1　招标采购策划概述

招标采购策划是对招标采购活动事前拟定的行动计划和周密安排。招标采购策划的内容包括：收集招标采购依据、整理招标人要求、确定建设组织实施方式及招标方式、选定招标文件范本、选定评标办法和选定招标合同范本。

1. 招标采购依据

招标采购的依据主要有《中华人民共和国招标投标法》、立项文件、核准文件、招标人要求、方案图、施工图、招标工程量清单及控制价等。

2. 招标人要求

招标人要求主要包括：招标范围、招标项目金额、招标项目标段划分、对投标人的资格要求、招标采购活动起止时间、项目质量要求、评标方式和评标标准、合同价款及支付条款等。需要注意的是招标人要求一定要梳理清楚、准确、完整。

3. 建设组织实施方式

建设组织实施方式包括工程总承包和施工总承包方式。

4. 招标方式

（1）工程建设类项目招标方式有公开招标及邀请招标。

（2）非招标采购方式主要有竞争性谈判、询价以及竞争性磋商等。

5. 招标文件范本

在招标采购筹划时应依据项目所在地相关部门的规定，选择与招标类型相一致的标准招标文件。工程建设类招标文件范本详见表 5-3。以四川省为例，采购类招标文件范本有《四川省政府采购项目竞争性谈判文件范本》《四川省政府采购项目询价通知书范本》《四川省政府采购项目竞争性磋商文件范本》以及《四川省财政厅关于印发政府采购工程项目采购文件范本的通知》（川财采〔2020〕68 号）中印发的《竞争性谈判文件（范本）第一版》和《竞争性磋商文件（范本）第一版》等。

6. 评标办法

评标办法应结合地方政府关于评标办法的规定，以及建设单位的管理目标、招标项目类型、项目特点、项目组织实施方式等因素进行选择，具体见表 5-2。

7. 招标合同范本

招标合同范本应依据住房和城乡建设部和市场监督管理总局制定的示范文本（见表 5-3）对应项目进行选择。

5.3.2   工程总承包单位招标采购策划

工程总承包单位招标采购策划的内容如下：

1. 收集工程总承包招标采购依据

工程总承包招标可以在方案设计完成之前进行，也可在方案设计完成之后进行，首先应收集与工程总承包招标有关的资料、依据。相关的依据资料有项目立项文件、项目核准文件、项目可行性研究批复等。招标活动开始前需熟悉相关资料和依据，以确定招标的目的，招标项目的范围和性质，招标文件中应规定的主要要求、标准和商务条款等。

2. 整理工程总承包招标人要求

收集招标人的要求，包括招标采购活动起止时间、招标项目的标段划分、招标项目金额、招标范围、对投标人的资质要求、项目质量要求、付款条件等，并对以上要求在相关法律法规的规定下进行细化，明确建设规模、建设标准以及各部分工作责任的划分。根据招标人要求来设置招标条件，可要求具有相应资质等级的设计、施工或项目管理单位独立或组成联合体投标。

3. 按工程总承包的招标组织方式招标

4. 确定工程总承包招标方式

工程总承包除采购项目比较特殊或采用公开招标方式所需时间和费用与拟采购的项目总金额不成比例的情形可使用邀请招标外，一般使用公开招标的招标方式。

5. 选定工程总承包招标文件范本

设计施工一体化的总承包项目适用《标准设计施工总承包招标文件》范本，《四川省房屋建筑和市政工程标准设计施工总承包招标文件（2021 年版）》可用于四川省行政区域内依法必须招标的房屋建筑和市政工程电子招标。

6. 制定工程总承包评标办法

评标办法的制定须依据《中华人民共和国招标投标法》《评标委员会和评标方法暂行规定》《工程建设项目施工招标投标办法》以及招标项目实际情况制定。工程总承包通常采用综合评估法进行招标。

7. 选定工程总承包合同范本

5.3.3　施工总承包单位招标采购策划

施工总承包单位招标采购策划的内容如下：

1. 收集施工总承包招标采购依据

施工总承包所需的前期资料及依据较多，主要有《中华人民共和国招标投标法》、立项文件、核准文件、招标人要求、方案图、施工图、招标工程量清单及控制价等。

2. 整理施工总承包招标人要求

首先收集招标人的要求，包括招标采购活动起止时间、招标项目的标段划分、招标项目金额、招标范围、对投标人的资质要求、项目质量要求、付款条件等，并对以上要求在相关法律法规的规定下进行细化，明确建设规模、建设标准以及各部分工作责任的划分。

3. 按施工总承包的招标组织方式招标

4. 确定施工总承包招标方式

招标方式一般分为公开招标和邀请招标，需根据前期收集整理的招标依据来确定使用公开招标或邀请招标方式。

5. 选定施工总承包招标文件范本

工期不超过 12 个月、技术相对简单且设计和施工不是由同一承包人承担的小型项目，其施工招标文件应当根据《简明标准施工招标文件》编制，《四川省房屋建筑和市政工程标准施工招标文件（2021 年版）》用于四川省行政区域内依法必须招标的房屋建筑和市政工程电子招标。

6. 制定施工总承包评标办法

评标办法的制定须依据《中华人民共和国招标投标法》《评标委员会和评标方法暂行规定》《工程建设项目施工招标投标办法》以及招标项目实际情况制定。施工总承包可采用综合评估法，也可采用经评审的最低投标价法进行招标，可根据项目实际情况和业主要求选择其一。

7. 选定施工总承包合同范本

目前签订建设工程施工合同，普遍采用建设部与国家工商局共同制定的《建设工程施工合同（示范文本）》。有关建设工程施工合同的法律、法规、规定主要有《中华人民共和国民法典》《中华人民共和国建筑法》《建设工程质量管理条例》《建筑安装工程总分包实施办法》《建设工程施工发包与承包价格管理暂行规定》等。

5.3.4　勘察、设计、造价、监理等专业咨询服务单位招标采购策划

全过程工程咨询单位对勘察、设计、造价、监理等专业咨询服务单位招标、采购、策划的内容如下：

（1）收集勘察、设计、造价、监理等专业咨询服务单位招标采购依据。收集全过程工程咨询或工程造价、勘察、设计、监理等专业咨询服务单位招标采购的资料、依据。相关的依据、资料有项目立项文件、项目核准文件、项目可行性研究批复等。招标活动开始前需熟悉相关资料和依据，以确定招标的目的、招标项目的范围和性质、招标文件中应规定的主要要求、标准和商务条款等。

（2）整理工程勘察、设计、造价、监理等专业咨询服务单位招标人要求。勘察、设计、造价监理等招标工作项目招标人的要求主要包括：招标采购活动起止时间、招标项目的标段划分、招标项目金额、招标范围、对投标人的资质要求、项目质量要求、付款条件等。

（3）按全过程工程咨询单位对勘察、设计、造价、监理等专业咨询服务单位招标组织方式招标。全过程工程咨询单位对工程造价、勘察、设计、监理等专业咨询服务单位可单独招标，也可组成联合体进行招标。若招标金额达到公开招标数额标准，则必须进行公开招标或邀请招标，一般全过程工程咨询项目金额较大，更适用公开招标的方式，而工程造价、勘察、设计、监理等专业咨询服务项目若未达到公开招标数额标准的，可采用竞争性谈判、竞争性磋商等方式进行采购。

（4）确定全过程工程咨询单位对工程造价、勘察、设计、监理等专业咨询服务单位招标方式。全过程工程咨询单位对工程造价、勘察、设计、监理等专业咨询服务单位采购项目使用公开招标或竞争性磋商的，采用综合评估法，重点对服务单位的人员、方案等方面进行评分；使用竞争性谈判的项目，则采用经评审的最低价评标法。

（5）选定全过程工程咨询单位对工程造价、勘察、设计、监理等专业咨询服务单位招标文件范本。

（6）制定全过程工程咨询单位对工程造价、勘察、设计、监理等专业咨询服务单位评标办法。综合评分法与经评审的最低投标价法均可采用，需与建设单位沟通确定。

（7）全过程工程咨询单位选定工程造价、勘察、设计、监理等专业咨询服务的合同范本。

5.3.5　设备、材料供应单位招标采购策划（类似于勘察、设计、监理等服务 单位招标）

设备、材料供应单位招标采购策划的内容如下：

（1）收集设备、材料供应单位招标采购依据；

（2）整理设备、材料供应单位招标人要求；

（3）按设备、材料供应单位招标组织方式招标；

（4）确定设备、材料供应单位招标方式；

（5）选定设备、材料供应单位招标文件范本；

（6）制订设备、材料供应单位评标办法；

（7）选定设备、材料供应单位合同范本。

5.4　招标文件编制咨询

5.4.1　招标文件编制概述

招标文件的编制是对投标邀请/招标公告、投标人须知、招标要求、评标方法、合同条款、投标文件格式等逐一填写的工作。

1. 投标邀请/招标公告

招标公告应当包括项目概况、资金来源、招标范围、项目地点及工期、投标人资格要求，获取招标文件的时间、地点及方式，提交投标文件的截止时间、地点，开标的时间、地点，招标人及招标代理机构姓名、电话等。

2. 投标人须知

投标人须知包括投标人须知前附表、投标人应提供的资格证明材料、投标保证金及履约保证金、投标报价、组织现场考察或召开答疑会、接收质疑函等相关规定、密封、签署、盖章、知识产权、开标程序等。

3. 招标要求

招标要求包括项目质量要求、成果要求、技术规格及数量等。

4. 评标方法

评标方法包括评审标准、评标因素、评标程序、废标条款等。

5. 合同条款

合同条款一般由协议书、通用条款、专用条款三部分组成，并附有附件。其中的主要条款有项目内容、协商目的、协商责任、项目时间和期限、合同金额及支付条款、违约责任、索赔、争议解决等。

其中重要的条款需要与建设单位进行充分沟通后再编写，例如，关于工程进度款支付、付款周期及进度款审核和支付等内容，在工程类招标文件前面部分一般没有体现，因此在编写合同条款时一定要谨慎，并与建设单位反复确认。

6. 投标文件格式

投标文件格式通常有投标函、法定代表人授权委托书、联合体协议书（联合体投标适用）、投标保证金、资格审查资料、投标人业绩一览表、拟投入本项目的专业人员及简况表等。

5.4.2　工程总承包单位招标采购的招标文件编制

（1）收集、整理、熟悉工程总承包招标文件编制相关的资料、依据。工程总承包由于包含了设计、采购、施工，所以招标的重要性更强，招标的要求更高、难度更大，因此在工程总承包招标中应充分了解项目的特点，依据资料认真、细致地做好招标准备。工程总承包招标文件编制依据主要是各主管部门出具的批复文件和建设单位对项目的要求，以及所提供的项目可行性研究报告等相关资料。

（2）选择工程总承包招标文件范本。2011年12月20日印发了《中华人民共和国简明标准施工招标文件》和《中华人民共和国标准设计施工总承包招标文件》（发改法规〔2011〕3018号），现目前除国家发布的招标文件范本，各省市都在拟定符合本省实际的文件范本，以四川省为例，2020年11月6日发布的《四川省房屋建筑和市政工程标准设计施工总承包招标文件（2021年版）》用于四川省行政区域内依法必须招标的房屋建筑和市政工程电子招标。

（3）根据工程总承包招标采购策划的成果编写招标公告。招标公告中须注意投标人资格编写的重要性，依据《住房和城乡建设部、国家发展改革委关于印发房屋建筑和市政基础设施项目工程总承包管理办法的通知》第十条规定：工程总承包单位应当同时具有与工程规模相适应的工程设计资质和施工资质，或者由具有相应资质的设计单位和施工单位组成联合体。相应资质应以项目建设内容及建设规模，结合住房和城乡建设部印发的《建筑业企业资质标准》（建市〔2014〕159号）设定，资质的设定一定要与项目实际情况相匹配。

（4）根据工程总承包招标采购策划的成果编写投标人须知。注意投标人须知中内容的合理性，比如工程总承包的工期包含了勘察、设计、采购、施工或者试运行期间全部工期，应将相应阶段的工期分别明确清楚，再确定总工期。

（5）综合评分法编制（可以从投标人资质、人员、信用、方案等因素编制）。

（6）填写工程总承包合同相关条款。

5.4.3 施工总承包单位招标采购的招标文件编制

（1）收集、整理、熟悉施工总承包招标文件编制相关的资料、依据。施工总承包招标文件编制依据主要是各主管部门出具的批复文件以及建设单位对项目的要求和所提供的项目可行性研究报告、工程方案图、工程施工图、工程量清单等相关资料。

（2）选择施工总承包招标文件范本。2011年12月20日印发了《中华人民共和国简明标准施工招标文件》《中华人民共和国标准设计施工总承包招标文件》（发改法规〔2011〕3018号），现目前除国家发布的招标文件范本，各省市都在拟定符合本省实际的文件范本，以四川省为例，2020年11月6日发布了《四川省房屋建筑和市政工程标准施工招标文件（2021年版）》。

（3）根据施工总承包招标采购策划方案填写招标公告。填写时注意工程概况、投标人资质及分包要求。

（4）根据施工总承包招标采购策划方案填写投标人须知。

（5）经评审的最低价评标法或综合评分法（可考虑投标人资质、人员、信用、方案等因素编制）。

（6）填写施工总承包合同相关条款。

合同专用条款是招标投标的重要内容。施工招标文件中载明的合同主要条件是双方签合同的依据，一般不允许更改。

5.4.4　造价、勘察、设计、监理等专业咨询服务单位招标采购的招标文件编制

（1）收集、整理、熟悉工程造价、勘察、设计、监理等专业咨询服务单位招标文件编制相关的资料、依据。招标文件编制依据主要是各主管部门出具的批复文件，建设单位对项目的要求和所提供的项目可行性研究报告、勘察设计基础资料等。

（2）选择造价、勘察、设计、监理等专业咨询服务单位招标文件范本。以四川省为例，2020 年 11 月 6 日发布了《四川省房屋建筑和市政工程标准勘察招标文件（2021 年版）》《四川省房屋建筑和市政工程标准设计招标文件（2021 年版）》《四川省房屋建筑和市政工程标准勘察设计招标文件（2021 年版）》、《四川省房屋建筑和市政工程标准监理招标文件（2021 年版）》。

（3）根据工程造价、勘察、设计、监理等专业咨询服务单位招标采购策划方案填写招标公告。招标公告编写时需注意项目概况与招标范围、服务期、标段划分等内容是否与项目批复及核准文件一致。

（4）根据造价、勘察、设计、监理等专业咨询服务单位招标采购筹划方案填写投标人须知。

（5）经评审的最低价评标法或综合评分法；综合评分法可以考虑投标人资质、人员、信用、方案等因素编制。

（6）编写全过程工程咨询单位或工程造价、勘察、设计、监理等专业咨询服务单位合同相关条款。

5.4.5　设备、材料供应单位招标采购的招标文件编制

（1）收集、整理、熟悉设备、材料供应单位招标文件编制相关的资料、依据。首先，要知晓招标人要求：货物的质量要求、交货期限、交货方式、地点和验收标准等。其次，专用、非标准设备应有设计技术资料说明及齐全的图纸，以及可提供的原材料清单、价格、供应时间、地点和交货方式。最后，对货物的技术参数和性能要求，主要技术参数要具体、准确，不能有太大的变化幅度，否则将会导致投标报价差异大，不利于评标。

（2）选择设备、材料供应单位招标文件范本。

（3）根据设备、材料供应单位和招标采购筹划方案填写招标公告。

（4）根据设备、材料供应单位招标采购筹划方案填写投标人须知。

（5）经评审的最低价评标法或综合评分法；综合评分法可考虑投标人资质、人员、信用、方案等因素编制。

（6）填写设备、材料供应单位合同相关条款。合同相关条款包括价格及付款方式、交货条件、质量验收标准以及违约罚款等内容。条款要详细、严谨，防止以后发生纠纷。

5.5　合同条款策划管理咨询

5.5.1　合同及条款概述

合同是民事主体之间设立、变更、终止民事法律关系的协议。《中华人民共和国民法

典》第三编将合同分为十九类：买卖合同，供用电、水、气、热力合同，赠与合同，借款合同，保证合同，租赁合同，融资租赁合同，保理合同，承揽合同，建设工程合同，运输合同，技术合同，保管合同，仓储合同，委托合同，物业服务合同，行纪合同，中介合同及合伙合同；本书主要讨论"建设工程合同"。

1. 建设工程合同分类

建设工程合同按照工程不同的性质、阶段、内容可进行如下分类：

（1）按承包方式分类：工程总承包合同、工程施工承包合同、专业分包合同、劳务分包合同等；

（2）按工程实施的不同阶段和职能分类：招标代理合同、工程咨询合同、勘察合同、设计合同、监理合同、全过程咨询合同或工程造价咨询合同、施工合同、物资采购合同等；

（3）按工程计价方式分类：固定价合同、可调价合同、成本加酬金合同等；

（4）按施工内容（单位工程、分部分项工程）分类：主体结构工程合同、设备安装工程合同、装修工程合同、幕墙工程合同、弱电工程合同、园林绿化工程合同等；

（5）按行业的不同分类：建筑工程合同、市政工程合同、水利工程合同、公路工程合同等。

2. 合同范本

合同范本可分为行政主管类、招标人类及咨询人类。行政主管类示范文本举例如下：

（1）《建设工程施工合同（示范文本）》GF—2017—0201

《建设工程施工合同（示范文本）》GF—2017—0201已由住房和城乡建设部、国家工商总局于2017年联合发布并使用。该示范文本主要由协议书、通用条款、专用条款三部分组成，并附有三个附件：承包人承揽工程项目一览表、发包人供应材料设备一览表、工程质量保修书。

（2）《建设项目工程总承包合同（示范文本）》GF—2020—0216

中华人民共和国住房和城乡建设部、国家市场监督管理总局于2020年11月25日联合印发《建设项目工程总承包合同（示范文本）》GF—2020—0216，自2021年1月1日起执行。

（3）《全过程工程咨询服务合同示范文本（征求意见稿）》

中华人民共和国住房和城乡建设部建筑市场监管司按照《国家发展改革委 住房城乡建设部关于推进工程咨询服务发展的指导意见》（发改投资规〔2019〕515号）于2020年8月28日组织起草了《全过程工程咨询服务合同示范文本（征求意见稿）》。

（4）《建设项目工程总承包合同（示范文本）》

四川省住房和城乡建设厅于2020年12月10日制定了《建设项目工程总承包合同（示范文本）》，自2021年1月1日起执行。

3. 合同编写依据

（1）《中华人民共和国民法典》；

（2）《中华人民共和国建筑法》；

（3）《中华人民共和国招标投标法》；

（4）《建设工程质量管理条例》；

（5）《招标文件》；

（6）《投标文件》；

（7）《中标通知书》；

（8）业主要求；

（9）其他。

4. 合同组成

合同主要由协议书、通用条款、专用条款三部分组成，并附有附件。

（1）协议书部分包含的主要内容有：标题（由双方单位名称、事由、协议书三部分组成）、正文（包括条款内容、协商目的、协商责任、协商的时间和期限、协商目的条款和酬金、履行条款期限、违约责任、落款、签署日期）。

（2）通用条款是根据法律、行政法规规定及项目的需要而订立的，通用于项目的条款。通用条款内容在订立合同时一般不做修改。通用合同条款共计 20 条，具体条款分别为：一般约定、发包人、发包人的管理、承包人、设计、材料和工程设备、施工、工期和进度、竣工试验、验收和工程接收、缺陷责任与保修、竣工后实验、变更与调整、价格与支付、违约、合同解除、不可抗力、保险、索赔、争议解决。

（3）专用条款是发包人与承包人根据法律、行政法规规定，结合具体项目实际情况，经协商达成一致意见的条款，是对通用条款的具体化、补充或修改。

5.5.2　工程总承包合同条款策划

合同范围在设计、采购、施工、管理、建设、经营、移交、融资、投资等内容中两项或两项以上，工程总承包合同条款策划如下：

承包人按照招标文件中所附《建设工程施工合同》版本与发包人签订具体项目合同，其内容包括工程范围、工程质量标准及工程价款。

1. 工程总承包模式

（1）EPC 模式（设计-采购-施工总承包）

设计-采购-施工总承包是指工程总承包企业按照合同约定，承担工程项目的设计、采购、施工、试运行服务等工作，并对承包工程的质量、安全、工期、造价全面负责，是我国目前积极推广的一种总承包模式。当然还包括 E＋P（设计＋采购总承包）、P＋C（采购＋施工总承包）等方式。

（2）EPCM 模式（设计-采购-施工管理）

设计-采购-施工管理总承包是由业主委托或招标确定的 EPCM 承包商，对工程设计、材料设备供应、施工管理进行全面负责，是国际建筑市场较为通行的项目支付与管理模式。

（3）施工总承包模式

即设计-招标-施工（Design-Bid-Build）模式（通常简称 DBB 模式），是目前国内工程承包发包的主要方式。

2. 合同条款策划

（1）收集与工程总承包合同策划相关的资料、依据。相关资料及依据包括：《中华人民共和国民法典》《中华人民共和国建筑法》《招标文件》《投标文件》《中标通知书》。

（2）熟悉与工程总承包合同策划相关的资料、依据。

（3）了解、收集、整理工程总承包合同业主（或甲方）对合同签订的相关要求。

（4）梳理工程总承包合同签订的重点、难点。招标范围、合同条款及支付、工程质量标准均属于合同签订的重点、难点。

（5）策划工程总承包合同的风险规避措施要写明确、详细。做到合同金额准确、合同风险性明确。

（6）选择工程总承包合同范本，根据与项目业主交流意见选取合同范本（范本详见本章第5.5.1节）。

（7）编写合同相关条款。

（8）征求工程总承包合同业主（或甲方）对合同文本的意见。

5.5.3　施工总承包合同条款策划

按施工图表示范围、招标范围、清单范围等包含的内容，施工总承包合同条款策划如下：

（1）收集与施工总承包合同策划相关的资料、依据，包括：《中华人民共和国民法典》《中华人民共和国建筑法》《招标文件》《投标文件》《中标通知书》。

（2）熟悉与施工总承包合同策划相关的资料、依据。

（3）了解、收集、整理施工总承包合同业主（或甲方）对合同签订的相关要求。

（4）梳理施工总承包合同签订的重点、难点。招标范围、合同条款及支付、工程质量标准均属于合同签订的重点、难点。

（5）策划施工总承包合同的风险规避措施要写明确、详细。做到合同金额准确、合同风险性明确。

（6）选择施工总承包合同范本，根据与项目业主交流意见选取合同范本（范本详见本章第5.5.1节）。

（7）编写合同相关条款。

（8）征求施工总承包合同业主（或甲方）对合同文本的意见。

5.5.4　全过程工程咨询或工程造价、勘察、设计、监理等专业咨询服务合同条款策划

勘察、设计合同一般包括提交项目有关的基础资料和概预算等文件的期限、质量要求、费用以及其他协作条件等条款。全过程工程咨询或工程造价、勘察、设计、监理等专业咨询服务合同条款策划如下：

（1）收集与全过程工程咨询或工程造价、勘察、设计、监理等专业咨询服务合同策划相关的资料、依据。包括《中华人民共和国民法典》《中华人民共和国建筑法》《招标文件》《投标文件》《中标通知书》。

（2）熟悉与全过程工程咨询或工程造价、勘察、设计、监理等专业咨询服务合同策划相关的资料、依据。

（3）了解、收集、整理全过程工程咨询或工程造价、勘察、设计、监理等专业咨询服务合同业主（或甲方）对合同签订的相关要求。

（4）梳理全过程工程咨询或工程造价、勘察、设计、监理等专业咨询服务合同签订的重点、难点。招标范围、合同条款及支付、工程质量标准均属于合同签订的重点、难点。

（5）策划全过程工程咨询或工程造价、勘察、设计、监理等专业咨询服务合同的风险点规避措施要写明确、详细。做到合同金额准确、合同风险性明确

（6）选择全过程工程咨询或工程造价、勘察、设计、监理等专业咨询服务合同范本，根据与项目业主交流意见选取合同范本（范本详见本章第 5.5.1 节）。

（7）编写合同相关条款。

（8）征求全过程工程咨询或工程造价、勘察、设计、监理等专业咨询服务合同业主（或甲方）对合同文本的意见。

5.6　合同管理咨询

本节从全过程工程咨询管理的角度，讨论工程建设项目的合同组织、履行实施、管理审核，以及与建设项目相关的委托咨询服务、工程总承包、专项承包、采购供应商等合同管理内容。

项目合同管理是项目管理人员对项目实施中所有合同的订立、履行、变更、终止、违约、索赔、争议处理等进行管理的总称，也是项目管理人员采用法律方法进行工程项目的监督和管理的总称。这是法学、经济学和管理学在组织实施合同中的具体运用。

合同管理咨询是通过咨询人士所储备的知识、经验及对相关信息资料的综合分析，为建设单位（委托人）提供合同管理的建议、参谋和顾问的智力劳动过程。

5.6.1　合同管理咨询的概述

1. 合同的含义

合同是指两人或几人之间、两方或多方当事人之间在办理某事时，为了确定各自的权利和义务而订立的各自遵守的约定条文，是各方执以为凭的契约、文书。

建设项目合同是指建设项目参与方当事人在"特定"的范围内依法订立的确定各自的权利和义务的协议。

建设项目合同管理是指对订立、履行、变更、解除、转让、终止合同进行的管理工作的总称，它包括了对合同的审查、监督、控制等管理方法的运用。

2. 工程项目合同成立的合法性

（1）政府行为招标采购合同或竞争性磋商谈判合同所发生的项目咨询、勘察、设计、监理、施工、设备等合同，应根据《中华人民共和国民法典》及有关法律、法规，依照工程项目招标采购时所编制的合同条款，采用书面形式订立，规范合同管理，防范和化解合同风险，维护双方当事人的合法权益，促进社会持续健康发展。

（2）企业（业主方）行为招标采购合同或竞争性磋商合同所发生的专业分包、劳务、材料、设备等采购合同，以采购的目的不同，应根据《中华人民共和国民法典》及有关法律、法规，采用书面形式订立，应明确双方当事人在合同中的权利、义务，规范双方各自的债权、债务，便于合同的履行。

3. 全过程合同管理咨询的特点

全过程咨询单位通过计划、组织、协调、控制去帮助业主方（委托人）实现建设项目既定目标，在与委托人签订的咨询合同规定范围内开展具体的专业咨询业务，合同管理咨询也是全过程工程咨询工作之一。咨询人员应从合同的洽谈、草拟、签订、生效开始，直至合同终止失效为止，为合同当事人——建设单位（项目业主）提供法律方面的专业咨询服务。

全过程合同管理咨询有三大特点：

（1）系统性。工程承包合同中对工期、质量、费用有具体的要求，而项目管理这三大目标是相互制约、相互联系的，需要用系统思维去确定这些具体要求。总承包合同与分包合同，施工安装合同与材料、设备供货合同也存在关联性，也需要从建设项目全过程实施的系统性去考虑，注意工期与交货期的衔接，恰当地签订相关合同条款。

（2）动态性。注重合同履行全过程中的情况变化，特别要掌握对自己不利因素的变化，必要时对合同及时进行修改、变更、补充或中止和终止。

（3）分类性。根据合同性质不同进行分类管理，如服务类合同、总承包和专项承包类合同、材料和设备类合同，还要掌握合同之间的相互关系，防范可能出现的关联责任法律风险。

以下就工程项目所发生的工程咨询服务类、总承包和专项承包类、采购材料设备类这三个类型的合同管理咨询进行阐述。

5.6.2　合同签订前的审核咨询

1. 合同主体系统合格性的审核咨询

合同主体单位是否具备签订及履行合同的资格，是当事人在合同审核中首先要注意的问题，这设计到生产或交易是否合法、合同是否有效的问题。

全过程工程咨询单位在审核合同的合法性时，对合同内容的约定尽可能与《中华人民共和国民法典》等相关法律、法规和项目招标采购内容相符，对涉及合同名称、约定的条款、术语等方面进行审核，其主要目的是避免合同里的这些内容与法律、法规相冲突。主要审核以下内容：

（1）工程咨询服务类合同

1）全过程工程咨询、工程造价咨询、项目可研及环评咨询、勘察、设计、监理等服务性招标采购合同的审核，首先需审核中标单位所提交的《企业法人营业执照》中的服务范围，工程项目服务类的相关《资质证书》《资格证书》等是否有效，合同中配置的专业技术人员是否与招标采购文件、投标文件要求相符合。

2）合同主体内容的审核，包括项目概况、合同工期、质量标准、签约合同价和合同价格形式、项目经理、合同文件构成、承诺以及合同生效条件等重要内容，以及合同当事人基本的权利义务约定。

（2）总承包和专项承包类合同

1）施工总承包和专项承包合同审核。政府投资建设项目必须审核招标采购文件要求的《企业法人营业执照》，工程施工所需的相关《资质证书》《安全生产许可证》等合法、有效的资格和资质证书，投标文件中配置的项目经理、专业技术人员是否与本合同相符合。

2）合同主体内容的审核，包括工程概况、施工工期、质量管理、签约合同价和合同价格形式、安全生产等合同文件构成条件，项目经理承诺、合同生效条件等重要内容，以及合同当事人基本的权利义务约定。

（3）材料、设备采购类合同

主要审核供应商是否响应招标采购文件和采购合同文本中的条款，对材料、设备交货进度、质量、技术性能、交货期、价格考核、质量验收及相应索赔条款的表述要清晰、准确、严谨，严格规定合同付款方式、依据和时间。对货物设计、材料、制造、包装、运输、安装、调试、检测、验收合格交付使用之前及保修期内保修服务与备用物件等所有其他有关各项的含税费用进行综合审核。

对于工程采购中某些专业性、特许性和知识产权保护的特别行业，应采用相关法律规定审核资质许可证或经营许可证。

2. 合同条款动态性的审核咨询

全过程工程咨询审核体现在对合同动态性条款的审核，咨询工作主要从项目范围、时间、质量、进度、成本、风险等直接影响双方当事人的权利、义务方面和建设单位（委托方）最主要关心的问题方面开展咨询工作。同时考虑建设项目施工工期、合同标的、合同性质、合同目的、工程特点等因素来制定相关条款，这些条款是合同基本条款的细化和延伸，也是合同前瞻性的体现，也是针对可预见的未来发生的问题并事先作出约定，以减少对建设单位不利后果，所以动态性审核确有必要。合同条款动态性审核的主要内容以下：

（1）审核有无针对特有风险而设立的实用性条款。如市场波动造成材料涨价、特殊的地质结构条件、其他不可控的自然灾害发生等。

（2）审核有无根据违约特点而设立的实用性条款。如工期、进度、工程款支付的管理和使用等。

（3）审核有无根据标的特性而设立的实用性条款。如中标价是工程项目或采购服务唯一的控制价，在合同中必须明确。

（4）审核有无针对知识产权的特点而设立的实用性条款。如智能化设备等特殊设备的使用，应明确有关知识产权的责任事项。

（5）审核有无设备维护、保修的专用条款。如电梯、消防设施、暖通设备等采购，应就维护、维修约定明确的时间期限和责任。

下面从合同进度质量控制与合同价款控制两个方面进行深入讨论。

（1）合同进度、质量控制的审核

1）全过程工程咨询（咨询总包）合同中应明确咨询服务覆盖了建设全过程，是覆盖项目决策阶段、设计阶段、发承包阶段、实施阶段、竣工阶段、运营阶段等项目全生命周期的系统咨询管理，达到能够承担对项目建设全过程管理（协助管理）的责任，确保项目进度、质量目标的实现，同时降低"三超"风险，提升投资效益。

2）勘察、设计合同应采用《勘察、设计任务书》所确认的工作量，勘察单位成果真实、数据可靠，能正确地反映工程地质、地势、地貌、水文地质状况并评判准确，保证所提交的成果资料达到质量要求，为设计、施工提供真实的依据。设计合同预算报业主方审核，限额设计、优化设计，设计方案报审、施工图进行预算管理，有效地控制设计预算，避免超出总投资控制额，并保证所提交的成果资料达到审图质量要求。

3）总承包、专项承包单位合同应根据国家法规、规范以及设计施工图和业主方对施工管理的要求，编制《施工组织设计方案》，制订质量保证措施，安全文明施工等其他技术措施，编制施工进度计划，以便整个施工过程中计划能付诸实施，并保证项目工程质量和不超支情况下，实现进度管理目标。

4）设备、材料供应单位的产品质量保证。在交付设备或货物的同时必须提供产品检验合格证明、质量保修书，因设备或货物质量问题发生争议时，由质量技术监督部门或其指定的质量鉴定机构进行质量鉴定，以达到质量控制的目的。

5）全过程咨询单位在审核所有合同时应明确说明实施质量控制程序，重点是对实施施工过程的检查和返工管理程序，按照有关规定和合同约定进行隐蔽工程的检查验收和施工工程中间验收，设备安装工程的试车，项目竣工验收。工程项目不合格部分必须按合同要求进行返工处理，强化工程质量控制确保达到合同约定的质量标准。

（2）合同价款控制管理的审核

依据招标采购方式，公开招标采购、比选、竞争性磋商、询价等所确定的工程项目，工程咨询服务类采用政府文件取费、固定总价或固定单价报价；总承包类施工模式（传统的 DBB 模式）、工程总承包模式（EPC 工程总承包）按工程量清单单价报价或采用固定综合单价报价。

全过程咨询单位在审核以上咨询、勘察、设计、施工、监理、设备等采购合同成立时，主要依据是合同价款。价款的调整是总价控制的核心和重点控制环节，工程预付款、工程量确认、工程款（进度款）支付是竣工结算的条件，关键是对已完成工程量的确认和工程款（进度款）支付的管理必须要有具体措施，并应在合同中明确，主要审核以下内容：

1）建立工程价款支付审核体系，保证正常的工程款（进度款）准确和及时支付。

2）合同价款约定，合同价款在合同订立后，当事人任何一方不得擅自改变，调整合同价款，应在合同约定的价款调整范围内调整，但必须依据招标采购文件的相关规定执行。

例如：以房建工程为例，工程进度款支付方式，政府多数采用"主体工程验收后付已完成工程量的 80%，竣工验收后付至合同总价的 75%"，从表面看付款比例较好，但实际是总承包商在工程竣工验收前只收到工程总价款的 48% 左右，如果总承包商垫付资金实力不足，将对项目的质量、进度、工期造成严重的影响。

案例：合同清单工程量控制总价

BT 招商投资项目：地方政府财政投资某县医院综合楼，建筑面积 38000m²，招标控制价为 8320 万元，BT 招商投资项目中标价为 8100 万元，项目未采用代建制聘请项目管理公司，也未聘请全过程工程造价咨询公司，业主方为医院，自行负责委托设计单位和工程量清单编制，由政府平台公司作为建设单位，项目管理机构由建设方、投资方、施工方、监理方组成。

项目开工 3 个月后，施工方清标时发现招标清单编制存在漏项、漏量问题，土建、暖通、消防、给水排水管材漏项、漏量合计 1100 多万元，超出中标总价的 13.6%。按照合同条款约定"本项目施工图及清单载明的内容，属本工程合同约定应实施的工程内容"。

问题是现在漏项、漏量的工程，如果按照施工图及规范，是应照图纸施工的内容，已达到竣工验收移交为目的，而按照清单载明的内容，漏项、漏量工程不属合同内容，即使施工实施了也不能进入结算审计，因为清单中没有载明，因此项目只能停工，完成程序后再实施。

按照《政府投资项目标后管理办法》，增加工程量金额在 3 万～5 万元需县级主管领导审批，50 万元以上需县常委会审批。该项目漏项金额太大，县委、县政府成立了工作组都无法推进工作，项目从开工后将投资方、承包方、监理方在此困了 5 年都因责任、程序等问题无法落实，一个民生项目就这样停留等待，给参与各方都造成损失，民众应享受的社会福利延后。

问题分析：一是建设单位未聘请项目管理公司或全过程工程造价咨询公司提供管理咨询，弥补智力资源的不足；二是建设单位是清单编制单位，对公共建筑图纸理解不深，对专业工程量的编制内容自审不细致；三是合同中的文字约定出现问题；四是建设单位在项目管理中面对问题时解决问题经验不足，项目管理理念落后，管理者责任心不强。

3. 权利义务明确性的审核咨询

全过程咨询单位在审核签订合同时，如果对双方权利义务不明确，将是合同的隐患，将严重影响生产或交易的安全性。因此，必须审核条款间的配合性，务必使权利义务的表述、违约范畴、违约制裁、归责方式等条款明确且配合得当，主要侧重审核以下要点：

（1）条款间的配合是否良好，即是否有冲突或衔接不良。

（2）表述的内涵外延是否得当，有无遗漏，以及是否有实际法律意义的条款。

（3）双方当事人权利义务、违约是否有可识别性，即可以通过简单判断得出违约责任结论，附件能否将正文中的权利义务补充明确。

5.6.3　合同履行管理咨询

合同履行管理咨询不仅可以避免在签订合同后容易出现的法律风险，还可以很好地保障双方当事人的利益，同时避免矛盾的发生。

1. 建立制度化、信息化合同管理方式咨询

工程项目合同管理与其他管理，如计划管理、成本管理、组织和信息管理等之间存在着密切的关系。其主要目的是达到履行合同义务和风险控制，是合同当事人解决争议的法律依据。

合同管理工作程序流程图如图 5-2 所示。

（1）建立合同管理制度

首先，应严格制定合同管理程序，构建一整套的合同管理体系，职责明确，有效辅助项目建设与合同管理，以保证合同目标的实现。其次，对项目建设过程的参与单位进行合同实施过程评审，建立参与单位履行合同的信用制度，在今后的项目中选择承包商供应商时做参考。最后，对不能按期履行合同义务的单位进行淘汰，对造成项目直接或间接损失的单位可采取追溯经济损失的措施。

（2）合同风险的控制

合同风险应在项目建设的参与方（包括投资者、业主、项目管理者、承包商、供应商等）之间进行合理的分配，每个参加者都承担一定的风险。如果项目参加者都不承担任何

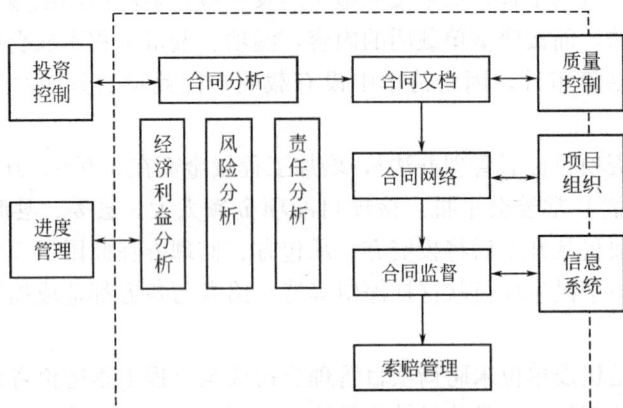

图 5-2　合同管理工作程序流程图

风险，则他们就没有任何责任，当然也就没有控制风险的积极性，既不可能搞好项目建设的工作又无法保证合同的顺利履行及合同目标的实现。

业主方只有在签订合同时才明确各方承担相应的风险责任，通过风险的分配加强各方的责任心和积极性，这样才能达成项目目标。咨询人员要帮助建设单位在合同履行期间规避风险，减少损失损害。

（3）财务管理措施

业主方应严格按照合同双方约定的支付条件和时间进行工程款项或其他服务费用的支付，提前支付和延期支付都将可能造成履行义务的转变。

建立财务管理制度，采用财务措施即经济手段来处理可能发生的损失，以动态的方法进行资金控制，以减少项目实行过程中的不确定性。

（4）信息化管理措施

建立信息汇报反馈制度，及时处理异常情况。合同履行中的一些问题，其实很多是法律层面的问题，技术性与专业性较强，合同履行时应当慎重对待。应当建立信息交流和实时反馈的制度和流程，以便及时发现问题，做出相应的处理。

2. 合同履行中的监督、检查咨询

在管理过程中我们应重点监督、检查合同履行期间相应条款的具体情况，一般采取普查和重点检查的方式。监督、检查的内容主要包括四个方面：

（1）检查合同双方是否按照约定的质量、进度、工期和安全文明施工管理等全面履行义务，督促承包方当事人严格履约。

（2）检查合同履行过程中是否存在数量、质量、交货期限、付款等方面的变更情况，如有变更，应履行变更签约手续，以合同形式明确变更情况。

（3）检查承包方（供应方）当事人是否存在违约情况。

（4）合同履行完毕后，对所遗留的问题，承包方（供应方）当事人应指定专人负责解决，并规定解决期限。双方按合同约定协商解决，并提出具体的解决方案。

3. 合同变更、索赔、解除或终止的咨询

（1）合同变更管理咨询

工程项目在实施过程中会出现各种变更，主要是工程设计引起的变更、外界因素引起的变更、施工原因引起的变更、建设项目业主提出新的要求引起的变更。以上变更都会影响到工程造价和工期，采取有效措施控制变更数量是控制投资、保障工程进度的有效办法。

合同变更管理的主要措施如下：

1）严格执行变更申请审查和批准程序；

2）严格变更估价管理；

3）对承包商提出的施工变更要严格慎重审查，防止将其扩大化、复杂化；

4）做好详细记录和监督记录；

（2）索赔管理咨询

索赔是合同当事人享有的权利。按合同约定，对于并非由于自己原因的过错而属于对方原因造成的损失，可以向对方要求索赔。

建设项目索赔事件的常见原因主要是：

1）工程范围变更；

2）工程量的增加或减少；

3）工程地基条件发生变化；

4）施工现场发现文物导致停工；

5）施工场地移交延期或施工现场条件变化；

6）业主要求提前工期；

7）由于承包商原因延误工期；

8）暂停施工；

9）终止合同；

10）法令变更；

11）图纸延误；

12）设备质量问题或延期交货；

13）合同文件错误；

14）业主违约；

15）工程款的支付、拖延；

16）承包商、供应商违约；

17）特殊风险索赔。

建设项目索赔管理的重点如下：

1）对承包商延误工期、设计图纸的延误和设备质量问题等因素进行索赔。

2）对承包商提出的索赔要求，我们的管理措施：①建立严格的施工现场记录制度，重视原始资料的积累；②要注意索赔的时效性；③具有法律效力的证明文件；④提交的文件和有关记录、协议等都必须是双方共同签署的资料；⑤及时对承包商提出的索赔进行研究、核对；⑥对承包商提出的索赔要用文字及时确认；⑦制定索赔处理程序，按程序处理有关索赔事件；⑧通过简洁、有效的索赔程序及时解决当事人的争议，促进项目建设顺利进行。

（3）合同解除或终止咨询

全过程咨询依据《政府采购货物和服务招标投标管理办法》的规定："采购人与中标

人所签订的书面合同不得对招标文件和中标人投标文件作实质性修改。出现下列情形之一的，采购人应当依法解除合同，重新组织采购活动，并依法追究供应商的违约责任：

1) 在履行期限届满前，供应商明确表示或者以自己的行为表明不履行合同；

2) 供应商迟延履行合同，经催告后在合理期限内仍未履行；

3) 供应商有其他违约行为致使不能实现合同目的；

4) 供应商将合同转包，或者未经采购人同意采取分包方式履行合同。

政府采购合同继续履行将损害国家利益和社会公众利益的，双方当事人应当变更、中止或者终止合同。"

所以，在咨询管理中发现问题应及时发出催告和异议，催告是用来催促另一方当事人按合同履行其义务，同时，催告也是进一步采取某些行动的必备前置程序，如解除合同，必须经过催告。如承包商交付的工程质量与设计不符合、采购商交付的货物发现质量问题，应及时向对方提出书面异议。

咨询管理中及时收集和保存证据，如果发生纠纷，是区分责任的重要依据。及时上报委托人或法定的政府采购监督管理部门，追溯有过错的一方承担赔偿责任。

本章小结

本章以国有投资的工程建设项目为管理对象，根据不同的工程建设组织实施方式及建设单位的需求，结合全过程管理咨询"1＋N＋X"模式，以"1"——全过程咨询单位项目管理的角度，分别对工程总承包单位、施工总承包单位、勘察设计及监理等服务单位、设备材料采购单位的招标采购管理及合同管理进行讲解，特别对不同的工程组织实施方式的招标采购需求、招标策划、招标程序管理、招标核准、招标范围及限额、招标方式、标准招标文件的使用、评标办法的选用、投标报价管理、合同示范文本的使用、合同条款策划、合同签订前审核、合同履行管理等方面进行了系统的分析。以全过程管理咨询单位的角度，结合国家相关规定、项目特点以及建设单位管理目标，对招标方式、评标办法的选用、投标报价方式的适用范围及条件、招标文件策划、合同条款策划等方面提出管理建议。

复习思考题

1. 我国目前工程组织实施方式主要有哪些？分别适用哪些项目？

2. 工程总承包的发包招标阶段分为哪两种方式？其对应的风险主要有哪些？

3. 某民营房地产开发商在成都投资某综合房地产项目，总投资额为 6.4 亿元，其中包括：公路交通运输基础设施项目 2.2 亿元，房地产项目 4.2 亿元，请问应如何策划工程施工招标？

4. 对监理单位的招标，选择哪一种评标办法更合理？

5. 如果合同协议书、专用条款、通用条款约定不一致，应如何理解并执行合同条款？

6. 监督、检查的内容主要包括哪些内容？

7. 简述建设项目合同管理的内容。

本章参考文献

［1］王伍仁．EPC 工程总承包管理［M］．北京：中国建筑工业出版社，2008．
［2］季更新．全过程工程咨询工作指南［M］．北京：中国建筑工业出版社，2020．
［3］陈金海，等．建设项目全过程工程咨询指南［M］．北京：中国建筑工业出版社，2021．
［4］中国建筑业协会．中国建筑业协会团体标准 全过程工程咨询服务管理标准 T/CCIAT 0024—2020
　　　［S］．北京：中国建筑工业出版社，2020．

第6章 工程项目勘察设计咨询

主要内容：

- 工程勘察设计概述
- 工程勘察管理
- 工程设计管理
- 专项咨询管理

学习目标：

通过本章的学习，读者可以掌握工程项目勘察设计及对应的咨询工作相关基础知识；重点掌握工程项目勘察设计咨询的管理范围和目标；熟悉项目勘察、设计、专项咨询的管理内容；了解不同主体在项目勘察设计中的工作内容。

6.1　工程勘察设计概述

全过程工程咨询服务单位具有与工程规模及业主委托内容相适应的勘察设计资质的，应依据合同自行完成自有资质许可范围内的勘察设计任务。全过程工程咨询服务单位不具备相应的勘察设计资质的，应按照合同约定或经建设单位同意，择优委托具有相应资质的单位承担勘察设计任务。

6.1.1　工程勘察及管理

1. 工程勘察

在项目建设过程中，工程勘察主要涉及工程测量和工程地质勘察两部分内容，其中工程测量包括现场实地测量、测绘地形图、现场定位测量、工程检测和工程监测等。而工程地质勘察是为查明影响工程建筑物的地质因素而进行的地质调查研究工作。勘察工作划分为选址勘察（可行性研究勘察）、初步勘察、详细勘察三个阶段。对于工程地质条件复杂或有特殊施工要求的重要建筑物地基，还应进行预可行性及施工勘察；对于地质条件简单，建筑物占地面积不大的场地或有建设经验的地区，也可适当简化勘察阶段。

选址勘察时，应进行技术经济分析，一般情况下宜避开工程地质条件恶劣的地区或地段；初步勘察时，在搜集分析已有资料的基础上，根据需要和场地条件还应进行工程勘探、测试以及地球物理勘探工作；详细勘察的主要手段以勘探、原位测试和室内土工试验为主，必要时可以补充一些地球物理勘探、工程地质测绘和调查工作。详细勘察的勘探工作量应按场地类别、建筑物特点及建筑物的安全等级和重要性来确定。对于复杂场地，必要时可选择具有代表性的地段布置适量的探井。

（1）工程地质勘察

工程地质勘察主要工作包括现场勘察作业、试验和勘察文件编制三部分。

1）现场勘察作业

工程地质勘探包括工程地球物理勘探、钻探和坑探等内容。

2）试验

室内试验包括：岩、土体样品的物理性质、水理性质和力学性质参数的测定等。现场原位测试包括：触探试验、承压板载荷试验、原位直剪试验以及地应力量测等。

3）勘察文件编制

工程勘察文件主要包括勘察纲要、勘察工作进度计划、勘察报告。

① 工程勘察纲要是用于指导勘察工作实施的文件，应在工程勘察实施前编制。

② 勘察工作进度计划可以包含在勘察纲要内，也可以单独编制，主要体现整个勘察工作的开展推进计划。

③ 勘察报告应通过对前期勘察资料的整理、检查和分析，根据工程特点和设计提出的技术要求编写，应有明确的针对性，能正确反映场地工程地质条件、不良地质作用和地质灾害，做到资料真实完整、评价合理、建议可行。详细勘察阶段的勘察报告应满足施工图设计的要求。

工程勘察成果要满足《房屋建筑和市政基础设施工程勘察文件编制深度规定（2020年版）》。

（2）工程勘察资质

工程勘察资质分为工程勘察综合资质、工程勘察专业资质、工程勘察劳务资质。

工程勘察综合资质只设甲级；工程勘察专业资质设甲级、乙级，根据工程性质和技术特点，部分专业可以设丙级；工程勘察劳务资质不分等级。

取得工程勘察综合资质的企业，可以承接各专业（海洋工程勘察除外）、各等级工程勘察业务；取得工程勘察专业资质的企业，可以承接相应等级相应专业的工程勘察业务；取得工程勘察劳务资质的企业，可以承接岩土工程治理、工程钻探、凿井等工程勘察劳务业务。

2. 工程勘察管理

工程勘察管理是全过程工程咨询单位重要的管理内容之一，目的在于规范工程勘察行为，为项目设计等后续工作提供准确的基础资料。工程勘察管理的成果包括《勘察任务书》《工程勘察管理规划》《勘察纲要审核意见》《勘察进度审核意见》《会议纪要》等。

（1）管理范围

1）对勘察单位的资质及勘察人员的资质进行监督管理，监督组建专业的勘察工作团队；

2）编制勘察任务书，明确勘察工作的内容及要求；

3）组织对勘察纲要进行审核；

4）结合项目的总体进度计划，审核勘察进度计划；

5）对现场勘察工作是否符合勘察纲要，进行监督；

6）督促勘察单位取得勘察报告审查合格书；

7）根据当地主管部门要求，组织备案事宜；

8) 根据现场情况，组织补勘工作；

9) 根据项目需求，组织勘察单位参加相关专题例会及现场服务工作；

10) 组织地质勘察单位参与相关验收工作；

11) 根据勘察进度、按照合同约定，签发或支付勘察费用。

(2) 管理目标

1) 勘察工作进度符合项目的总体进度要求；

2) 勘察成果文件编制深度符合规范要求及设计输入需求；

3) 勘察成果取得审查合格书；

4) 满足勘察合同的相关要求。

6.1.2　工程设计及管理

1. 工程设计

建筑工程设计是从无到有，从设想到图纸的过程，要达到建成后的建筑物安全、好用、好看、好维修的目的。

(1) 工程设计资质

工程设计资质分为工程设计综合资质、工程设计行业资质、工程设计专业资质和工程设计专项资质。

工程设计综合资质只设甲级；工程设计行业资质、工程设计专业资质、工程设计专项资质设甲级、乙级。

根据工程性质和技术特点，个别行业、专业、专项资质可以设丙级，建筑工程专业资质可以设丁级。

取得工程设计综合资质的企业，可以承接各行业、各等级的建设工程设计业务，取得工程设计行业资质的企业，可以承接相应行业相应等级的工程设计业务及本行业范围内同级别的相应专业、专项（设计施工一体化资质除外）工程设计业务；取得工程设计专业资质的企业，可以承接本专业相应等级的专业工程设计业务及同级别的相应专项工程设计业务（设计施工一体化资质除外）；取得工程设计专项资质的企业，可以承接本专项相应等级的专项工程设计业务。

(2) 设计成果要求

建筑工程设计按照设计进度可分为方案设计阶段、初步（扩初）设计阶段、施工图设计阶段、施工配合阶段。

1) 方案阶段设计成果包括设计进度计划、设计说明书、总平面图以及相关建筑设计图纸、设计委托或设计合同中规定的透视图、鸟瞰图、模型等；

2) 初步（扩初）设计阶段设计成果包括设计进度计划、设计说明书、有关专业的设计图纸、主要设备或材料表、工程概算书、有关专业计算书；

3) 施工图设计阶段设计成果包括设计进度计划、合同要求所涉及的所有专业的设计图纸以及图纸总封面、合同要求的工程预算书、各专业计算书。

各阶段设计成果要符合《建筑工程设计文件编制深度规定（2016版）》的相关要求。

2. 工程设计管理

全过程工程咨询单位对工程设计管理的目的在于规范工程设计工作，按照进度计划科学、合理地安排设计工作，有效控制设计成果质量，使其满足招标及施工要求，落实项目投资管控要求，最终实现建设单位建设的目的。工程设计管理的成果包括《需求调研》《设计任务书》《设计管理规划》《设计进度审核意见》《设计成果评审意见》《会议纪要》等。

（1）管理范围

1）对设计单位的资质及设计人员的资质进行监督管理；

2）编制设计任务书，明确设计工作的内容及要求；

3）结合项目的总体进度计划，审核设计进度计划；

4）配合业主进行设计各阶段的报规报建工作；

5）参与设计过程中的重要技术专题会；

6）组织设计成果的审查；

7）督促设计单位取得设计图纸审查合格书；

8）设计图纸等相关资料的管理；

9）根据项目需求，组织设计单位参加相关专题例会及现场服务工作；

10）组织设计单位参与相关验收工作；

11）设计变更管理；

12）根据设计进度、按照合同约定，签发或支付设计费用。

（2）管理目标

1）设计工作进度符合项目的总体进度要求；

2）设计成果文件编制深度符合规范要求、招标要求及现场实施要求；

3）设计成果取得设计图纸审查合格书；

4）满足设计合同的相关要求。

6.1.3　深化设计及专项设计及管理

1. 深化设计及专项设计

（1）深化设计

深化设计是指在施工图设计的基础上对图纸进行细化处理，达到招标及施工要求的设计，例如幕墙深化设计、钢结构深化设计、风景园林深化设计等。

（2）专项设计

专项设计是指为了保障项目能够满足其专项的使用功能，在主体设计的基础上由第三方进行的专业设计，例如酒店的布草设计、剧场的声学设计；医院的医疗顾问对医用净化系统、医用气体系统、医用纯水系统、物流传输系统、污水处理系统、辐射防护工程、智能污物收集系统、实验室工艺系统的专项设计。

（3）设计成果深度要求

深化设计和专项设计成果的深度均需满足招标要求及现场实施要求，其中建筑幕墙设计、基坑与边坡工程设计、建筑智能化设计、预制混凝土构件加工图设计成果要符合《建筑工程设计文件编制深度规定（2016 版）》相关要求。绿色建筑、海绵城市、节能设计成果要符合国家及地方的标准要求。

（4）设计资质要求

承担建筑装饰工程、建筑智能化系统设计、建筑幕墙工程、轻型钢结构工程、风景园林工程、消防设施工程、环境工程、照明工程等国家有明确规定的专项设计资质的，应符合对应的资质要求。

2. 深化设计及专项设计管理

深化设计和专项设计管理的目的在于规范工程深化设计和专项设计工作，按照进度计划科学合理地安排设计工作，与主体建筑设计互相配合，同时满足主体建筑设计的要求和限制；控制设计成果质量，落实项目投资管控要求。深化设计和专项设计管理的成果包括《设计任务书》《设计进度审核意见》《设计成果评审意见》《会议纪要》等。

（1）管理范围

1）对设计单位的资质及设计人员的资质进行监督管理；

2）编制深化设计或专项设计任务书，明确深化设计或专项设计工作的内容及要求；

3）结合项目的总体进度计划，审核深化设计或专项设计进度计划；

4）组织深化设计或专项设计与主体建筑设计的配合工作；

5）深化设计或专项设计成果符合主体建筑设计的要求，成果须经主体建筑设计确认；

6）参与设计过程中的重要技术专题例会；

7）组织设计成果的审查；

8）设计图纸等相关资料的管理；

9）根据项目需求，组织设计单位参加相关专题例会及现场服务工作；

10）组织设计单位参与相关验收工作；

11）设计变更管理；

12）根据深化设计或专项设计进度、按照合同约定，签发或支付相关费用。

（2）管理目标

1）深化设计或专项设计工作进度符合项目的总体进度要求；

2）组织深化设计或专项设计和主体建筑设计的工作配合及接口管理；

3）深化设计或专项设计成果文件编制深度符合规范、招标及现场实施的要求；

4）满足设计合同的相关要求。

6.2　工程勘察管理

全过程工程咨询单位对工程勘察管理的目的在于规范工程勘察工作，保障后续的项目设计正常进行，确保施工顺利推进。工程勘察阶段，全过程工程咨询单位主要的管理工作包括：工程勘察输入性资料管理，组织编写《工程勘察管理规划》《工程勘察任务书》，工程勘察过程管理，工程勘察成果评审管理，施工阶段配合管理，工程勘察履约评价等。

6.2.1　工程勘察输入性资料管理

工程勘察输入性资料是由建设单位、使用单位、设计单位等提供的与工程勘察相关的资料。全过程工程咨询单位按照输入性资料要求，列明资料清单，制订提供输入性资料计划，督促各单位按计划提供资料，建立输入性资料信息库。工程勘察输入性资料内容如下：

（1）《工程勘察合同》；

（2）《工程勘察任务书》；

（3）工程场地范围的原始地形地貌图；

（4）提供附有坐标和地形的建筑总平面图，场区的地面整平标高；

（5）设计单位提供的建筑物的性质、规模、建筑物上部荷载、结构类型、功能特点、基础最小埋置深度、地基允许变形等资料；

（6）其他需要输入的相关资料。

6.2.2　工程勘察管理规划

工程勘察管理规划是工程勘察工作开展的计划。它是全过程工程咨询单位开展勘察管理的指导性文件，是规范全过程工程咨询管理的标准文件，通过专业化、程序化、规范化的咨询服务及技术支撑，从而保障工程勘察工作的顺利推进。

工程勘察管理规划的主要内容有：工程勘察项目概况、全过程工程咨询组织机构、工程勘察质量管理、工程勘察进度管理、工程勘察安全文明施工管理、工程勘察合同管理工程勘察信息管理、工程勘察组织协调管理、履约考评等。具体内容如下：

（1）工程勘察项目概况

项目概况包括项目基本信息、项目建设规模、项目特点、工程勘察范围、场地情况、地质概况等。

（2）全过程工程咨询组织机构

编制全过程工程咨询团队架构、制订咨询人员配备及进场计划、建立主要咨询人员岗位职责。

（3）工程勘察质量管理

制定现场勘察质量管理办法和样品送检质量管理办法。

（4）工程勘察进度管理

编制工程勘察总体进度计划，严格审查工程勘察纲要中进度计划是否满足总进度计划要求，督促并检查勘察单位按照工程勘察纲要要求实施。

（5）工程勘察安全文明施工管理

明确安全管理内容、建立安全管理体系、制订安全管理要点和文明施工管理办法。

（6）工程勘察合同管理

梳理合同管理内容、进行合同过程管理。

（7）工程勘察信息管理

明确工程勘察信息分类原则、建立资料传递路径、明确地质勘察报告发放办法、建立信息沟通机制。

（8）工程勘察组织协调管理

建立项目协调机制、明确协调的工作内容及组织协调的方式。

（9）履约考评

工程勘察合同的履约评价是以国家、地方有关法律、法规、规定及合同协议书相关条款等为依据，坚持实事求是、客观公正的评价原则，全面、真实地反映勘察单位的履约情况。

6.2.3　工程勘察任务书

工程勘察任务书由全过程工程咨询单位组织设计单位共同编制，报建设单位审批同意后，送地质勘察单位签收并执行。工程勘察任务书的重要内容包括：工程项目概况、工程勘察依据、工程勘察技术要求、提交的勘察资料内容等，具体如下：

（1）工程项目概况，包括项目名称、项目建设规模、项目特点、拟建设地点、工程勘察范围、场地情况、地质概况等。

（2）明确工程勘察阶段、提交资料份数、提交资料时间。

（3）工程勘察依据。严格按照现行规范《工程勘察规范》ZBBZH/GJ 27、《建筑地基基础设计规范》GB 50007 等的要求进行岩土勘察工作和出具工程勘察报告。

（4）工程勘察技术要求。

1）查明拟建筑物范围内各层岩土的类别、厚度和工程特性。

2）了解场地内是否有暗浜、沟塘、地下管网等，查明不良地质作用的成因、类型、分布范围、发展趋势及危害程度。

3）划分场地类别，分析地震效应情况，判定饱和砂土和饱和粉土的地震情况，并计算其液化指数。

4）查明地下水的埋设条件，评价场地内水、土对混凝土、混凝土中钢筋的腐蚀性。

5）对可能采取的基础形式提出建议，提供基础设计所需的岩土技术参数。

6）基础工程设计施工中应注意的问题，指明危险性较大分部分项工程内容。

（5）需要工程勘察单位提交的工程勘察成果内容。

6.2.4　工程勘察过程管理

全过程工程咨询单位对工程勘察过程管理的主要内容有：审查勘察单位编制的工程勘察纲要、勘察进度管理、勘察质量管理、勘察安全文明管理、签发补勘通知书、勘察资料管理等。通过对工程勘察单位的过程管理，实现对其进行有效控制，满足后续设计等工作推进的要求。

1. 工程勘察纲要

勘察单位应根据勘察合同、勘察任务书的要求及场地实际条件，编制工程勘察纲要。工程勘察纲要的主要内容包括：工程概况、勘察等级、勘察依据、勘察内容、勘察方法、勘察点位平面布置及编号、人员及设备投入计划、勘察工作流程、勘察进度计划、勘察质量控制措施、安全管理措施、应急预案等。

对于工程勘察纲要，全过程工程咨询单位应重点审核其合理性、有效性，具体审核内容如下：

（1）勘察内容是否满足工程勘察合同、工程勘察任务书和《工程勘察规范》ZBBZH/GJ 27 等相关规范的要求；

（2）勘察依据是否正确；

（3）勘察点位布置是否符合工程勘察任务书和《工程勘察规范》ZBBZH/GJ 27 的要求；

（4）勘察进度计划是否合理，是否满足勘察合同和勘察任务书的要求；

（5）人员、材料、设备投入计划，质量保证措施是否合理；

（6）工程勘察纲要的审签及盖章是否正确。

2. 勘察进度管理

在工程勘察实施过程中，全过程工程咨询单位督促地质勘察单位按照工程勘察纲要明确的工程勘察进度计划执行。工程勘察进度管理遵循以下工作原理：

（1）工程勘察工作应按照工程勘察纲要进度计划开展；

（2）勘察工作实施过程中，全过程工程咨询管理人员应记录勘察工作进度情况，勘察工程人员、材料及设备投入情况；

（3）全过程工程咨询管理人员应定期对比勘察工作进度与勘察进度计划，判断勘察工作进度超前或滞后，分析勘察工作进度超前或滞后的程度；

（4）当分析判断勘察工作进度滞后时，全过程工程咨询人员应采取必要的措施进行纠偏。通常采用的进度纠偏措施有：

1）增加勘察作业人员和设备数量。

2）延长作业时间。

3）优化勘察作业顺序。

4）其他纠偏措施。

3. 勘察质量管理

工程勘察质量管理包括现场质量管理和见证取样质量管理。具体内容如下：

（1）检查定位放线。

（2）钻探作业钻取的岩样和土样管理。

（3）检查钻孔深度。

（4）督促监理见证取样。

4. 勘察安全文明管理

建立安全检查制度、安全教育培训制度、安全技术措施审查制度、安全技术交底制度、安全管理奖惩制度，制订安全应急预案。

5. 签发补勘通知书

当设计、施工中出现特殊情况，需要进行某种勘察报告或勘察任务书中未涉及的勘察内容，全过程工程咨询单位应及时签发补勘任务通知书，并按合同约定的计费标准，商定相应的费用。

6. 勘察资料管理

工程勘察完成后，全过程工程咨询单位应及时检查勘察单位技术资料提交的情况，建立完整的勘察原始资料并及时归档保存。

6.2.5　工程勘察成果评审管理

工程勘察成果按勘察阶段不同，分为可行性研究勘察报告、初步勘察报告和详细勘察报告。工程勘察成果应完成其内审、全过程工程咨询评审、外部审查三个环节的审查。全过程工程咨询单位应督促勘察单位按时完成勘察报告内部审查，并及时将签字盖章完善的地质勘察报告提交给全过程工程咨询单位和第三方审查机构审查。

工程勘察成果应资料齐全、真实准确，内容和深度满足建设工程规划、选址、设计、岩土治理和施工的需要。

1. 勘察单位内部审查

勘察报告编制完成后，需按照勘察单位内部管理流程完成内部审查，内部审查合格后，须加盖勘察单位出图专用章和勘察负责人注册岩土工程师注册章。

2. 全过程工程咨询单位评审

勘察报告经勘察单位内部审查完成后，提交全过程工程咨询单位审核。全过程工程咨询单位主要审核勘察报告是否满足合同约定和勘察任务书的要求，必要时，应组织专家对各阶段的勘察成果进行技术论证或技术审查，并形成勘察成果评审报告。

3. 第三方审查机构审查

第三方审查机构应具有工程勘察审查资质。第三方审查机构审查合格后，出具审查报告。勘察报告审查合格后，第三方审查机构应在勘察报告上加盖其审图专用章。

只有经过全过程的审查并合格后，该勘察成果文件才可用于项目使用。

6.2.6　施工阶段配合管理

全过程工程咨询单位督促勘察单位在施工阶段配合的工作主要有：地基基础验槽、地基与基础工程验收、竣工验收以及特殊情况时的配合等。

1. 过程验收与竣工验收

施工过程中，全过程工程咨询单位应根据实际情况，要求勘察单位参加地基验槽、地基与基础分部工程验收以及竣工验收。

2. 特殊情况处理

施工过程中，遇到涉及场地地质条件的特殊情况，如基坑变形报警、实际地质条件与勘察报告不符等，全过程工程咨询单位应要求勘察单位到现场，判定实际地质条件，并配合制订处理方案。

3. 质量缺陷或质量事故调查与处理

当发生质量缺陷或质量事故时，如涉及地基与基础工程或场地水文地质条件时，勘察单位应配合调查质量缺陷或质量事故发生的原因，配合制订处理方案。

4. 其他需要勘察单位配合处理的事项

6.2.7　工程勘察履约评价

对勘察单位的履约评价，通常可以从项目人员配备、工程勘察进度、工程勘察安全文明、工程勘察质量、施工阶段配合等方面进行考评。

1. 项目人员

项目人员可从以下几个方面考评：

（1）项目配置的人员是否与合同约定一致；

（2）项目人员专业技术水平；

（3）项目人员工作态度；

（4）项目人员职业操守。

2. 工程勘察进度

主要考评勘察工作进度是否满足合同、勘察任务书及工程勘察纲要的要求。

3. 工程勘察质量

勘察质量主要考评勘察报告与现场开挖后的实际情况的吻合程度。

4. 工程勘察安全文明

勘察安全文明的主要考评内容如下：

(1) 安全生产制度编制；

(2) 安全员配置情况；

(3) 安全文明培训教育；

(4) 安全专项方案编制；

(5) 安全应急预案等。

5. 施工阶段配合

施工阶段配合可从以下几个方面考评：

(1) 配合时效性；

(2) 配合专业性。

6. 履约评价及应用

(1) 履约评价

1) 工程勘察合同的履约评价是以国家、地方有关法律、法规及规定，业主单位有关规定、制度，合同协议书相关条款等为依据，坚持实事求是、客观公正的评价原则，全面、真实地反映勘察单位的履约情况。

2) 履约评价通常由业主单位组织实施，全过程工程咨询单位、设计单位或施工单位可参与考评。

3) 履约评价办法或实施细则应具备操作性好、针对性强的特点。如针对进度，是否满足勘察纲要要求；针对服务，是否响应及时、人员到位；针对施工阶段，是否配合到位等。

(2) 履约评价的成果应用

成果应用可以从以下三方面考虑：

1) 作为业主结算本项目工程勘察费用的依据；

2) 作为业主或全过程工程咨询单位持续改进工程勘察管理工作的指导依据；

3) 作为业主日后选择优质工程勘察单位的依据。

6.3 工程设计管理

设计管理是个系统性工作，它不仅涉及技术管理，还与招标投标、项目管理、造价管理、施工等方面有关。设计管理应有效地组织各项设计工作，制订进度计划并督促执行，对造价进行合理的控制，并适当地干预设计的质量和可实施性，这是设计管理的主要任务。

6.3.1 项目需求调研

何为需求，简单来说就是用户对产品的预期。建筑工程项目的单建性和多样性特点，注定了即使同类型的建筑物，如医院、酒店，用户也在需求方面存在较大差异。因此，在工程领域，项目需求管理的重要性不言而喻。判定一个建筑工程是否成功，很重要的一个维度就是能否很好地满足用户的各方面需求。在一个工程项目设计工作启动前，开展项目需求调研是实现产品与需求最佳结合的重要环节。

1. 需求调研的对象

根据项目的所处阶段，需求调研的主要对象可以是建设单位，也可以是使用单位。建设单位和使用单位可以是同一主体，也可以是不同的主体。不同的建设单位或使用单位对项目的设计与建造会有不同的要求。

例如，政府投资的学校项目，如委托平台公司代建，在开发建设阶段，项目业主可能是代建单位，而在项目交付后，业主则是使用单位——学校。

2. 需求调研的方法

选择合适的调研方法直接关系到调研工作的开展。工作实际中，常用的调研方法包括访谈法、问卷法、专家论证法、典型调研法等。

例如，对一家三甲综合性医院做需求调研，关于医院的定位、规模、未来发展方向等，可面对医院管理层采用访谈法；对于功能分区、科室设置等，可采用问卷法向主要医护人员进行调研；而针对质子重力子方面的专项技术，则可根据已有类似的典型案例，结合专家论证开展调研。

3. 需求调研人员

调研人员的工作经验和能力对调研的质量、进度有重大影响。在全过程工程咨询项目中，为获得良好的调研结果，提升项目全生命周期的价值，可由全过程工程咨询项目部牵头，组织设计师、造价师，以及熟悉项目特征（如物流、医院等）的人员参与其中。

例如，酒店项目的需求调研可考虑邀请酒店运营公司的专业人员参与，这样才有利于引导和启发业主清晰地描述项目需求，将通俗需求用建筑专业语言准确表达。

4. 需求调研报告

需求调研报告是以文字的形式将项目的需求调研目的、过程、分析以及结论进行归纳整理和总结。需求调研报告可以作为设计任务书的编制依据，也可作为设计输入性资料的一部分。

需求调研报告内容通常包括：

（1）项目概况；

（2）调研的背景与目的；

（3）调研的过程简述（如调研对象、采用的方法、收集的样本等）；

（4）调研的结论（重点明确项目定位以及主要指标参数，如建设规模、建设周期、项目投资、是否分期建设、项目档次定位等）；

（5）指导后续工作开展的建议。

需求调研报告是用户需求的准确反映，因此，在报告中除定性描述外，还应有定量描述和前瞻性的描述。以高等院校建设项目为例，需求调研报告里面主要反映：

（1）功能使用类：办学规模，研究生、本科生、留学生比例，未来发展规划，校区设置，图书馆、食堂、学生活动中心以及体育设施的配比考虑等。

（2）项目建设类：建设内容、总投资、占地面积、建设规模、建设周期、是否分期供地或分期建设、建设进度、资金性质与来源等。

6.3.2　设计任务书

设计任务书在项目建设环节中占有举足轻重的地位，设计任务书是根据用户需求调研而编制的有关工程项目建设内容、设计目标、设计原则、投资规模、经济类指标、质量要求、进度要求等的技术性文件。它是建筑设计过程中的主要依据，也是评判设计成果的重要依据。

1. 编制原则

设计任务书的编制应遵循"指标量化、可操作性和前瞻性"的基本原则。指标量化主要是指项目需求调研取得的具体建设参数（建设单位意图）和经济指标；可操作性是指既给设计师有明确的目标和总体概念，又给设计师留有充分的发挥空间；前瞻性是指在编制设计任务书时要充分考虑项目建设周期带来的影响，尤其是大型项目，要预测多年后项目交付时的需求是否与任务书的内容相匹配。

2. 主要内容

方案设计任务书主要是明确项目的范围、标准、规模、功能、投资等指导设计的重要目标信息。初步设计任务书旨在明确项目的重要技术要求以及与投资关联较大的设计任务和目标。施工图设计任务书更加详尽地明确了项目的技术要求，包括设备材料档次、特殊需求做法、施工可实施性等。

各阶段的设计任务书内容不同，但一般包括：

(1) 项目概况包括：项目名称、建设地点、建设规模、批文、协议书、征地情况等；

(2) 设计依据和目的；

(3) 设计范围（与合同保持一致，但应有更准确、细化和全面的描述）；

(4) 设计深度（根据设计阶段、国家规范和业主要求描述）；

(5) 技术要求（各专业有关指标、参数、功能等描述，如建筑造型及室内外装修要求）；

(6) 经济指标（总体的投资控制指标或拆分的限额设计指标）；

(7) 设计成果要求（如形式、格式、数量等）；

(8) 设计进度要求。

各阶段设计任务书需经业主审核批准，再正式下发给设计人员。在设计过程中，全过程工程咨询项目部还应及时解答设计单位关于任务书及其他设计输入资料中不明白或有歧义的地方，如有必要，形成书面记录。

6.3.3　设计管理规划

在全过程工程咨询项目中，面对参差不齐的设计企业时，都应编制针对设计工作开展的管理性指导文件。设计管理规划作为全过程工程咨询项目部管理设计单位的依据，应明确工作目标、规范设计行为、提出设计工作要求、建立工作流程，以此确保工程设计质量，使最终设计成果满足项目建设要求。

1. 编制原则

设计管理规划由全过程工程咨询项目部负责编制完成，应避免泛泛而谈，无实际指导意义。编制原则如下：

（1）设计管理范围应与全过程工程咨询合同保持一致；

（2）设计管理目标应与项目建设目标保持一致；

（3）在组织架构和职责分工中，管理层级和工作界面清晰；

（4）主要工作内容不遗漏，重要环节有切实可行的管控措施，对重难点有预判；

（5）流程设计与表单设计中充分考虑了相关干系人，与业主的现有管理制度不冲突。

2. 主要内容

设计管理规划的主要内容一般包括：

（1）编制目的；

（2）适用范围与对象；

（3）管理目标；

（4）设计管理相关的组织架构和职责分工；

（5）主要设计管理工作、措施与流程；

（6）主要成果文件与应用表单。

设计管理规划编制完成后应报业主单位审批，并向项目相关单位和人员宣贯。在实施过程中可随工程实际情况对规划进行动态的修订和调整。

6.3.4　设计输入性资料管理

项目的设计输入资料包含上级主管部门的要求、业主的功能要求、审美要求、政策法规限定等。设计输入资料越齐全完整，对设计的推进越有利，也对设计管理工作的顺利开展大有帮助。

全过程工程咨询团队应协助业主收集设计输入资料，并及时交给设计单位。若某项设计输入资料暂时无法提供，应知会业主并与设计单位协商好解决办法，尽量避免对设计进度的影响。

1. 方案设计输入资料

表 6-1 列举了常见的设计输入内容供参考，在具体实施中应根据项目实际情况确定设计输入资料的轻重缓急。

设计输入资料一览表　　　　　　　　　　　　　　　　　　表 6-1

序号	类别	资料名称
1	业主类	设计合同/协议；方案设计任务书；决策性文件（如会议纪要、函件）；可行性研究报告及相关经评审通过的咨询报告（如环评、交评等）
2	规划类	政府有关批文；用地红线图；用地规划许可证；规划设计条件通知书；界址点成果表
3	现场类	市政管网资料（水/电/气/通信）；周边道路市政资料；地形图；场地内现状标高方格网、拟保留的树/景观等

2. 初步设计输入资料

首先，应针对方案设计阶段未完成的设计输入资料进行补充、完善，其次，收集经业主或政府有关部门确认的上一阶段资料成果，包括：

（1）经规划部门批准通过的方案文本；

（2）规划管理部门对方案的批复意见，消防部门的意见；

（3）建设工程规划许可证；

（4）业主对方案设计的批准意见（业主上级部门或领导审批）；

（5）初步设计任务书及工艺资料的补充或修正文函；

（6）经拆分的经济指标，如单项或各专业的限额设计指标；

（7）地质勘察资料；

（8）业主提供或确认的相关主要设备、设施资料；

（9）需进行特殊研究的工作内容，如消防论证、超限审查、抗震审查等；

（10）第三方咨询单位意见，如机电、电梯、幕墙、声学等。

3. 施工图设计输入资料

施工图设计应针对方案设计、初步设计阶段仍未完成的设计输入资料进行彻底补充、完善。施工图设计输入资料包括：

（1）初步设计文件（含概算）；

（2）施工图设计任务书；

（3）业主对初步设计的批准意见（业主上级部门或领导审批）；

（4）政府相关部门对初步设计的批复；

（5）深化设计、专项设计的相关设计参数（如有）；

（6）深化设计及专项设计输入资料。

目前的建筑工程项目通常深化设计或专项设计的输入资料主要有：主体设计提供的边界条件，如荷载、用电量、消防等；施工现场条件；相关材料、设备的供应情况；业主的特殊要求。

4. 资料管理

各阶段的设计输入资料均应做好接收、发送记录，包括领取日期、来源、内容、原件和复印件份数、发送单位、领取份数和领取人签字。为便于管理和查询，设计输入资料还应扫描电子版文件标记保存。

6.3.5　设计阶段过程管理

工程设计阶段是处理技术与经济关系的关键环节，也是确定与控制工程造价的重点阶段，设计是否经济合理，对项目工程造价影响极大。

1. 方案设计阶段

根据《建设工程勘察设计管理条例》和工程设计各类规范标准，从工作内容、工作要求和成果深度而言，方案设计阶段是将可行性研究中提出的意见和问题，经与发包人协商认可后进行完善，提出建设项目的具体方案设计，并满足初步设计文件和控制概算的需要。

（1）方案比选

建筑方案设计阶段是设计中的重要阶段，一个优秀的建筑设计方案，不仅有独特的构思，在经济分析上也占有优势。建筑方案比选是对拟建投资项目各种可能的建筑方案进行分析研究、比选和优化，进而选择最佳建筑方案的过程。

1）方案比选的实施

在全过程工程咨询项目中，方案比选工作通常由业主牵头，全过程工程咨询单位负责组织实施，邀请工程行业内专家参与评审，专业可包括规划、建筑、结构、机电和建筑经济等。针对一些带有行业特殊属性的项目，如医院、体育建筑等，还需邀请熟悉行业特性的人员参与；对于影响力大的地标项目，还可组织国际专家和院士专家参与比选和审查。

2）方案比选的内容

方案比选需要从技术、经济、环境、社会各方面，对建筑方案的科学性、可能性、可行性进行论证、排序、比选和优化。全过程工程咨询单位应该从技术角度和经济角度为业主提供方案比选内容的建议，重点把控方案质量。项目的建筑方案比选内容可考虑：

① 项目定位与设计理念；

② 建设规模与技术经济指标；

③ 总体布局与使用功能；

④ 交通组织；

⑤ 技术路线；

⑥ 绿色节能；

⑦ 智慧建筑。

实践中根据行业和项目特点或复杂程度的不同，可对上述比选内容进行调整或简化。

（2）建设工程规划许可（设计方案审查）

方案设计工作完成后进入建筑设计方案审查环节。方案审查由建设单位报送，规划部门负责组织有关单位进行并联评审，如文化、广电、旅游、应急、国安、交通管理、人防、水务等部门。全过程工程咨询项目部应全力推进方案报审工作，跟踪并及时协调解决方案报审中遇到的问题，最终取得规划方案报审通过的规划意见函（附盖章图纸）。

行政主管部门的具体审批条件、流程和周期因地域不同而有所不同。针对不同的项目，全过程工程咨询项目部要提前了解相关事宜，通常审查时间是前置不可控的，在最终上会审议前的评审时间是不纳入行政主管部门承诺的时间，因而在进度计划编制以及设计管理中应充分考虑，避免影响关键时间节点。

经依法审定的建设工程设计方案的总平面图不得随意修改。

（3）投资估算

设计阶段的造价控制环环相扣，始终围绕着方案设计进行。初步设计概算不能超过可研阶段批复的估算，招标控制价不能超过初步设计概算。因而方案设计阶段的投资估算是重中之重，方案设计阶段的经济分析尤为重要。

在全过程工程咨询项目中，要从方案阶段开始重点关注技术与经济的融合，把经济意识贯穿于整个设计过程中，这样才会使方案设计阶段的造价控制做得更好。对设计方案的造价控制需要全过程工程咨询项目部的投资控制人员和设计管理人员的紧密配合，组织设计人员和造价人员针对方案开展技术经济分析，促进造价管理人员主动参与设计工作，给设计人员提供多种设计方案的造价指标，如各种不同基础的造价指数，以及不同的装饰材料对造价的影响指数，让设计人员做到胸中有数，以达到设计方案最优化。

投资估算的审查要点如下：

1）编制依据具有时效性、准确性、实用性；

2）编制内容齐全，与拟建项目规划要求一致，不漏项；

3）投资估算方法科学、适用。

2. 初步设计阶段

方案设计经相关单位审批通过后，启动初步设计工作，全过程工程咨询单位根据相关法律法规、合同约定、设计输入资料等开展初步设计的质量、进度、投资管理工作。

（1）限额设计管理（投资控制）

初步设计阶段的限额设计管理主要是指，根据批复的项目投资估算、初步设计任务书等资料，在满足方案设计实现效果的前提下，对设计各专业或各设计子项提出限额设计要求，并督促设计单位落实投资控制目标，保障初步设计概算不超过投资估算，同时实现项目的建设品质要求。

全过程工程咨询单位根据项目投资管理要求开展初步设计阶段的限额设计管理。主要包括以下内容：

1）设定重点限额指标

组织投资控制部门根据项目定位、建设单位投资控制要求，市场价格信息等合理设定重点限额指标，以保障整体项目投资控制要求及整体建设品质。

结合项目建设内容及重点，可选取各设计专业中投资占比较大或采用关键技术的设计子项、分部（项）工程作为限额设计重点控制指标，进行本阶段限额设计重点控制。

结合当前市场价格信息，在满足项目建设标准的前提下，合理确定限额指标值，具体目标值的设定应多参考类似项目，充分论证，以保障设计品质的均衡性与可实现性。

2）设计过程复核

重点限额指标设定完成后，应对设计单位进行交底，宣贯限额设计要求，设计过程中，应组织对过程成果的经济复核，检查对限额指标的响应情况，如出现偏差，应组织设计单位及时分析出现偏差的原因，并协调设计单位及造价咨询单位充分沟通，制订调整方案。

（2）初步设计进度管理

全过程工程咨询单位根据项目总体设计进度要求，开展初步设计阶段的进度管理。初步设计及概算编制的完成时间应满足相关行政、技术审批的时间节点要求，同时满足下一阶段设计工作开始的时间节点要求。

初步设计进度管理的内容一般包括：

1）初步设计工作计划审查

初步设计工作开始后，全过程工程咨询单位应要求设计单位编制初步设计工作计划，明确本阶段重点设计成果的完成节点，全过程工程咨询单位结合项目总体设计进度要求以及项目行政报批、招标采购需要，审查进度计划，提出合理化意见。

2）设计进度的过程检查

全过程工程咨询单位可采用定期进度协调会议等方式，检查初步设计工作的进度情况，及时掌握真实进度信息，如与工作计划产生较大偏差，应组织设计单位研究解决方案，及时采取有效措施，纠正进度偏差。

（3）初步设计质量管理

全过程工程咨询单位督促设计单位做好内部质量控制程序，加强各专业之间的配合管理，避免因专业冲突导致设计质量问题。对重点技术方案，如基础形式、主体结构形式、机电系统选型等应组织多方案比选，开展充分的技术经济论证，并向建设单位汇报确认，以保证技术经济最优组合。

结合项目具体情况，初步设计成果需报送外部审查（如结构超限审查、消防审查等）的，全过程工程咨询单位应组织设计单位做好与相关审查单位的工作协调，例如审查资料的准备、审查会议的组织、审查意见的收集、意见落实的跟进等，确保外部审查工作高效推进。

初步设计成果完成后，全过程工程咨询单位应组织建设单位或其聘请的专家团队、第三方咨询单位（如有）等进行设计成果审查。成果审查的重点内容应包括：

1）送审的初步设计文件资料是否完整；

2）初步设计设计深度是否达到国家、省市地区关于初步设计深度的要求；

3）评估初步设计阶段各专业设计方案的可行性和经济性；

4）各专业设计是否已依照有关部门的审批意见书做了调整和完善；

5）方案阶段的各单位的评估意见，专家评审意见是否得到落实。

评审完成后组织设计单位沟通审查意见，并及时完善设计成果。

（4）初步设计概算管理

设计概算是初步设计文件的重要组成部分。设计单位完成初步设计成果时应提供配套概算文件（建设单位单独委托概算编制工作的情况除外）。

设计单位提交的初步设计概算文件应满足到国家、省市地区的深度控制要求，满足建设单位及行政部门概算审查要求。概算审查过程中，全过程工程咨询单位应组织设计单位做好相关的审查配合工作，若出现概算超出立项批复的投资估算的情况，应及时组织相关单位讨论，提出解决方案。

3. 施工图设计阶段

经审查合格的初步设计文件提交后，项目进入施工图设计阶段，在这个阶段设计人员需根据各方前期策划、方案设计及初步设计阶段意见，在项目设计计划规定节点下完成满足限额的施工图设计，因此全过程工程咨询团队在这个阶段从限额设计管理、施工图图纸质量管理、施工图预算管理、施工图出图管理四个方面，实现施工图阶段的管理，确保施工图设计的顺利进行，满足后续施工招标与现场施工的要求。

（1）限额设计管理

施工图阶段的限额设计是指按照批准的设计任务书，以及初步设计总概算控制施工图设计，同时各专业在保证达到使用功能的前提下，按照分配的投资限额控制各专业设计，严格控制技术设计和施工图设计的不合理变更，保证总投资限额不被突破。

限额设计管理在施工图设计阶段既要注意控制各专业图纸的经济成本，也要注意防止各专业设计及专业深化设计过度优化，从而导致施工图的品质、质量偏离方案设计和初步设计的设计意图。

在施工图设计阶段，全过程工程咨询团队在限额设计管理应注重以下几个方面的工作：

1）根据进一步明确的投资目标，在施工图设计阶段提出新的成本控制建议，修正各专业设计、专业深化设计的设计限额值；

2）协调各专业设计及专业深化设计，以修正后的设计限额值为指引完成施工图设计工作；

3）根据设计限额，提出各专业设计、专业深化设计关键控制经济、质量的技术参数和实施措施，严格控制各专业设计和专业深化设计单位把相关技术参数和实施措施落实到图纸上，有效地控制设计成果超出限额或者过度优化。

（2）施工图图纸质量管理

施工图图纸质量的管理对于设计管理来说是一个重要环节，施工图直接指导施工，因此对其质量的管控是实现项目质量、成本管理的有效手段。全过程工程咨询团队在施工图图纸质量管理中，应着重控制图纸文件编制深度、检查图纸文件内容全面性、核实图纸专业之间的一致性，防止图纸文件错漏碰缺而影响施工，防止图纸文件成本造价超过限额而影响投资。

施工图图纸质量管理主要包括内部审查、专家评审、外部审查三个方面，全过程工程咨询团队在这三个方面的主要工作如下：

1）内部审查

① 审核施工图图纸是否满足该阶段设计深度要求，审核是否满足施工可行性要求，审核是否会影响施工进度；

② 审核图纸、技术说明和计算书等设计文件是否符合国家有关设计规范、有关设计质量要求和标准；

③ 根据设计任务书中的要求及建设单位其他设计要求，审核图纸、技术说明和计算书等设计文件的质量，审核施工图图纸是否满足设计合同要求；

④ 审核有关水、电、气等系统设计与有关市政工程规范、地块市政条件是否符合，确保图纸能顺利通过有关部门的审查。

如果上述审查中发现问题，应及时向设计单位提出，根据需要提出修改意见，并书面提交建设单位。

2）专家评审

对于施工图纸中关系到结构安全、施工可行性的重大技术问题、疑难问题、新产品、新工艺、新材料等，如有需要，全过程工程咨询团队应组织有关专家从可行性、合理性、经济性对其进行评审，并提出优化建议，书面提交建设单位。

3）外部审查

施工图完成之后全过程工程咨询团队在外部审查工作中应完成以下工作内容：

① 组织设计单位将施工图设计文件报送审图公司审查，协调审图公司、设计单位协助配合尽快完成审图并出具审查意见书。设计单位做相应图纸修改后出具审查意见回复；修改设计文件复审并审查通过，最终取得图纸审查合格证书。

② 协助建设单位将施工图提交各行政主管部门审批，并收集意见，督促设计单位按照相关部门意见进行图纸修改，修改设计文件复审及审查通过。

（3）施工图预算管理

施工图预算不是设计文件的构成部分，故需要根据设计合同的约定决定是否需要设计单位编制。全过程工程咨询团队应督促设计单位及时提供满足招标控制价编制深度的施工图，如出现施工图深度不够、错漏碰缺、材料设备不明确等问题，影响招标控制价编制工作时，应协助设计人员调整图纸内容；同时，应要求设计单位积极与造价咨询单位配合，及时解答设计标准、构造节点、材料设备选用等问题，从施工材料、设备、工艺等方面确保招标控制价编制顺利推进，保障施工招标的顺利进行。

（4）施工图出图管理

一个项目的施工图涵盖各个专业图纸、技术文件等内容，因此施工图出图管理是否有序是确保施工图切实指导现场施工的重要环节。施工图出图管理包括施工图出图计划、图纸台账、收发文记录等方面的管理。全过程工程咨询团队应从这几方面出发，重点完成以下工作：

1）综合考虑各设计单位之间的配合问题，政府审批及招标需求问题，与施工、设备采购搭接的问题，施工进度安排，与设计方协商，确定项目施工图出图计划；

2）督促设计单位保质、保量、按计划完成施工图设计任务，及时提供所需的设计文件；

3）如遇特殊情况，需要对设计进度进行调整，应在满足总进度的前提下，协助设计单位分批、分主次逐步出图，解决现场用图需要；

4）建立完善、清晰的施工图台账系统，并且按照各专业施工图台账收集、归档、更新，以便查阅；

5）建立各专业图纸收发制度，明确收到的图纸版本和接收单位记录，方便施工过程中查阅。

6.3.6　招标阶段配合管理

项目招标采购包括但不限于工程总承包招标、各专业分包招标、重要设备材料采购等，根据进度需求及时启动招标采购工作，这个阶段对于全过程工程咨询团队设计管理工作来说，其配合工作主要有以下两个方面的内容。

1. 招标采购技术管理

（1）编制技术规格书

在招标阶段往往需要专业的全过程工程咨询团队对施工图进行阅读和梳理其中的信息和标准，并对工程项目中的材料、设备、做法、工艺进行文字性描述，形成技术规格书，用于指导施工招标工作。

技术规格书的主要内容一般包括：项目概况、项目工程技术采用规范要求、材料和设备的质量标准、设计参数、施工要求，以及各专业具体技术要求等。

在编制技术规格书时，全过程工程咨询团队应注意以下方面：

1）要明确统一的招标采购标准；

2）用明确的文字、图表划分出清晰的工作范围和施工界面；

3）应确定材料采购、施工的标准和要求；

4）还应负责协调、审查、整合并完成提交各专业编制的技术规格书等技术要求文件；

5）建设单位的其他技术要求。

（2）技术考察、技术谈判

在招标采购过程中，若建设单位需要全过程工程咨询团队参与主要材料设备的选型、封样、承包商选择等配合工作，全过程工程咨询单位应积极组织相关单位组成招标小组，通过采用询价、考察、调研、技术咨询、谈判等措施，了解市场情况，形成调研报告，为建设单位决策提供支撑。

2. 协调管理

（1）招标采购协调管理

全过程工程咨询团队协助建设单位根据工程实施需要，在招标采购协调管理方面完成以下协调工作：

1）负责协调有关设计单位按计划提交已签字盖章并经审查合格的完整的设计文件、技术规范及材料样板，供工程量清单及预算编制参考；

2）负责协调有关设计单位参加工程招标答疑会、沟通会等会议。

（2）材料设备供应协调管理

若存在建设单位需要单独采购材料设备的情况，全过程工程咨询团队应组织设计等相关单位对拟采购的材料设备进行市场调研，了解供方市场情况，并积极与供应商进行有效沟通和交流，全面了解设备材料技术指标、相关参数，组织技术、商务谈判等，为建设单位材料设备的采购工作打好基础。

6.3.7　施工阶段配合管理

施工图设计完成，在完成招标等工作后，项目进入到施工阶段。本阶段是设计意图的实现过程，在这个阶段中，全过程工程咨询团队应从设计管理角度出发，做好本阶段的配合管理工作。牵头协调设计与施工的配合，及时处理施工中遇到的设计问题，为施工扫清技术障碍。主要内容有：参与施工图设计交底与图纸会审、深化设计管理、设计变更管理、驻场服务、验收配合等方面的管理和协调工作，具体如下：

1. 施工图设计交底与图纸会审

（1）施工图设计交底

施工图设计交底通常是由建设单位组织，各参建单位代表参与的图纸解读会议，主要由设计单位向各参与单位解读设计主导思想、采用的设计规范、各专业设计说明以及施工安全重点难点等内容。

施工图设计交底要形成施工图设计交底会议纪要，并由参会各单位代表签字确认，会议上决定必须进行设计修改的内容，应由原设计单位按照设计变更管理程序提出修改设计，必要时需重新申报施工图审查。

施工图设计交底会议纪要主要包括以下内容：

1）设计主导思想、采用的设计规范、各专业设计说明等；

2）工程设计文件对主要工程材料、构配件和设备的要求，对所采用的新材料、新工艺、新技术和新设备的要求，对施工技术的要求以及涉及工程质量、施工安全应特别注意的事项等；

3）设计单位对建设单位、施工单位和工程监理单位提出的意见和建议的答复。

全过程工程咨询团队应协助建设单位组织施工图设计交底会议，并整理形成施工图设计交底会议纪要，提交建设单位审核并存档，以便指导后续施工工作。

（2）施工图图纸会审

施工图图纸会审通常是由建设单位组织，各参建单位代表参与的图纸解读会议，主要由施工单位向各参与单位（主要是设计单位）提出对施工图读图过程中的疑问，为按图施工做好准备。

　　施工图图纸会审要形成施工图图纸会审会议纪要，并由参会各单位代表签字确认，会议上决定必须进行设计修改的内容，应由原设计单位按照设计变更管理程序提出修改设计，必要时需重新申报施工图审查。

　　施工图图纸会审会议纪要主要包括以下内容：

　　1）图中表达意思存在异议的内容及设计单位对其意见答复；

　　2）图纸中错漏及设计单位对其修改意见答复；

　　3）图中涉及新材料、新工艺、新技术和新设备等方面对现场施工安全、进度、质量有影响的内容建议及其设计单位答复。

　　全过程工程咨询团队应协助建设单位组织施工图图纸会审会议，并整理形成施工图图纸会审会议纪要，提交建设单位审核并存档，以便指导后续施工工作。

2. 施工图深化设计管理

（1）施工图深化设计内容

　　施工图深化设计的内容包括但不限于：土建结构深化设计；钢结构深化设计；幕墙深化设计；门窗深化设计、电梯深化设计；机电各专业深化设计（暖通空调、给水排水、消防、强电和弱电等）；精装修深化设计；景观绿化深化设计等。

　　全过程工程咨询团队应在主设计单位设计施工图时，要求主设计单位根据各专业深化设计界面划分情况，以及项目特点和项目要求，提出施工图专业深化设计的要求。

（2）施工图深化设计管理与协调

　　在施工图深化设计的管理与协调方面，全过程工程咨询团队工作主要包括以下内容：

　　1）根据施工图专业深化设计要求，组织编写相关的技术标准、技术要求、质量标准、重要的合同条款等；

　　2）协助相关单位委托专业的、配合好的深化设计单位；

　　3）组织主设计单位与专业深化设计单位之间的协调工作；

　　4）检查专业深化设计成果满足标准规范及建设单位要求的情况，检查专业深化设计成果与主设计内容相吻合的程度，检查专业深化设计进度是否满足施工进度要求，确保投资在估算目标范围内；

　　5）组织各专业深化设计单位与主设计单位的沟通，监督其设计成果必须由主设计单位签字确认；

　　6）参与向建设单位汇报的重要会议，并从与总体设计协调性角度给予专业意见，并督促达成一致意见的落实；

　　7）一般情况下，在深化设计结束后，全过程工程咨询团队还应根据项目情况和建设单位要求举行深化设计成果论证会，论证会主要由建设单位、全过程工程咨询单位、主体设计单位、专家团队、第三方顾问公司（若有）、施工单位等相关单位参与。主要论证内容包括：①技术可行、可实施性；②功能、风格、质量以及相关标准、规范；③与主体设计是否衔接；④经济合理；

　　8）通过论证的深化设计成果，其管理重点则是解决在施工中的可实施性问题，协调处理相关问题，从而指导施工单位进行专业深化设计内容的施工。

3. 设计变更管理

　　在项目施工过程中，因政府宏观政策调整、建设单位需求变化、设计错漏、材料购买渠道发生变化等其他诸多原因，导致项目设计内容修改而引起的设计图纸的调整和修改，为设计变更，对于设计变更的管理应该执行"先批准、后变更；先设计，后施工"原则。

（1）全过程工程咨询团队应结合建设单位的管理规定，制定对应的设计变更管理制度和审批流程，并严格执行。

（2）严控设计变更、工程洽商，对于可能降低设计标准、影响使用功能和设备材料档次的变更不得随意审批。

（3）对于可能引起成本增减的设计变更和调整，应组织造价咨询单位进行成本变化评估分析，提前向建设单位报告，评审后实施。

（4）对于重大设计变更和调整，应进行重点控制，必要时组织建设单位、设计单位、施工方召开或参与重大变更评审或专家论证会，根据会议意见再进行相关决策，并按流程规定发起变更申请。

（5）全过程工程咨询团队应及时做好项目实施过程中因各种因素影响生产的设计变更调整，做好设计变更的及时修正和图纸修改，并做好设计变更的统计台账、图纸整理归档等工作。

（6）全过程工程咨询团队应根据工程施工进展情况需要，要求设计现场驻场人员及时解决施工中设计问题，及时完成设计变更，协助建设单位及时完成设计变更的审批流程，尽量避免设计变更对施工进度、施工质量带来影响。

4. 驻场服务

在项目施工过程中，存在各种各样的技术问题，需要设计人员能及时解决，故全过程工程咨询团队应提前在设计合同中约定设计人员驻场服务的具体要求，包括驻场时间、驻场服务内容、驻场人员资历及水平等，并在实施过程中关注以下几个方面工作：

（1）解决项目现场问题

施工过程中会遇到各类因设计错漏、现场施工困难等需要设计人员及时解决和回复的各类问题，为避免现场施工进度受到影响，全过程工程咨询团队应积极组织驻场设计人员查看现场，提出解决办法，遇重大问题或专业问题还需结合设计单位总部技术力量，给出相应的结论或建议，出具相应设计图纸、报告文件等。

（2）参与专家评审/论证会

对于重大技术方案、材料设备选型、施工组织设计及施工方案，包括法律法规规定或合同文件约定需进行专家论证的专项施工方案等，全过程工程咨询团队应组织驻场设计人员参与讨论，进行技术经济论证，保证其可行性、合理性和经济性。

会后及时收集评审/论证会的结论，根据结论跟踪相关单位落实专家评审或论证会议定的相关事项。

（3）参与主要、重要设备选型并提出建议

全过程工程咨询团队应督促设计单位提出材料、设备选型技术参数、经济指标及相关建议；协调设计单位协助施工单位审定材料设备的品牌、规格型号、技术参数和标准。

（4）审核材料、设备资料样本

全过程工程咨询团队应协调驻场设计人员合理、迅速地对项目承包单位所提交的材料、设备资料样本（如品牌、技术规格书和参数等产品数据、样品、深化图纸等）加以审查，审查是否符合工程设计要求，使用要求及施工合同文件所提出的技术要求，并要求相关设计人员签字确认并作为采购的依据。

（5）审核施工样板及施工质量、效果

对于建筑外观、室内、室外公共部位等重要视觉效果控制区域，在施工阶段，全过程工程咨询团队应督促驻场设计人员进行样板确认及全程建造品质控制，以保证设计效果、品质的最终呈现。主要完成以下工作内容：

1）审查项目承包单位提交的深化图纸是否满足设计效果、标准和技术要求；

2）从选材及设计选型等各方面考虑，在不降低设计标准的前提下提出节省成本的建议；

3）负责样板施工过程和施工完成质量、效果的审查和确认，确保体现设计意图，满足国家规范及合同规定、建设单位提出的技术要求。

5. 验收配合

（1）协助完成项目工作总结

设计管理工作的总结，主要从经验和教训两个方面考虑，为今后的工作开展提供可参考的建议。故全过程工程咨询团队应协调设计单位配合完成项目工作总结中的设计技术和管理篇，总结项目在设计技术及设计管理中的心得、经验以及后续新项目的建议。

（2）参与验收

全过程工程咨询团队负责组织设计单位等相关单位参与过程验收和竣工验收，核查工程实体是否与设计图纸相符，针对设计图纸不符的地方提出整改建议。要求设计单位根据项目建设过程中质量情况、工程观感质量和实地检查结果，按国家相关规定及时出具相关的工程质量评价报告，全过程工程咨询团队进行审核后，提交建设单位备案。

6.3.8 设计履约评价

设计合同的履约评价是以国家、地方有关法律、法规及规定，业主单位有关规定、制度，合同协议书相关条款等为依据，坚持实事求是、客观公正的评价原则，全面、真实反映设计单位的履约情况。

1. 组织实施

履约评价通常由业主单位组织实施，由相关单位成立履约评价小组参与考评。

履约评价可周期性或阶段性开展，最终评价以合同全部工作内容履约完成的时间为准，设计合同有一次最终评价。

2. 评价指标体系

履约评价办法或实施细则应具备操作性好、针对性强的特点。如针对进度，是否满足节点时间要求；针对质量，是否技术先进、选型合理、报审通过、返工率低；针对投资，是否满足限额设计要求；针对服务，是否响应及时、人员到位；针对施工阶段，是否配合到位等履约评价指标体系见表6-2。

3. 成果应用

履约评价的成果应用可以从三方面考虑：一是根据合同，作为业主结算本项目最终设计费用的依据；二是作为业主或全过程工程咨询单位持续改进设计管理工作的指导依据；三是作为业主日后选择优质设计单位的依据。

履约评价指标体系　　　　　　　　　　　　　表 6-2

序号	分项内容	评价指标
一	人员配备	
1	人员配备情况	履约设计方人员是否按招标文件、合同配备到位，人员稳定无更换
二	能力及履约表现	
2	项目负责人	是否具有较强的协调组织能力；是否及时发现问题和处理问题；是否能与建设方、使用单位及业务主管部门等相关单位充分沟通
3	各专业负责人	是否有责任心；是否有较高的专业水平；与建设方、使用单位的沟通是否顺畅
4	各专业技术人员	是否具有较强的专业水平和专业协调能力；能否及时处理问题
三	设计质量	
5	质量控制	是否符合规范和技术标准；是否有缺项、漏项
6	方案设计	是否有针对性、对比性；论证是否充分；是否落实建设单位的设计要求；是否满足功能需求；运行是否可靠；技术经济等指标
7	初步设计	是否达到初步设计深度
8	施工图设计	是否达到施工图设计深度；是否达到各专业条件无较大错漏、冲突
9	工程变更	是否由履约设计方设计原因造成设计变更；设计变更是否引起工程费用增加；设计变更是否影响工程总工期
四	进度与配合	
10	设计进度	是否按约定时间一次性提交完整的设计文件与资料
11	配合	是否积极参加业主组织的图纸审查、施工图设计交底会议；是否积极参加业主组织的工程技术难点处理工作会议；是否认真听取、采纳业主、施工、监理等单位的合理化建议；是否积极参加工程各项、各阶段的验收；是否积极配合调查建设工程质量安全事故；是否积极配合地方政府及相关部门检查；是否积极响应、配合业主的其他要求

6.4　专项咨询管理

如因项目特殊需求，需委托专项咨询服务的，全过程工程咨询单位按照合同约定，对专项咨询服务单位开展管理活动。

专项咨询是项目为提供专业工程设计解决方案或技术审核服务，以实现特殊设计效果，专项咨询的工作内容可分为两个方面：一是执行特殊专业的前期方案设计工作，为复杂设计需求提供技术解决方案，例如复杂使用场景下的机电方案设计，特殊结构形式下的结构方案设计等。二是从技术监督管理角度对既有技术成果提供技术审核意见，包括设计成果审查、招标投标文件审查、施工现场巡查等。技术审核应遵循安全可靠和经济合理的原则，保障工程质量和控制工程投资。

目前常见的专项咨询服务有结构顾问、机电顾问、电梯顾问、消防顾问、幕墙顾问、医疗顾问、声学顾问、标识顾问、照明顾问、厨房顾问等，各顾问公司在自身专业技术范畴内向委托方提供专业咨询服务。

6.4.1　专项咨询单位委托

专项咨询单位的委托方应根据项目设计任务发包情况而定，通常可由建设单位或设计单位委托。若建筑设计服务合同内中明确不包含前文所述专项咨询内容，则由建设单位另行委托第三方专项咨询服务。委托方式应符合招标投标法相关规定。

若建筑设计服务合同为设计总承包合同，则项目所需专项咨询服务由设计总包单位委托和管理。

6.4.2　专项咨询工作协调

若由建设单位委托专项咨询单位的，则全过程工程咨询单位应在建设单位授权下，做好专项咨询的组织协调工作。

（1）专项咨询需求整理

全过程工程咨询单位应根据项目具体建设内容，梳理项目的专项咨询服务需求，配合建设单位制定专项咨询服务标准，为专项咨询服务单位委托提供条件。

（2）专项咨询工作协调

专项咨询工作协调主要是指专项咨询与建筑设计单位之间的工作配合与协调管理，全过程工程咨询单位应统筹各方的工作界面、工作时序、接口标准等衔接事项，做好各方的信息沟通与技术协调，避免出现冲突，保障各方工作的顺利推进。

若由设计总承包单位委托专项咨询单位的，则各专项咨询服务工作由设计总承包单位负责协调管理，专项咨询成果由设计总承包单位向建设单位承担责任。

6.4.3　专项咨询成果审查

专项咨询服务成果通常包括计算书、技术图纸、分析报告、审核报告等。咨询成果应按照规定接受相关单位审查通过后方可实施。

专项咨询成果完成后，全过程工程咨询单位应组织咨询成果审查，成果审查应包括关联设计单位对专项咨询成果的技术性复核，全过程工程咨询单位和建设单位或其委托的专家团队对专项咨询成果的技术、经济性审查等。按规定需接受第三方强制性审查或行政主管部门审查的，应按规定履行审查程序。

6.4.4　专项咨询履约评价

建设单位委托的专项咨询单位工作应接受建设单位、全过程工程咨询单位的统筹协调，并接受合同履约评价。评价周期可根据项目实际情况约定。

专项咨询的履约评价的主要依据包括咨询合同、建设单位或全过程工程咨询单位制定的项目管理制度等，评价内容可包括咨询机构设置、咨询工作进度、咨询成果质量、咨询成果价值等方面。

履约评价结果可与合同款项支付挂钩，并作为服务单位评级的依据，为建设单位后期选择优质服务提供商提供参考。

本章小结

勘察设计咨询是全过程工程咨询中不可缺少，且至关重要的部分。勘察设计阶段的成果质量直接影响工程的质量，也直接影响工程造价的 70%～80%，甚至更高，故对建设工程项目能否更好地满足功能和使用价值，充分发挥项目投资的经济效益起着决定性作用。针对勘察设计咨询的管理是个系统性工作，涉及技术管理、造价管理、项目管理、组织管理、协调管理等多方面。通过系统的勘察设计管理可以规范工程勘察、设计工作，以项目管理的思维，整合全过程工程咨询单位内的资源，在各关键环节重点管控，保障项目既定目标的顺利实现。

专项咨询是根据项目特殊情况或建设单位的更深层次的要求，在首要满足项目总体建设目标的前提下，与主体建筑设计互相配合，着力于解决专项特殊技术问题并科学合理地安排穿插工作，最终实现勘察设计管理的目的。

复习思考题

1. 勘察设计与勘察设计管理工作的区别有哪些？
2. 主体设计与深化设计、专项设计的相互关系是什么？
3. 工程勘察、设计管理规划包括的主要内容？
4. 工程勘察、设计输入性资料有哪些？
5. 设计管理在招标阶段的关注重点是什么？
6. 专项咨询管理的主要环节有哪些？

本章参考文献

[1] 中华人民共和国国家标准. 岩土工程勘察规范 GB 50021—2001（2009 年版）. 北京：中国建筑工业出版社，2009.

[2] 中华人民共和国行业标准. 高层建筑岩土工程勘察标准 JGJ/T 72—2017. 北京：中国建筑工业出版社，2017.

[3] 中华人民共和国国家标准. 建筑抗震设计规范 GB 50011—2010（2016 年版）. 北京：中国建筑工业出版社，2016.

[4] 中华人民共和国国家标准. 建筑地基基础工程施工规范 GB 51004—2015. 北京：中国建筑工业出版社，2015.

[5] 中华人民共和国行业标准. 建筑地基检测技术规范 JGJ 340—2015. 北京：中国建筑工业出版社，2015.

[6] 中国建筑业协会. 中国建筑业协会团体标准　全过程工程咨询服务管理标准 T/CCIAT 0024—2020 [S]. 北京：中国建筑工业出版社，2020.

[7] 上海建设工程咨询业协会，同济大学复杂工程管理研究院. 建设工程项目管理服务大纲和指南. 上海：同济大学出版社，2018.

第 7 章　工程项目投资咨询

主要内容：
- 投资咨询项目管理
- 工程投资咨询规划
- 工程投资咨询实施

学习目标：

通过本章学习，读者可以掌握工程项目投资咨询的基本概念，了解工程项目投资咨询项目管理、工程投资咨询规划、全过程咨询的实施等内涵，扩充工程项目投资咨询的知识结构，提高工程项目投资咨询的认识，帮助读者提升参与工程项目投资咨询的能力。

7.1　投资咨询项目管理

全过程工程咨询服务单位具有业主委托内容相适应的投资咨询能力的，应依据合同自行完成投资咨询任务。全过程工程咨询服务单位不具备业主委托内容相适应的投资咨询能力的，应按照合同约定或经建设单位同意，择优委托具有相应能力的单位承担投资咨询任务。

7.1.1　投资咨询项目管理概念

投资是指国家或企业以及个人等经济主体，为了实现某项特定目标，输送资金，将资金转化为资产，并通过资产的生产经营活动获得收益或实现资金增值的过程。投资可分为实物投资、资本投资和证券投资等。

工程项目投资是指投资单位或个人用资金将某个项目通过建设的方式转变成实物资产的活动过程，工程项目投资属于实物投资范畴。

根据国家发展改革委、住房城乡建设部《关于推进全过程咨询服务发展的指导意见》（发改投资规〔2019〕515 号文）和满足深化投融资体制改革的需要，提升工程项目投资决策的科学化水平，完善工程项目建设组织模式，提高投资效益、工程建设质量和运营效率，在工程项目建设过程中，大力推行对参与工程项目建设的勘察设计、招标、材料设备采购供应、工程造价、工程监理、工程施工等相关参建单位，进行集约化统筹协调管理的全过程咨询。全过程咨询能够从根本上杜绝边勘察、边设计、边施工的三边工程。

全过程咨询贯穿了工程项目建设的决策阶段、设计阶段、发承包阶段、实施阶段和运营使用阶段全生命周期，服务范围包括投资决策综合性咨询、工程建设全过程咨询及运营阶段咨询。服务形式按照管理分类，可划分为项目策划管理、项目报批报建管理、地形地貌勘察管理、设计和沟通与协调管理、建设投资管理、招标和采购管理、合同管理、专业分包管理、进度管理、组织协调管理、职业与环境健康和安全管理、信息数字化管理、项目风险管理、竣工验收管理、项目后期功能需求满足和绩效评价等方面的管理与协调服务。服务形式按照专业或阶段分类，可划分为决策阶段咨询、招标采购专业咨询、勘察设计专业咨询、工程造价专业咨询、工程监理专业咨询、运营阶段咨询、建设模型 BIM 数字化咨询和其他专业咨询等。

本节主要介绍全过程咨询单位在工程项目建设实施阶段的工程造价投资咨询的项目管理。工程建设项目实施阶段的工程造价，从建设单位的角度，属于建设投资；从承包单位的角度，属于成本费用。实施阶段的工程造价咨询，从建设单位的角度，属于投资咨询；从承包单位的角度，属于成本控制范围。

投资咨询项目管理是指投资咨询单位，接受建设单位的委托，在进行实施阶段的投资咨询时，把投资咨询工作作为一个项目进行管理的行为。

7.1.2　投资咨询项目管理目的

实施阶段投资咨询项目管理是全过程咨询服务的重要组成部分，其核心任务是为工程项目的建设和使用扩效增值。其目的旨在满足工程质量和功能需求的前提下，集约统筹、整合、优化相关资源，有效控制建设投资，实现经济效益和社会效益的最大化。

投资咨询服务单位接受建设单位委托，应以建设单位的角度和视野，坚持全过程咨询的服务理念，围绕投资单位制定的投资和工期总体目标，开展实施阶段的投资咨询项目管理。

投资咨询服务单位应依据合同约定的服务范围和管理目标及《全过程工程咨询服务管理标准》T/CCIAT 0024—2020、《建设项目全过程造价咨询规程》CECA/GC 4—2017 等相关规程规范和文件，采用以合同为准则、以契约精神为抓手、把投资咨询作为一个项目进行管理的管理手段，制定工程投资咨询规划，围绕建设项目的"绿色环保、职业健康与安全、质量和经济"等目标，对建设项目实施阶段的资金使用、工程计量和工程价款支付、设计变更签证、索赔与反索赔、专业分包、合同期中结算、合同终止结算、竣工结（决）算等影响工程投资的相关因素和事件，根据建设工程的年、季、月或工程节点或里程碑事件等阶段性施工进度计划，实施全过程咨询服务，并进行适时的跟踪、动态管理、审核和控制，针对出现的问题提出专业化意见和解决方案，督促整改，及时纠偏，保障工程的实际投资不超过预定投资目标。

7.1.3　投资咨询项目管理组织结构

为实现建设项目的投资目标，全过程咨询单位在进行实施阶段的投资咨询时，应通过分解、落实、控制投资目标、管控分歧、加强组织管理和沟通协调、强化合同管理等方式，对实施阶段的投资控制进行深入细化的全方位管理，根据工程总承包范围，应采用与工程总承包范围相适应的实施阶段投资咨询项目管理组织方式和组织结构。

1. 投资咨询项目管理组织方式

（1）设备材料采购与施工建设工程总承包实施阶段的投资咨询项目管理组织方式

设备材料采购与施工建设的工程总承包方式，除设备材料采购与施工建设由工程总承包单位完成外，其余勘察设计、招标、监理、工程造价等分别由独立的专业公司完成。全过程咨询单位，管理对象复杂，分歧风险加大，统筹协调难度增加。建设项目实施阶段的投资咨询，同样涉及与勘察设计、招标、监理、工程造价等专业公司的沟通协调，因此管理协调对象较多，分歧风险加大，统筹协调难度也有所增加。

采购与施工总承包实施阶段投资咨询项目管理组织方式如图 7-1 所示。

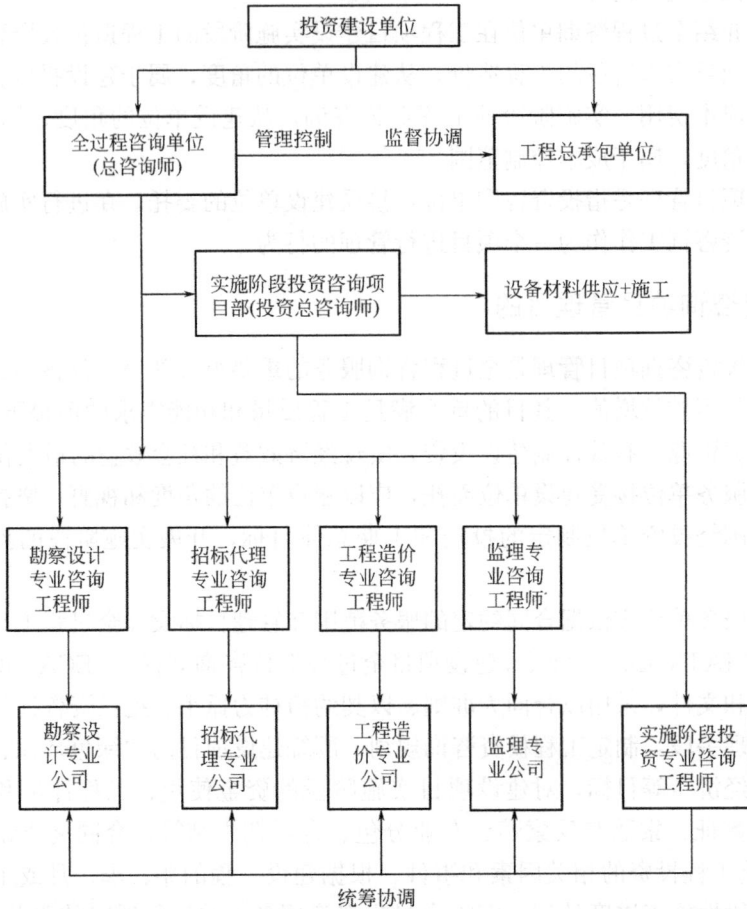

图 7-1　采购与施工总承包实施阶段投资咨询项目管理组织方式

（2）勘察设计、材料设备采购、施工建设和试运行工程总承包（EPC）实施阶段的投资咨询项目管理组织方式

对于勘察设计、材料设备采购、施工建设和试运行工程总承包（EPC）实施阶段的投资咨询，其管理对象直接单一，只针对工程总承包单位，分歧风险可以管控，投资咨询过程容易实现统筹协调。

EPC 工程总承包实施阶段投资咨询项目管理组织方式如图 7-2 所示。

2. 投资咨询项目管理组织结构及职能分工

全过程咨询单位在实施阶段投资咨询项目的组织管理过程中，应引用项目组织管理的理论和方法，将实施阶段的投资咨询作为一个项目管理系统，针对不同投资性质和项目特征的建设项目的多个单位工程、单项工程和子项工程，根据合同约定的咨询范围和建设投资单位制定的总体目标，采用矩阵职能组织结构形式，组建实施阶段投资咨询项目管理

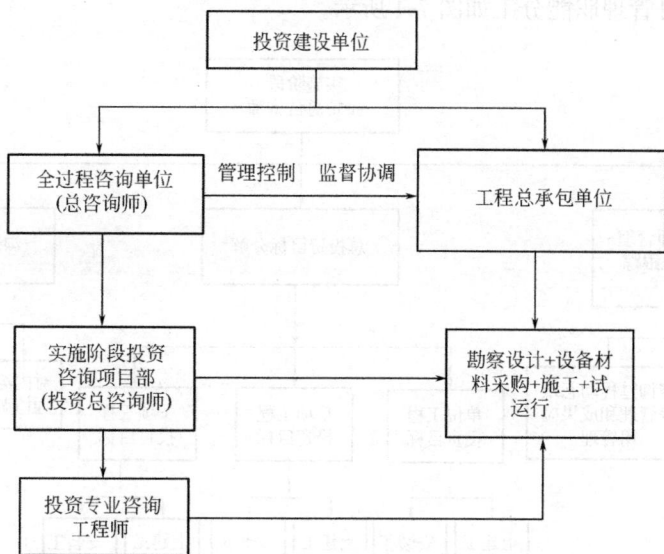

图 7-2　EPC 工程总承包实施阶段投资咨询项目管理组织方式

部，如图 7-3 所示，负责投资咨询项目的组织管理和沟通与协调。派遣具有相应专业执业资格和专业能力及较强沟通协调能力的专业咨询工程师，明确管理职能和工作任务，采用责、权、利相结合的考核方式，完成实施阶段投资目标的控制。

（1）投资咨询项目管理组织结构

实施阶段投资咨询项目管理组织结构如图 7-3 所示。

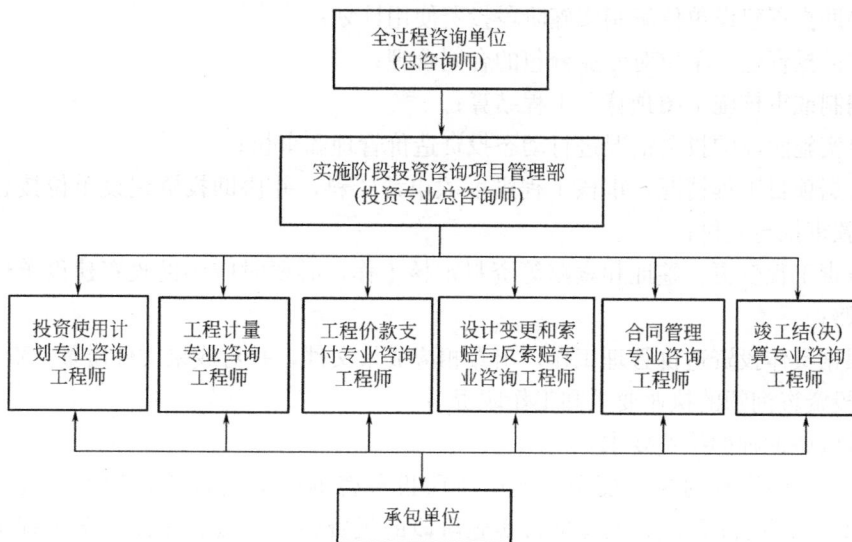

图 7-3　实施阶段投资咨询项目管理组织机构图

（2）投资咨询项目管理职能分工

实施阶段投资咨询项目管理职能主要包括：投资目标分解与执行管理、专业咨询工程师管理、工程造价投资咨询动态跟踪管理和成果应用管理、沟通与协调管理等。

投资咨询项目管理职能分工如图 7-4 所示。

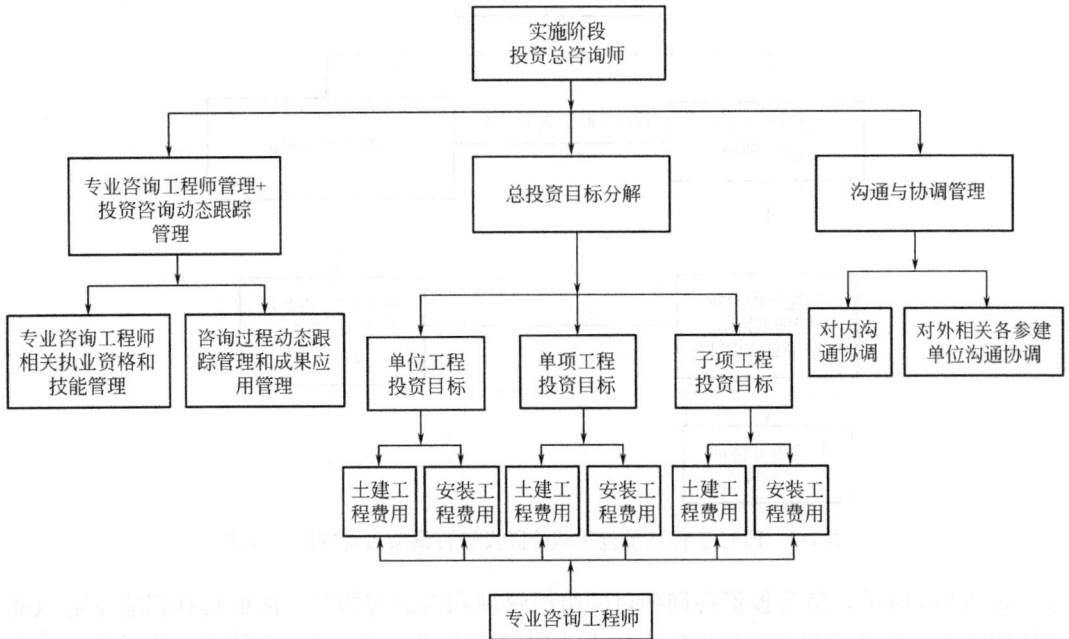

图 7-4　投资咨询项目管理职能分工图

（3）投资咨询项目管理工作任务

实施阶段投资咨询项目管理工作任务主要包括：

1）协助投资建设单位编制实施阶段投资使用计划；

2）协助投资建设单位对专业分包的合同管理；

3）编制或审核施工图预算、工程结算；

4）对实施阶段的投资情况进行动态投资造价管理和审核；

5）根据项目工程情况，审核工程进度款申请资料，并协助投资建设单位按合同约定完成工程款审批与支付；

6）负责工程变更、签证和索赔等资料审核工作，必要时应协助投资建设单位进行索赔和反索赔；

7）根据具体投资造价管理工作，出具相应成果文件，并对成果文件质量负责。

（4）投资咨询师的执业要求和工作职责

1）投资咨询师的执业要求

① 投资总咨询师的执业要求。实施阶段投资咨询应该实行总咨询师负责制，经投资咨询单位书面授权后，对工程项目实施阶段的投资咨询负责。按照《全过程工程咨询服务管理标准》T/CCIAT 0024—2020 规定，投资咨询的总咨询师需要具备工程咨询类、工程造价类注册执业资格和具备工程类或工程经济类高级职称以及类似的投资咨询经验。

② 投资专业咨询师的执业要求。投资专业咨询师应具备相应专业咨询的注册执业资格和相应的专业能力以及技术水平和类似的投资咨询经验。在总咨询师领导下，完成工程

项目实施阶段的投资专业咨询。

　　2）实施阶段投资咨询的投资总咨询师的职责

　　实施阶段投资咨询的投资总咨询师的职责如下：

　　① 组织制定投资咨询的组织结构、专业分工、决策机制、管理制度、工作流程及相关成果文件标准等，并负责组织实施。

　　② 组织编制实施阶段投资咨询服务工作大纲、审批专业咨询服务方案。

　　③ 确定实施阶段投资咨询项目部的专业咨询工程师及管理人员，明确专业咨询工程师及管理人员岗位职责。

　　④ 统筹、协调、管理和指导工程实施阶段投资咨询项目部的各专业咨询工程师的咨询工作，检查、督促和工作计划落实情况。

　　⑤ 实施阶段投资咨询单位或投资单位委托授予的其他任务。

　　3）实施阶段投资咨询的专业咨询工程师的职责

　　实施阶段投资咨询的专业工程师的职责如下：

　　① 参与工程实施阶段投资咨询服务工作大纲的编制，负责编制投资专业咨询实施方案。

　　② 按照实施阶段投资工作的总体目标、工作计划、任务安排和现行法律法规、标准和规范，完成所承担的专业咨询服务工作，向实施阶段投资总咨询师汇报工作情况。

　　③ 完成实施阶段投资总咨询师交办的其他任务。

3. 投资咨询项目管理程序

　　实施阶段投资咨询项目管理一般采用以下程序：

　　咨询单位与投资建设单位签订全过程咨询合同，成立实施阶段投资咨询项目部，委派和授权实施阶段投资咨询的总咨询师，由总咨询师确定各专业咨询工程师。总咨询师首先熟悉工程项目相关资料和文件，根据工程概（预）算投资控制目标，编制实施阶段投资咨询大纲，确定投资咨询计划，策划投资咨询方案。经投资建设单位批准后执行。实施阶段各专业咨询工程师应根据投资咨询大纲，编制专业咨询方案，对各专业的投资控制目标按照单位工程、单项工程和子项工程等进行层层分解，并实行适时的跟踪动态控制。定期对比分析投资控制的目标计划值与实际发生的投资实际值。如发现偏差，及时找出偏差原因，书面提出专业的建议和解决方案，经审核批准后，督促工程总承包单位整改和调整。

　　实施阶段投资咨询项目管理程序如图 7-5 所示。

4. 投资咨询项目管理方法

　　实施阶段投资咨询项目管理，实质是一个动态管理过程，其管理的核心任务是实现投资目标的主动控制和动态控制。必须以投资咨询合同为导向两手抓，一手抓人的管理即咨询工程师的管理，一手抓咨询执业过程和执业结果的管理。

　　投资咨询项目管理过程实质是一个动态管理过程，其管理的内容和对象要随着国家宏观政策调整和市场环境的变化、投资建设单位要求的变化、工程进度和工程质量的变化而变化。投资咨询项目管理宜采用动态跟踪和控制的方法，将投资目标逐层分解、规划和细化，分析和论证可能影响投资控制的因素，针对这些影响因素进行重点预防控制。在投资咨询过程中，通过对投资计划值与实际值的比较，发现偏差，找出问题，及时提出专业意

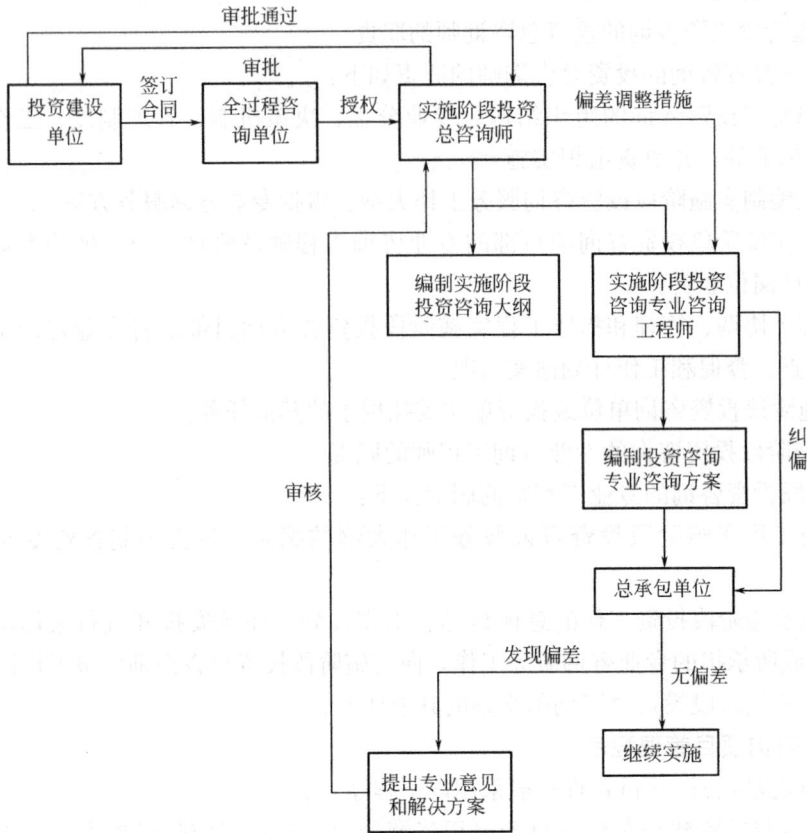

图 7-5　实施阶段投资咨询项目管理程序

见和解决方案，经投资单位审核批准后，督促承包单位整改和调整，并将整改情况和效果反馈总咨询师及投资建设单位。

实施阶段投资咨询项目管理主要方法如下：

（1）已经批准的项目概预算为投资控制目标，确定为投资控制的计划目标值。但是，投资控制的计划目标值是相对的，针对不同建设阶段，投资控制的计划目标值不同。概算是预算的控制目标，预算是工程合同价的控制目标，概预算是实施阶段的投资控制目标。

（2）按照项目划分单位工程、单项工程或子项工程等，逐层分解项目投资目标，制定投资目标控制规划。

（3）在项目实施过程中，按照项目年、季、月进度计划和关键节点或里程碑事件和控制要求，收集项目实施阶段承包单位实施发生的工程投资实际值。

采用定期召开专题会议等方式，对项目实施阶段投资的计划值与实际值进行逐项对比分析研究。主要包括：工程合同价与工程概预算的比较，工程进度款支付与工程概预算的比较，工程进度款支付与工程合同价的比价，工程结（决）算与工程概预算的比较。如果经对比分析发现，投资的计划目标值与实际值存在偏差，必须找出偏差原因和影响因素，由投资专业咨询工程师提出书面的专业意见和解决方案，经总咨询师审核和投资建设单位批准后，督促承包单位整改落实和调整，采取相应的纠偏措施及时纠偏。如果经对比分发现，原定的投资计划目标不合理或者与实际不符导致不能实现的，则建议投资建设单位调整项目投资目标计划值。

7.1.4　投资咨询项目管理内容

实施阶段投资咨询项目管理内容主要包括项目的组织管理、投资咨询内容管理和投资咨询项目过程管理等。

1. 投资咨询项目的组织管理

实施阶段投资咨询单位应从以下几方面进行投资咨询项目的组织管理：

（1）应根据合同约定的服务范围和投资目标，确定投资咨询服务的流程和制度。

（2）针对工程项目的具体情况和实际要求，建立有效的组织协调管理体系，对实施阶段的投资咨询进行全方位管理和控制。

（3）根据项目建设的特征、规模、技术复杂难易程度、项目所在地的环境因素，组建实施阶段投资咨询服务团队。派遣实施阶段投资总咨询师和各专业咨询工程师。专业咨询工程师的专业配置必须与投资咨询合同约定的咨询服务范围相匹配。

2. 投资咨询项目管理内容

实施阶段投资咨询项目管理内容包括：

（1）协助投资建设单位办理开工许可证。

（2）实施建设工程施工合同管理，协助建设单位确定是否需要专业分包和专业分包管理。

（3）协助投资建设单位实施建设工程职业健康与环境和安全管理。

（4）实施建设过程中的全过程造价控制，包含施工图预算、设计变更及索赔、进度计划、进度费用支付审核等管理。

（5）进行质量目标策划，编制质量验收大纲，进行建设工程质量监督管理。

（6）建设过程工程档案资料收集管理。

（7）竣工结（决）算编制与审核。

（8）项目运营阶段后期评价报告。

3. 投资咨询项目过程管理

工程项目实施阶段投资咨询项目的过程管理，主要是针对实施阶段的资金使用计划、建设工程投资费用、工程计量与工程款、材料设备的询价与核价、工程变更和工程量签证、工程索赔与反索赔、竣工结（决）算等的动态审核和控制。投资咨询工程师以工程项目的概预算为控制目标，根据施工合同和经批准的施工组织设计，按照年、季、月或施工节点等进度计划，审核计划工程与工程款的支付周期的节点是否相符？审核承包人申报工程计量与实际工程计量和计划工程量是否相符？审核承包人申报建筑安装工程的人、材、机是否与现行规定、当地当期市价和概预算、施工合同等相符？审核工程变更签证手续是否完善？变更是否与实际相符？审核索赔与反索赔是否符合相关规定？审核竣工结（决）算是否与竣工图和实际工程量相符？在动态审核过程中，专业咨询师如发现偏差，必须及时提出专业意见和建议，经总咨询师审核、投资建设单位批准后，督促承包及时调整和整改。

7.2 工程投资咨询规划

7.2.1 投资咨询规划方案编制

工程投资咨询规划主要是以工程投资咨询实施方案来进行体现。工程投资咨询实施方案应根据全过程工程咨询服务工作大纲要求进行编制，是对全过程工程咨询服务工作大纲的相应内容进行细化，满足全过程工程咨询服务投资控制目标的实际需要，结合工程投资专业咨询任务的特点，具有可操作性。

1. 投资咨询实施方案编制主要依据

(1)《全过程工程咨询服务管理标准》T/CCIAT 0024—2020；

(2)《工程造价咨询业务操作指导规程》；

(3)《建设项目全过程造价咨询规程》CECA/GC 4—2017；

(4)《全过程工程咨询合同》。

2. 投资咨询实施方案编制内容

(1) 工作范围；

(2) 工作内容；

(3) 工作目标；

(4) 编制依据；

(5) 组织管理；

(6) 质量管理；

(7) 风险管理；

(8) 信息和档案管理；

(9) 重点、难点及薄弱环节分析；

(10) 服务措施。

3. 投资咨询方案编制要求

(1) 工程投资咨询实施方案应由工程投资专业咨询工程师在工程投资专业咨询服务相关工作开始前进行编制，经总咨询师批准后实施；

(2) 工程投资咨询实施方案编制时需要与建设单位相关人员进行充分沟通，编制的工程投资咨询实施方案是否能够满足建设单位的条件：

1) 建设单位现有或拟组建的人员组织结构；

2) 建设单位已有的管理制度和工作流程；

3) 行政主管部门的相关要求。

4. 投资咨询实施要求

(1) 工程投资咨询实施方案编制完成后应在全过程工程咨询服务团队内部进行交底并形成交底记录。

(2) 工程投资咨询实施过程中，各专业咨询工程师应掌握各阶段工程造价的关系、加强管理，在实施过程中做到工程造价的有效控制，并应依据合同中约定的服务内容、范围、深度和参与程度编制相应的工程投资咨询成果文件。

7.2.2　投资咨询中的组织管理

投资咨询中组织管理是在全过程工程咨询实施过程中建立健全管理机构，合理配备人员，制订各项规章制度、流程等工作，具体地说就是根据建设工程项目的特点和投资咨询的工作内容合理、有效、充分地配置咨询企业内部的资源，为了实现全过程工程咨询的投资控制目标，按照投资咨询实施方案有效组织人员和资源安排，其目的在于确保高质量的咨询成果和优良服务。

投资咨询中组织管理主要应该包含以下内容：

（1）投资咨询工作中涉及的基础资料的收集、归纳和整理，各类成果文件的编制、审核、审定和修改，成果文件的提交、归档等均应建立相应的管理制度，并落实到岗到人。

（2）建设项目各阶段投资咨询工作均应建立咨询团队（小组）和完善的流程，需要明确投资咨询过程中各专业咨询人员的职责，专业咨询人员应包括现场和非现场的管理、编制、审核与审定人员。各类投资咨询人员的安排除应符合全过程工程咨询合同要求外，还应符合项目质量管理和档案管理等其他方面的要求。

（3）建立有效的投资咨询内部组织管理和外部组织协调沟通体系，主要包含以下内容：

1）投资咨询内部组织管理体系应包含投资咨询的管理模式、各级组织管理的流程、职责和分工、现场管理和非现场管理的协调方式，总咨询师和各专业咨询人员的职责与分工等；

2）要明确投资咨询与全过程工程咨询中项目管理、工程监理等其他专业组织关系、沟通协调机制和统筹管理模式等内容；

3）建立外部组织协调体系应以全过程工程咨询合同约定的投资咨询服务内容为核心，明确协调和联系人员，在确保工程项目参与各方权利与义务的前提下，协调好与建设项目参与各方的关系，促进项目的顺利实施。

（4）投资咨询应按全过程工程咨询合同的相关要求制定工作进度计划，各类工程投资咨询成果文件的提交时间应与总体进度相协调，投资咨询的工作进度计划除应服从全过程工程咨询中项目管理、工程监理等其他专业的工作进度需要和整个建设工程项目的总体进度和施工工期的要求外，还应满足各类工程投资咨询成果文件编制的合理工期的要求。

（5）在建立投资咨询的组织时还应该注意以下方面内容：

1）投资咨询配备人员应根据工程的规模、特点、投资咨询的工作内容来确定人员的数量；

2）投资咨询现场管理和非现场管理的人员应根据整个建设工程项目的总体进度和施工工期，结合投资咨询的工作内容来进行确定。明确在建设工程项目实施过程中投资咨询的工作是由现场管理人员或非现场管理人员完成，或者是根据建设工程项目的进度情况和现场管理人员的工作量来动态进行调整；

3）投资咨询建立的组织体系应充分考虑建设单位在建设工程项目实施过程中的管理体系；

4）投资咨询工作流程应该与建设单位的规章制度、流程相匹配。

7.2.3　投资咨询中的质量管理

在建设工程项目实施过程中，投资咨询成果文件的质量对于整个建设工程项目的投资控制至关重要，明确投资咨询质量管理的目标，建立成果文件的质量保障体系，通过采取有效的控制体系和措施，保障建设工程项目的投资目标实现。

1. 咨询成果文件的编制原则

咨询成果文件的编制应坚持合法、独立、客观、公正和诚实信用的原则，在相关投资咨询规范、标准、规程及其他国家现行有关标准的规定开展工作，其主要依据是：

（1）《建设工程工程量清单计价规范》GB 50500—2013 及配套计量规范、计价定额；

（2）《全过程工程咨询服务管理标准》T/CCIAT 0024—2020；

（3）《建设项目全过程造价咨询规程》CECA/GC 4—2017；

（4）《工程造价咨询业务操作指导规程》；

（5）建设单位的技术要求及设计任务书；

（6）项目建议书、可行性研究报告、初步设计文件、施工图设计文件、竣工图设计文件及项目实施过程中各种工程资料、经济资料；

（7）工程地质勘察文件；

（8）施工组织设计及专项施工方案；

（9）国家、行业和地方有关规定、规章制度等文件；

（10）项目相关文件、合同、协议等。

2. 成果文件应该满足以下要求

为保障投资咨询成果文件的质量满足相关规范（详见表 7-1　投资咨询成果文件质量标准）、《全过程工程咨询合同》和建设单位的要求，投资咨询单位应针对建设工程项目特点、投资咨询工作范围和内容建立质量管理体系，并应通过流程控制、企业标准等措施保证投资咨询成果文件的质量，成果文件的编制应该满足以下要求：

（1）投资咨询单位在开展投资咨询成果文件编制前应对参与人员进行技术交底，以明确投资咨询的工作内容、成果文件质量标准、工作标准、编制依据、工作计划、沟通协调机制、会议机制和重难点；

（2）投资咨询单位提交的各类成果文件应由编制人编制，并应由审核人、审定人进行投资咨询成果文件各级审核；

（3）承担投资咨询的编制人应审核建设单位提供书面资料的完整性、有效性、合规性，并应该对自身所收集的工程计量、计价基础资料和编制依据的全面性、真实性和适用性负责，按全过程工程咨询合同的要求进行投资咨询成果文件的编制，并整理和保存工作过程文件；

（4）承担投资咨询业务的审核人应审核建设单位提供书面资料的完整性、有效性和合规性；应审核编制人使用工程计量、计价基础资料和编制依据的全面性、真实性和适用性，并应对编制人的工作成果进行一定比例的复核，完善工程投资咨询成果文件，并整理和保存工作过程文件；

（5）承担投资咨询业务的审定人应审核建设单位提供书面资料的完整性、有效性、合规性，应审核编制人及审核人所使用工程计量、计价基础资料和编制依据全面性、真实性和适用性，并应依据工程经济指标进行工程造价的合理性分析，对投资咨询成果文件的质量进行整体控制；

（6）投资咨询单位应核对建设单位提供的工程投资咨询相关资料，及时向建设单位反映相关资料存在的缺陷，并要求建设单位对其进行补充和完善；

（7）投资咨询单位应在投资咨询成果文件的封面（或内封）、签署页签章。承担投资咨询业务的编制人、审核人、审定人应在投资咨询成果文件的签署页上签字并加盖执业资格专用印章；

（8）投资咨询成果文件应符合现行国家和行业有关标准规定，如建设单位对投资咨询成果文件的质量标准要求高于现行国家或行业有关标准规定的，应在全过程工程咨询合同中予以明确；

（9）投资咨询单位应根据工作大纲，定期或不定期对其投资咨询工作进行回访，听取建设单位的评价意见，并结合本单位的质量保证体系进行总结完善。

投资咨询成果文件质量标准

表 7-1

投资咨询类别	依据文件	综合误差率
项目投资估算	项目建议书	15%
项目投资估算	可行性研究报告	10%
工程概算	初步设计文件	6%
工程预算	施工图设计文件	5%
招标控制价	施工图设计文件	5%
工程计量支付	施工图设计文件	5%
工程结算	施工图及各有关资料	3%

注：引自《关于印发〈四川省工程造价咨询服务标准〉（试行）的通知》（川建价师协〔2017〕11 号）。

7.2.4　投资咨询中的风险管理

投资咨询中的风险是指在决策和实施过程中，造成实际结果与预期目标的差异性及其发生的概率。投资咨询中风险的差异性包括投资咨询的不确定性、收益的不确定性和损失的不确定性，投资咨询各专业人员必须充分重视投资咨询风险管理。

1. 投资咨询中的风险分类

投资咨询中的风险因素有很多，按照风险来源，可划分为自然风险、社会风险、经济风险、法律风险和政治风险；按照风险涉及的当事人，可划分为建设单位风险和承包单位风险；按风险可否管理，可划分为可管理风险和不可管理风险；按风险影响范围，可划分为局部风险和总体风险。

2. 投资咨询中的风险管理

投资咨询中的风险管理是指风险管理主体通过风险识别、风险评价去认识投资咨询风险，并以此为基础，合理地使用风险回避、风险控制、风险自留、风险转移等管理办法、技术和手段对投资咨询进行有效控制，妥善处理风险事件造成的不利后果，以合理的成本保证建设工程项目总体投资目标实现的管理过程。风险管理程序是指对投资咨询中存在的风险进行管理的一个系统、循环的工作流程，包括风险识别、风险分析与评价、风险应对策略的决策、风险对策的实施、风险对策实施的监控五个主要环节。

3. 值得重视的几项工作

全过程工程咨询单位在承接咨询业务和实施过程中应该做好以下工作：

（1）咨询单位应依据自身资质等级、技术能力、人员配置情况，对拟承接的咨询业务的服务周期、质量要求、市场状况及收费标准等风险因素进行综合评估，以判断是否承接项目咨询中的投资咨询相关业务；

（2）咨询单位应通过提高投资咨询人员业务能力、风险意识、法律意识、职业操守等相应措施，预防专业服务风险、职业道德风险和企业内部管理风险；

（3）咨询单位应根据委托要求进行建设工程项目全过程投资风险管理，关注项目决策、设计、发承包、实施及竣工各阶段可能发生的投资风险，对涉及人为、经济、自然灾害等诸多方面的风险因素进行分析并提出合理化建议。

7.2.5　投资咨询中的档案和信息管理

1. 档案制度建设

咨询单位应根据《中华人民共和国档案法》《中华人民共和国档案法实施办法》《企业档案管理规定》和国家档案局颁发的有关规定建立项目投资咨询档案归档制度、统计制度、保密制度、借阅制度、档案室管理制度及档案管理人员守则等。项目投资咨询档案归档制度应明确档案的分类、归档的内容、归档的审批流程等内容。

2. 档案管理主要工作

（1）项目投资咨询档案可分为成果文件和过程文件两类。成果文件应包括咨询单位出具的投资估算、设计概算、施工图预算、工程量清单、招标控制价、工程计量与支付、竣工结算、竣工决算编制与审核报告等。过程文件应包括编制人、审核人和审定人的工作底稿、相应电子文件等；

（2）承担投资咨询业务的专业咨询工程师应负责投资咨询档案管理，除应负责成果文件和过程文件的归档外，还应负责组织并制定咨询业务中所借阅和使用的各类设计文件、施工合同文件、竣工资料等有关可追溯性资料的文件目录，文件目录应由造价专业咨询工程师审定后归档；

（3）建立投资咨询档案的接收、借阅和归还的台账；

（4）投资咨询档案的保存期应符合全过程工程咨询合同和国家等相关规定，并且不应少于5年。

3. 项目投资信息管理

投资咨询单位要重视项目各方面造价信息的收集、筛选、整理以及加工工作，造价信息是建设工程项目各个阶段编制造价成果文件的重要依据。形成各项目人工、材料、费用等造价指标指数，为项目前期决策、概预算编制提供依据，为项目各阶段投资控制提供参考。

4. 投资咨询信息管理主要包括内容

（1）投资咨询单位应利用计算机及网络通信技术进行有效的信息化管理。投资咨询的信息化管理应包括工程造价数据库，工程计量与计价等工具软件，全过程工程造价管理系统的建设、使用、维护和管理等活动；

（2）投资咨询单位应充分利用现代化的信息管理手段，自行建立或利用相关工程造价信息资料、各类典型工程数据库，以及在投资咨询业务中各类工程项目上积累的工程造价信息，建立并完善工程造价数据库；

（3）投资咨询单位应按标准化、网络化的原则，在建设工程项目各阶段采用工程造价管理软件；

（4）投资咨询单位承担投资咨询业务时，应根据合同要求对各阶段投资咨询成果文件和所收集的工程造价信息资料进行整理分析，并应用于下一阶段的工程造价确定与控制等环节。

7.3　工程投资咨询实施

7.3.1　项目投资估算

投资估算是进行建设项目技术经济评价和投资决策的基础。在项目建议书、可行性研究、方案设计阶段应编制投资估算。

投资估算是在符合国家法律、行政法规及有关强制性文件规定的基础上，结合工程项目所在地的市场价格水平、有关部门发布的工程造价信息及指标和具体工程项目的情况及工艺要求，全面反映建设项目建设周期的全部投资。

1. 投资估算的工作内容

根据建设项目的特征、设计文件和相应的工程造价计价依据等资料编制、审核、调整技术经济指标并对主要技术经济指标进行分析。对方案设计阶段的投资估算编制，应配合设计人员对不同的技术方案和建设标准进行技术经济分析，并提出合理化建议和优化意见，最终确定最符合项目特性的设计方案。

2. 投资估算的组成

建设项目总投资由建设投资、建设期利息、固定资产投资方向调节税和流动资金组成。建设投资由建设项目的工程费用（包括建筑工程费、设备购置费及安装工程费；预备费包括基本预备费和价差预备费）、工程建设其他费用及预备费用组成。建设期利息包括银行借款、其他债务资金利息，以及其他融资费用。项目总投资组成如图 7-6 所示。

3. 投资估算的编制方法

项目建议书阶段建设项目投资估算可采用生产能力指数法、系数估算法、比例估算法、混合法、指标估算法等；可行性研究阶段建设项目投资估算原则上应采用指标估算法〔对于对投资有重大影响的主体工程应估算出分部分项工程量，参考相关综合定额（概算指标）或概算定额编制主要单项工程的投资估算〕；方案设计阶段的多方案整体宏观方面的比选，一般采用投资回收期法、计算费用法、净现值法、净年值法、内部收益率法等，以及上述几种方法同时使用，在建设项目本身局部多方案的比选，除了可用上述宏观方案的比较方法外，一般采用价值工程原理或多指标综合评分法。

投资估算精度管理要求项目建议书阶段建设项目的投资估算的综合误差率应小于15%；在相同口径下，可行性研究阶段建设项目的投资估算的综合误差率应小于10%；成果规范需满足《建设项目投资估算编审规程》CECA/GC 1—2015 的要求。

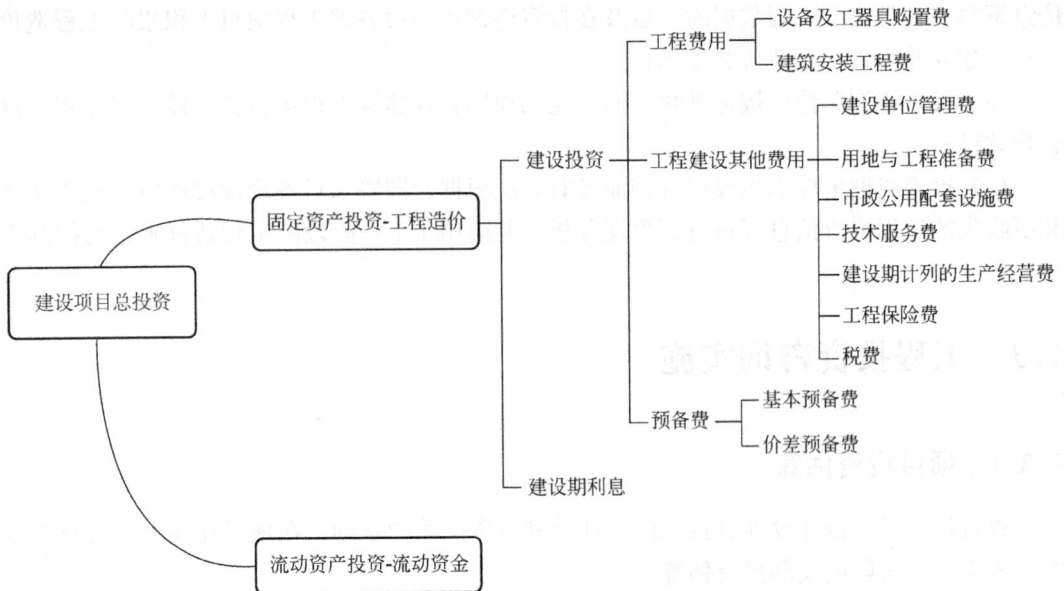

图 7-6　项目总投资组成

7.3.2　项目设计概算

　　设计概算是投资估算的细化及延伸，是报批设计文件的必要文件之一，也是项目投资计划编制及控制的重要依据。在初步设计阶段必须编制设计概算，在技术设计和扩大初步设计阶段也可编制设计概算。

　　设计概算是由项目设计单位进行负责编制，设计概算的编制应结合项目所在地设备和材料市场供应情况、现场施工作业条件，以及能够承担项目施工的工程公司情况等因素；设计概算编制应按项目合理建设工期预测在项目建设期内的设备和材料市场供应及价格变化、建筑安装施工市场变化、项目建设贷款和租赁设备在项目建设期间的时间价值等动态因素对项目投资的影响，合理地确定建设项目投资；建设项目概算总投资还应包括国家为调节投资方向和产业结构发生的费用，以及建设项目投产必需的铺底流动资金。

　　设计概算一般分为建设项目总概算、单项工程综合概算和单位工程概算三级。

　　设计概算是反映建设项目从筹建阶段到竣工验收后所需的全部费用文件，是由各单项工程综合概算、工程建设其他费用概算、预备费、建设期贷款利息和投资方向调节税概算汇总编制而成。

　　设计概算精度管理要求建设项目的初步设计阶段设计概算的综合误差率应小于 6%，成果规范需满足《建设项目设计概算编审规程》CECA/GC 2—2015 的要求。

7.3.3　项目设计过程的投资咨询管理

　　设计阶段的投资咨询管理主要是在设计阶段根据采取适宜的分析方法对不同的设计方案进行技术经济分析，在技术可行的前提下推荐经济、合理的最优方案作为建设单位决策的依据。据有关研究统计分析显示，在方案设计阶段影响投资的可能性为 75%～95%；在初步设计阶段影响投资的可能性为 35%～75%；在施工图设计阶段影响投资的可能性为

5%～35%。因此，对于整个建设工程项目的投资管理，设计过程的投资管理是至关重要的。

设计过程的投资咨询工作内容可以分为设计方案经济分析、限额设计造价咨询和设计优化造价咨询三方面。

设计过程的投资管理充分体现了事前控制的思想，也是在整个工程建设项目活动中造价咨询与设计咨询交叉与配合最多且最能体现咨询服务成果的关键点。根据设计阶段的不同，为投资管理中的造价咨询编制提供了不同的编制条件，也是投资目标一步一步展现的成果，在本阶段投资管理水平高低是一个优则越优、劣则越劣的过程。故在设计过程中对投资的管理在考虑节约投资的同时也要全盘考虑，必须深度理解建设单位、设计单位的意图和方向，进行全面理解和思考。杜绝片面强调节约、忽视技术合理及项目建设目标的同时又要反对重工程技术、轻经济效果，设计保守而造成浪费的现象。

传统模式中不同的设计阶段造价咨询单位参与有别，比如估算、概算通常为设计单位自行编制，预算由单独的造价咨询单位编制，甚至施工过程和结算审核均由不同的造价咨询单位承担，各自仅对各自阶段的成果负责，形成了各环节之间的约束力下降，投资控制失效的现象。在全过程工程咨询模式下，一家咨询单位承担从设计到建造的造价咨询工作，必然对各个阶段的造价咨询成果全盘负责，杜绝了不同咨询单位之间互相推诿，减少了投资管理失控的风险。

1. 设计方案经济分析

任何设计方案都是为满足一个特定的项目目标，多个方案之间的对比都是建立在具有相同的使用功能，在此基础上对达成该目标所消耗的经济费用进行对比。在建设项目设计方案经济分析中主要包括总体设计方案和专项设计方案两大类，从设计阶段划分包括方案设计阶段、初步设计阶段和施工图设计阶段三个阶段。

多方案分析是造价咨询单位应该着重把握的一个核心要点，根据设计单位提供的多个设计方案，进行经济测算横向对比，选择一个经济效益最佳的设计方案。对标准化设计进行严格把关，选择标准化设计方案是有效地进行投资控制的手段之一。

多方案的设计经济分析的基本要求是：

（1）各方面的目标一致性；

（2）各方案之间的可比性；

（3）定性分析与定量分析紧密结合；

（4）搞好综合评价。

设计方案经济分析的方法为指标对比法。选择一个相对适宜的指标体系，将各个方案的指标值列出，然后一一比对分析，根据指标的高低分析并判断其优劣。

2. 限额设计造价咨询

分析投资目标（投资估算/设计概算）的合理性及限额设计实现的可能性，主要分为三步。第一步是按项目实施内容和标准进行投资分析和投资分解，和设计单位一起进行方案预设计，确定限额设计分解目标及关键控制点，向设计单位下达限额设计指标书；第二步是实时监控设计方案造价情况，重点关注对造价影响较大的关键部位，一旦出现造价超限的情况，配合设计单位进行设计优化调整测算分析，直至满足限额要求；第三步是在出图前，对设计文件进行全面造价测算，直至满足限额设计目标。

3. 设计优化造价咨询

设计优化造价咨询需要集合上下游各专业内容，从项目全生命周期的角度出发，着重将项目的可施工性、可运营性考虑进来，利用价值工程的方法对设计方案进行优化。在满足建设项目的基本目标前提下，确保建设项目功能和经济最优化，确保建设项目达到最优秀的设计成果和最大的经济效益。

设计优化造价咨询的基本条件为满足国家、行业相关标准及规范要求，满足建设项目特点及实际情况，优化成果更加经济、合理。

设计优化造价咨询主要方法是对项目设计文件所采用的标准、技术方案、工程措施等的技术经济合理性进行全面分析，并提出优化建议。对优化前后的设计文件进行造价测算对比分析。

7.3.4　合约规划与招采策划

合约规划与招采策划的编制成果是建设项目实施阶段的纲领性文件，同时是贯穿整个项目建设周期的一个总控计划，包括项目合约计划、项目招采计划和项目合约规划动态管理三部分。

在建设项目开工前构建总体合约体系、安排合约计划和设置建安成本控制目标，从而保障项目合约工作顺利进行。主要内容为：①根据项目建设内容和投资估算费用组成，建立项目总体合约体系；②将投资估算费用（或概算费用等）分解到各个不同的具体合同项；③根据项目总体合约体系，结合项目实际情况及各合同的特点，对每个合同的招采方式、合同计价模式等提供专业意见；④根据项目建设进度计划，编制年度招采计划；⑤拟定主要合同条款。

合约规划与招采策划的基本要求必须满足《中华人民共和国建筑法》《中华人民共和国招标投标法》《招标投标法实施条例》《中华人民共和国民法典》《建设单位项目管理办法》及地方相关主管的管理要求等相关法律法规。成果应达到合约体系完整，合同界面划分清晰，投资估算费用（或概算费用）与合约体系形成合理对应，对招采工作有指导性，合同条款清晰，符合项目实际情况且合理可行。

合约规划与招采策划阶段重点关注以下内容：

（1）招标范围及界面划分是否与图纸和工程量清单相符；

（2）建设单位要求计入投标报价的相关内容；

（3）甲供设备/材料、甲供设备/材料的品牌要求以及暂列金额、暂定工程量、暂定综合单价、暂定设备及材料单价；

（4）工程现场三通一平情况，落实自然地坪标高，落实电、水的接引情况；

（5）落实特殊的措施费用计取方式、项目技术要求及执行标准；

（6）合同形式、价格波动及工程变更价款调整方式；

（7）总承包服务费计取方式及总承包单位对分包单位提供的协调服务内容；

（8）总承包单位风险承担及违约责任；

（9）根据项目情况列入计日工清单的要求；

（10）其他和工程造价有关的内容。

7.3.5　项目资金使用计划

项目资金使用计划是合约规划与招采策划的延伸，需要紧密结合项目总体投资、建设进度计划、合约规划、招采策划等要求，对项目各个阶段需要的资金提出相对准确的资金使用计划，为建设单位在资金管理工作提供最基础的支撑资料，指导项目建设单位对自己的投资目标、资金需求情况、融资计划进行统筹管理，提高资金使用效率。

7.3.6 工程量清单及控制价

工程量清单及控制价应由具有编制能力的招标人或受其委托具有相应资质的工程造价咨询人编制和复核。国有资金投资的建设工程招标，招标人必须编制招标控制价。

工程量清单及控制价编制流程如下：设计答疑，发现设计图纸的缺漏、图纸内相互矛盾、表述不清等问题，向设计单位提出设计图纸答疑清单；所有设计答疑作为工程量清单编制说明的组成部分纳入成果文件作为下一步工作的依据，关键问题进入招采说明。现场踏勘，结合设计图纸及建设单位交底情况对建设项目周边的道路、给水、排水、临时用电、通信、土方运距、项目现场情况等进行现场踏勘调研。工程量计算，尽量采用行业通用的计量软件进行建模算量。工程量清单编制，按建设单位要求的软件进行工程量清单编制，清单依据、清单项描述、清单项符合国家标准《建设工程工程量清单计价规范》GB 50500—2013要求。控制价编制，控制价组价严格执行现行清单计价规范、项目属地的计价定额及其配套文件、项目属地造价站发布的信息价、项目属地的市场价格、考虑一定的涨价因素等。有特殊施工工艺的工程（如土方开挖、深基坑支护、临时发电机租赁台班数量、大型设备运输及吊装等）可参照同类工程施工组织设计或正常施工措施方案考虑相关费用。工程量清单及控制价成果与估算、概算进行对比，修正遗漏或者有误之处形成最终成果文件。工程量清单编制程序如图7-7所示。

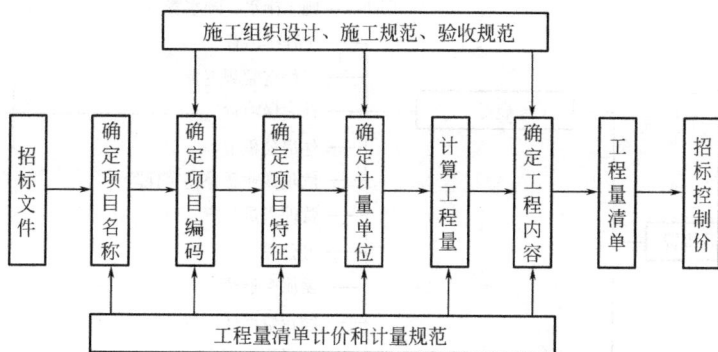

图7-7 工程量清单编制程序

工程量清单及控制价编制要求：工程量清单成果文件的格式应符合《建设工程造价咨询成果文件质量标准》CECA/GC 7—2012中"成果文件的组成和要求"的相关规定或委托方对成果文件格式的要求；工程量清单的编制应符合现行国家标准《建设工程工程量清单计价规范》GB 50500—2013的有关规定，并不得违背《建设工程工程量清单计价规范》GB 50500—2013中强制性条文的规定；招标控制价编制方法、编制深度等应符合《建设项目施工图预算编审规程》CECA/GC 5—2010的有关规定。

工程量清单及控制价编制依据如下：

1)《建设工程工程量清单计价规范》GB 50500—2013；

2）国家或省级、行业建设主管部门颁发的计价定额和计价办法；

3）建设工程设计文件及相关资料；

4）拟定的招标文件及招标工程量清单；

5）与建设项目相关的标准、规范、技术资料；

6）施工现场情况、工程特点及常规施工方案；

7）工程造价管理机构发布的工程造价信息，当工程造价信息没有发布时，参照市场价；

8）其他的相关资料。

根据工程量清单及控制价编制的建筑安装工程费用组成如图7-8所示。

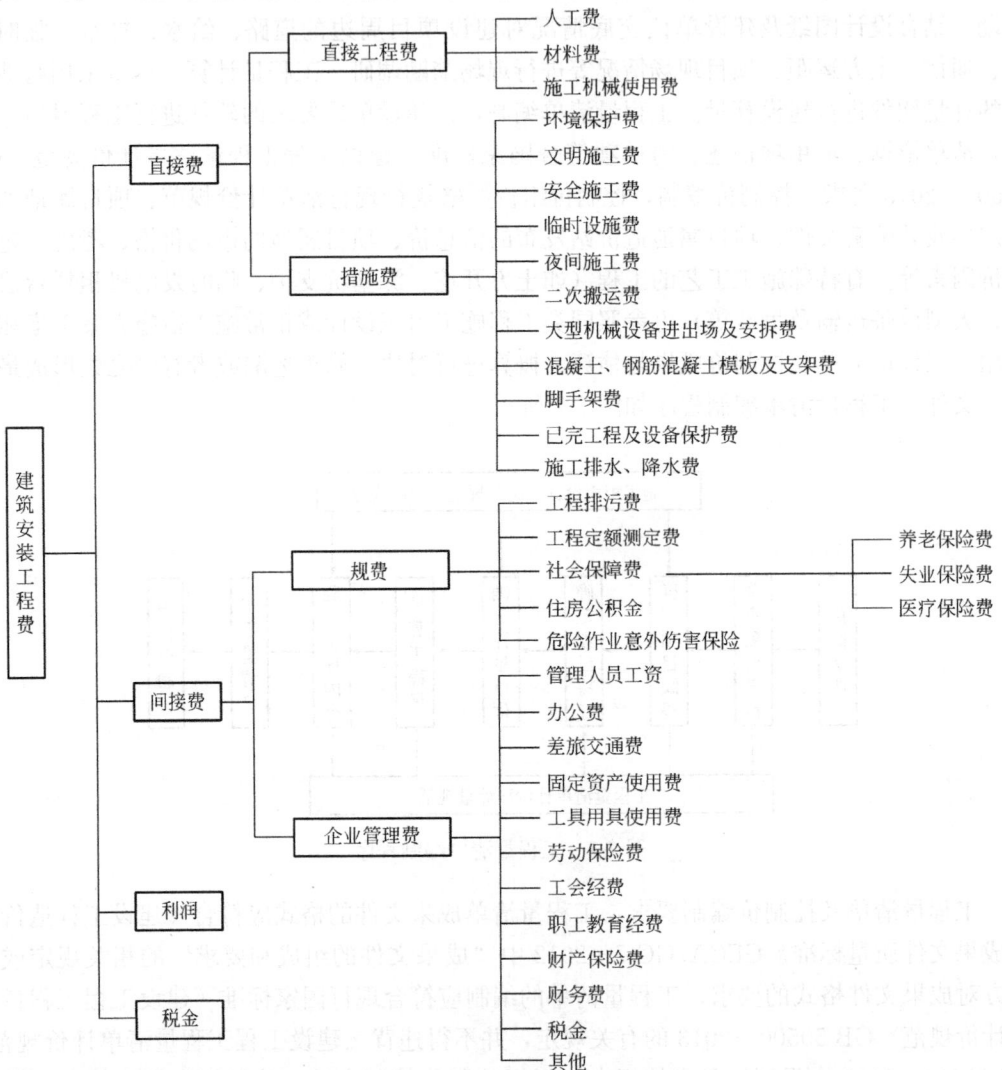

图7-8　建筑安装工程费用项目组成

精度管理要求。工程量清单中项目特征描述错误的子目数量占工程量清单全部子目数量的比例应小于3%；招标控制价的综合误差率应小于5%。

7.3.7 施工阶段过程控制

施工阶段过程控制是整个投资控制落地和检验的环节,是整个建设工程管理的核心工作,是建设项目价值的主要阶段,也是资金投入量最大的阶段。具有阶段性、动态性、全过程性、个别化等特点。施工阶段时间长、项目条件不停变化,本阶段的投资控制是按照事先拟定的计划和标准,采用适宜且有效的方法,对建设项目实施过程中发生的各种实际值与方案值进行对比、检查、检验、监督、引导和纠正的过程,是对建设工程投入的资金或资源及投入的过程进行调节和控制,目的是充分利用有限的资源,使建设工程投资获得最正确的投资效益。

施工阶段投资控制的目标主要是通过全过程投资跟踪控制工作,对施工过程的重要内容进行取证等原始资料收集,参与项目过程管理对涉及工程造价增减的事项发表造价意见,最终达到项目竣工结算价趋近于市场真实水平,将项目竣工结算总价控制在工程概算造价限额内。

施工阶段造价控制的工作内容包括:

(1) 合同价款咨询(包括合同分析、合同交底、合同变更管理工作);

(2) 施工阶段造价风险分析及建议;

(3) 施工阶段清标/预算价清理;

(4) 计算及审核工程预付款和进度款;

(5) 变更、签证及索赔管理(包括变更测算、签证审核、索赔计算或审核);

(6) 材料、设备的询价,提供核价建议;

(7) 参与施工现场造价管理;

(8) 项目动态造价分析;

(9) 工程技术经济指标分析;

(10) 审核及汇总分阶段工程结算。

施工阶段造价控制的组成:①资金使用计划的编制;②施工成本管理;③工程变更与索赔管理;④工程费用的动态监控;⑤工程价款结算及审查。

精度管理要求:工程计量与支付审核的综合误差率应小于 5%;合同价款调整成果文件,综合误差率应小于 3%;竣工结算审查结果综合误差率应小于 3%。

7.3.8 项目竣工结算

工程项目竣工结算指工程项目完工并竣工验收合格后,发承包双方按照合同约定对所完成的工程项目进行的工程价款的计算、调整和确认。工程竣工结算分为单位工程竣工结算、单项工程竣工结算和建设工程竣工总结算,其中单位工程竣工结算和单项工程竣工结算也可视为分阶段结算。

竣工结算的主要编制依据有:

(1) 国家有关法律、法规、规章制度和相关的司法解释;

(2) 国务院建设主管部门以及各省、自治区、直辖市和有关部门发布的工程造价计价标准、计价方法、有关规定及相关解释;

(3)《建设工程工程量清单计价规范》GB 50500—2013;

（4）施工承发包合同、专业分包合同及补充合同，有关材料、设备采购合同；

（5）招标投标文件，包括招标答疑文件、投标承诺、中标报价书及其组成内容；

（6）工程竣工图或施工图、施工图会审记录，经批准的施工组织设计，以及设计变更、工程洽商和相关会议纪要；

（7）经批准的开、竣工报告或停、复工报告；

（8）发承包双方实施过程中已确认的工程量及其结算的合同价款；

（9）发承包双方实施过程中已确认调整后追加（减）的合同价款；

（10）其他依据。

在采用工程量清单计价的方式下，工程竣工结算的计价原则如下：

（1）分部分项工程和措施项目中的单价项目应依据双方确认的工程量与已标价工程量清单的综合单价计算；如发生调整的，以发承包双方确认调整的综合单价计算；

（2）措施项目中的总价项目应依据合同约定的项目和金额计算；如发生调整的，以发承包双方确认调整的金额计算，其中安全文明施工费必须按照国家或省级、行业建设主管部门的规定计算；

（3）其他项目应按下列规定计价：

1）计日工应按发包人实际签证确认的事项计算；

2）暂估价应按发承包双方按照《建设工程工程量清单计价规范》GB 50500—2013 的相关规定计算；

3）总承包服务费应依据合同约定金额计算，如发生调整的，以发承包双方确认调整的金额计算；

4）施工索赔费用应依据发承包双方确认的索赔事项和金额计算；

5）现场签证费用应依据发承包双方签证资料确认的金额计算；

6）暂列金额应减去工程价款调整（包括索赔、现场签证）金额计算，如有余额归发包人；

（4）规费和税金应按照国家或省级、行业建设主管部门的规定计算。规费中的工程排污费应按工程所在地环境保护部门规定标准缴纳后按实列入。

此外，发承包双方在合同工程实施过程中已经确认的工程计量结果和合同价款，在竣工结算办理中应直接进入结算。

竣工结算的程序：①承包单位提交竣工结算文件；②造价咨询单位核对竣工结算文件进行审核；③造价咨询单位与承包单位就竣工结算文件进行编审核对；④竣工结算争议问题处理；⑤建设单位、造价咨询单位、承包单位签认竣工结算结果；⑥造价咨询单位出具竣工结算审核报告；⑦建设单位根据审核报告结果履行合约支付。

工程竣工结算的审核内容包括：

（1）审查工程竣工结算的递交程序和资料的完备性：

1）审查结果资料递交手续、程序的合法性，以及结算资料具有的法律效力；

2）审查结果资料的完整性、真实性和相符性。

（2）审查与工程竣工结算有关的各项内容：

1）工程施工合同的合法性和有效性；

2）工程施工合同范围以外调整的工程价款；

　　3）分部分项工程、措施项目、其他项目的工程量及单价；

　　4）建设单位单独分包工程项目的界面划分和总承包单位的配合费用；

　　5）工程变更、索赔、奖励及违约费用；

　　6）取费、税金、政策性调整以及材料价差计算；

　　7）实际施工工期与合同工期产生差异的原因和责任，以及对工程造价的影响程度；

　　8）其他涉及工程造价的内容。

　　工程竣工结算的审查时限。根据财政部、建设部关于印发《建设工程价款结算暂行办法》的通知（财建〔2004〕369 号），单项工程竣工后，施工承包单位应按规定程序向建设单位递交竣工结算报告及完整的结算资料，建设单位应以下规定的时限进行核对、审查，并提出审查意见。

　　（1）500 万元以下，从接到竣工结算报告和完整的竣工结算资料之日起 20 天；

　　（2）500 万元～2000 万元，从接到竣工结算报告和完整的竣工结算资料之日起 30 天；

　　（3）2000 万元～5000 万元，从接到竣工结算报告和完整的竣工结算资料之日起 45 天；

　　（4）5000 万元以上，从接到竣工结算报告和完整的竣工结算资料之日起 60 天。

　　承包单位应在建设项目竣工总结算在最后一个单项工程竣工结算审查确认后 15 天内汇总，送建设单位后 30 天内审查完成。

　　竣工结算成果文件的格式应符合《建设工程造价咨询成果文件质量标准》CECA/GC 7—2012 "成果文件的组成和要求" 的相关规定或委托方对成果文件格式的要求；竣工结算成果文件编制方法、编制深度等应符合《建设项目工程结算编审规程》CECA/GC 3—2010 的有关规定。

　　精度管理要求：竣工结算审查结果综合误差率应小于 3%。

7.3.9　项目竣工决算

　　项目竣工决算是指所有项目竣工后，咨询单位按照国家有关规定在项目竣工验收阶段编制的竣工决算报告。竣工决算是以实物数量和货币指标为计量单位，综合反映竣工项目从筹建开始到项目竣工交付使用为止的全部建设费用、建设成果和财务情况的总结性文件，是竣工验收报告的重要组成部分，竣工决算是正确核定新增固定资产价值，考核分析投资效果，建立健全经济责任制的依据，是反映建设项目实际造价和投资效果的文件。竣工决算是建设工程经济效益的全面反映，是项目法人核定各类新增资产价值、办理其交付使用的依据。竣工决算是项目投资管理的重要组成部分，做好竣工决算是全面完成工程造价管理目标的关键性因素之一。通过竣工决算，既能够正确反映建设工程的实际造价和投资结果，又可以通过竣工决算与概算、预算的对比分析，考核投资控制的工作成效，为工程建设提供重要的技术经济方面的基础资料，提高未来工程建设的投资效益。

　　项目竣工时，应编制建设项目竣工财务决算。建设周期长、建设内容多的项目，单项工程竣工，具备交付使用条件的，可编制单项工程竣工财务决算。建设项目全部竣工后应编制竣工财务总决算。

　　建设项目竣工决算的作用：①建设项目竣工决算是综合全面地反映竣工项目建设成果及财务情况的总结性文件；②建设项目竣工决算是办理交付使用资产的依据，也是竣工验收报告的重要组成部分；③为确定建设单位新增固定资产价值提供依；④建设项目竣工，决算是分析和检查设计概算的执行情况，考核建设项目管理水平和投资效果的依据；⑤为今后制订建设项目计划，降低建设成本，提高投资效果提供必要的参考资料。

竣工决算由竣工财务决算说明书、竣工财务决算报表、工程竣工图和工程竣工造价对比分析四部分组成。其中，竣工财务决算说明书和竣工财务决算报表两部分又称为建设项目竣工财务决算，是竣工决算的核心内容。

竣工决算的编制步骤如下：

（1）收集、整理和分析有关依据资料。在编制竣工决算文件之前，应系统地整理所有的技术资料、工料结算的经济文件、施工图纸和各种变更与签证资料，并分析它们的准确性。完整、齐全的资料，是准确而迅速编制竣工决算的必要条件。

（2）清理各项财务、债务和结余物资。在收集、整理和分析有关资料中，要特别注意建设工程从筹建到竣工投产或使用的全部费用的各项账务。债权和债务的清理，做到工程完毕账目清晰，既要核对账目，又要查点库存实物的数量，做到账与物相等，账与账相符，对结余的各种材料、工器具和设备，要逐项清点核实，妥善管理并按规定及时处理，收回资金。对各种往来款项要及时进行全面清理，为编制竣工决算提供准确的数据和结果。

（3）核实工程变动情况。重新核实各单位工程、单项工程造价，将竣工资料与原设计图纸进行查对、核实，必要时可实地测量，确认实际变更情况；根据经审定的承包人竣工结算等原始资料，按照有关规定对原概、预算进行增减调整，重新核定工程造价。

（4）编制建设工程竣工决算说明。按照建设工程竣工决算说明的内容要求，根据编制依据材料填写在报表中的结果，编写文字说明。

（5）填写竣工决算报表。按照建设工程决算表格中的内容，根据编制依据中的有关资料进行统计或计算各个项目和数量，并将其结果填到相应表格的栏目内，完成所有报表的填写。

（6）做好工程造价对比分析。

（7）清理、装订好竣工图。

（8）上报主管部门审查存档。

将上述编写的文字说明和填写的表格经核对无误装订成册，即为建设工程竣工决算文件。

本章小结

工程项目投资管理是为了实现预期的目标，对一定时间范围内的投资活动进行的计划、组织、领导和控制等工作的总称。它是对整个建设项目全部投资费用的动态管理过程，也就是从项目前期建设准备、项目招采、项目实施、项目竣工、项目后评价等整个建设过程的投资管理。工程投资管理是以工程造价管理为主，将工程技术与财务管理相结合的一项管理任务。工程建设项目的唯一性、一次性、产品固定性、要素流动性、高投入等显著特征，决定了工程造价管理效果的优劣，直接影响整个建设项目的投资效益和功能目标的达成，所以工程项目投资管理必然以工程造价为管理主线。投资咨询策划包括策划方案，投资咨询组织管理、质量管理、风险管理和信息档案管理。投资咨询实施除工程估算、概算之外，强调重视设计阶段、招标采购阶段、施工阶段和竣工验收阶段的投资控制。

复习思考题

1. 什么是工程项目投资咨询？
2. 工程项目投资咨询的目的是什么？
3. 工程项目投资咨询如何组织？
4. 工程项目投资咨询如何实施？
5. 工程项目投资咨询的核心管理内容是什么？
6. 建设项目总投资的组成是什么？

本章参考文献

[1] 全国造价工程师执业资格考试培训教材编审委员会. 建设工程计价 [M]. 北京：中国计划出版社，2013.

[2] 全国造价工程师执业资格考试培训教材编审委员会. 建设工程造价管理 [M]. 北京：中国计划出版社，2013.

[3] 宋伟. 项目管理学 [M]. 2 版，北京：人民邮电出版社，2013.

[4] 陈金海，等. 建设项目全过程咨询指南 [M]. 北京：中国建筑工业出版社，2018.

[5] 丁士昭. 工程项目管理（第二版）[M]. 北京：中国建筑工业出版社，2014.

[6] 中国建筑业协会. 中国建筑业协会团体标准　全过程工程咨询服务管理标准 T/CCIAT 0024—2020 [S]. 北京：中国建筑工业出版社，2020.

[7] 中国建设工程造价管理协会. 中国建设工程造价管理协会标准　建设项目全过程造价咨询规程 CECA/GC 4—2017 [S]. 北京：中国计划出版社，2017.

[8] 四川省住房与城乡建设厅. 四川省工程建设地方标准　四川省建设工程项目管理标准 DBJ51/T 101—2018 [S]. 成都：西南交通大学出版社，2018.

第 8 章　工程项目监理咨询

主要内容：
- 监理咨询组织策划
- 监理咨询规划
- 监理咨询实施细则
- 监理咨询实施

学习目标：

通过本章学习，读者可以掌握监理咨询单位的责任和义务，监理咨询服务的目标、范围和服务措施；掌握监理咨询规划、监理咨询实施细则的编制要求等；了解监理咨询实施时合同签订、团队组建等。

8.1　监理咨询组织策划

全过程工程咨询服务单位具有与工程规模及业主委托内容相适应的工程监理资质的，应依据合同自行完成自有资质许可范围内的工程监理任务。全过程工程咨询服务单位不具备与工程规模及业主委托内容相适应的工程监理资质，应按照合同约定或经建设单位同意，择优委托具有相应资质的单位承担工程监理任务。

8.1.1　监理咨询概述

1997 年《中华人民共和国建筑法》从法规方面明确了监理制度的法律地位，规定国家推行建筑工程监理制度，依照法律、行政法规及有关的技术标准、设计文件和建筑工程承包合同，对承包单位在施工质量、建设工期和建设资金使用等方面，代表建设单位实施监督。工程监理单位应当根据建设单位的委托，客观、公正地执行监理任务。实行总监理工程师负责制，监理人员应公平、独立、科学地开展建设工程监理工作，维护建设单位的合法权益，不损害其他有关单位的合法权益。自此，监理工作一直在建设工程中发挥着专业技术服务和综合管理作用。

2017 年住房和城乡建设部下发《关于促进工程监理行业转型升级创新发展的意见》（建市〔2017〕145 号），意见中提出引导监理企业服务主体多元化，鼓励支持监理企业为建设单位做好委托服务的同时，进一步拓展服务主体范围，积极为市场各方主体提供专业化服务。鼓励监理企业在立足施工阶段监理的基础上，向"上下游"拓展服务领域，提供项目咨询、招标代理、造价咨询、项目管理、现场监督等多元化的"菜单式"咨询服务。实际就是引导监理企业融入全过程工程咨询的发展，适应工程建设各阶段专业技术和管理服务的需求。

《关于促进工程监理行业转型升级创新发展的意见》又提出：提高监理企业核心竞争力，鼓励大型监理企业采取跨行业、跨地域的联合经营、并购重组等方式发展全过程工程咨询，培育一批具有国际水平的全过程工程咨询企业。支持中小监理企业、监理事务所进一步提高技术水平和服务水平，为市场提供特色化、专业化的监理服务。工程监理回归工程咨询，促进工程监理行业转型升级、创新发展，参与建设工程全过程工程咨询服务，将更好发挥监理咨询的作用。本章主要介绍全过程工程咨询中的监理咨询服务。

8.1.2　监理咨询单位责任和义务

1. 监理咨询单位的质量责任和义务

依据《建设工程质量管理条例》（2019 年修正版）的规定，监理咨询单位实施质量监督时，主要履行以下责任和义务：

（1）监理单位应在其资质等级许可的范围内承担工程监理业务。

（2）禁止监理单位允许其他单位或者个人以本单位的名义承担工程监理业务。

（3）监理单位不得转让工程监理业务。

（4）监理单位不得承担与施工承包单位以及建筑材料、建筑构配件和设备供应单位有隶属关系或者其他利害关系的监理业务。

（5）监理单位应当依照法律、法规以及有关技术标准、设计文件和建设工程承包合同，代表建设单位对施工质量实施监理，并对施工质量承担监理责任。

（6）监理单位应当选派具备相应资格的总监理工程师和监理工程师进驻施工现场。

2. 监理咨询单位的安全责任

依据《建设工程安全管理条例》的规定，监理咨询单位应履行的主要安全责任有：

（1）监理单位和监理工程师应当按照法律、法规和工程建设强制性标准实施监理，并对建设工程安全生产承担监理责任。

（2）监理单位应当审查施工组织设计中的安全技术措施或者专项施工方案是否符合工程建设强制性标准。

（3）监理单位在实施监理过程中，发现存在安全事故隐患的，应当要求施工单位整改；情况严重的，应当要求施工单位暂时停止施工，并及时报告建设单位。施工单位拒不整改或者不停止施工的，工程监理单位应及时向有关主管部门报告。

8.1.3　监理咨询管理服务

监理咨询单位需根据项目特征，以全过程工程咨询服务总目标为依据，分解监理咨询质量控制、投资控制、进度控制、安全管理等具体服务目标。监理咨询单位应科学地为建设单位提供专业咨询服务，独立地进行判断和行使职权，公平公正地处理工程建设中发生的问题。

《建设工程监理规范》GB 50319—2013 中规定：在订立建设工程监理合同时，建设单位将勘察、设计、保修阶段等相关服务一并委托的，应在合同中明确相关服务的工作范围、内容、服务期限和酬金等相关条款。国家发展改革委　住房城乡建设部《关于推进全过程工程咨询服务发展的指导意见》（发改投资规〔2019〕515 号）中提出，鼓励多种形式全过程工程咨询服务模式，除投资决策综合性咨询和工程建设全过程咨询外，咨询单位可根据市场需求，从投资决策、工程建设、运营等项目全生命周期角度，开展跨阶段咨询服务组合或同一阶段内不同类型咨询服务组合。

目前，传统的工程监理通常限于施工阶段的监理服务，在国家全面推行建设项目全过程工程咨询服务的形势下，监理咨询服务范围应与全过程工程咨询的服务范围相适应。因此，监理咨询的服务范围宜向两端逐渐延伸，从项目的前期阶段、勘察设计阶段直至项目运营维护阶段，全程按合同要求提供监理咨询服务，服从全过程工程咨询单位的安排。

1. 项目前期阶段监理咨询主要服务

建设项目前期阶段的主要工作有项目征地，场地内建筑物、构筑物的拆除，场地平整，接通建设项目临时用水，接通建设项目临时用电，完成建设项目临时道路的建设。本阶段监理咨询主要提供以下服务：审查拆除、场地平整、道路施工等所必需的专项施工方案；督促相关责任单位完成进场施工道路及水、电等；对场地平整、道路施工、拆除等进行质量和安全生产管理；见证测量控制点的移交，并督促施工单位对测量控制点进行保护。

2. 勘察设计阶段监理咨询主要服务

勘察设计阶段主要对勘察单位的现场勘察进度进行控制，协调现场勘察过程中的各种影响因素，配合设计单位进行现场踏勘。

3. 施工阶段的监理咨询主要服务

（1）以施工合同工期为工程进度控制总目标，以全过程工程咨询项目部编制的项目总控计划为依据，分解各阶段进度控制计划，实施动态控制，使关键线路工作及关键节点工作实际进度与总进度计划协调一致。

（2）根据相关法律法规、工程建设验收规范、设计文件等要求，对工程项目实施全过程的质量控制，履行建设工程质量管理的监理职责。

（3）以施工合同中所约定的合同价款和工程量清单为依据，以全过程工程咨询项目部制定的投资控制管理制度为基础，进行工程量计量支付审核，合理处理工程变更、签证和索赔，提出投资控制相关措施和建议，保证项目施工投资满足建设投资目标。

（4）根据相关法律法规、工程建设强制性标准，履行建设工程安全生产管理的监理职责，并应将安全生产管理的监理咨询工作内容、方法和措施纳入监理规划及监理实施细则。

4. 竣工验收、运营维护阶段监理咨询服务

监理咨询团队应对保修期间发现的工程质量问题，组织调查、研究，分项原因，鉴定工程质量问题的责任方，并监督完成保修工作；保修期满后颁发缺陷责任终止证书；参与检查项目正式运行前的各项准备工作；编制监理咨询自我总结报告，协助总咨询师组织项目后评价和项目绩效评价工作。

监理咨询团队在整个服务期应建立完善的监理资料管理制度，及时、准确、完整地编制、收集、整理、归档监理资料。

8.1.4 监理咨询服务措施

1. 监理咨询服务管理体系

监理咨询团队（原项目监理机构）应建立监理咨询质量管理、安全管理、环境保护等一体化的管理体系，同时督促各管理单位建立质量管理、安全管理、环境保护等管理体系。

监理咨询服务应满足相关的法律法规、国家标准和相关方及其他要求，履行应尽的责任和义务，发挥自身的整体效能。

2. 监理咨询服务管理制度

监理咨询团队应建立监理咨询服务的各项管理制度（监理咨询团队的管理制度、监理咨询工作责任制度、监理例会制度、施工组织设计及方案审查制度、施工机械及安全设施验收核查制度、现场巡视检查制度、督促整改制度、监理报告制度、危险性较大分部分项工程（以下简称危大工程）安全生产管理制度、危险源和施工风险管控制度、见证取样和平行检验制度、监理人员学习培训制度、资料管理与归档制度）。

监理咨询团队应协助配合总咨询师制定全过程工程咨询项目部各项管理制度（质量管理制度、安全管理制度、投资控制管理制度、信息管理制度、勘察设计管理制度、变更索赔管理制度、材料设备认质核价管理制度等）。

3. 监理咨询服务工作流程

监理咨询团队应建立监理咨询服务工作流程（包括文件审批流程、工作汇报流程、工程验收流程、信息传递流程等），协助配合总咨询师建立全过程工程咨询项目部工作流程。

4. 监理咨询团队人员配置原则

建设项目施工阶段各类工程监理咨询人员配备可根据《四川省房屋建筑与市政基础设施工程现场施工和监理从业人员配备标准》DBJ51/T 085—2017 配置，并且应满足国家、当地政府最新的相关规定。

建设项目其他阶段监理咨询人员视项目现场实际工作需要配备。

5. 监理咨询单位的工器具配置原则

中国建设监理协会制定的《监理工器具配置标准（试行）》就施工阶段房屋建筑和市政公用工程新建、改建、扩建工程监理及相关服务活动需配置的工器具标准进行分类规定。具体参考本章后的附表：监理咨询工器具配置标准。

8.1.5　工程监理人员任职责任

1. 监理咨询人员任职条件

（1）总监理工程师

1）由全过程工程咨询单位（或监理咨询单位）法定代表人书面任命；

2）必须取得监理工程师注册证书并注册完成。

（2）总监理工程师代表

1）经全过程工程咨询单位（或监理咨询单位）法定代表人同意，由总监理工程师书面授权；

2）取得工程类注册执业资格或具有中级以上专业技术职称；

3）经过监理咨询业务培训，并有 3 年以上工程监理工作经验。

（3）专业监理工程师

1）由总监理工程师授权；

2）取得工程类注册职业资格或具有中级以上专业技术职称；

3）具有 2 年以上工程实践经验并经监理咨询业务培训。

（4）监理员

1）具有相应专业的中专以上学历；

2）经过监理咨询业务培训。

2. 监理咨询人员岗位职责

监理咨询实行总监理工程师负责制。总监理工程师作为监理咨询团队的负责人，应组织协调队员积极开展监理咨询工作，行使相关法律、法规和监理合同赋予的权利、履行相关义务，承担相应责任。

（1）总监理工程师应享有以下职权：

1）参加由建设单位组织的建设项目协调会、专题会。

2）负责组建监理咨询团队，根据施工进度主动调整监理咨询人员，具有对所属监理咨询人员的考核任用权。

3）具有对履约能力差、不能保证工程有效实施的总承包单位（含分包单位）、项目经理及主要管理人员的撤换建议权。

4）有权拒绝妨碍其依法履行工程监理职责的非法干预。当工程建设相关各方不配合其正常履行职责时，应向建设单位、全过程工程咨询项目部报告，必要时应向建设行政主管部门或其监督机构报告。

5）监理咨询单位授予总监理工程师的其他权力。

（2）总监理工程师应承担的责任主要包括：

1）作为监理咨询团队负责人，代表监理咨询单位履行监理合同并承担项目监理咨询团队管理工作的责任。

2）对监理咨询团队签发或签认的监理文件资料的真实性和准确性承担主要责任。

3）工程发生质量、安全事故，经调查认定为总监理工程师工作失职或过失造成的，总监理工程师承担主要监理责任；经调查认定为其他监理人员工作失职或过失造成的，除直接责任人承担相应责任外，总监理工程师应根据履职尽责情况承担相应管理责任。

4）当出现本标准规定及相关建设行政主管部门规定的应向建设单位、建设行政主管部门或其监督机构报告的情形时，应及时履行报告责任。

（3）总监理工程师主要工作内容包括：

1）确定项目监理咨询团队人员及其岗位职责。

2）根据工程进展及监理咨询工作情况调配监理人员，检查、指导监理人员工作。

3）组织编制监理规划，审批监理实施细则。

4）组织审查施工组织设计、施工方案及分包单位资格，工程开工、复工及工程变更报审资料，签发工程开工令、暂停令及复工令。

5）主持召开监理例会，组织相关监理人员参加由建设单位主持的设计交底和图纸会审、第一次工地会议，参加由施工单位组织召开的超过一定规模的危大工程专项施工方案专家论证会，根据需要主持或参加专题会议。

6）组织检查施工单位现场质量、安全管理制度的建立及实施情况。

7）组织处理发现的工程质量和安全文明施工异常情况，实施向有关主管部门报告应报告的事项，参与或配合工程质量、安全事故及质量投诉的调查和处理。

8）组织审查工程索赔、工程延期报审资料，调解建设单位与施工单位的合同争议。

9）组织审查施工单位提交的施工进度计划及施工进度计划调整，以及采用新材料、新工艺、新技术、新设备的论证材料及相关验收标准。

10）组织审查工程款支付报审资料，签发工程款支付证书，按监理合同约定组织工程竣工结算。

11）组织编制监理月报，审阅巡视记录和监理日志。

12）组织分部（子分部）工程验收，参加组织危大工程验收。

13）组织审查工程竣工验收报验资料，组织工程竣工预验收，签署工程竣工预验收意见，组织编制工程质量评估报告。

14）参与工程竣工验收，签署工程竣工验收意见。

15）组织整理监理咨询文件资料，签发工程监理竣工资料移交单。

16）组织建立危大工程安全管理等监理工作档案。

17）组织编制监理工作总结。

18）组织监理咨询人员内部学习和培训。

19）协助总咨询师制定全过程工程咨询项目管理体系、管理制定、工作流程等。

20）协助总咨询师编制阶段管理服务工作分析报告。

21）协助配合全过程工程咨询项目部实施协调管理工作。

（4）总监理工程师代表主要工作内容。根据项目规模特点，监理咨询团队可配备总监理工程师代表，辅助总监理工程师开展监理咨询工作，但总监理工程师不得将下列工作委托给总监理工程师代表：

1）组织编制监理规划，审批监理实施细则。

2）根据工程进展及监理工作情况调配监理人员。

3）组织审查施工组织设计、施工方案。

4）参加超过一定规模的危大工程施工方案专家论证会。

5）签发工程开工令、暂停令及复工令。

6）签发工程款支付证书，组织竣工结算。

7）调解建设单位与施工单位的合同争议，处理工程索赔。

8）审查施工单位的竣工报验资料，组织工程竣工预验收，组织编制工程质量评估报告，参与工程竣工验收。

9）参与或配合工程质量、安全事故及质量投诉的调查和处理。

10）参加由建设单位组织的建设项目协调会、专题会。

（5）专业监理工程师主要工作内容包括：

1）参与编制监理规划，编制本专业或分工负责的专项工程监理实施细则。

2）指导、检查本专业监理员的工作，定期向总监理工程师汇报责任范围的监理工作实施情况。

3）参与检查施工单位现场质量、安全生产管理体系的建立及运行情况。

4）参与审查涉及本专业的施工组织设计、施工（专项）方案并提出审查意见。

5）参加涉及本专业的超过一定规模的危大工程专项施工方案专家论证会。

6）参与审查涉及本专业的分包单位资格。

7）审查涉及本专业的施工进度计划，核查施工进度计划执行情况。

8）审查进场工程材料、构配件、设备的质量，复核施工单位提交的涉及本专业的新材料、新工艺、新技术、新设备的论证材料及相关验收标准。

9）组织复核或见证本专业的施工测量放线成果。

10）巡视施工现场施工质量、安全文明施工和施工进度情况。

11）组织开展危大工程专项巡视检查，参与危大工程验收。

12）检查施工单位项目经理到岗履责情况、安全文明施工及安全费用使用情况，处理日常监理工作中发现的工程质量和安全文明施工异常情况。

13）负责本专业的检验批验收、隐蔽工程验收、分项工程验收，参与本专业的分部（子分部）工程验收。

14）进行工程计量，参与涉及本专业的工程变更技术复核。

15）参与审查工程索赔、工程延期报审资料及合同争议等事项。

16）签发监理通知单，编写监理日志，参与编制监理月报。

17）参与单位工程竣工预验收，编制涉及本专业工程质量评估报告和监理咨询总结，参与本专业工程竣工结算。

18）收集、整理、汇总本专业的监理文件资料，参与整理工程监理竣工资料。

19）总监理工程师安排的其他工作。

（6）监理员主要工作内容包括：

1）检查施工单位实际投入工程的施工人员、施工机械等资源情况及使用状况。

2）参与审查本专业工程材料、构配件、设备质量，开展相关平行检验或见证取样。

3）旁站监理规划的旁站监理方案中确定的关键部位、工序的施工过程。

4）协助专业监理工程师核实工程计量数据。

5）检查施工单位专职安全员、专职质检员到岗履职情况。

6）检查施工工序施工结果，参与检验批、隐蔽工程、分项工程验收。

7）发现施工作业中的问题，及时向施工单位指出并向专业监理工程师或总监理工程师报告。

8）记录施工现场作业情况和监理工作情况。

9）总监理工程师和专业监理工程师安排的其他工作。

8.2 监理咨询规划

在全过程工程咨询服务中监理咨询团队应严格依据《建设工程监理规范》GB/T 50319—2013 等文件开展监理咨询工作。在全过程工程监理咨询服务实施过程中，监理咨询规划是项目监理咨询团队全面开展监理咨询工作的指导性文件也是内部考核的依据和重要的存档资料。

8.2.1 监理咨询规划编制依据和要求

1. 监理咨询规划编制依据

（1）工程建设相关法律法规和标准。

（2）建设工程外部环境调查研究资料。

（3）建设工程合同。

（4）全过程工程咨询合同（或建设工程监理合同）。

（5）政府批准的工程建设文件。

（6）建设单位的要求。

（7）工程实施过程中输出的有关工程信息。

2. 监理咨询规划编写要求

（1）监理咨询规划的表达方式应当标准化、规范化。

（2）监理咨询规划由总监理工程师组织编制。

（3）监理咨询规划的编制应充分考虑时效性。

（4）监理咨询规划应动态调整。

（5）监理咨询规划的基本构成内容应当力求统一。

（6）监理咨询规划应有利于工程监理合同的履行。

（7）监理咨询规划的内容应具有针对性、指导性和可操作性。

（8）监理咨询规划经审核批准后才可实施。

8.2.2　监理咨询规划主要内容

依据《建设工程监理规范》GB/T 50319—2013 规定，监理咨询规划的内容包括：工程概况，监理咨询工作的范围、内容、目标，监理咨询工作依据，监理组织形式、人员配备及进出场计划、监理咨询人员岗位职责，监理咨询工作制度，工程质量控制，工程造价控制，工程进度控制，安全生产管理的监理工作，合同与信息管理，组织协调，监理设施、设备等。

1. 工程概况

工程概况应能准确地体现出监理咨询项目的基本情况，在监理咨询规划编制中工程概况主要包括以下几点：

（1）项目名称。

（2）项目建设地点。

（3）项目建设规模。

（4）主要建筑结构类型。

（5）工程概算投资额或建安工程造价。

（6）工程项目计划工期，包括开工、竣工日期。

（7）工程质量目标。

（8）建设单位、设计单位以及施工单位名称，项目负责人姓名。

（9）工程项目结构图、组织关系图和合同结构图。

（10）工程项目特点。

（11）其他说明。

2. 监理工作的范围、内容和目标

（1）监理咨询工作范围

监理咨询团队所承担的建设工程监理咨询工作，可能是针对整个项目，也可能是其中的一个单位工程，甚至是某个专业工程，监理咨询工作范围虽然已在全过程工程咨询合同（或建设工程监理合同）中明确，但在编制监理咨询规划时仍需对其工作范围进一步细化说明。

（2）监理咨询工作内容

建设工程监理咨询基本工作内容包括：工程质量、造价和进度三大目标控制，合同管理和信息管理，组织协调，以及履行建设工程安全生产管理的法定职责。监理咨询规划中需要根据全过程工程咨询合同（或建设工程监理合同）约定对监理工作内容进一步地细化说明。

（3）监理咨询工作目标

监理工作目标是指工程监理咨询团队为达到合同约定的预期工作目标。一般以建设工程质量目标、造价目标、进度目标、安全目标的控制值来表示。

3. 监理咨询工作依据

依据《建设工程监理规范》GB/T 50319—2013，实施建设工程监理的依据主要包括法律法规及工程建设标准、建设工程勘察设计文件、建设工程监理合同及其他合同文件等。

4. 监理组织形式、人员配备及进出场计划、监理人员岗位职责

（1）项目监理咨询团队组织形式

工程监理单位派驻施工现场的项目监理咨询团队的组织形式和规模，应根据建设工程监理合同约定的服务内容、服务期限，以及工程规模、工程特点、技术复杂程度、工程环境等因素来确定项目监理咨询团队组织形式，必要时可用项目组织结构图来表示。某工程项目监理组织结构图如图 8-1 所示。

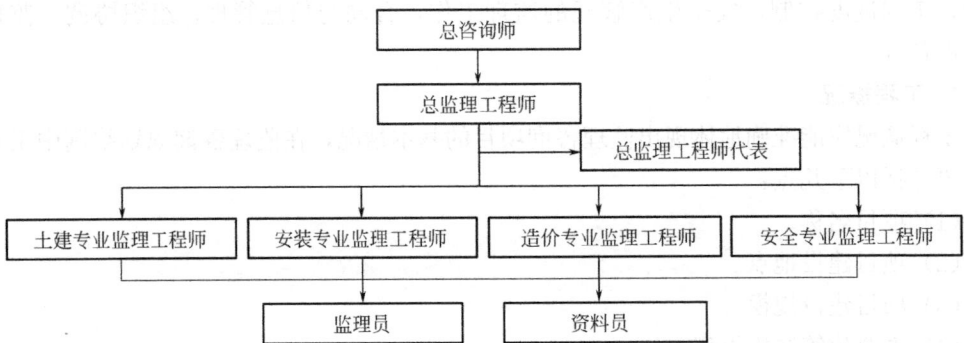

图 8-1　监理组织结构图示例

（2）项目监理咨询团队人员配备及进出场计划

项目监理咨询团队监理人员一般由总监理工程师、专业监理工程师和监理员组成，监理咨询人员的配备及进出场计划应根据工程的专业特点以及监理投标文件的要求进行合理安排。专业配套、数量应满足建设工程监理工作需要，必要时可设总监理工程师代表。在人员配备计划表中应注明姓名、职务、职称、专业、进出场时间等信息以便后期核查。

（3）项目监理咨询人员岗位职责

项目监理咨询团队监理人员分工及岗位职责应根据全过程工程咨询合同（或建设工程监理合同）约定的监理工作范围和内容以及《建设工程监理规范》GB/T 50319—2013 的规定，由总监理工程师依据项目监理咨询团队监理人员的专业水平、技术水平、工作能力、实践经验等进行安排和明确。总监理工程师在项目实施前期应组织监理人员进行内部工作职责交底，明确个人的岗位职责，在实施过程中应对监理人员职责履职情况进行定期考核。根据项目实际情况，必要时，可增加总监理工程师代表岗位，履行总监理工程师的部分职责。

5. 监理咨询工作制度

为全面履行建设工程监理职责，确保建设工程监理服务质量，监理咨询规划中应根据工程特点和工作重点明确相应的监理工作制度。主要包括：

（1）项目监理咨询团队现场监理工作制度；

（2）项目监理咨询团队内部工作制度；

（3）相关服务工作制度。

6. 工程质量控制

（1）工程质量控制的主要任务（详见本书第 8.4.3 节）

（2）工程质量控制工作流程与措施

1）依据项目的质量分解目标，结合工程项目特点编制质量控制工作流程图。

2）工程质量控制的具体措施。

① 组织措施：明确各岗位人员的质量职责分工，制定有关质量监督制度，质量管理考评制度，落实质量控制责任。

② 技术措施：对施工方案等进行可行性分析，协助完善质量保证体系；严格事前、事中和事后的质量检查监督，运用信息化技术进行方案可行性分析。

③ 经济措施：严格质量检查和验收，不符合合同规定质量要求的，拒付工程款；达到建设单位特定质量目标要求的，按合同支付工程质量补偿金或奖金。

④ 合同措施：动态跟踪合同执行情况，协助建设单位选择满意的施工单位及材料设备供应单位。

7. 工程造价控制

项目监理咨询团队应充分了解工程施工合同文件、工程设计文件、施工进度计划等，熟悉合同价款的计价方式、施工投标报价及组成、工程预算等情况，明确工程造价控制的目标和要求，制定工程造价控制工作流程、方法和措施，以及针对工程特点确定工程造价控制的重点和目标值，将工程实际造价控制在计划造价范围内。

（1）工程造价控制工作内容（详见本书第 8.4.3 节）

（2）工程造价控制主要方法

在工程造价目标分解的基础上，依据施工进度计划、施工合同等文件，编制资金使用计划，运用动态控制原理，对工程造价进行动态分析、比较和控制。

工程造价动态比较的内容包括：

① 工程造价目标分解值与造价实际值的比较。

② 工程造价目标值的预测分析。

（3）工程造价目标实现的风险分析

工程造价受诸多因素影响，尤其是工程变更、材料市场价格变化等因素，为有效控制工程造价，对工程造价目标实现的风险进行分析并采取相应防范性对策是十分必要的。项目监理咨询团队宜根据工程特点、施工合同、工程设计文件及经过批准的施工组织设计对工程造价目标控制进行风险分析，从而提出防范性对策。

（4）工程造价控制工作流程与措施

1）依据工程造价的分解目标编制工程造价控制工作流程图。

2）工程造价控制具体措施。

① 组织措施：包括建立健全项目监理机构，确定岗位人员的造价管理职责及分工，制定有关造价管理制度。

② 技术措施：通过质量价格比选，合理确定生产供应单位，对设计方案、施工技术方案进行审查、论证，落实合理的技术方案。

③ 经济措施：包括及时进行计划费用与实际费用的分析比较；对原设计或施工方案提出合理化建议并被采用，由此产生的投资节约按合同规定予以奖励。

④ 合同措施：按合同条款支付工程款，防止过早、过量地支付。减少施工单位的索赔，正确处理索赔事宜等。严格控制合同变更，对各方提出的工程变更和设计变更，应严格审查后再补入合同文件之中；

8. 工程进度控制

项目监理咨询团队应全面了解工程施工合同文件、施工进度计划等内容，明确施工进度控制的目标和要求，制定施工进度控制工作流程、方法和措施，以及针对工程特点确定工程进度控制的重点和目标值，将工程实际进度控制在计划工期范围内。

（1）工程进度控制工作内容（详见本书第8.4.3节）

（2）工程进度控制方法

1）加强施工进度计划的审查，提出审查意见，并由总监理工程师审核后报建设单位；

2）运用动态控制原理进行进度控制。施工进度计划在实施过程中受各种因素的影响可能会出现偏差，项目监理咨询团队应比较分析工程施工过程中的实际进度与计划进度，预测实际进度对工程总工期的影响，并应在监理月报中向建设单位报告工程实际进展情况，项目监理咨询团队应对施工进度计划的实施情况进行动态检查施工进度计划的实施情况，发现实际进度严重滞后于计划进度且影响合同工期时，应签发监理通知单并组织召开专题会议，总监理工程师应向建设单位报告工期延误风险。同时要求施工单位采取调整措施，经建设单位同意后督促施工单位按照批准的方案加快施工进度。

工程进度动态比较的内容包括：

① 工程进度目标分解值与进度实际值的比较。

② 工程进度目标值的预测分析。

（3）工程进度控制工作流程与措施

1）工程进度控制工作流程图。

2）工程进度控制具体措施。

① 组织措施：建立进度控制的组织体系，落实进度控制人员及其职责分工，编制项目进度控制工作流程，进度管理考评制度，落实进度控制责任。

② 合同管理措施：对建设工程实行分段设计、分段发包和分段施工；加强合同管理，协调合同工期与进度计划之间的关系，保证合同中进度目标的实现；加强风险管理，在合同中应充分考虑风险因素及其对进度的影响，以及相应的处理方法；加强工期索赔管理，公正地处理工期索赔。

③ 技术措施：对施工方案进行可行性分析，采用工程网络计划图、信息化技术等实施动态控制。

④ 经济措施：编制与项目进度计划相适应的资源需求进度计划，以及在项目预算中考虑为实现进度目标将要采取的经济激励措施费用。

9. 安全生产管理的监理工作

项目监理咨询团队应根据法律法规、工程建设强制性标准，履行建设工程安全生产管理的监理职责。项目监理咨询团队应根据工程项目的实际情况，加强对施工组织设计中涉及安全技术措施的审核，加强对专项施工方案的审查和监督，加强对现场安全事故隐患的检查，发现问题及时处理，防止和避免安全事故的发生。

（1）安全生产管理的监理工作内容（详见本书第 8.4.3 节）

（2）安全生产管理的监理方法和措施

1）通过审查施工单位现场安全生产规章制度的建立和实施情况，督促施工单位落实安全技术措施和应急救援预案，加强风险防范意识，预防和避免安全事故的发生。

2）通过项目监理咨询团队安全管理责任风险分析，制订监理咨询实施细则，落实监理人员，加强日常巡视和安全检查，发现安全事故隐患时，项目监理咨询团队应当履行监理职责，采取会议、告知、通知、停工、报告等措施向施工单位管理人员指出，预防和避免安全事故发生。

3）项目监理咨询团队在实施监理过程中，发现工程存在安全事故隐患时，应签发监理通知单，要求施工单位整改；情况严重时，应签发工程暂停令，并应及时报告建设单位。施工单位拒不整改或不停止施工时，项目监理咨询团队应及时向有关主管部门报送监理报告。

10. 合同与信息管理

（1）合同管理

项目监理咨询团队应依据建设工程监理合同约定进行施工合同管理，建立健全合同管理制度、合同履约保证体系，处理工程暂停及复工、工程变更、索赔及施工合同争议、解除等事宜。合同管理工作内容详见本书第 8.4.3 节。

（2）信息管理

信息管理是工程监理的重要管理工作，在实施过程中，宜设专人进行管理，通过对建设工程形成的信息及时、准确地收集、整理、处理、存储、传递与运用，保证能够及时、准确地获取所需要的信息。具体工作包括：

1）监理文件资料的管理内容；

2）监理文件资料的管理原则和要求；

3）监理文件资料的管理制度和程序；

4）监理文件资料的主要内容；

5）监理文件资料的归档和移交等。

11. 组织协调

组织协调是开展监理工作的重要事宜，组织协调不仅仅是项目监理咨询团队内部人与人之间的协调，还包括机构与机构之间，以及监理咨询团队与外部环境组织之间的工作调和与联结，通过有效的组织协调，工程参建各方有机协同一致，促进监理目标的实现。

（1）组织协调的范围和层次

1）组织协调的范围包括建设单位、工程建设参与各方（政府管理部门）之间的关系。

2）组织协调的层次包括：

① 协调工程参与各方之间的关系；

② 工程技术协调。

（2）组织协调的主要工作内容

1）项目监理咨询团队的内部协调：

① 总监理工程师做好项目监理咨询团队内部人员之间的工作关系协调；

② 明确监理人员分工及各自的岗位职责；

③ 建立信息沟通制度；

④ 及时处理矛盾，建立良好的人际关系。

2）项目监理咨询团队的外部协调：

① 与工程建设单位的协调；

② 与施工单位的协调；

③ 与设计单位的协调；

④ 与政府部门及其他单位的协调。

（3）组织协调方法和措施

1）组织协调方法：

① 会议协调：第一次工地例会、监理例会、专题会议等方式；

② 交谈协调：面谈、电话、电子邮件等方式；

③ 书面协调：信函、通知书、工作联系单、备忘录等方式；

④ 访问协调：走访或约见等方式。

2）不同实施阶段的组织协调措施：

① 开工前的协调；

② 施工过程中的协调；

③ 竣工验收阶段的协调。

12. 监理设施、设备

（1）制定监理设施、设备管理制度；

（2）根据建设工程的规模、类别、技术复杂程度、建设工程所在地的环境条件，按建设工程监理合同约定，配备满足监理工作需要的常规检测设备和工具；

（3）落实场地、办公、交通、通信、生活等设施，配备必要的影像设备；

（4）项目监理咨询团队应将拥有的监理设备和工具（如计算机、设备、仪器、工具、照相机、摄像机等）指定专人负责管理并做好信息登记。

8.2.3　监理咨询规划报审

1. 报审程序依据

依据《建设工程监理规范》GB/T 50319—2013，监理咨询规划应在签订建设工程监理合同及收到工程设计文件后由总监理工程师组织专业监理工程师编制，总监理工程师签字后由工程监理单位技术负责人审批，在召开第一次工地会议前报送建设单位。在实施建设工程监理咨询过程中，实际情况或条件发生变化而需要调整监理咨询规划时，应由总监理工程师组织专业监理工程师修改，并应经工程监理咨询单位技术负责人批准后报建设单位。监理咨询规划报审流程如图 8-2 所示。

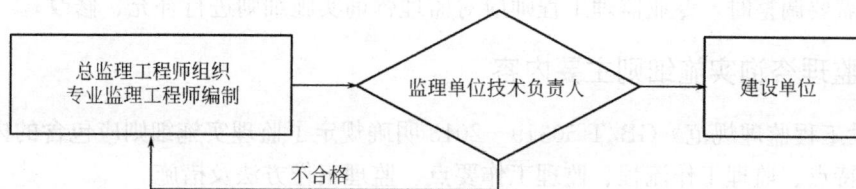

图 8-2　监理咨询规划报审流程图

2. 监理咨询规划审核内容

当监理咨询规划编写完成后需要由监理咨询单位技术负责人进行审批签认。监理咨询规划审核的内容主要包括以下几方面：

(1) 监理范围、工作内容及监理目标的审核。

(2) 项目监理咨询团队的审核。

1) 组织机构方面的审核。

2) 人员配备情况的审核。

(3) 工作计划的审核。

(4) 工程质量、造价、进度控制方法的审核。

(5) 安全生产管理监理工作内容的审核。

(6) 监理工作制度的审核。

8.3　监理咨询实施细则

8.3.1　监理咨询实施细则编写依据和要求

监理咨询实施细则是在监理咨询规划的基础上，当落实了各专业监理责任和工作内容后，由专业监理工程师针对工程具体情况制定出更具实施性和操作性的业务文件，其作用是具体指导监理咨询业务的实施。

1. 监理咨询实施细则编写依据

《建设工程监理规范》GB/T 50319—2013 中规定了监理实施细则编写的依据：

(1) 已批准的建设工程监理规划；

(2) 工程建设标准、工程设计文件；

(3) 施工组织设计、（专项）施工方案。

2. 监理咨询实施细则编写要求

《建设工程监理规范》GB/T 50319—2013 规定：采用新材料、新工艺、新技术、新设备的工程，以及专业性较强、危险性较大的分部分项工程，应编制监理实施细则。对于工程规模较小、技术较为简单且有成熟监理经验和措施的，可不必编制监理实施细则。监理咨询实施细则应符合监理咨询规划的要求，并应结合工程专业特点，做到针对性强、具有可操作性。监理咨询实施细则可随工程进展编制，但应在相应工程开始前由专业监理工程师编制完成，并经总监理工程师审批后实施。可根据建设工程实际情况及项目监理咨询团队工作需要增加其他内容。当工程发生变化导致监理咨询实施细则所确定的工作流程、方法和措施需要调整时，专业监理工程师应对监理咨询实施细则进行补充、修改。

8.3.2 监理咨询实施细则主要内容

《建设工程监理规范》GB/T 50319—2013 明确规定了监理实施细则应包含的内容，即专业工程特点、监理工作流程、监理工作要点、监理工作方法及措施。

1. 专业工程特点

专业工程特点是指需要编制监理咨询实施细则的工程专业特点，而不是简单的工程概述。

专业工程特点应从专业工程施工的重点和难点、施工范围和施工顺序、施工工艺、施工工序等内容进行有针对性的阐述，体现为工程施工的特殊性、技术的复杂性、与其他专业的交叉和衔接以及各种环境约束条件。

除专业工程外，新材料、新工艺、新技术以及对工程质量、造价、进度应加以重点控制等特殊要求，也需要在监理实施细则中体现。

2. 监理咨询工作流程

监理咨询工作流程是结合工程相应专业制定的具有可实施性的流程图，不仅涉及最终产品的检查验收，更多地涉及施工中各个环节及中间产品的监督检查与验收。

监理咨询工作流程包括：开工审核工作流程、进度控制流程、施工质量控制流程、测量监理流程、造价（工程量计量）控制流程、安全生产和文明施工监理流程、施工组织设计审核工作流程、工程质量问题处理审核流程、分包单位资格审核流程、技术审核流程、建筑材料审核流程、工程变更处理流程、旁站检查工作流程、隐蔽工程验收流程、信息资料管理流程等。

3. 监理咨询工作要点

监理咨询工作控制要点及目标值是对监理咨询工作流程中工作内容的增加和补充，应将流程图设置的相关监理控制点和判断点进行详细而全面的描述，将监理咨询工作目标和检查点的控指标、数据和频率等阐明清楚。

4. 监理咨询工作方法及措施

监理咨询规划中的方法是针对工程总体概括要求的方法和措施，监理咨询实施细则中的监理工作方法和措施是针对专业工程而言的，应更具体、更具有可操作性和可实施性。

（1）监理咨询工作方法

监理工程师通过巡视、见证取样、旁站、平行检测等监理方法对专业工程实施监理，在监理咨询实施细则中应对相关方法的工作内容、人员职责等进行详细说明。

除以上工作方法，指令文件、支付控制手段、监理通知等也是监理人员实施监理的工作方法。

（2）监理咨询工作措施

各专业工程的控制目标要有相应的监理措施以保证控制目标的实现。制定监理工作措施通常有两种方式。

1) 根据措施实施内容不同，可将监理咨询工作措施分为组织措施、经济措施、技术措施和合同措施。

2) 根据措施实施时间不同，可将监理咨询工作措施分为事前控制措施、事中控制措施及事后控制措施。

8.3.3　监理咨询实施细则报审

1. 监理咨询实施细则报审程序

《建设工程监理规范》GB/T 50319—2013 规定：监理实施细则可随工程进展编制，但必须在相应工程施工前完成，并经总监理工程师审批后实施。在实施建设工程监理过程中，监理实施细则可根据实际情况进行补充、修改，并应经总监理工程师批准后实施。

2. 监理咨询实施细则的审核内容

审核的内容主要包括以下几方面：

(1) 编制依据、内容的审核。

(2) 项目监理人员的审核。

1) 组织方面。组织方式、管理模式是否合理，是否结合了专业工程的具体特点，是否便于监理工作的实施，制度、流程上是否能保证监理工作，是否与建设单位和施工单位相协调等。

2) 人员配备方面。人员配备的专业满足程度、数量等是否满足监理工作的需要、专业人员不足时采取的措施是否恰当、是否有操作性较强的现场人员计划安排表等。

(3) 监理工作流程、监理工作要点的审核。

(4) 监理工作方法和措施的审核。

(5) 监理工作制度的审核。

8.4　监理咨询实施

8.4.1　投标及合同签订

1. 投标

监理咨询单位在投标阶段的主要工作内容包括：投标决策、投标策划、投标文件的编制、投标等。确定合理的投标报价及拟派监理咨询团队等工作是保证监理咨询单位获得监理咨询业务以及获得预期利润的重要前提。

2. 合同签订

在确定中标后，监理咨询单位按照相关程序签订全过程工程咨询合同（或建设工程监理合同）。监理咨询单位应熟悉合同中的相关内容，如监理咨询服务期限，监理咨询范围，监理咨询内容，委托人和监理人的权利、义务、责任，监理咨询服务费的支付条款，监理咨询的质量目标、安全目标、投资控制目标等。

8.4.2　监理咨询团队的组建

监理咨询团队人员的配备是投标文件中的组成部分，是经建设单位评标认可的。因此，在进行监理咨询团队的组建时，总监理工程师应根据投标文件及签订的监理合同组建监理咨询团队。监理咨询团队组建完成后，由监理咨询单位或总监理工程师对监理人员的职责分工，相关管理制度（如考勤、业绩考核及奖惩制度、廉政管理制度、疫情防控制度等），监理咨询合同中约定的工作范围、内容等重要条款进行明确交底。在实施过程中如果出现人员组织结构变动，应按相关程序及时进行调整。

8.4.3　监理咨询工作的开展

监理咨询工作始终围绕"工程质量控制、造价控制、进度控制，合同管理和信息管理，组织协调"开展，监理咨询工作主要涉及施工准备阶段、施工阶段及竣工验收阶段。熟悉各阶段的工作流程以及监理工作重点是监理咨询实施的重要工作。

1. 施工准备阶段

（1）收集、熟悉相关资料

在展开监理咨询工作前，收集熟悉建设监理咨询相关的资料，是开展监理咨询工作的重要依据，这些资料包括：

1）反映工程项目特征的有关资料。如工程设计图纸，工程项目的立项批文，规划部门关于规划用地红线范围，用地的批文，工程项目地形图，工程地质勘察报告等。

2）当地工程建设相关的政策资料。如工程建设报建程序的有关规定，当地建设工程监理的备案有关规定等。

3）反映工程所在地区经济状况等建设条件的资料。如气象资料，工程地质及水文地质资料，交通运输情况等。

4）类似工程项目建设情况的有关资料。如类似工程项目投资、建设工期等方面的有关资料。

（2）编写监理咨询规划和监理咨询实施细则

在签订建设工程监理合同及收到工程设计文件后，总监理工程师组织专业监理工程师根据相关文件要求编写监理咨询规划并按程序报批。在监理咨询规划的基础上专业监理工程师应结合工程专业特点，在相应工程开始前编写监理咨询实施细则，并经总监理工程师审批后实施。

（3）参加建设单位组织的协调会

在工程开工前，监理咨询团队参加由建设单位组织的一些重要协调会议，如碰头会议、设计交底（会审）、第一次工地会议等。通过参加相关协调会议，可以了解参建各单位的人员组织机构、职务分工情况以及工作服务内容等信息，确定各方的协调关系。

（4）审查开工条件

针对开工报告主要审查工程是否具备开工条件，如果具备开工条件，由总监理工程师签发开工令。审查内容包括：

1）设计交底和图纸会审已完成；

2）施工组织设计已由总监理工程师签认；

3）施工单位现场质量、安全生产管理体系已建立，管理及施工人员已到位，施工机械具备使用条件，主要工程材料已落实；

4）进场道路及水、电、通信等已满足开工要求。

2. 施工阶段

（1）进度控制

1）审查施工单位报送的总进度计划和阶段性施工进度计划。施工进度计划审查应包括下列基本内容：

① 施工进度计划应符合施工合同中工期的约定。

② 施工进度计划中主要工程项目无遗漏，应满足分批投入试运、分批动用的需要，阶段性施工进度计划应满足总进度控制目标的要求。

③ 施工顺序的安排应符合施工工艺要求。

④ 施工人员、工程材料、施工机械等资源供应计划应满足施工进度计划的需要。

⑤ 施工进度计划应符合建设单位提供的资金、施工图纸、施工场地、物资等施工条件。

2）检查施工进度计划的实施。

3）进行进度目标实现的风险分析。

4）预测实际进度对工程总工期的影响，分析工期延误原因，制订对策和措施，并报告工程实际进展情况。

（2）质量控制

1）审查施工单位报送的新材料、新工艺、新技术、新设备的质量认证材料和相关验收标准的适用性。必要时应要求施工单位组织专题论证，审查合格后报总监理工程师签认。

2）检查、复核施工单位报送的施工控制测量成果及保护措施，签署意见。对施工单位在施工过程中报送的施工测量放线成果进行查验。

施工控制测量成果及保护措施的检查、复核，应包括下列内容：

① 施工单位测量人员的资格证书及测量设备检定证书。

② 施工平面控制网、高程控制网和临时水准点的测量成果及控制桩的保护措施。

3）检查施工单位为工程提供服务的试验室。试验室的检查应包括下列内容：

① 试验室的资质等级及试验范围。

② 法定计量部门对试验设备出具的计量检定证明。

③ 试验室管理制度。

④ 试验人员资格证书。

4）审查施工单位报送的用于工程的材料、构配件、设备的质量证明文件，并应按有关规定、建设工程监理合同约定，对用于工程的材料进行见证取样、平行检验。

对已进场经检验不合格的工程材料、构配件、设备，应要求施工单位限期将其撤出施工现场。

5）审查施工单位定期提交影响工程质量的计量设备的检查和检定报告。

6）根据工程特点和施工单位报送的施工组织设计，确定旁站的关键部位、关键工序，安排监理人员进行旁站，并应及时记录旁站情况。

7）对工程施工质量进行巡视。巡视应包括下列主要内容：

① 施工单位是否按工程设计文件、工程建设标准和批准的施工组织设计、（专项）施工方案施工。

② 使用的工程材料、构配件和设备是否合格。

③ 施工现场管理人员，特别是施工质量管理人员是否到位。

④ 特种作业人员是否持证上岗。

8）根据工程特点、专业要求，以及建设工程监理合同约定，对施工质量进行平行检验。

9）对施工单位报验的隐蔽工程、检验批、分项工程和分部工程进行验收。

10）项目监理咨询团队发现施工存在质量问题的，或施工单位采用不适当的施工工艺，或施工不当，造成工程质量不合格的，应及时签发监理通知单，要求施工单位整改。整改完毕后，项目监理咨询团队应根据施工单位报送的监理通知回复单对整改情况进行复查，提出复查意见。

11）对需要返工处理或加固补强的质量缺陷，项目监理咨询团队应要求施工单位报送经设计等相关单位认可的处理方案，并应对质量缺陷的处理过程进行跟踪检查，同时应对处理结果进行验收。

12）对需要返工处理或加固补强的质量事故，项目监理咨询团队应要求施工单位报送质量事故调查报告和经设计等相关单位认可的处理方案，并应对质量事故的处理过程进行跟踪检查，同时应对处理结果进行验收。项目监理咨询团队应及时向建设单位提交质量事故书面报告，并应将完整的质量事故处理记录整理归档。

（3）造价控制

1）熟悉施工合同及约定的计价规则，复核、审查施工图预算。

2）工程计量和付款签证。

① 专业监理工程师对施工单位在工程款支付报审表中提交的工程量和支付金额进行复核，确定实际完成的工程量，提出到期应支付给施工单位的金额，并提出相应的支持性材料。

② 总监理工程师对专业监理工程师的审查意见进行审核，签认后报建设单位审批。

③ 总监理工程师根据建设单位的审批意见，向施工单位签发工程款支付证书。

3）编制月完成工程量统计表，对实际完成量与计划完成量进行比较分析，发现偏差的应提出调整建议，并向建设单位报告。

4）竣工结算款审核。审核程序如下：

① 专业监理工程师审查施工单位提交的竣工结算款支付申请，提出审查意见。

② 总监理工程师对专业监理工程师的审查意见进行审核，签认后报建设单位审批，同时抄送施工单位，并就工程竣工结算事宜与建设单位、施工单位协商；达成一致意见的，根据建设单位审批意见向施工单位签发竣工结算款支付证书；不能达成一致意见的，应按施工合同约定处理。

（4）安全管理

1）编制工程监理咨询实施细则，落实安全生产监理职责。

2）审查施工单位现场安全生产规章制度的建立和实施情况。

3）审查施工单位安全生产许可证及施工单位项目经理、专职安全生产管理人员和特种作业人员的资格，核查施工机械和设施的安全许可验收手续。

4）审查施工单位报审的专项施工方案。

5）巡视检查危险性较大的分部分项工程专项施工方案实施情况。

6）安全事故隐患管理。

（5）专项施工方案的编制、审查和实施的监理要求

1）专项施工方案编制要求。

① 实行施工总承包的，专项施工方案应当由施工总承包单位组织编制，其中，起重机械安装拆卸工程、深基坑工程、附着式升降脚手架等专业工程实行分包的，其专项施工方案可由专业分包单位组织编制。

② 实行施工总承包的，专项施工方案应当由施工总承包单位技术负责人及相关专业分包单位技术负责人签字。对于超过一定规模的危险性较大的分部分项工程专项方案应当由施工单位组织召开专家论证会。

2）专项施工方案监理审查要求。

① 对编审程序进行符合性审查。

② 对实质性内容进行符合性审查。

超过一定规模的危险性较大的分部分项工程的专项施工方案，监理咨询团队应检查施工单位组织专家进行论证、审查的情况，以及是否附具安全验算结果。项目监理咨询团队应要求施工单位按已批准的专项施工方案组织施工。专项施工方案需要调整时，施工单位应按程序重新提交项目监理咨询团队审查。

（6）合同、信息管理

1）按照合同条款，检查合同执行情况，将实际执行情况与合同约定进行对比。

2）协助业主处理有关索赔及反索赔事宜。

3）在合同执行过程中，协助业主解释合同，处理合同争议，负责合同执行情况统计、分析、总结。

4）汇总合同中的未完事项。

5）负责合同资料（包括招标投标文件、信函、文书、会议纪要、备忘录、电报等资料）的整理、归档，直至竣工验收资料管理完成。

6）对工程相关信息资料及时进行收集、整理、处理、存储、传递与归档整理。如监理日志、月报、监理旁站记录等。

（7）定期召开监理例会

定期召开工程监理例会是工程履约各方交流信息、组织协调、处理工程建设实际问题的重要手段，总监理工程师需定期组织召开监理例会，通过履约各方的沟通交流，研究解决监理工作范围内的工程问题，推进相关工作目标的顺利实现。会后，由监理机构整理发放监理例会会议纪要。监理会议纪要主要包括：

1）会议地点及时间。

2）会议主持人。

3）参会人员姓名、单位、职务、电话。

4）会议内容及议决事项。

5）会议中的其他事项。

3. 竣工验收阶段

（1）组织竣工预验收

1）审查施工单位提交的单位工程竣工验收报审表及竣工资料，存在问题的，应要求

施工单位及时整改；合格的，总监理工程师应签认单位工程竣工验收报审表。

2）工程竣工预验收合格后，项目监理咨询团队应编写工程质量评估报告，并应经总监理工程师和工程监理单位技术负责人审核签字后报建设单位。

（2）参加竣工验收

项目监理咨询团队参加由建设单位组织的竣工验收，对验收中提出的整改问题，应督促施工单位及时整改。工程质量符合要求的，总监理工程师在工程竣工验收报告中签署意见。

（3）监理工作总结

当监理咨询工作结束后，总监理工程师组织监理咨询团队人员编写监理咨询工作总结，经总监理工程师审核签认后提交建设单位和监理咨询单位。监理咨询工作总结主要包括：

1）工程概况。

2）监理咨询团队信息。

3）全过程工程咨询合同（或建设工程监理合同）履行情况。

4）监理咨询工作成效。

5）监理咨询工作中发现的问题及其处理情况。

6）其他说明及建议。

（4）监理资料归档、移交

工程竣工验收完成，监理咨询团队按照《建设工程文件归档整理规范》、当地建设主管部门要求及建设单位的要求对监理资料进行整理、组卷、归档、移交工作。相关监理资料主要包括：全过程工程咨询合同（或建设工程监理合同）、监理咨询规划、监理咨询施细则、监理日记、监理工程师通知单、监理（周）月报、监理工作总结等资料。

本章小结

随着我国工程咨询服务市场化快速发展，形成了投资咨询、招标代理、勘察、设计、监理、造价、项目管理等专业化的咨询服务业态。监理咨询应当以工程质量和安全为前提，帮助建设单位提高建设效率、节约建设资金。从建设项目投资决策、工程建设、运营等全生命周期角度，开展跨阶段咨询服务，严格履行监理咨询单位的责任和义务。监理咨询规划是项目监理咨询团队全面开展监理咨询工作的指导性文件，监理咨询规划的内容包括：工程概况；监理咨询工作的范围、内容、目标；监理咨询工作依据；监理组织形式、人员配备及进退场计划、监理咨询人员岗位职责；监理咨询工作制度；工程质量控制；工程造价控制；工程进度控制；安全生产管理的监理工作；合同与信息管理；组织协调；监理工作设施等。监理咨询实施细则是在相应工程开始前由专业监理工程师编制经总监理工程师审批后更具实施性和操作性的业务文件。监理实施细则的内容包括：专业工程特点、监理工作流程、监理工作要点、监理工作方法及措施。

复习思考题

1. 《建设工程质量管理条例》和《建设工程安全管理条例》中规定的监理咨询单位的责任和义务分别是什么？

2. 总监理工程师的任职条件是什么？

3. 总监理工程师的主要工作内容是什么？

4. 监理咨询规划、监理咨询实施细则包括什么内容？

5. 监理咨询规划与监理咨询细则的报审程序和审核内容是什么？

6. 监理咨询团队与项目管理团队在安全、质量、进度控制方面如何配合，才能实现高效的全过程工程咨询服务？

7. 监理咨询单位应从哪些方面着手开展项目前期阶段的专业咨询服务？

8. 施工阶段监理咨询团队应加重点关注哪些工作？

本章参考文献

[1] 皮德江. 全过程工程咨询内容解读和项目实践 [M]. 北京：中国建筑工业出版社，2019.

[2] 季更新. 全过程工程咨询实践指南 [M]. 北京：中国建筑工业出版社，2018.

[3] 中国建设监理协会. 建设工程监理概论（2019）[M]. 北京：中国建筑工业出版社，2013.

[4] 上海同济工程咨询有限公司. 全过程工程咨询实践指南 [M]. 北京：中国建筑工业出版社，2018.

监理咨询工器具配置标准

配置＼工程类别	GPS测量仪	全站仪	经纬仪	水准仪	雷达检测仪	楼板厚度测定仪	钢筋位置测定仪	钢筋保护层厚度测定仪	裂缝观测仪	测厚仪	回弹仪	涂层厚度仪	激光断面仪	激光扫平仪	激光测距仪	游标卡尺、千分尺	轮式测距仪	多功能质量检测工具包	钢卷尺、坡度尺	平整度检测仪	测温仪	角度尺、靠尺、钢卷尺	温湿度仪	螺纹通规、止规、环规	电阻测试仪	万用表	扭矩扳手	有害有毒气体检测仪	测绳
房屋建筑工程	★	●	●	●		●	●	●	●		●	●		●	●	●		●				●	●	●	●	●	●		●
城市道路工程	★	●	●	●			●	●	●		●				●	●		●		●				●	●	●	●	●	●
给水排水工程	★	●	●	●			●	●	●	●	●				●	●		●	●		●			●	●	●	●	●	●
燃气热力工程	★	●	●	●			●	●	●		●	●			●	●	●	●	●		●			●	●	●	●	●	●
垃圾处理工程	★	●	●	●			●	●	●		●	●			●	●		●	●		●			●	●	●			●
地铁轻轨工程	★	●			●		●	●	●		●		●		●	●						●		●	●	●	●		
风景园林工程	★	●							●		●	●				●	●	●			●	●		●	●	●	●		●

说明：1. "★"为宜配置，"●"为应配置。

2. 房屋建筑工程包括一般公共建筑、住宅工程、高耸构筑工程。城市道路工程包括道路、桥梁、隧道工程。

3. 本表仅为参考，项目现场的工器具配置要求最终以中国建设监理协会《监理工器具配置标准（试行）》为准。

第 9 章　工程项目施工管理咨询

主要内容：
- 工程施工过程咨询项目管理
- 项目现场施工准备咨询
- 施工过程四大目标管理咨询
- 文明绿色施工与环境保护咨询
- 施工过程合同管理咨询
- 施工过程资料管理

学习目标：

通过本章的学习，读者可以掌握在工程建设施工阶段工程咨询的基本概念和内容；熟悉施工阶段施工准备咨询，重点掌握进度、质量、费用、安全四大目标管理咨询和绿色施工与环境保护咨询；掌握施工过程合同管理咨询；熟悉施工过程资料管理，了解施工阶段项目管理相关法律法规。

9.1　工程施工过程咨询项目管理

全过程工程咨询服务单位具有与建设项目规模相匹配的工程施工管理能力的，应依据委托咨询合同自行完成建设项目施工过程咨询服务。全过程工程咨询服务单位不具备与建设项目规模相匹配的工程施工管理能力，应按照咨询合同约定或经建设单位同意，择优委托具有相应能力的单位承担施工过程咨询任务。

9.1.1　工程施工项目管理的内涵

建设项目施工阶段的项目管理是综合运用各种知识、技能、方法和工具，为了满足建设项目业主（委托方）和项目利益相关方对项目的目标和要求，对项目在施工阶段所进行的计划、组织和控制等活动的总称。

工程施工项目管理的主体是工程施工企业，管理对象是工程施工项目。工程施工项目管理的周期包括工程投标、签订工程项目施工合同、施工准备、施工安装、交工验收及运维服务。

工程施工项目管理的重要内容是"一规划，四控制，四管理，一协调"。

一规划：施工项目管理规划的编制。在投标前编制《项目管理规划》作为投标书的关键内容之一，在中标后仍然是施工项目管理规划的指导文件。

四控制：对进度、质量、安全、成本目标实施控制。

四管理：生产要素、合同、信息、施工现场管理，即在工程施工全过程中，对人力、材料、机械设备、资金、技术、场地等生产要素实施有效管理，为实现工程目标提供保障。

一协调：组织协调。与施工过程中参与方企业的沟通协调，在企业内部项目内部各部门（小组）之间的沟通协调，以减少矛盾避免冲突，为施工过程营造融洽的内外环境。

9.1.2　工程施工阶段咨询方式

在建设项目实施过程中，作为项目决策、设计、发承包、实施、竣工、运营等阶段全生命周期中最为重要的阶段之一是工程项目施工阶段，全过程工程咨询单位应按照合同约定认真执行各项内容。这一阶段工程项目施工管理咨询应以工程质量、成本和安全为核心咨询管理目标，综合考虑建筑工程项目环保、投资、工期等目标和合同管理、资源管理、信息管理、技术管理、风险管理等内容之间的相互制约和影响关系，加强集成化管理咨询。要本着对咨询成果的真实性、有效性和科学性负责的原则，督促建设单位（委托方）落实施工管理咨询方案的各项措施。

1. 施工阶段项目管理咨询依据

建设项目施工阶段项目管理咨询的依据主要是建设单位（业主方）的施工管理咨询服务合同和法律、法规、相关技术标准、各省市管理条例等。

《中华人民共和国建筑法》（2019 年修订）

《中华人民共和国招标投标法》

《建筑工程安全生产法》（2021 年修订）

《中华人民共和国职业病防治法》

《中华人民共和国环境保护法》

《中华人民共和国环境影响评价法》

《中华人民共和国固体废物污染环境防治法》

《建筑工程质量管理条例》（国务院令第 279 号）

《建设工程安全生产管理条例》（国务院令第 393 号）

《安全生产许可证条例》（国务院令第 397 号）

《建设项目环境保护管理条例》（国务院令第 253 号）

《建设工程质量检测管理办法》（建设部令 141 号）

《建筑施工企业安全生产许可证管理规定》（建设部令 128 号）

《城市建筑生活垃圾管理规定》（建设部令 157 号）

《环境管理体系　要求及使用指南》GB/T 24001—2016

《建设项目全过程造价咨询规范》CECA/GC 4—2017

《建设工程工程量清单计价规范》GB 50500—2013

《建设工程监理规范》GB/T 50319—2013

《建筑工程施工质量验收统一标准》GB 50300—2013

《职业健康安全管理体系　要求》GB/T 28001—2011

《建设工程文件归档规范》GB/T 50328—2014

《建筑施工安全检查标准》JGJ 59—2011

《建设工程施工现场环境与卫生标准》JGJ 146—2013

此外，还有施工合同、施工图预算、施工组织计划、各省市的建设管理条例等。

2. 施工阶段项目咨询管理机构选取

建设单位可依据建设工程项目施工阶段或全过程阶段的特点，本着信誉可靠、综合能力和效率优先的原则，从一家咨询单位或咨询服务机构联合体中择优选取咨询服务单位。

从施工生产过程中管理沟通和管理效率的角度来考虑，最好选择由一家具有综合能力强、人员资质符合要求的咨询单位实施咨询管理工作，以更好在施工咨询管理过程中提高工作效率，减少相应的沟通和协作成本。当条件不允许或分类咨询单位的专业技术能力强弱不齐时，也可由多家具有招标代理、勘察、设计、监理、造价、项目管理等不同资质的咨询单位联合体实施。在联合实施的过程中，应提前向建设单位书面明确相关联合实施单位相应的权利、义务和责任分工，并明确最终牵头单位和项目负责人，避免相关咨询单位因为对项目目标的理解或利益诉求不同，对工程建设项目进度、协调、衔接等产生影响。

3. 施工阶段项目咨询管理机构资质

全过程咨询单位在进行施工阶段咨询服务时，应根据建设行政主管部门的要求，取得相应符合规定的资质。在建设工程项目施工的实际过程中，全过程咨询服务单位在完成自身业务资质许可范围内的业务的同时，为保证整个工程项目建设实施过程中的完整性，可按照有关合同条款的约定或经建设单位同意，将自有资质证书许可范围外的咨询业务在履行必要的手续后依法择优委托给具有相应资质或能力的单位，全过程咨询服务单位应对被委托单位的委托业务负总责。但是需要注意的是，根据政府主管部门的规定，同一建设工程项目的全过程工程咨询单位与工程总承包、施工、材料设备供应单位之间不得有利害关系。

4. 施工阶段项目咨询管理人员

在开展工作时，结合工程项目施工阶段的要求，全过程工程咨询单位应当建立与施工过程咨询业务相适应的专业项目部（团队），配备结构合理、经验丰富、具有相应任职资质的专业技术与管理人员，应该有执业建造师作为团队负责人，配齐相关专业技术工程师和咨询工程师，共同履行施工阶段咨询服务合同的职责。

全过程咨询单位，根据合同条款开展相关施工管理咨询工作，通常是没有相应的管理决策权的。因此，在建设项目工程施工过程中，咨询单位依照合同约定的授权，或建设单位和施工单位协商同意授权的条件下才拥有决策权，此时咨询单位应以独立的专业管理人员身份，凭借专业技术专长和管理经验开展咨询管理工作。

9.1.3　工程施工项目管理咨询的内容

建设工程项目经过项目决策、勘察设计等前期工作进入到施工阶段，这是一个验证策划构想和设计方案的活动过程。由于项目所处的内外部施工和商业环境、技术标准变更、项目业主与利益相关方等的目标变化原因，建设单位面临处理与建筑工程施工有关的合同签证、价量确认、工程进度协调、合同纠纷等具体问题，也希望对项目实施过程中的各种风险进行控制和预警，并协调、处理相关过程中争议，迫切需要专业咨询公司提供这方面咨询服务。因此，接受委托的全过程咨询单位应依据咨询服务合同约定的范围、内容、期限和事先约定的管理咨询程序及权限，有效利用建筑信息模型（BIM）、大数据、物联网等现代信息技术和资源，做好以下方面的工作，为施工实施阶段的工程建设活动提供高质量智力技术服务，全面提升工程建设质量和施工效率。

1. 编制项目实施阶段管理咨询规划

工程咨询单位应结合建设工程项目施工过程中项目管理范围、组织、流程、制度和利益相关方要求等内容编制好实施阶段的管理咨询规划，重点做好以下方面的规划内容，保证工程项目按照合同约定完工，为项目的竣工验收做好相关程序、质量和资料等准备工作：

（1）协助建设单位做好项目管理、程序、范围和内容及相关措施的规划，并明确有关流程和手续。

（2）规划项目实施阶段的施工准备、合同、进度、质量和费用等咨询管理内容的方法、措施和程序，并做好相关资料的收集、整理等工作。

（3）建立施工过程中建设单位、施工单位、设计单位、勘察设计单位、监理单位五方主体协同性的措施和制度。

（4）以工程质量和安全为前提，在帮助建设单位提高建设效率、节约建设资金的同时，帮助施工单位提高工程施工管理水平，改进施工过程中对进度、质量、费用、安全等核心要素管理的措施，推进质量、安全、资金、进度和后期资料等管理工作的计划和措施，为后期工程项目后评估提供参考材料和依据。

2. 施工阶段施工准备咨询

在工程项目建设实施期间，作为工程项目进入正式施工前的施工准备阶段，全过程工程咨询单位应协助建设单位做好以下施工准备咨询工作：

（1）明确施工准备阶段各方主体的责任义务和工作内容。

（2）开展报建，施工现场勘察、管理、技术和经济准备等内容的实施和确认。

（3）检查勘察设计单位、施工单位施工前各项准备工作的进展情况和协调机制。

3. 施工阶段工程进度管理咨询

在工程项目建设施工期间，全过程工程咨询单位应协助建设单位做好进度管理工作。在建立进度信息管理措施的前提下，协助建设单位做好以下工作：

（1）建立总进度控制计划、重要节点工作计划和里程碑事件工作计划等重要工作计划。

（2）做好资源供给计划和变更计划。

（3）对施工单位的各项进度计划进行审核、协调、改进和监督检查，加强对计划的动态控制措施和流程的规划和建设，协同消除冗余工期。

（4）对影响进度的重点环节、流程和工序等，从组织、技术、合同、经济等方面提供相关专业技术性和管理咨询建议。

4. 施工阶段工程质量管理咨询

在工程项目建设实施期间，作为施工管理咨询的主要内容，全过程工程咨询企业应按照《建筑工程质量管理条例》及建筑工程标准、规范和相关国家法律制度，结合"验评分离，强化验收，完善手段，过程控制"的指导思想，协助建设单位做好以下质量管理工作：

（1）建立健全工程项目质量管理体系，加强对按照合同约定自行采购的建筑材料、构配件和设备等的质量管理。

（2）做好工程质量策划、质量管理体系考核等相关制度的建设。

（3）审核施工单位制订的质量实施方案，建立施工过程中质量检查制度和奖惩措施。

（4）协调施工企业做好质量验收、质量评定等相关管理制度和流程，做好施工过程中施工工艺标准的使用。对施工单位所涉及质量的技术方案进行审查、审批和流程检查。

（5）对施工组织设计和主要分部分项方案进行审核，建立施工实施过程中的关键控制点、审查制度和方法。

5. 施工阶段工程成本管理咨询

在工程项目实施阶段，全过程咨询单位应在前期规划的基础上，健全在实施阶段的管理内容、制度和相关程序、方法，在征得建设单位同意的情况下，公开书面告知相关建筑工程项目施工阶段的项目相关方，协助建设单位做好以下成本管理咨询：

（1）做好费用管理，掌握涉及费用的信息价格变化情况。明确施工阶段投资控制要点，预测费用风险，并制定合理有效的防范性对策，以避免或减少索赔事件的发生。

（2）积极、有效、合规、合法地处理索赔和合同争议。

（3）根据项目招标投标价格控制的实际情况，与有关造价咨询单位协作，构建项目实施阶段的工程造价管理制度与流程，制订相关职责、权限和工作时效等重要内容。

（4）推进造价咨询单位进行复查，实施合同交底并制定相关预防措施。

（5）按照合同或事先约定的方式妥善处理工程变更、工程签证和工程索赔等事项。

6. 施工阶段工程安全管理、环境保护和文明施工管理咨询

在工程项目建设实施期间，作为施工管理咨询的主要内容，全过程工程咨询单位应根据《建筑工程安全生产管理条例》、"安全第一、预防为主、综合治理"的方针和国家对安全管理的相关标准、制度的要求，协助建设单位做好以下安全管理工作：

（1）建立项目安全生产和文明施工管理相关制度、流程和安全生产责任制。建立符合法律法规要求的有效环境保护和文明施工的制度及措施。

（2）督促、推进各参建施工单位建立相应安全生产管理、安全生产和环境保护、文明施工的体系、目标和规划。

（3）督促、指导施工企业对施工现场、施工范围内的重大危险源、危险性较大的分部分项工程和国家规定的其他需要制订相应管理制度的内容，并建立相关制度和措施。

（4）检查施工单位对专项施工方案、安全技术交底、三级安全教育、应急救援预案等的落实情况，检查、监督相关各单位安全文明施工和安全设施的落实情况。

（5）为建设单位提供施工机械设备、职业健康安全和环境管理体系等方面的咨询服务。

7. 施工阶段工程资料管理咨询

在工程项目建设实施期间，全过程管理咨询单位应按照建设单位与施工单位签订的合同条款，协助建设单位做好以下过程技术资料的管理工作：

（1）做好过程验收资料清单，对施工过程中所涉及的资料，按照政府主管部门的要求，做好相应资料立卷、归档和编码原则制订等工作。

（2）对施工过程中施工单位工程资料进行审核，对于涉及安全性、功能性的施工过程资料，应根据相关要求，及时协助建设单位做好过程资料的规划和审核工作，确保质量控制资料的完整，提高施工过程资料的完整性、真实性和准确性，符合城建档案馆关于建设工程文件归档目录清单的要求。

（3）及时指导相关实施过程中的工程资料归档，为竣工阶段的验收、移交做准备。

9.2 项目现场施工准备咨询

项目施工准备仅指建设单位与施工单位签订施工合同并生效之后，建设单位、施工单位、勘察单位、设计单位、监理单位参建五方责任主体为实现合同工程能够通过开工条件审查，顺利实现合同工程开工所做的准备工作。

在建设工程进入实施阶段，建设单位与施工单位签订施工合同并生效之后，全过程咨询单位根据咨询合同的授权，作为建设单位咨询方或被授权人行使建设单位部分职能，代理建设单位进行建设工程项目管理。

合同工程的顺利开工离不开参建五方责任主体的共同努力和施工准备。全过程咨询单位应明确参建五方责任主体在施工准备阶段各自的责任和义务，将具体任务落实到各方主体，并做好统筹协调，督促各方主体落实完成，为顺利开工创造条件。

9.2.1 建设单位施工准备

1. 报建相关准备

由于我国房屋建筑及市政工程、水利工程、公路工程等行业实行由各行业主管部门分别管理行业报建，各行业主管部门对报建工作的具体要求略有区别，因此本小节仅分别介绍房屋建筑及市政工程、水利工程、公路工程项目报建准备工作。

（1）建设项目报建费核缴

办理施工许可证之前，应先办理建设项目报建费核缴，缴纳报建费后，凭报建费缴费依据进入施工许可证办理流程。

（2）施工许可证办理

1）房屋建筑及市政工程。根据《中华人民共和国建筑法》，建筑工程开工前，建设单位应当按照国家有关规定向工程所在地县级以上人民政府建设行政主管部门申请领取施工许可证（国务院建设行政主管部门确定的限额以下的小型工程除外，按照国务院规定的权限和程序批准开工报告的建筑工程不再领取施工许可证）。申请领取施工许可证，应当具备下列条件并提供相关资料：

① 已经办理该建筑工程用地批准手续；

② 在城市规划区的建筑工程，已经取得规划许可证；

③ 需要拆迁的，其拆迁进度符合施工要求；

④ 已经确定建筑施工企业；

⑤ 有满足施工需要的施工图纸及技术资料；

⑥ 有保证工程质量和安全的具体措施；

⑦ 建设资金已经落实；

⑧ 法律、行政法规规定的其他条件。

建设行政主管部门应当自收到申请之日起15日内，对符合条件的申请颁发施工许可证。

2）水利工程。根据《水利工程建设项目管理规定》和《水利工程建设项目报建管理办法》，水利工程开工前，建设单位应当按照国家有关规定向水行政主管部门办理报建手续，应当具备下列条件并提供相关资料：

① 初步设计已经批准；

② 项目法人已经建立；

③ 项目已列入国家或地方水利建设投资计划，筹资方案已确定，资金来源已经落实；

④ 有关土地使用权已经批准。

有管辖权的水行政主管部门在受理报建申请后，对符合规定的应在十五天内予以批准。项目报建批准后，项目法人应及时向项目主管部门备案。

3）公路工程。根据《关于实施公路建设项目施工许可工作的通知》和《关于进一步加强公路工程施工许可管理工作的通知》，建设单位向交通运输主管部门办理报建手续，应当具备下列条件并提供相关资料：

① 项目已列入年度基本建设计划；

② 施工图设计文件已经审批；

③ 建设资金已经落实，并经审计；

④ 建设用地（或单体控制性工程用地）已经批准，土地预审意见不能代替建设用地批复；

⑤ 施工、监理单位已依法招标确定；

⑥ 已办理质量监督手续；

⑦ 有明确的保证工程质量和安全生产的措施。保证工程质量和安全生产的措施应切实可行，具有针对性和可操作性，并明确相应的责任单位和责任人。

具体程序由省级交通主管部门确定。一般公路建设项目由省级交通主管部门依据《中华人民共和国行政许可法》确定办理期限。

国务院交通主管部门确定的重点公路建设项目，省级交通主管部门应当自收到完整齐备的申请材料之日起 10 个工作日内完成初审并上报国务院交通主管部门，国务院交通主管部门应当自收到经初审的申请材料之日起 20 个工作日内做出行政许可决定。

（3）施工质量监督备案

根据《建设工程质量管理条例》，建设单位在领取施工许可证或者开工报告前，应当按照国家有关规定办理工程质量监督手续。建设单位到工程所在地行业主管部门（建筑及市政、交通、水利等）工程质量监督机构办理工程质量监督登记手续，填写工程质量监督登记表，并按规定交纳工程质量监督费用。办理建设工程质量监督登记时，应根据各行业主管部门规定向工程质量监督机构提交相关证明材料。工程质量监督机构应当在 7 个工作日内审核完毕，符合规定的由监督机构发给《质量监督书》和《质量监督计划》。建设单位凭《建设工程质量监督书》，向行业行政主管部门申领施工许可证。

（4）施工安全监督备案

根据《建设工程安全生产管理条例》，建设单位在申请领取施工许可证时，应当提供建设工程有关安全施工措施的资料。依法批准开工报告的建设工程，建设单位应当自开工报告批准之日起 15 日内，将保证安全施工的措施报送工程所在地行业主管部门（建筑及市政、交通、水利等）或者其他有关部门备案。目前国内各省、市（州）要求不统一，具体以工程所在地省、市（州）具体要求为准。

（5）工程设计相关审查审批手续

工程勘察图纸等设计文件不仅应报项目主管部门审批，涉及地震安全性评价和抗震设防要求的审定、地质灾害性评估、工程消防设计、预防性卫生、环境保护、水土保持等专项设计或方案还应报相关主管部门审批。

1）房屋建筑及市政工程施工图审查审批。建设单位可自主选择审查机构，将施工图送审查机构审查，但审查机构不得与审查项目的建设单位、勘察单位、设计单位有隶属关系或其他利害关系。审查合格后方可用于施工，任何单位或个人不得擅自修改审查合格的施工图。根据《建设工程质量管理条例》，施工图设计文件未经审查批准的，不得使用。

2）水利工程初步设计审查审批。根据《水利工程建设项目管理规定》，初步设计文件报批前，一般须由项目法人委托有相应资格的工程咨询机构或组织行业各方面（包括管理、设计、施工、咨询等方面）的专家，对初步设计中的重大问题，进行咨询论证。设计单位根据咨询论证意见，对初步设计文件进行补充、修改、优化。初步设计由项目法人组织审查后，按国家现行规定权限向主管部门申报审批。初步设计文件经批准后，主要内容不得随意修改、变更，并作为项目建设实施的技术文件基础。如有重要修改、变更，须经原审批机关复审同意。施工图由总监理工程师审核签发。

3）公路工程施工图审批。根据《公路建设市场管理办法》，建设单位负责组织有关专家或者委托有相应工程咨询或者设计资质的单位，对施工图设计文件进行审查。审查通过后，公路建设项目法人应当按照项目管理隶属关系将施工图设计文件报交通运输主管部门审批。施工图设计文件未经审批的，不得使用。

（6）施工合同及监理合同备案

（7）第三方检测单位

工程开工前，建设单位应确定并落实第三方质量检测单位，报质量监督机构备案。

（8）跟踪审计

本事项主要适用于政府投资建设项目。如项目已有全过程审计机构则无需另行申报，如无，则需提请跟踪审计机构入驻。

（9）施工临时用水、用电、建筑红线、水准点等开工现场报建

（10）与施工相关的外部关联报备

施工合同约定由建设单位负责临时或永久工程涉及与交通、航道、电力、供水、通信、燃气、临近建筑（单位）等有关政府部门或相关单位协调和审批的，建设单位应根据施工进度计划解决开工所需的全部问题，并根据施工计划制定后续工作安排。如施工合同约定由承包单位负责，建设单位应提供必要的协助，并要求承包单位提交后续工作安排。

（11）工程可能涉及的消防论证、节能专项审查、超限论证等特殊性报建工作，应符合项目所在地行政主管部门对报建工作的要求

（12）工程项目划分及报备

由建设单位组织监理、设计及施工单位进行项目单元划分，并确定主要单位工程、主要分部工程、重要隐蔽单位工程和关键部位单位工程。建设单位在主体工程开工前将项目划分表及说明书面报相应工程质量监督机构确认。

（13）开工申请报告

各行业相关管理规定，建设单位向主管部门提出主体工程开工申请报告，按审批权

限，经批准后，方能正式开工。

2. 施工现场准备

（1）建设用地及临时征地移交应满足开工需要，根据施工进度计划制定后续工作安排。

（2）根据具体施工合同完成或督促完成"三通一平"，以满足开工需要。

（3）移交合同约定的甲方供货机械设备、材料等，以满足开工需要。

3. 管理准备

（1）根据工程需要，组建项目建设单位内部相关职能部门；

（2）编制年度和总体资金计划；

（3）编制年度和总体进度计划；

（4）建立质量管理体系和安全管理体系；

（5）制定质量和安全制度、措施及应急预案等，并督促实施应急演练；

（6）主持第一次工地例会；

（7）建立各项管理制度。

4. 技术准备

（1）向施工承包商和监理机构移交应由发包人提供的设计基础资料、材料样品、试验成果，以及根据合同要求提供的录像、照片、会议纪要、批准文件等所有图纸、文件和影像资料等。

（2）组织建设单位、勘察设计单位、监理单位、施工单位进行设计交底和图纸会审；

（3）办理施工控制测量点位移交。

5. 经济准备

按合同约定，支付开工预付工程款。

9.2.2　施工单位施工准备

1. 技术准备

（1）收集工程相关资料，签收发包人提供的设计基础资料、材料样品、试验成果，以及根据合同要求提供的录像、照片、会议纪要、批准文件等所有图纸、文件和影像资料等，熟悉工程设计文件。

（2）参加设计交底。

（3）理解项目及施工特点。

1）摸清建设项目的合同要求、建设规模、设计意图、总平面布置和各单项工程概况、建筑物、构筑物、技术装备及管线的特点，掌握施工所需的工程地质、地形勘探测绘资料和施工图纸，弄清地质结构特点、设计意图、工艺特点和设备技术性能，材料性能，质量标准，技术数据，施工技术规范、规程、标准。理清各分部分项工程的先后施工顺序，进一步分析施工重点难点；

2）结合当地气象、水文、地质、地震等自然条件，和施工用的水、电、道路、水上航运、铁路、通信、当地可供施工用的劳动力情况、地方建筑材料的供应能力、预制件和配件厂加工能力、机械设备供应能力、交通储运能力等外部条件，寻求利用当地有利资源、工业、社会基础公用设施的可能性，分析项目施工可能存在的困难和问题；

　　3）充分掌握当地生活供应、医疗卫生、文化教育、消防、治安等情况，提供生活后勤保障；

　　4）结合建设项目的总体规划、进度要求，摸清征用土地，迁移居民，需要清除的地面障碍物等情况。根据施工合同确定是建设单位完成"三通一平"，还是由施工单位承包完成，以及完成日期等。拟定施工准备工作计划和施工规划设想或方案。

　　（4）参加图纸会审。

　　（5）接收施工控制测量点位，完成复测、控制测量等，必要时还应开展水文观测工作。编制报批测量专项施工方案。

　　（6）根据合同建立施工试验室并报批，或试验外委报批。

　　（7）编制及报批施工组织设计、施工方案。

　　（8）参加由建设单位主持的工程项目划分会，起草工程项目划分表，并按规定报监理机构审核。

　　（9）完成涉及首批开工项目的施工生产性试验、工艺，编制报批专项施工方案。

　　（10）涉及首批开工项目的开工报批。

　　（11）协助建设单位完成报建。

　　（12）开工申请表报批。

2. 现场准备

　　（1）根据招标投标和施工合同，租赁或建设现场临时办公、生活场所。

　　（2）根据施工合同完成或接收"三通一平"。

　　（3）施工作业面开辟。

　　（4）组织开工所需的劳动力、机械设备、建材进场并报检。

　　（5）按经批准或报备的方案实施施工临时围栏、围挡、防护等措施，质量、安全等标志牌贴放。

　　（6）完成开工前全部现场准备。

3. 管理准备

　　（1）根据招标投标和施工合同，派遣首批人员进场，组建施工项目班子，建立施工生产指挥系统和各职能机构。

　　（2）建立质量管理体系和安全管理体系。

　　（3）制定质量和安全制度、措施及应急预案等，实施应急演练。

　　（4）参加第一次工地例会。

　　（5）各专业工种操作岗位证书齐全，建立农民工档案。

　　（6）如有分包，分包合同应报批。

　　（7）进行内部技术、安全交底，进行岗前培训、安全教育。

　　（8）建立各项管理制度并上墙。

4. 外部准备

　　首批开工项目涉及交通、航道、电力、供水、通信、燃气、临近建筑（单位）等有关政府部门或相关单位协调和审批的，协助建设单位完成协调和审批。

5. 经济准备

　　按合同约定申报开工预付款。

9.2.3　勘察设计单位施工准备

（1）完成勘察，出具勘察成果文件。

（2）完成施工图设计，并协助建设单位报审报批。

（3）进行设计交底。

（4）参加施工图会审，完善施工图修正。

（5）派遣设计代表驻场，首批开工项目涉及地基工程的，还应派遣地质勘察专业人员驻场。

9.2.4　监理单位施工准备

（1）根据监理合同、投标文件、工程特点等，派遣首批监理人员进场，组建项目监理机构。

（2）收集工程相关资料，签收发包人提供的设计基础资料、材料样品、实验成果，以及根据合同要求提供的录像、照片、会议纪要、批准文件等所有图纸、文件和影像资料等，熟悉工程设计文件。

（3）监理规划编制及报批。

（4）参加设计交底。

（5）参加图纸会审。水利工程，施工图经总监理工程师审核后签发。

（6）参加第一次工地例会。

（7）首批监理细则编制及报批。

（8）施工组织设计和施工方案等的审查、签批。

（9）施工现场开工条件审查。具体包括以下内容：

1）对承包单位现场的质量和安全管理机构、管理制度及专职管理人员和特种作业人员的资格审查；

2）对分包单位资质的审核确认；

3）施工控制测量成果查验；

4）施工试验室或外委的审查；

5）首批进场工程材料、构配件、设备的检验和审查；

6）施工现场相关安全、环保、水保等措施审查；

（10）根据监理合同建立平行检测试验室或由建设单位确定并落实平行检测机构。

（11）审核、签发开工预付款。

（12）开工条件审查完毕，报建设单位同意后签发开工令。

9.3　施工过程四大目标管理咨询

施工阶段是项目管理周期中工程量最大，投入的人力、物力、财力最多，难度最大且最为重要的阶段。在此阶段中，为了实现项目的总体目标，全过程咨询单位应通过组织协调、制度管理、合同管理等手段，对项目的进度、质量、费用和安全这四大目标进行全方位管理。

9.3.1 施工过程中的进度管理咨询

施工过程中全过程工程咨询单位对进度目标的管理内容包括：各项进度计划的审查、进度计划的控制、进度计划的调整等一系列工作。

1. 进度管理的工作内容

（1）进度计划的审查

全过程工程咨询单位应当审查施工单位提交的总进度计划及阶段进度计划，并在规定时间内给予审查意见，并报送建设单位审核。

审查的重点在于按照提交的进度计划，是否能在约定期间内完成施工；进度计划中是否包含所有的工程项目；各工序的施工顺序是否符合项目情况及对应的施工工艺要求；各工序施工所需的人工、材料、机械、场地是否都能满足要求等。

（2）进度计划的控制

确定最终的各项进度计划后，全过程工程咨询单位应当协调各参建单位共同完成施工任务。根据施工合同、施工总进度计划等文件，明确关键路线上的控制节点，并对各控制节点进行动态管控，定期跟踪检查对应实施进度情况。进度滞后一经发现，咨询单位应当立即协同施工单位分析进度滞后的原因，并及时采取纠偏措施，甚至处罚责任主体。对于突发情况引起的工期延误，咨询单位应提前制定工期延长以及工期索赔的措施，确保不因索赔影响施工进程。

（3）进度计划的调整

在动态管控过程中发现进度延误问题，咨询单位应及时协调施工单位采取调整措施，确保延误的工期不影响项目的总工期。

具体的调整措施有调整施工工艺流程；缩短某些工序的施工时间；改变某些工序之前的逻辑关系；增配相关人工、机械等资源，尽可能缩小对工期的影响等。

2. 进度管理的流程

（1）施工单位根据施工总目标、施工合同等文件编制施工总进度计划；

（2）咨询单位审核施工单位提交的施工总进度计划，若有问题，及时反馈给施工单位进行调整，并审核调整后的总进度计划；

（3）施工单位根据通过审批的总进度计划编制年、季、月度进度计划；

（4）咨询单位审核施工单位提交的各级施工进度计划，若有问题，及时反馈给施工单位进行调整，并审核调整后的各级进度计划；

（5）施工单位根据审核通过的各级进度计划施工；

（6）咨询单位定期检查各级进度计划实行情况，并向建设单位出具进度检查报告；

（7）若出现进度有偏差的情况，咨询单位应协同施工单位对进度滞后的原因进行分析，找出最佳解决措施，及时纠偏；

（8）根据纠偏后的实际进度情况修正各项进度计划。

3. 进度管理的注意事项

（1）咨询单位应当对进度有影响的相关单位及其活动进行全方位跟踪，并及时沟通，解决处理各方之间的矛盾；

（2）咨询单位应当定期向建设单位提交进度检查报告，对本阶段的进度情况进行总结、分析，明确是否存在进度调整，是否对总工期造成影响以及下阶段可以通过哪些措施消除该影响；

（3）出现进度调整后，咨询单位应立即组织施工单位对现有的各项进度计划进行修改，若关键线路因此产生了变动，还应及时通知各参建单位；

（4）当出现工程暂停、工程复工等问题，咨询单位应组织施工单位按照相关制度整理证据及说明文件，及时提交主管部门。

9.3.2　施工过程中的质量管理咨询

全过程工程咨询单位对项目施工过程中的质量管理应强调事前控制，预防为主，对工程质量实行动态监控。质量管理的主要内容包括：项目质量管理体系的建设、材料与分部分项的质量管理、质量验收的管理等一系列工作。

1. 质量管理的工作内容

（1）质量管理体系建设

质量管理体系的建设是质量管理实行的重要保证，项目的总体质量管理体系的组成主要分为组织结构及质量保证制度两个部分。建设单位、咨询单位、施工单位都应建立各自的质量管理组织（团队），所有参与方的质量管理组织（团队）构成了项目的质量管理组织结构；同理，在项目质量保证体系指导下所有参与方需要建立各自的质量管理制度。

项目质量保证体系应当反映出各参建方之间的相互关系，形成相互协调、相互制约、相互促进的工作联系；各参建方的质量管理组织应根据项目质量保证总体要求和公司自身情况将质量管理的职责落实到个人。

项目质量保证体系建设中，应当制定不限于下列各项制度：

1）质量管理责任制度；

2）质量保障体系检查制度；

3）质量管理例会制度；

4）原材料、构配件和设备审查制度；

5）隐蔽工程验收制度；

6）巡视、旁站、见证及平行检验制度；

7）质量验收工作制度；

8）项目验收管理制度；

9）质量考核和奖惩制度；

10）质量事故调查、处理、统计、报告制度；

11）其他相关制度。

（2）材料、构配件、设备质量的管理

施工前，咨询单位应严格按照材料、构配件、设备进场的审查制度，要求施工单位提供进场出厂合格证、质量检验合格证等证明文件，确保其质量符合标准。另外，进场的材料、构配件与设备均应满足合同要求。

材料进场后，咨询单位应组织施工单位、监理单位对新入场的材料、构配件进行见证取样，检测合格后方可使用。若不合格，应通知施工单位立即退货，重新购入新的货品。

（3）分部分项工程质量的管理

施工前，咨询单位应协助施工单位对施工场地进行准备工作，为施工单位提供符合施工条件的场地，并审查施工单位提交的施工组织设计及各项施工方案的完整度与准确度，方案中涉及的施工面要求、施工人员是否进行交底、材料与机械是否已入场并检测合格，确保各分部分项工程能有序的开展。

施工中，在容易出现质量通病的施工部位，咨询单位应协同监理单位检查施工工艺、方法、防范措施等的落实情况，并严格执行旁站、巡检、见证与平行检验，及时按照质量验收标准组织检验批、隐蔽工程、分部工程、分项工程的验收。

施工后，咨询单位应组织施工单位对完工的工程进行成品保护，必要时要求施工单位成立成品保护小组，落实成品保护的岗位责任。一般工程中，成品保护的重点是：基础、保温、防水、管道及预埋管线、复杂结构等分项工程；铝合金门窗框、设备预留洞口、各类预埋件、外墙装饰等易损部位；地面、地砖、入户门、电梯轿厢等内部装饰部位；园林景观、道路等室外工程。

施工过程中遇到质量事故时，施工单位应及时处理，并通知监理单位及咨询单位，情况严重的咨询单位应上报建设单位，并要求监理单位出具整改或停工通知。咨询单位应组织施工单位与监理单位对此质量事故进行事故分析，找出原因及责任主体，并制定整改方案，及时将质量问题消除。

（4）质量验收管理

施工质量的验收分为对检验批、分部工程、分项工程及单位工程的验收这四大板块，咨询单位均应组织参与验收。

对于检验批的验收，咨询单位应组织专业监理工程师、项目专业工长、专业质检员参加验收，所有主控项目的质量必须合格，一般项目的质量抽样合格，相关资料应齐全。

对于分部工程的验收，咨询单位应组织专业监理工程师、项目技术负责人参加验收，所含检验批质量均应验收合格，相关资料应齐全。

对于分项工程的验收，咨询单位应组织总监理工程师、各参建方的项目负责人参加验收，所含分部工程质量均应验收合格。

对于单位工程的验收，咨询单位应组织总监理工程师、各专业监理工程师、项目负责人参加预验收，所含分项工程质量均应验收合格。

分项、单位工程有关安全、节能、环境保护和主要使用功能的抽样检验结果应符合要求，观感质量应符合要求，相关资料应齐全。确认无需整改后，施工单位方可向建设单位申请竣工验收。

2. 质量管理的流程

（1）施工单位向咨询单位提交开工报告、施工组织设计、施工单位人员资质证书等文件，咨询单位审核后若有问题及时反馈施工单位，待其修改完成后报建设单位，完成审核后施工单位方可开工；

（2）施工前，施工单位应当将待入场的材料、构配件、设备等，在咨询单位与监理单位的见证下取样检测，合格后方可使用；

（3）施工过程中，咨询单位对施工工序、施工工艺、材料设备等进行全过程监督；

（4）施工单位完成自检后，应及时提交各检验批、分项工程、分部工程的质量验收申请及相关验收资料，咨询单位协同监理单位对现场进行初检与复检，审核无误后出具验收报告；

（5）若有需要返工的地方，施工单位应在规定时间内完成整改，并对整改部位提交二次验收申请，验收合格后，咨询单位方可出具验收报告；

（6）验收通过后，施工单位向咨询单位提交质量控制资料、竣工图、单位工程观感质量评定表、单位工程质量综合评定表等竣工资料，咨询单位审核通过后提交建设单位，确认无误后，施工单位可填报单位工程竣工证明。

3. 质量管理的注意事项

（1）咨询单位在施工前规范质量控制程序，细分质量管理目标，明确责任到人；

（2）咨询单位在施工前应加强对施工人员的资质与施工方案交底情况的审查；

（3）咨询单位应实行施工全过程监督；

（4）咨询单位应督促施工单位在完成各阶段施工任务后，及时完善质量保证文件与施工资料；

（5）参与验收前，咨询单位应选择合适的抽样、检验方法。若检验不合格，应按规定要求施工单位整改，整改合格后方可同意验收。

9.3.3　施工过程中的费用管理咨询

项目费用的管理就是通过有效措施，在保证工程质量与安全的前提下，确保工程实际费用不超过预定目标。在此原则下，施工过程中全过程工程咨询单位对费用管理的主要内容包括资金使用计划的管理，进度款的支付管理，工程签证、变更及索赔的管理。

1. 费用管理的咨询内容

（1）资金使用计划的管理

咨询单位在施工前应协助建设单位编制实施阶段资金使用计划。根据该计划，咨询单位定期对项目投资实际值与计划值相比较，实行动态管理，及时掌握投资偏差的情况，分析产生偏差的原因，采取适当的纠偏措施，并形成报告向建设单位汇报。当偏差较大且是因建设单位、设计单位引发变更等情况时，应及时协同建设单位对资金使用计划进行调整。

（2）进度款的支付管理

咨询单位应对施工单位提交的工程计量与进度款支付申请进行严格审核，协同监理单位确定最终完成的工程量，并出具应支付给施工单位的费用金额报建设单位审核，确认无误后方可支付工程款。

对于施工单位提交的工程计量与进度款中存在的增减、工程变更与索赔的费用金额，应当重点核查，审核是否有超报、虚报费用及质量不合格的项目。

（3）工程签证、变更及索赔的管理

对于工程签证与变更，咨询单位应建立严格的审批制度，防止无意义的提高设计标准、改变工程量等的行为。若工程变更是因建设单位或设计单位的原因，咨询单位应当在确认施工单位提交签证的准确性后，方可进行后续款项支付工作。若工程变更是因施工单位提出，咨询单位应确认其提交变更的理由是否充分，金额是否合理，确认无误后方可进行后续款项支付工作。

对于工程索赔，咨询单位应当就施工单位提交的索赔报告进行审查，核实索赔事件是否成立，且施工单位是否采取相关控制措施，确保工程量与金额的计算符合合同约定的方法。

2. 费用管理咨询的注意事项

(1) 咨询单位应加强对于各类合同履行的管理；

(2) 咨询单位在审核工程签证、变更、索赔时，应要求施工单位提交完整的证据资料，并且应在各类事件发生的一定期限内提交申请，否则可拒绝该类申请；

(3) 若在调查时发现施工单位未对工程签证、变更、索赔事件采取控制措施，咨询单位可拒绝施工单位的补偿申请。

9.3.4　施工过程中的安全管理咨询

施工过程中全过程工程咨询单位对安全目标的管理内容包括：项目安全管理体系的建设、安全相关方案的审查等一系列工作。

1. 安全管理的工作内容

(1) 安全管理体系建设

项目的总体安全管理体系同项目质量保证体系一致，其组成主要分为组织结构及管理制度两个部分，建设单位、咨询单位、施工单位都应建立各自的安全管理组织（团队），所有参与方的安全管理组织（团队）构成了项目的安全管理组织结构；同理，在项目安全管理体系指导下所有参与方需要建立各自的安全管理制度。

项目安全管理制度应当明确安全管理部门及人员的岗位职责及权限；各参建方的安全管理组织应根据项目安全管理总体要求和公司自身情况将安全管理的职责落实到个人。

项目安全管理体系建设过程中，应当制定不限于下列各项制度：

1) 安全管理责任制度；

2) 安全培训管理制度；

3) 安全文明施工管理制度；

4) 安全管理例会制度；

5) 危险性较大的分部分项工程安全管理制度；

6) 安全风险分级管控制度；

7) 隐患排查治理管理制度；

8) 特殊工种持证上岗检查制度；

9) 应急预案与响应制度；

10) 职业健康管理制度；

11) 安全事故（事件）调查、处理、统计、报告制度；

12) 安全考核和奖惩制度；

13) 其他相关制度。

(2) 安全文明施工方案的审查

施工前，咨询单位应当对施工单位提交安全文明施工方案及应急预案进行审核，要求施工单位按照方案实施，并协同监理单位不定期检查。

对于超过一定规模的危险性较大分部分项工程的专项施工方案，咨询单位应当检查施工单位是否按照要求进行专家论证，并按专家的要求调整施工方案。

检查过程中若发现安全隐患，咨询单位应组织监理单位对施工单位出具安全隐患整改通知单，要求施工单位在期限内按要求整改，情况严重时，应当要求施工单位暂停施工，并及时告知建设单位。若出现安全事故时，咨询单位应配合事故调查，并组织施工单位分析事故原因，制定事故处理方案，及时处理。

咨询单位应组织参与安全检查、安全会议、安全设施验收、施工机械验收等工作。

2. 安全管理的注意事项

（1）咨询单位应监督施工单位对于现场危险源的检查与巡查工作，对重大危险源的施工实行旁站监督；

（2）咨询单位应协助施工单位建立职业健康安全生产责任制，检查其安全生产教育与三级安全教育的实施情况，确保施工人员的安全生产意识教育到位；

（3）咨询单位应当组织监理单位对现场的施工情况实行不定期检查，对于安全隐患及时处理，对于事故的责任方按规章制度处罚。

9.4　文明绿色施工与环境保护咨询

9.4.1　环境保护

环境保护又称生态环境保护，是指人类为解决现实的或潜在的生态环境问题，协调人类与自然的关系，保障经济与社会的可持续发展而采取的各种行动的总称。

环境保护又是指人类有意识地保护自然资源，合理地利用自然资源，防止自然环境受到污染和破坏，并对被污染和破坏的环境做好综合治理，以创造出适合于人类生活与工作的良好生态环境。

环境保护的方法和手段有宣传教育、工程技术、经济措施、行政管理、法律制度，还有咨询服务的方法。

建设工程施工过程的环境保护就是要有序推进文明施工、绿色施工，保证建筑产业人员的安全与职业健康，维护建设工地及周边地区的生态环境良好状况。

由于绿色施工是绿色建筑全生命周期中的组成部分，所以有必要先介绍绿色建筑的概念。

9.4.2　绿色建筑

绿色建筑是指在建筑的全生命周期内，最大限度地节约资源（节能、节地、节水、节材），保护环境和减少污染，为人们提供健康、舒适和高效的使用空间，与自然和谐共生的建筑。

绿色建筑是伴随建筑全生命周期各阶段的持续理念。在建设项目决策阶段，绿色建筑要兼顾经济利益、社会效益和环境效益，降低建筑项目的环境与社会风险；在规划设计阶段，绿色建筑强调建筑与环境和谐相处，利用场地的资源与能源，减轻建筑活动对环境的消极影响，设计方法上综合考虑建筑的间距朝向、形状结构、围护结构等；在施工阶段，尽量减少施工活动对环境的负面影响，回收利用建筑废弃物，降低空气、噪声、废水、光污染；在运营维护阶段，通过节水节能节材措施，节省自然资源降低运行费用，创造适合人类工作与生活的环境。

建设项目全过程工程咨询中推进绿色建筑有如下要点：

（1）场地规划应符合当地城乡规划管理要求

不破坏自然水系、水土流失、湿地、基本农田、森林和其他保护区（如历史建筑、文物、非物质文化遗产等）。

（2）场地资源的利用不应超出环境承载力

提高场地空间利用率，节约土地资源，居住建筑占地面积符合国家政策标准。

（3）采用适宜的建筑技术

根据场地资源、气候条件和项目特点，应因地制宜地采用适宜的建筑技术和措施，降低资源消耗，营造出健康、生态、持续舒适的室外环境。建立和完善生态自己修复、恢复功能或措施，持续保护生态环境，促进人与自然的和谐发展。

（4）降低能耗的措施

室内环境应充分考虑空间合理利用、自然采光、自然通风、噪声干扰、空气质量污染、降低使用能耗和成本等因素。

（5）采用绿色施工技术

绿色建筑在建造过程中应采用绿色施工技术，做到安全文明施工、不破坏环境、不发生安全责任事故，保证施工作业人员健康和安全最基本的"绿色"标准。

（6）目前国家鼓励的绿色建筑技术

1）太阳能持续建筑技术（含主动式和被动式两种）；

2）生物可降解材料（基础、墙面和保温）；

3）绿色保温材料；

4）智能电器；

5）冷顶（反射热量和太阳光，降低热吸收和热辐射，保证房屋和建筑达到标准室内温度）；

6）可持续资源利用；

7）低能耗房屋和零能耗建筑设计；

8）电致变色智能玻璃（利用微小电信号对玻璃进行微充电，以改变其对太阳辐射的反射量）；

9）节水技术（包括水的再利用和高效供水系统，如双管、中水再利用、海绵城市、雨水收集和节水装置）；

10）可持续室内环境技术（所用材料必须确保满足绿色安全标准，包括无危害、无毒材料、低挥发性和耐潮湿）；

11）自供电建筑（利用太阳能、风能发电，如利用风力发电技术，在摩天大楼的屋顶安装有风力涡轮机）；

12）夯土砖（夯土砖是古老的建筑技术，可以达到夏季保持凉爽、冬季保持温暖的效果）；

13）装配式建筑（集约化、工厂化生产节约资源）；

14）精装修房、成品房（减少资源浪费、重复污染）；

15）地源热泵技术（地源热泵消耗 1kWh 的能量，用户可以得到 4kWh 以上的热量或冷量）。

需要说明的是，推行绿色建筑是循序渐进过程，目前国家也是采用《绿色建筑评价标准》GB/T 50378—2019 分级评定。例如：建筑保温技术在 2015 年前还是推荐性标准，2015 年后属于强制性标准。还有中水利用、海绵城市，山东省采用的是《绿色建筑设计标准》DB37/T 5043—2021。因此，全过程咨询服务应及时掌握国家与地方关于绿色建筑和绿色施工的政策、标准、规范、专业技术知识等，才能做好咨询工作。

9.4.3　绿色施工

绿色施工是指工程建设中，在保证质量、安全等基本要求的前提下，通过科学管理和技术进步，最大限度地节约资源并减少对环境负面影响的施工活动，实现节能、节地、节水、节材和环境保护。

1. 绿色施工基本原则

实施绿色施工，应坚持因地制宜的指导思想，贯彻执行国家、行业和地方相关的规章政策，坚持以下基本原则：

（1）减少场地干扰、尊重建设基地环境。

（2）施工结合气候特点，合理安排施工活动。

（3）要求节水节电、资源回收利用和保护环境。

（4）减少环境（噪声、污水、扬尘、有毒有害气体、废弃物垃圾等）污染，提高环境品质。

（5）采用绿色施工工艺技术，实施施工的科学管理，保证施工质量与安全。

2. 绿色施工具体要求

（1）搭建与拆除活动房屋临时设施。搭建临时设施应按地方政府规划部门的要求取得相关手续。施工单位应选用高效保温隔热、可拆卸循环使用的材料搭建施工现场临时设施，并取得产品合格证后方可投入使用。工程竣工后一个月内，选择有合法资质的拆除公司将临时设施拆除；

（2）限制施工降水，防止水土流失。施工单位应当采取相应方法，隔断地下水进入施工区域。因地下结构、地层及地下水、施工条件和技术等原因，采用帷幕隔水方法很难实施或者虽能实施，但增加的工程投资明显不合理的，施工降水方案可以经过专家评审并通过后，采用管井、井点等方法进行施工降水；

（3）控制施工扬尘。工程土方开挖前施工单位应按《绿色施工规程》的要求，做好洗车池和冲洗设施、建筑垃圾和生活垃圾分类密闭存放装置物业化管理、沙土覆盖、工地路面硬化、渣土运输选用已办理"散装货物运输车辆准运证"车辆，持《渣土消纳许可证》运输渣土，做好绿色施工生活区环境绿化美化等工作；

（4）降低声、光污染。建设单位与施工单位在签订合同时注意施工工期安排，已经签订的合同应尽量避免夜间施工，合理调整和延长施工工期。

3. 绿色施工途径与技术措施

（1）绿色施工途径

1）建设和施工单位要尽量选用高性能、低噪声、少污染的设备，采用机械化程度高的施工方式，减少使用污染排放高的各类车辆。

2）在施工区域与非施工区域之间设置标准的分隔设施，做到连续、稳固、整洁、美观。硬质围栏、围挡的高度不得低于 2.5m。

3）易产生泥浆的施工，必须硬化道路与地坪。所有土堆、料堆须采取加盖防粉尘污染的遮盖物或喷洒覆盖剂等措施。尽量通过建筑废料、渣土的综合利用，减少渣土运输。

4）施工与生活使用的热水锅炉等耗能设备设施，必须使用节能、环保的清洁能源。对危险废弃物必须设置统一的标识分类存放，收集到一定量后交由资质的单位统一处置。不得在施工现场熔融沥青或焚烧油毡、油漆以及其他产生有毒、有害烟尘和恶臭气体的物质。

5）因特殊原因确需夜间施工的，必须到建设行政主管部门办理《夜间施工许可证》，采取封闭施工措施，降低施工噪声，减少强光对附近居民生活的干扰。市区（距居民区 1km 范围内）禁用柴油冲击桩机、振动桩机、旋转桩机和柴油发电机，严禁敲打导管和钻杆，控制高噪声污染。合理、节约使用水、电。大型照明灯须采用俯视角，避免光污染。

6）建设工程工地应严格按照防汛要求，设置连续、通畅的排水设施和其他应急设施。

7）施工单位须落实门前环境卫生责任制，并指定专人负责日常管理。施工现场应设密闭式垃圾站，施工垃圾、生活垃圾分类存放。生活区应设置封闭式垃圾容器，施工场地生活垃圾应实行袋装化，并委托环卫部门统一清运。做好消防安全，按规定配备消防设施，组织应急演练。

8）加强绿化工作，搬迁树木须手续齐全；在绿化施工中科学、合理地使用、处置农药，尽量减少对环境的污染。

（2）目前主要采用的绿色施工技术措施

1）建筑结构保温一体化技术。保温一体化施工技术，是将保温板一侧或两侧设双层钢筋焊接网，通过模板顶丝焊接成网丝网片，再通过一定距离穿透保温板的插丝与钢筋网焊接成整体，形成焊接钢筋网架保温板。

2）建筑结构保温一体化分配式浇筑技术。这是将保温板两侧的混凝土必须同时浇筑，保证两侧混凝土的高度一致，防止网架板中保温板两侧混凝土的高差产生侧压力，导致其偏移或者变形而影响保护层的厚度和观感。

3）井道式施工升降机（施工电梯）技术。利用新建建筑物的电梯井道安装升降机（施工电梯），将外料台向建筑物内运输改变为由内向外运输方式，这样既安全又环保。

4）附着式升降脚手架技术。附着式脚手架技术主要由桁架、爬升机构、动力、控制设备及安全装置等机构组成，通过可靠的附墙，将架体上的恒荷载安全地传递到与其连接的建筑结构上，桁架系统提供施工操作平台、材料搬运、人员行走通道及安全防护作用。

5）拉片式铝合金模板安装、拆除与处理技术。拉片式铝合金模板由模板、支撑、紧固和附件系统组成。混凝土浇筑过程中楼面、梁底及悬挑结构支撑体系稳固；构成混凝土结构浇筑封闭，保证混凝土浇筑不胀模、爆模、漏浆，混凝土质量合格、成型美观；采用拉片式铝合金模板安装、拆除与处理技术，具有可靠性、安全性。

6）剪力墙企口抹灰防开裂技术。铝合金模板在剪力墙与砌体交接位置预留 15mm× 10mm 厚的企口，采用铝合金模板企口抹灰层与混凝土接槎处防开裂技术处理避免形成通缝开裂，减少反复修复整改，达到节能、环保的效果。

7) 建筑垃圾垂直运输技术。采用标准节、投料节、连墙装置、防尘罩、安全链条组成，通过密闭的通道垂直运输，减少污染。

8) 中水利用技术。在施工过程中，建立雨水和降水回收，施工用水沉淀处理再利用，节约资源，降低施工成本。

9) 永临结合技术。是指结合建筑上永久使用的消防、安全防护等设施，在施工阶段提前插入，在施工过程中利用，以节约材料，减少临时设施的费用，降低施工成本。

10) 其他关键技术。根据具体的建设工程项目环境，因地制宜充分应用比较成熟的智慧建造、网络计划、BIM 技术、投影技术交底信息技术、抗浮与防水结合等关键技术。

9.4.4　安全文明施工与职业健康安全

1. 安全文明施工概念

（1）安全通常指人没有危险。安全是人类的整体与生存环境资源的和谐相处，互相不伤害，不存在危险的隐患，是免除了使人感觉难受的损害风险的状态。

安全活动指预知人类在生产和生活各个领域存在的固有的或潜在的危险、并且为消除这些危险所采取的各种方法、手段和行为的总称。

（2）安全生产是指在劳动生产（施工）过程中，通过努力改善劳动条件，克服不安全因素，防止伤亡事故发生，采用法律制度、安全操作规程、安全生产标准规范，使劳动生产（施工）在保障劳动者安全健康和财产不受损失及人身不受伤害的前提下顺利进行。

（3）文明施工是指保持施工场地整洁、卫生，施工组织科学，施工程序合理的一种施工活动。

安全文明施工是绿色施工的一个基础组成部分。

2. 安全文明施工措施

（1）建设项目主要采用文明施工与环境保护措施

1) 安全警示标志牌：在易发伤亡事故（或危险）处设置明显的、符合国家标准要求的安全警示标志牌。

2) 现场围挡：现场采用封闭围挡，高度不小于 2.5m，围挡材料采用彩色、定型钢板，砖、混凝土砌块等墙体。

3) 牌图：在进门处悬挂工程概况、管理人员名单及监督电话、安全生产、文明施工、消防保卫五板；施工现场总平面图。

4) 企业标识：现场出入的大门应设有本企业标识。

5) 场容场貌：道路畅通，排水沟、排水设施通畅，工地地面硬化处理，绿化。

6) 材料堆放：材料、构件、料具等堆放时，悬挂有名称、品种、规格等标牌，水泥和其他易飞扬细颗粒建筑材料应密闭存放或采取覆盖等措施，易燃、易爆和有毒有害物品分类存放。

7) 现场防火：消防器材配置合理，符合消防要求。

8) 垃圾清运：施工现场应设置密闭式垃圾站，施工垃圾、生活垃圾应分类存放。

（2）施工项目常用临时设施安全文明措施

1) 现场办公生活设施：施工现场办公、生活区与作业区分开设置，保持安全距离，工地办公室、现场宿舍、食堂、厕所、饮水、休息场所符合卫生和安全要求。

2）施工现场临时用电：按照 TN-S 系统要求配备五芯电缆、四芯电缆和三芯电缆；按要求架设临时用电线路的电杆、横担、瓷夹、瓷瓶等，或电缆埋地的地沟；对靠近施工现场的外电线路，设置木质、塑料等绝缘体的防护设施；按三级配电要求，配备总配电箱、分配电箱、开关箱三类标准电箱。开关箱应符合"一机、一箱、一闸、一漏"的要求。三类电箱中的各类电器应是合格品；按两级保护的要求，选取符合容量要求和质量合格的总配电箱和开关箱中的漏电保护器；施工现场保护零线的重复接地不应少于三处，并且每日巡视检查临时用电。

（3）施工项目通常采用安全施工措施

1）楼板、屋面、阳台等临边防护：用密目式安全立网全封闭，作业层另加两边防护栏杆和18cm 高的踢脚板。

2）通道口防护：设防护棚，防护棚应为不小于 5cm 厚的木板或两道相距 50cm 的竹笆。两侧应沿栏杆架用密目式安全网封闭。

3）预留洞口防护：用木板全封闭；短边超过 1.5m 长的洞口，除封闭外四周还应设有防护栏杆。

4）电梯井口防护：设置定型化、工具化、标准化的防护门；在电梯井内每隔两层（不大于 10m）设置一道安全平网。

5）楼梯边防护：设 1.2m 高的定型化、工具化、标准化的防护栏杆，18cm 高的踢脚板。

6）垂直方向交叉作业防护：设置防护隔离棚或其他设施。

7）高空作业防护：有悬挂安全带的悬索或其他设施；有操作平台；有上下的梯子或其他形式的通道。

3. 职业健康安全

建设工程属于致伤、致残和致死危险高风险行业。参与工程建设和施工的从业人员存在职业健康与执业安全风险。辨识职业健康与执业安全风险，做好建设工程从业人员职业健康与执业安全防范，防止职业病与执业伤害事故发生是十分必要的。

（1）建设工程从业人员主要职业健康风险

1）粉尘可导致尘肺病；

2）噪声可导致职业性噪声聋；

3）高温可导致职业性中暑；

4）振动可导致职业性手臂振动病；强烈的全身振动可导致内脏器官的损伤或位移、周围神经和血管功能的改变、腰椎损伤等；

5）化学毒物危害导致中毒诱发职业病因素：

① 爆破作业产生氮氧化物等；

② 油漆、防腐作业产生苯、甲苯等有机气体，以及铅、汞等金属毒物；防腐作业产生沥青烟；

③ 涂料作业产生甲醛、苯、甲苯、二甲苯、游离甲苯二异氰酸酯以及铅、汞等金属毒物；

④ 建筑物防水工程作业产生沥青烟等有机溶剂，以及阴离子再生乳胶等化学品；

⑤ 路面敷设沥青作业产生沥青烟等；

⑥ 电焊作业产生锰中毒等；

⑦ 地下工作场所作业产生硫化氢、甲烷、一氧化碳和缺氧状态。诸多职业病危害因素可导致多种相应的职业中毒。

(2) 建筑工程从业人员主要执业安全危害风险

执业危险包括高空坠落、高空抛物、物体打击、机械伤害、触电、中毒、火灾、爆炸等。

(3) 防止职业病与执业伤害（致伤、致残和致死）办法与措施

1) 从事建筑业员工入职（转场进入新的建设工程项目），用人企业有详细告知建设工程从业人员职业健康与执业危害安全风险的责任，并进行安全防范职业教育，提高安全生产意识和安全生产技能，防止安全生产事故发生。

2) 新员工入职（转场进入新的建设工程项目）有如实向用人企业填报身体健康义务。如果虚假填报建设工程职业健康状况，在执业过程中发生职业病与自身安全事故，自己承担法律与经济责任。

3) 新员工入职健康要求和执业健康与执业安全风险防范条件。从事建设工程工作员工入职（转场进入新的建设工程项目）前，应当充分了解建设工程工作职业健康与执业安全风险。根据自身健康情况和职业健康与执业安全风险防范意识（觉悟），认真斟酌考虑身体健康状况与执业过程中风险防范能力，认为能够胜任建设工程工作（施工）方可应聘；用人单位应充分了解建设工程从业应聘人员身体健康状况，必要时组织入职健康体检（普查）并进行评估，符合建设工程职业健康条件方可录用。用人单位与建设工程从业人员符合上述条件，本着协商自愿的原则签订《建设工程聘用劳动合同》。

(4) 建设工程从业人员职业健康与执业安全防范规定

1) 建设工程从业人员进入建设工程现场（工作场所）前，应调整和稳定心态，集中精力，保持较高的安全防范意识，防止因节假日、转换工作、家庭事务等事项干扰心理状态，分散工作注意力，造成安全事故。

2) 从事建设工程工作人员应充分了解粉尘可导致尘肺病；噪声可导致职业性噪声聋；高温可导致职业性中暑；振动可导致职业性手臂振动病；强烈的全身振动可导致内脏器官的损伤或位移，周围神经和血管功能的改变、腰椎损伤等；化学毒物危害导致中毒等职业危害，诱发职业病后果。因此，应掌握自身卫生健康防范工作，按规定穿戴劳动护具；进入易燃、易爆和毒气等危险场所，必须佩戴相应的防护用品，情况不明时严禁擅自入内。

3) 从事建设工程从业人员，从事勘探、设计、施工、监理等从业人员，进入建设工程项目现场进行勘探、设计验证、施工、巡视检查检验、见证取样、检查验收、旁站等工作，必须佩戴安全帽，穿安全反光背心；无照明或光线不足的部位，必须有照明灯具、特殊情况必须配备照明器具，方可入内。

4) 从事建设工程施工作业、工程监理、巡视检查等人员，必须走安全通道，发现进入施工现场的路径、通道存在安全隐患或安全防护措施不到位，应及时整改，消除安全隐患后方可通行。

5) 建设工程从业人员登高作业时应走人行通道，严禁利用模板支撑攀登上下，不得在墙顶、独立梁及其他高处狭窄而无防护的模板面上行走。遇上身体不适和六级风以上恶劣天气，严禁登高进行监理工作。特殊情况需爬竖梯时，应先检查梯子踏步是否松动或脱

焊，严禁背向竖梯上下。

6）需要高处工作的建设工程从业人员做到"四不踏"，即未经检查的搭设物稳定状态不准踏；玻璃顶棚及天窗不准踏；石棉瓦屋顶不准踏；屋檐口不准踏。

7）建设工程从业人员，严禁在塔吊等高空物料吊运下方行走和从事现场监理工作。

8）建设工程施工作业中出现危险征兆时，应立即停止施工工作，及时从安全通道撤离到安全区域。施工现场发生高空坠落、触电等事故时，在保证自身安全的前提下，应积极配合抢救，防止事态扩大。

9）施工现场办公室、值班休息室及宿舍内，严禁非电工私自乱接热水器、电炉子等电器，严禁私设开关、插座。下班或室内无人时，应关闭办公室照明、取暖、空调、电脑、打印机等所有电器电源，锁好门窗后离开。

10）监理办公室、监理工程师值班休息室及宿舍应统一布置，配置消防设施和器材，并配合日常的消防管理检查并且与施工工程保持安全距离。因场地狭窄等特殊原因设在安全距离以内的，在充分考虑消防通道的前提下屋面应设置防砸、防穿透的防砸棚设施。

11）建设工程从业人员值班休息室及宿舍内严禁酗酒、赌博和聚众斗殴，对单位和个人的设备和贵重物品应妥善保管，要注意随时锁门，预防盗窃、治安事故的发生，遵守治安及门卫管理规定。

12）建设工程实施过程中处理和解决问题时，应尊重对方人格，以平和的心态妥善解决问题，避免管理人员和工人发生偏激冲突。

13）从事建设工程工作，当遇到危险情况时，首先保护自身安全。采取有效措施，尽最大可能地减少对自己的人身伤害和财产损失。发生安全事故及危险事件，根据事件类别及时拨打报警或急救电话 110、119、120，并报告单位领导。

14）参与建设工程项目的项目经理或者单位问题的负责人是职业健康安全第一责任人，贯彻国家职业健康安全法律法规，负责本单位日常从业人员职业健康与执业安全管理工作，做好职业健康与执业安全教育培训、管理、检查等工作，防止职业病和执业安全事故。

9.5　施工过程合同管理咨询

全过程工程咨询单位受建设单位委托，承担整个建设工程项目的咨询管理工作，包括合同管理咨询服务。在整个建设工程项目合同中，建设工程施工合同是最具代表性的合同，也是整个建设工程项目合同管理的重点之一，因此，咨询单位必须将其作为合同管理的主要对象。本节主要介绍建设工程项目施工合同的管理工作。

9.5.1　施工单位的主要合同关系

施工单位通过招标投标，接受建设单位的委托，签订工程施工承包合同，承担工程项目施工。施工单位要履行合同义务，包括由招标工程量清单所确定的工程范围的施工、完工、竣工和工程质量保障。由于任何一个施工单位都不可能也不必要具备所有专业工程的施工能力、材料设备的生产和供应能力，必然会委托外部企业承担一些专业施工和供货任务。因此，施工单位有自己复杂的合同关系，如图 9-1 所示。

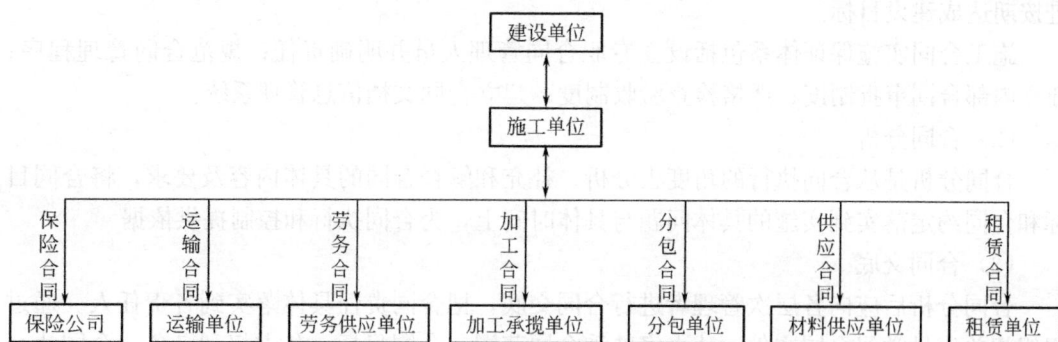

图 9-1　施工单位的主要合同关系

如图 9-1 所示，建设项目施工单位与相关参与各方存在合同关系。除了与建设单位签订工程承包合同外，还要分别与工程分包单位、材料供应商、设备租赁单位、加工承揽单位、劳务供应单位、运输单位、金融单位等签订合同，从外部获取资源，确保工程施工的顺利进行，最终实现工程承包合同的各项目标。由此可见，施工单位合同管理尤为重要。

施工过程合同管理咨询也是项目业主和施工单位迫切需要的服务内容。

9.5.2　施工过程合同管理及咨询工作

1. 施工过程合同管理的任务及咨询工作

（1）合同管理的主要任务

合同管理工作始终贯穿于项目管理的全过程，建设工程项目施工过程中，合同管理的主要任务有合同签订、合同实施跟踪管理、合同变更管理、索赔与反索赔管理。

1）合同签订。合同签订前的主体资格审查、采购合同条款审查（如对材料、设备交货进度、质量、技术性能、交货期、价格考核，质量验收及相应索赔条款的表述要清晰、准确、严谨，严格规定合同付款方式、依据和时间），还有合同风险审查等。详见本书 5.6 节的合同管理咨询。

2）合同实施跟踪管理。收集合同实施的动态信息和相关工程资料，将合同实施情况与合同条款进行对比分析，及时做出诊断，如出现较大偏离，及时提出调整的意见，甚至发出预警。

3）合同变更管理。主要包括：变更协商谈判，对合同变更进行事务性处理，落实变更措施，修改变更相关的资料，检查变更措施的落实情况。

4）索赔与反索赔管理。一旦出现符合索赔条件的变更事件，及时提出索赔申请。

（2）合同管理的咨询工作

咨询单位受建设单位的委托，履行咨询合同规定的职责，在合同管理中严格督促各参与主体完成自己的合同义务，对合同履行情况进行监督和检查，做好合同的变更管理、索赔管理、风险管理以及文档资料管理等工作，保证工程的顺利进行。

2. 施工合同实施过程管理

（1）合同实施保证体系

根据工程项目管理的特点，建立合同实施的保证体系，为使工程项目建设过程顺利推进按期达成建设目标。

施工合同实施保证体系包括设立专职合同管理人员并明确责任；规范合同管理程序；建立内部合同审批制度；严格检查验收制度；建立合同文档信息管理系统。

（2）合同分析

合同分析是从合同执行的角度去分析、补充和解释合同的具体内容及要求，将合同目标和合同约定落实到实施的具体问题与具体时间上，为合同执行和控制提供依据。

（3）合同交底

合同分析后应向各层次管理者进行合同交底，把合同责任具体落实到各责任人。通过组织相关人员学习合同文件，让大家熟悉合同范围、合同目标、各方权利义务、合同执行要点、工期要求等，知晓不履行合同的违约责任与法律后果等。

（4）合同跟踪与诊断

在工程项目实施过程中，要对合同的履行情况进行跟踪与控制，并加强工程变更管理，保证合同的顺利履行。

合同跟踪是在整个合同期内不断追踪合同的执行过程与结果，跟踪的目的是发现执行过程中的偏差，采取纠偏措施，确保合同目标的实现。

合同跟踪的依据是建设工程合同以及依据建设工程合同而编制的各项计划文件；其次，还要依据各项实际工程文件，如原始记录、报表、验收报告等；另外，还要依据项目管理人员对施工现状的直接了解，如现场巡视、抽查、交谈、会议等。

合同诊断是在合同跟踪的基础上对合同实施偏差情况的分析。合同实施诊断的主要内容有合同执行差异的原因分析，合同差异责任分析，合同实施趋向预测。

（5）合同偏差的调整措施

1）技术措施：如变更技术方案，采用新的高效的施工方案等；

2）经济措施：如增加投入，采取经济激励措施等；

3）合同措施：如进行合同变更，签订附加协议，采取索赔等；

4）组织措施：如增加人员投入，调整工作流程和工作计划等。

为了更好地总结经验与教训，不断培养和提高项目管理与咨询人员的业务水平，需要在合同终止后进行合同后评价。合同实施后评价的内容包括：合同签订与执行情况评价、合同管理工作评价、合同专用条款合理性分析等。

3. 合同变更管理

施工合同在履行过程中，由于各种原因常出现工程变更，必然引起合同变更问题。变更都会影响工程造价和工期，造成项目施工的不利后果。因此，需要对合同变更进行有效管理。

合同变更的原因主要有业主方的变更指令、设计文件的疏漏和错误、施工条件的变化、新技术的出现导致工艺与设备的调整、新施行的法律法规对工程的更高要求（环境保护、城市规划）等。合同变更管理首先要确定变更范围、核查变更内容；其次，要严格执行变更管理程序，不得任意变更；最后，相关方协商合同变更事宜。

根据 2007 年国家九部委联合颁发的标准施工合同通用条款规定的变更范围：

（1）取消合同中任何一项工作，但被取消的工作不能转由其他人实施；

（2）改变合同中任何一项工作的质量或其他特性；

（3）改变合同工程的基线、标高、位置或尺寸；

（4）改变合同中任何一项工作的施工时间或改变已批准的施工工艺或顺序；

（5）为完成工程需要追加的额外工作。

工程变更的程序是提出变更申请→批准变更→执行变更→分清责任与补偿。

在进行工程变更、合同变更的管理过程中，注意收集原始资料与证据，建立变更审批制度，严格执行审批程序，防止随意进行设计变更，改变工程规模，增加工程投资，延误工程工期。

4. 工程索赔管理

工程索赔通常是指在工程合同履行过程中，合同当事人一方因非自身原因而受到经济损失或权利损害时，通过合同规定的程序向对方提出经济和（或）时间补偿的要求。

索赔是一种正当的权利要求，是维护工程合同当事人合法权利的一项根本性管理措施，是一种以法律和合同为依据的合情合理的行为。

（1）索赔的起因。索赔可能由以下一个或几个方面的原因引起：

1）合同对方违约，不履行或未能完全履行合同义务和责任；

2）合同错误，如合同条文不全、错误、矛盾等，设计图纸、技术规范规程错误等；

3）合同变更；

4）工程环境变化，包括法律法规、物价和自然条件的变化等；

5）不可抗力因素，如恶劣气候条件、地震、洪水、战争状态等。

（2）索赔的依据。索赔的依据主要有三个方面：合同文件、现行法律法规和工程建设惯例。

（3）工程索赔管理。

1）预测寻找和发现索赔机会，通过对合同实施状况的跟踪分析和诊断，发现索赔机会；

2）收集索赔的证据，调查和分析干扰事件的影响；

3）做出索赔决定，计算索赔值，起草索赔报告和递交索赔报告；

4）双方索赔谈判。

（4）建设单位的索赔。通常是施工单位应承担责任的赔偿扣款和缺陷责任期的延长。

（5）施工单位的索赔。根据施工合同认为有权得到追加付款和（或）延长工期时。

目前，国内推行的 2007 年国家九部委联合颁发的标准施工合同文本中涉及应给施工单位补偿的条款见表 9-1。

标准施工合同条款中给施工单位补偿的条款　　　　　　　　　表 9-1

序号	款号	主要内容	可补偿内容		
			工期	费用	利润
1	1.10.1	文物、化石	√	√	
2	3.4.5	监理单位的指示延误或错误指示	√	√	√
3	4.11.2	不利的物质条件	√	√	
4	5.2.4	建设单位提供的材料和工程设备提前交货		√	
5	5.4.3	建设单位提供的材料和工程设备不符合合同要求	√	√	√

序号	款号	主要内容	可补偿内容		
			工期	费用	利润
6	8.3	基准资料的错误	√	√	√
7	11.3(1)	增加合同工作内容	√	√	√
8	(2)	改变合同中任何一项工作的质量要求或其他特性	√	√	√
9	(3)	建设单位迟延提供材料、工程设备或变更交货地点	√	√	√
10	(4)	因建设单位原因导致暂停施工	√	√	√
11	(5)	提供图纸延误	√	√	√
12	(6)	未按合同约定及时支付预付款、进度款	√	√	√
13	11.4	异常恶劣的气候条件	√		
14	12.2	建设单位原因导致暂停施工		√	
15	12.4.2	建设单位原因导致无法按时复工	√	√	√
16	13.1.3	建设单位原因导致工程质量缺陷	√	√	√
17	13.5.3	隐蔽工程重新检验,质量合格	√	√	√
18	13.6.2	建设单位提供的材料设备不合格,施工单位采取补救	√	√	√
19	14.1.3	对材料或设备的重新试验或检验,证明质量合格	√	√	√
20	16.1	附加浮动引起的价格调整		√	
21	16.2	法规变化引起的价格调整		√	
22	18.4.2	建设单位提前占用工程,导致承包人费用增加	√	√	√
23	18.6.2	建设单位原因试运行失败,施工单位修复		√	√
24	22.2.2	因建设单位违约,施工单位暂停施工	√	√	
25	21.3(4)	不可抗力停工期间的照管和后续清理		√	
26	(5)	不可抗力原因导致不能按期竣工	√		

特别注意:

① 索赔事件是否具有合同依据、索赔理由是否充分及索赔论证是否符合逻辑。

② 索赔事件的发生是否存在承包人的责任,是否有施工单位应承担的风险。

③ 在索赔事件初发时,施工单位是否采取了控制措施。如确有证据证明施工单位在当时未采取任何措施,监理单位可拒绝其补偿损失的要求。

④ 施工单位是否在合同规定的时限内向监理单位报送索赔意向通知书。

此外,标准施工合同文本通用条款对建设单位和施工单位违约的情况及处理分别做了明确的规定。

关于合同实施过程中产生争议时,解决途径为双方协商达成一致、请求第三方协调、按照合同约定申请仲裁或向人民法院起诉。

9.6 施工过程资料管理

建筑工程资料是建设工程项目立项、设计、施工、竣工验收的全过程中所形成的文件材料、图纸、声像材料等各种形式的信息总和。

9.6.1　建筑工程资料管理的重要性

（1）建筑工程资料全面、完整地记录了一个项目的全过程，反映了施工项目的管理水平。

（2）建筑工程资料是技术管理、质量管理、安全管理、工程结算等工作的重要依据。

（3）建筑工程资料是工程验收和工程评优的必要条件。

9.6.2　建筑工程资料管理的基本要求

（1）建筑工程资料必须真实反映建设工程项目的实际情况，严禁伪造或故意撤换。

（2）建筑工程资料应该与工程进度同步形成、收集和整理。

（3）参与建设的各单位都应该对经手的资料严格把关，发现问题及时纠正。

9.6.3　各阶段过程资料管理

1. 施工前期资料管理

（1）建设工程项目开工前施工单位应要求建设单位提供相关文件

1）立项文件。项目立项通知书、备案通知书、项目建议书及批复、可行性研究报告及批复、专家论证意见、项目评估文件、有关立项的会议纪要、领导批示等。

2）建设用地文件。建设项目选址意见书、建设用地规划许可证及用地红线图、建设工程规划许可证及附图、用地界址测绘面积成果表及测绘平面图、建设用地批准书、国土证、国有土地使用权出让合同、建设用地钉桩通知单等。

3）勘察、测绘、设计文件。建筑初步设计建议书、岩土工程地质勘察报告、设计方案审查意见（人防、环保、消防等有关主管部门对设计方案的审查意见）、施工图（勘察、设计）文件审查意见及报告、节能设计备案文件、环境影响报告、土壤氡浓度报告、地基承载力检测报告等。

4）经济文件。勘察单位、设计单位、施工单位、监理单位中标通知书及合同等。

（2）建设工程项目开工前施工单位应要求监理单位提供相关文件

监理规划、监理实施细则、见证取样授权书等。

（3）建设工程项目开工前施工单位应办理的文件

1）安全、质量监督备案文件。《安全监督备案表》《安全生产条件现场勘验表》《安全文明施工责任书》《质量监督备案表》《质量、安全生产管理体系报审表》《质量、安全生产管理体系审查记录表》等。

2）五方责任主体文件。建设、勘察、设计、施工和监理单位《五方主体项目负责人基本信息表》《法定代表人授权书》《项目负责人质量终生责任承诺书》项目负责人身份证和职业资格证书复印件并加盖公章。

3）项目信息文件。工程概况信息表、建设单位工程负责人及现场管理人员花名册、监理单位工程项目总监及监理人员花名册、施工单位工程项目经理及质量管理人员花名册。

4）施工许可证。施工许可证（工程项目名称应与施工合同匹配）；不同标段、不同施工阶段施工许可证应分别办理；出现单位项目负责人变更、施工许可证上时间到期的情况应办理相关变更、延期手续。

5）开工报告、报审。开工报告中要求的相关资料应收集齐全，作为开工报审表附件一并交予监理单位审查。监理单位审核通过后方可开工。

2. 施工技术资料管理

（1）图纸会审

施工图审查机构出具审查合格的施工图后，在设计交底前，应全面熟悉施工图纸。由建设单位主持召开图纸会审会议，监理单位、施工单位等相关人员参与，由施工单位整理汇总形成问题清单，在约定的时间内提交设计单位。图纸会审需各方会签并加盖公章。

（2）施工组织设计（专项）施工方案

工程项目施工前应进行施工组织设计（专项）施工方案报审，报审合格后方可施工。报审的内容包括：施工组织设计（方案）报审表、施工组织设计（专项）施工方案等。如涉及（超）危大工程需专家论证，并附上（超）危大工程报审表、专家论证意见、会议签到表等相关资料。施工组织设计、（超）危大工程方案，建设单位需在报审表上签字盖章。

（3）技术交底资料

1）一级交底：施工单位针对质量管理、安全管理等制度，在工程项目开工前对项目管理人员交底。需公司交底人员、项目管理人员签字。

2）二级交底：项目负责人、技术负责人针对施工组织设计、设计图纸、施工方案等在审核通过后对项目管理人员交底。需项目负责人、技术负责人、项目管理人员签字。

3）三级交底：为现场工长针对分项工程在该分项施工前对班组交底。需现场工长、班组成员签字并盖手印。

（4）设计变更通知、技术核定单、工程洽商记录

施工过程中产生的设计变更通知、技术核定单、工程洽商记录应及时发放给施工现场管理人员，并针对变更项目重新交底，避免因为晚发、漏发、交底不清而造成的错误。

3. 测量资料管理

（1）定位放线报审表。该报审表后需附测量人员证书复印件加盖项目章、相关计量器具检测报告。

（2）定位放线记录。定位放线记录应从基坑周边、建筑物轮廓、首层直至屋面层。放线时间必须在后续施工之前。高层建筑定位放线需注意复核和变更建筑物内部控制点，保证定位放线的精确性。

（3）抄测记录。记录应在混凝土拆模后（7～14d）抄测，抄测范围要符合要求。

（4）建筑物垂直度、标高、全高测量记录。此记录在主体结构完工后测量。

（5）基坑变形观测、沉降观测记录。此记录应要求第三方测绘单位定期提交，并认真核对观测频率等信息是否与观测方案一致。

4. 施工物资资料及检验资料管理

（1）原材料报审资料

所有原材料进场都必须进行材料报审，报审合格后方可使用。各分部工程竣工后应对该分部涉及的主要原材料分类汇总。材料报审的内容如下：

1）材料报审表。复检合格后签字确认。总包、分包材料报审加盖施工和监理项目章。

2）出厂质量合格证明文件、产品合格证。检查它们是否与设计及合同约定的一致。

3）复检报告。监理单位现场见证取样，形成见证取样单并加盖检测单位检测章、监理单位项目章、施工单位项目章及见证取样章。

（2）施工现场取样送检报告

施工现场混凝土（砂浆）浇筑、钢筋连接等都应通知监理单位现场见证取样，形成见证取样单，并加盖检测单位检测章、监理单位项目章、施工单位项目章及见证取样章。各分部工程竣工后应对该分部涉及的检测报告单分类汇总。并对相同强度等级的混凝土（砌筑砂浆）强度进行评定。

1）混凝土、砂浆取样送检报告。包括混凝土标准养护，混凝土同条件养护，混凝土抗渗性能，混凝土自然养护，砂浆强度检测。

2）钢筋连接取样送检报告。报告日期在混凝土浇筑之前。钢筋连接部位应与该区域混凝土浇筑部位一致。连接方式应符合设计要求。

（3）商品混凝土（砂浆）资料

商混公司都应随车提供相应浇筑部位的混凝土（砂浆）配合比报告，提供运输商品混凝土车辆进场记录。

（4）分项、分部工程第三方检测报告

分部分项工程的锚杆预应力检测、桩基检测、大体积混凝土温度检测、植筋拉拔试验、混凝土强度检测等检测报告。

5. 工程质量验收资料管理

（1）检验批质量验收记录

检验批划分及容量参考《建筑工程质量统一验收标准》GB 50300—2013、《四川省建设工程质量检测见证取样手册》和现场实际情况决定。检验批验收记录包括验收时间、验收标准、验收合格率。

（2）隐蔽工程质量验收记录

隐蔽工程遮蔽的原材料应在遮蔽前送检并出具检测报告，现场验收时一并提交参加单位检查。验收记录表中，不得出现无检测报告便隐蔽的情况。隐蔽附图应显示隐蔽区域、隐蔽做法等信息。

（3）地基验槽记录

地基验槽需要在基坑验槽完成后，垫层浇筑之前进行。验槽记录应反映地基承载力设计值、地势高低起伏（注明各段标高）、地下土层情况等信息，并注明参考剖面及孔位。

（4）分项分部工程验收记录

分项分部工程完工后所涉及的检验批验收记录，应按时序排列汇总，形成分项分部工程验收记录，最终形成分部验收报告。

6. 分包单位资料管理

分包单位进场前的资质报审资料内容包括：分包单位资质报审表、营业执照、公司资质证明、安全生产许可证、近两年业绩表、管理人员名单及证书复印件（人员应与施工方案吻合）。可提供复印件，需加盖公司公章。

总包单位应根据工程进度，定期对分包单位资料进行检查补充，确保工程的顺利移交。

复习思考题

1. 什么是环境保护？什么是文明施工？什么是职业健康？

2. 简述绿色建筑、绿色施工、安全文明施工与职业健康的区别和内在联系。

3. 简述绿色建筑在建设项目全过程工程咨询中策划决策、勘察与设计阶段的重要作用。

4. 简述绿色施工技术在项目实施过程中，保障文明施工、职业健康与安全，做好建设项目全过程工程管理咨询的作用。

5. 工程项目施工过程中合同管理的任务包括哪些？

6. 简述合同分析及合同交底的必要性。

7. 工程变更发生的原因有哪些？什么是工程索赔？

8. 简述工程变更的审批制度。

本章参考文献

[1] 赵峰，王要武，金玲，等. 2020 年建筑业发展统计分析 [J]. 工程管理学报，35（2）.

[2] 杨卫东，等. 全过程工程咨询实践指南 [M]. 北京：中国建筑工业出版社，2018.

[3] 中华人民共和国国家标准. 绿色建筑评价标准 GB/T 50378—2019. 北京：中国建筑工业出版社，2019.

[4] 中华人民共和国国家标准. 公共建筑节能设计规范 GB/T 50198—2015. 北京：中国建筑工业出版社，2015.

[5] 中华人民共和国国家标准. 建筑工程绿色施工规范 GB/T 50905—2014. 北京：中国建筑工业出版社，2014.

[6] 中国建筑业协会. 中国建筑业协会团体标准　全过程工程咨询服务管理标准 T/CCIAT 0024—2020 [S]. 北京：中国建筑工业出版社，2020.

[7] 国家发展和改革委员会. 工程咨询行业管理办法（国家发展和改革委员会第 9 号令），2017.

[8] 林徽因. 中国建筑常识. 北京：天地出版社，1949.

[9] 冯立雷. 绿色建筑新技术实录. 北京：机械工业出版社，2014.

[10] 戚安邦. 项目管理学. 2 版. 天津：南开大学出版社，2013.

[11] 王秀燕，李锦华，等. 工程招投标与合同管理. 北京：机械工业出版社，2011.

[12] 中国建设监理协会. 建设工程合同管理. 北京：中国建筑工业出版社，2020.

[13] 全国一级建造师执业资格考试用书编写委员会. 建设工程项目管理. 北京：中国建筑工业出版社，2019.

第 10 章　工程项目竣工咨询

主要内容：

- 工程项目竣工咨询概述
- 工程项目竣工验收管理
- 工程项目竣工移交与质量保修管理
- 工程项目竣工结算与决算管理
- 工程项目竣工档案资料与信息化管理

学习目标：

通过本章的学习，读者重点掌握建设工程项目竣工验收必须具备的条件、竣工验收的内容、竣工验收程序及其管理；掌握工程项目竣工移交与质量保修管理；熟悉项目竣工结算和决算管理；了解项目竣工验收咨询的概念和竣工档案资料及信息化管理。

10.1　工程项目竣工咨询概述

建设工程项目（简称工程项目）竣工阶段是项目建设的最后一个环节，是检验工程质量是否符合有关法律、法规和工程建设强制性标准，是否符合设计文件及合同要求的内容。它是全面体现项目的投资效益和社会效益，全面修复质量缺陷，取得房屋权属的重要阶段。

全过程咨询单位应高度重视项目竣工咨询服务工作，制定详细、周密的竣工计划，精心组织各参建单位，按计划稳步推进，确保项目按合同要求工期如期竣工。

全过程工程咨询单位应根据建设工程项目全过程工程咨询服务合同约定，结合工程项目主管部门对竣工验收的管理要求，采取相应的项目管理措施，为建设单位提供管理咨询服务。全过程工程咨询单位不具备竣工验收咨询能力，应按照合同约定或经建设单位同意，择优委托具有相应能力的单位承担竣工验收咨询服务。

在工程项目竣工验收阶段，全过程工程咨询单位应提供的项目管理咨询主要有：项目竣工验收管理、项目竣工结算管理、项目竣工资料管理、项目竣工移交管理、项目竣工决算管理、项目竣工备案管理及项目工程保修期管理。

10.1.1　竣工咨询内容及程序

工程项目竣工咨询流程如图 10-1 所示。

（1）项目完工后，全过程工程咨询单位督促施工单位按竣工计划及相关要求进行电梯检测、消防查验、电气检测、防雷检测、室内空气检测等专项检测，并取得检测合格证明。

```
                        ┌──────────────┐
                        │   工程完工    │
                        └──────┬───────┘
                               │
                        ┌──────┴───────┐
                        │   专项检测    │
                        └──────┬───────┘
```

| 消防查验 | 电梯检测 | 电气检测 | 防雷检测 | 室内空气检测 | 桩基检测 | 幕墙检测 | 水质检测 | 人防通风检测 | 压力容器检测 | 卫生防疫检测 |

```
                        ┌──────────────┐
                        │   自检验收    │
                        └──────┬───────┘
                               │
                        ┌──────┴───────┐
                        │   预验收      │
                        └──────┬───────┘
                               │
                        ┌──────┴───────┐
                        │   竣工验收    │
                        └──────┬───────┘
                               │
                        ┌──────┴───────┐
                        │   竣工结算    │
                        └──────┬───────┘
                               │
┌──────────────────┐    ┌──────┴───────┐
│1.规划竣工测绘     │    │   多测合一    │
│2.土地竣工测绘     ├────┤              │
│3.房产测绘等       │    └──────┬───────┘
└──────────────────┘           │
┌──────────────────┐    ┌──────┴───────┐    ┌──────────┐
│质监/规划/消防/人防/国安├──┤ 并联并行验收 ├────┤ 环保验收  │
└──────────────────┘    └──────┬───────┘    └──────────┘
                               │
┌──────────────┐        ┌──────┴───────┐    ┌──────────┐
│  竣工验收备案 ├────────┤   竣工移交    ├────┤ 实体移交  │
└──────────────┘        └──────┬───────┘    └──────────┘
                               │                  ┌──────────────┐
┌──────────────┐        ┌──────┴───────┐          │ 资料移交业主  │
│ 不动产权属办理├────────┤   资料移交    ├──────────┤              │
└──────┬───────┘        └──────────────┘          ├──────────────┤
       │                                          │ 资料移交档案馆│
┌──────┴───────┐        ┌──────────────┐          └──────────────┘
│   竣工决算    ├────────┤  竣工决算审计 │
└──────┬───────┘        └──────────────┘
       │
┌──────┴───────┐
│   保修期管理  │
└──────────────┘
```

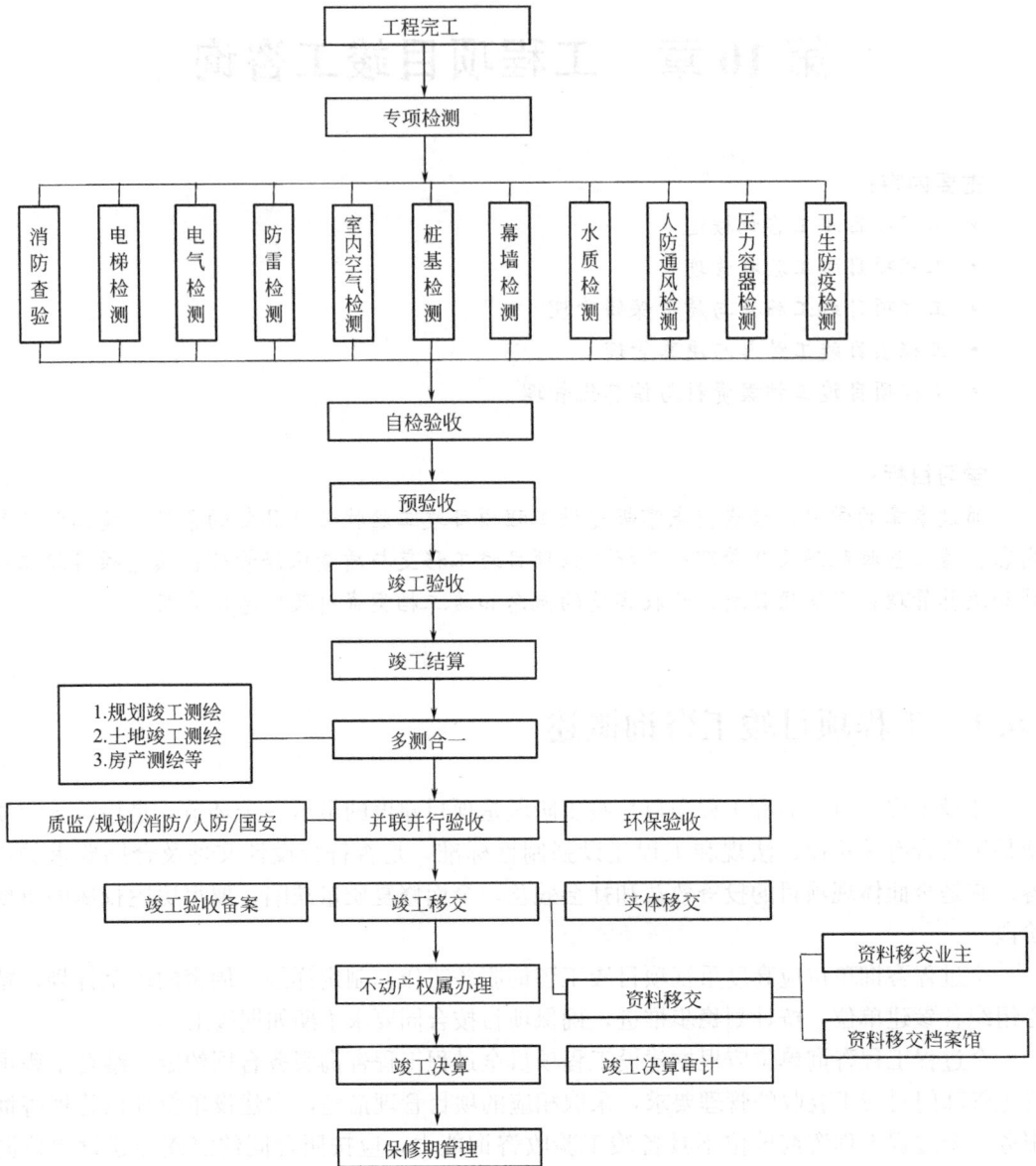

图 10-1　竣工咨询流程图

（2）项目完工后，施工单位项目负责人组织项目技术人员进行自检验收合格后，项目总监理工程师组织监理人员及施工单位技术人员对项目进行初验。

（3）全过程工程咨询单位项目总咨询师协助建设单位组织勘察、设计、施工、监理五方责任主体对项目进行预验收。

（4）全过程工程咨询单位协助建设单位向项目属地建设主管部门申请对项目进行竣工验收及工程竣工并联并行验收。

（5）全过程工程咨询单位组织相关参建单位整理工程竣工资料，并按规定程序和相关要求报城建档案管理机构进行资料预验收，合格后移交工程资料。

（6）工程竣工并联并行验收合格后，全过程工程咨询单位协助建设单位办理项目竣工验收备案。

（7）工程竣工验收合格后，项目进入工程质量缺陷责任保修期。

（8）全过程工程咨询单位组织各参建单位向建设单位进行工程实体及资料移交。

（9）项目竣工后，全过程工程咨询单位协助建设单位对配套建设的环境保护设施进行验收。

（10）全过程工程咨询单位组织相关参建单位配合测绘单位进行建筑"多测合一"测绘。

（11）全过程工程咨询单位督促施工单位及时编制并提交工程竣工结算报告与文件资料，竣工结算审核单位进行审核。

（12）全过程工程咨询单位协助建设单位办理房屋不动产权属。

（13）全过程工程咨询单位协助建设单位编制工程竣工财务决算，配合审计单位进行审计。

10.1.2　竣工咨询管理目标要求

全过程工程咨询单位应按照与建设单位签订的全过程工程咨询服务合同约定，全面完成项目建设"投资、质量、工期、安全"控制目标，防止超规模、超标准、超概算。严格按程序进行竣工验收，交付合格工程。

1. 投资管理目标要求

全过程咨询单位应严格审核各参建单位的资金申请资料，确保资料齐全、签审手续齐备，符合财务管理规定。严格按合同约定的资金支付方式支付工程款，避免出现资金超付、拖欠情况。

2. 质量管理目标要求

全过程咨询单位应督促监理部门严格履职，要求施工单位按照相关工程质量标准，对工程质量缺陷进行整改，达到合同约定的质量标准。并且在质量保修期间，限期修复工程质量缺陷。

3. 工期管理目标要求

全过程咨询单位应督促各参建单位严格按照制定的竣工进度计划安排，按期完成竣工收尾阶段的竣工验收、竣工并联并行验收、环保验收、资料进档、竣工验收备案、工程质量缺陷保修、资产清点、交付使用、"多测合一"测绘、工程竣工结（决）算、不动产权属办理等全部工作。

4. 安全健康、环保管理目标要求

全过程咨询单位应督促监理部门严格履职，要求施工单位按照相关标准，做好竣工验收、质量保修阶段的工程安全健康管理、环保验收工作，达到合同约定的健康、安全、环保管理标准。安全事故发生后处置及时，将损失降至最低，杜绝次生安全事故的发生。

5. 资料管理目标要求

工程完工前，全过程工程咨询单位应督促各参建单位对工程资料进行分类立卷归档，工程纸质文件、电子文件、声像文件齐全、真实、可靠，签审手续齐备，符合项目所在地城建档案管理机构的要求。

6. 风险管理目标

全过程工程咨询单位应充分预判竣工收尾阶段的各类风险，风险防控措施有效，风险监控及时到位，将风险影响降至最低。可采用工程保险、保证等方式，实现风险的有效转移。

10.2　工程项目竣工验收管理

工程项目竣工验收管理主要是对建设工程项目进行竣工验收策划、制定竣工验收计划，根据项目建设工程性质特点和进度情况，明确竣工验收条件、验收范围、验收时间、组织形式、验收程序、验收依据及执行验收标准等。

工程项目竣工验收是建设工程项目全生命周期中，实现项目意图和达到项目目标非常重要的一个环节。为此，对竣工验收的有效管理十分重要。

根据相关法律法规、验收规范、技术标准，规定的竣工验收条件、验收程序以及对竣工验收阶段的投资、质量、进度、安全健康、环保管理要求，是有效实现竣工验收管理的保证体系。

项目竣工验收及竣工移交后，需要的测绘单位、电梯维保单位、消防维保单位、高压配电设施维保单位及物业管理单位等的招标及合同管理是竣工验收管理的必要过程。

通过竣工验收管理形成竣工验收成果性文件，是竣工验收管理的必然结果，也是竣工验收管理的基本要求。

10.2.1　竣工验收条件

1. 竣工验收的前置条件

住房和城乡建设部《关于印发〈房屋建筑和市政基础设施工程竣工验收规定〉的通知》（建质〔2013〕171号）规定，建设工程完工后符合下列要求方可进行工程竣工验收：

（1）完成工程设计和合同约定的各项内容。

（2）施工单位在工程完工后对工程质量进行了检查，确认工程质量符合有关法律、法规和工程建设强制性标准，符合设计文件及合同要求，并提出工程竣工报告。工程竣工报告应经项目经理和施工单位有关负责人审核签字。

（3）对于委托监理的工程项目，监理单位对工程进行了质量评估，具有完整的监理资料并提出工程质量评估报告。工程质量评估报告经总监理工程师和监理单位有关负责人审核签字。

（4）勘察、设计单位对勘察、设计文件及施工过程中由设计单位签署的设计变更通知书进行了检查，并提出质量检查报告。质量检查报告应经该项目勘察、设计负责人和勘察、设计单位有关负责人审核签字。

（5）有完整的技术档案和施工管理资料。

（6）有工程使用的主要建筑材料、建筑构配件和设备的进场试验报告，以及工程质量检测和功能性试验资料。

（7）建设单位已按合同约定支付工程款。

（8）有施工单位签署的工程质量保修书。

（9）对于住宅工程，进行分户验收并验收合格，建设单位按户出具《住宅工程质量分户验收表》。

（10）建设主管部门及工程质量监督机构责令整改的问题全部整改完毕。

（11）法律、法规规定的其他条件。

2. 竣工验收前的质量专项检测

（1）电梯检测

电梯安装完成后，使用单位应向负责电梯安全监督管理部门申请办理使用登记，经检验合格后取得《特种设备使用登记证》。

（2）消防查验

工程竣工后，全过程工程咨询单位协助建设单位组织设计、监理部门，施工单位、技术服务机构开展竣工验收消防查验，编制《建设工程竣工验收消防查验文件》。

（3）电气检测

建设单位委托具有检测资质的第三方检测机构进行工程电气检测，检测合格后出具《电气检测报告》。

（4）防雷检测

工程竣工后，应由具有防雷装置检测资料的技术服务机构进行检测，检测合格后出具《建（构）筑物防雷装置检测报告》。

（5）桩基检测

桩基工程完工后，建设单位委托第三方有资质的检测单位检测，检测合格后出具《桩基检测报告》。

（6）幕墙检测

幕墙工程完成后，建设单位委托具有检测资质的第三方技术服务机构进行检测，检测合格后出具《幕墙工程检测报告》。

（7）水质检测

建设单位委托具有检测资质的第三方技术服务机构进行水质检测，检测合格后出具《水质检测报告》。

（8）水质（二次供水）检测

建设单位委托具有检测资质的第三方技术服务机构进行水质检测，检测时，还应该对二次供水设施设备进行检测，如蓄水池、水箱等，检测合格后出具《水质（二次供水）检测报告》。

（9）人防通风检测

建设单位委托具有检测资质的第三方检测机构进行人防通风检测，检测合格后出具《人防通风检测报告》。

（10）压力容器检测

建设单位委托具有检测资质的第三方检测机构进行压力容器检测，检测合格后出具《压力容器检测报告》。

（11）室内空气检测

工程竣工后，建设单位委托具有检测资质的技术服务机构进行室内环境污染物浓度检测，检测合格后出具《室内环境质量检测报告》。

（12）卫生防疫检测

建设单位委托具有检测资质的第三方检测机构进行卫生防疫检测，检测合格后出具《卫生防疫检测报告》。

（13）其他规定的相关检测

10.2.2　竣工验收程序

1. 竣工预验收

（1）工程完工后，施工单位项目负责人组织项目技术负责人、专业质检员、各专业工长、现场技术人员，施工企业质量、技术部门负责人，分包单位负责人、技术负责人对工程总体质量、工程资料进行自检验收，合格后提交工程竣工报告，报项目监理部门审查。

（2）项目总监理工程师组织各专业监理工程师，施工单位项目负责人、技术负责人及有关专业技术人员对工程总体质量、工程资料进行初验，合格后签署同意验收意见。由施工单位报建设（全过程工程咨询）单位申请工程竣工验收。

（3）建设（受托的全过程工程咨询）单位收到工程竣工报告后，组织各参建单位对工程现场及工程资料进行竣工预验收。竣工预验收存在的问题经施工单位整改达到工程竣工验收要求后，由全过程工程咨询单位监理部门对工程进行质量评估，出具质量评估报告。勘察设计部门对勘察、设计文件及施工过程中由设计单位签署的设计变更通知书进行检查，出具质量检查报告。将监理的质量评估报告和勘察设计质量检查报告提交建设单位批准，进行工程竣工验收。

单位工程质量竣工验收记录表可参考表 10-1 的要求填写。

单位工程质量竣工验收记录　　　　　　　　　　表 10-1

工程名称		结构类型		层数/建筑面积	
施工单位		技术负责人		开工日期	
项目经理		项目技术负责人		竣工日期	
序号	项目	验收记录		验收结论	
1	分部工程	共　　分部,经查　　分部, 符合标准及设计要求　　分部			
2	质量控制资料核查	共　　项,经审查符合要求　　项, 经核定符合规范要求　　项			
3	安全和主要 使用功能核查 及抽查结果	共核查　　项,符合要求　　项, 共抽查　　项,符合要求　　项, 经返工处理符合要求　　项			
4	观感质量验收	共抽查　　项,符合要求　　项, 不符合要求　　项			
5	综合验收结论				

参加验收单位	建设单位	监理单位	施工单位	设计单位
	（公章）	（公章）	（公章）	（公章）
	（项目）负责人： 年　月　日	总监理工程师： 年　月　日	负责人： 年　月　日	（项目）负责人： 年　　月　　日

单位工程质量控制资料核查记录表可参考表 10-2 的要求填写。

单位工程质量控制资料核查记录　　　　表 10-2

工程名称			施工单位			
序号	项目	资料名称	份数	核查意见		核查人
1	建筑与结构	图纸会审、设计变更、洽商记录				
2		工程定位测量、放线记录				
3		原材料出厂合格证书及进场检(试)验报告				
4		施工试验报告及见证检测报告				
5		隐蔽工程验收记录				
6		施工记录				
7		预制构件、预拌混凝土合格证				
8		地基基础、主体结构检验及抽样检测资料				
9		检验批、分项、分部(子分部)工程质量验收记录				
10		工程质量事故及事故调查处理资料				
11		新材料、新工艺施工记录				
1	给水排水与采暖	图纸会审、设计变更、洽商记录				
2		材料、配件出厂合格证书及进场检(试)验报告				
3		管道、设备强度试验、严密性试验记录				
4		隐蔽工程验收记录				
5		系统清洗、灌水、通水、通球试验记录				
6		施工记录				
7		检验批、分项、分部(子分部)工程质量验收记录				

续表

工程名称				施工单位			
序号	项目	资料名称			份数	核查意见	核查人
1	建筑电气	图纸会审、设计变更、洽商记录					
2		材料、设备出厂合格证书及进场检(试)验报告					
3		设备调试记录					
4		接地、绝缘电阻测试记录					
5		隐蔽工程验收记录					
6		施工记录					
7		检验批、分项、分部(子分部)工程质量验收记录					
1	智能建筑	图纸会审、设计变更、洽商记录、竣工图及设计说明					
2		材料、设备出厂合格证及技术文件及进场检(试)验报告					
3		隐蔽工程验收记录					
4		系统功能测定及设备调试记录					
5		系统技术、操作和维护手册					
6		系统管理、操作人员培训记录					
7		系统检测报告					
8		分项、分部(子分部)工程质量验收记录					
1	通风与空调	图纸会审、设计变更、洽商记录					
2		材料、设备出厂合格证书及进场检(试)验报告					
3		制冷、空调、水管道强度试验、严密性试验记录					
4		隐蔽工程验收记录					
5		制冷设备运行调试记录					
6		通风、空调系统调试记录					
7		施工记录					
8		检验批、分项、分部(子分部)工程质量验收记录					
1	电梯	土建布置图纸会审、设计变更、洽商记录					
2		设备出厂合格证书及开箱检验记录					
3		隐蔽工程验收记录					
4		施工记录					
5		接地、绝缘电阻测试记录					
6		负荷试验、安全装置检查记录					
7		分项、分部(子分部)工程质量验收记录					

续表

结论：

　　　　　　　　　　　　　　　　　　　总监理工程师：

施工项目经理：　　　　　　　　　　　（建设项目负责人）

　　　　　　　　年　月　日　　　　　　　　　　　年　月　日

　　单位工程安全和功能检验资料核查及主要功能抽查记录表可参考表 10-3 的要求填写。

单位工程安全和功能检验资料核查及主要功能抽查记录　　　　　表 10-3

工程名称				施工单位			
序号	项目	安全和功能检查项目	份数	核查意见		抽查结果	核查(抽查)人
1	建筑与结构	屋面淋水试验记录					
2		地下室防水效果检查记录					
3		有防水要求的地面蓄水试验记录					
4		建筑物垂直度、标高、全高测量记录					
5		抽气(风)道检查记录					
6		幕墙及外窗气密性、水密性、耐风压检测报告					
7		建筑物沉降观测测量记录					
8		节能、保温测试记录					
9		室内环境检测报告					
1	给水排水与供暖	给水管道通水试验记录					
2		暖气管道、散热器压力试验记录					
3		卫生器具满水试验记录					
4		消防管道、燃气管道压力试验记录					
5		排水干道通球试验记录					
1	建筑电气	照明全负荷试验记录					
2		大型灯具牢固性试验记录					
3		避雷接地电阻测试记录					
4		线路、插座、开关接地检验记录					
1	智能建筑	系统试运行记录					
2		系统电源及接地检测报告					

续表

工程名称			施工单位			
序号	项目	安全和功能检查项目	份数	核查意见	抽查结果	核查(抽查)人
1	通风与空调	通风、空调系统试运行记录				
2		风量、温度测试记录				
3		洁净室洁净度测试记录				
4		制冷机组试运行调试记录				
1	电梯	电梯运行记录				
2		电梯安全装置检测报告				

结论：

施工项目经理：　　　总监理工程师(建设项目负责人)：
　　　　年　月　日　　　　　　年　月　日

注：抽查项目由验收组协商确定。

单位工程观感质量检查记录表可参考表 10-4 的要求填写。

单位工程观感质量检查记录　　　　　　　表 10-4

工程名称				施工单位							
序号	项目		抽查质量状况						质量评价		
									好	一般	差
1	建筑与结构	室外墙面									
2		变形缝									
3		水落管,屋面									
4		室内墙面									
5		室内顶棚									
6		室内地面									
7		楼梯、踏步、护栏									
8		门窗									
1	给水排水与供暖	管道接口、坡度、支架									
2		卫生器具、支架、阀门									
3		检查口、扫除口、地漏									
4		散热器、支架									
1	建筑电气	配电箱、盘、板、接线盒									
2		设备器具、开关、插座									
3		防雷、接地									
1	智能建筑	机房设备安装及布局									
2		现场设备安装									

续表

序号	项目		抽查质量状况								质量评价		
											好	一般	差
1	通风与空调	风管、支架											
2		风口、风阀											
3		风机、空调设备											
4		阀门、支架											
5		水泵、冷却塔											
6		绝热											
1	电梯	运行、平层、开关门											
2		层门、信号系统											
3		机房											
观感质量综合评价													
检查结论	施工项目经理： 　　年　　月　　日		总监理工程师： （建设项目负责人） 　　年　　月　　日											

注：质量评价为差的项目，应进行返修。

2. 竣工验收

建设单位同意进行工程竣工验收后，全过程咨询单位协助建设单位组织各参建单位组成验收组，制定工程竣工验收方案。验收方案包括竣工验收的组织形式、验收程序、执行验收标准等。对于重大工程和技术复杂工程，根据需要可邀请有关专家进入验收组参加竣工验收。

建设单位在工程竣工验收 7 个工作日前将验收的时间、地点及验收组名单书面通知负责监督该工程的工程质量监督机构，待工程质量监督机构审核同意后，组织工程竣工验收。

工程竣工验收会议由建设单位主持，工程质量监督机构人员参与验收过程，并对工程竣工验收的组织形式、验收程序、执行验收标准等情况进行现场监督，发现有违反建设工程质量管理规定行为的责令改正，并将对工程竣工验收的监督情况作为工程质量监督报告的重要内容。全过程工程咨询单位协助建设单位按以下程序组织工程竣工验收：

（1）建设（全过程工程咨询）、勘察、设计、施工和监理五方责任主体分别汇报工程合同履约情况和在工程建设各个环节执行法律、法规和工程建设强制性标准的情况；

（2）验收组审阅建设（全过程工程咨询）、勘察、设计、施工和监理五方责任主体的工程档案资料；

（3）验收组实地查验工程质量；

（4）验收组对工程勘察、设计、施工和设备安装质量和各管理环节等方面做出全面评价，形成经验收组人员签署的工程竣工验收意见。参与工程竣工验收的建设（全过程工程咨询）、勘察、设计、施工和监理五方责任主体不能形成一致意见时，应当协商提出解决的方法，待意见一致后重新组织工程竣工验收。

在一个单位工程中，可将能满足生产要求或具备使用条件，施工单位已预检，监理部门已初验通过的某一部分，由建设单位组织进行子单位工程验收。由几个施工单位负责施工的单位工程，当其中的施工单位所负责的子单位工程已按设计完成并经自行检验评定，也可组织正式验收，办理交工手续。在整个单位工程进行全部验收时，对已验收的子单位工程验收资料作为单位工程验收的附件而加以说明。

建设单位提出工程竣工验收报告前，应按规定组织设计、监理部门，施工单位、技术服务机构等相关单位开展消防查验工作，组织编制消防查验文件。建设单位组织竣工验收时，应当对特殊建设工程的消防工程是否符合下列要求进行查验：

（1）完成工程消防设计和合同约定的消防各项内容；

（2）有完整的工程消防技术档案和施工管理资料（含涉及消防的建筑材料、建筑构配件和设备的进场试验报告）；

（3）建设单位对工程涉及消防的各分部分项工程验收合格；设计、监理部门，施工单位、技术服务机构等确认工程消防质量符合有关标准；

（4）消防设施性能、系统功能联调联试等内容检测合格。

建设工程竣工验收合格后，全过程咨询单位应协助建设单位及时完成五方责任主体对工程竣工验收报告的签字盖章。

特殊建设工程的消防工程经查验不符合竣工预验收规定的，建设单位不得签署工程竣工验收报告。

《建设工程文件归档规范（2019年版）》GB/T 50328—2014规定：组织工程竣工验收时，应同时进行工程档案验收，验收结论应在工程验收报告、专家组竣工验收意见中明确。

3. 并联并行竣工验收

工程竣工验收后，测绘单位即可开展规划核实、土地核验、不动产测绘等"多测合一"测绘工作，并出具测绘报告。"多测合一"测绘包括：建设工程规划竣工测绘、建设工程建筑面积（设计、竣工）测绘、房产测绘（预测、实测），人防地下室建筑面积测绘、地籍测绘。"多测合一"测绘工作完成后，测绘单位形成《建设工程"多测合一"报告书》。

全过程工程咨询单位协助建设单位按工程所在地的县级以上地方人民政府建设主管部门的规定，完成相关工作，准备相关资料，申请规划、人防、国安、消防、建设部门的工程竣工并联并行验收。

为此，地方政府颁布具体规定。如成都市住房和城乡建设局规定，建设主管部门负责并联并行竣工验收的组织、统筹和协调工作，并联并行竣工验收程序为：

（1）建设工程完成设计和合同约定的内容，满足竣工验收条件后，全过程工程咨询单位协助建设单位向建设主管部门提出竣工验收申请，并一次性提交资料。

（2）建设主管部门与建设单位确定现场验收时间，同时向各专项验收部门发出《成都市建设工程项目并联并行现场验收通知书》。

（3）建设主管部门向验收部门通告验收项目的总体情况，向五方责任主体宣告验收流程和事项；五方责任主体单位分别就工程建设过程履职情况进行汇报，并发表质量验收意见；专项验收部门根据职能职责开展问询，问询完毕后分组开展现场勘验工作；现场勘验完毕后，验收部门人员填写《成都市建设工程项目并联并行现场验收意见表》交建设主管部门收集汇总。

（4）专项验收部门的内业审查工作与外业现场验收同步开展，验收意见书应基于内业审查和外业现场验收的两方面情况做出。建设主管部门收齐各部门（单位）意见文书后汇总形成《成都市建设工程并联并行竣工验收通知书》，并发放至申请人。

（5）建设项目如有任意一项专项验收不合格，即视为本次并联并行竣工验收未通过。建设单位根据验收部门的意见文书整改完毕后，重新申请并联并行竣工验收，已通过部门验收并取得验收合格文书的事项不再申报，原意见文书仍然有效。

（6）复验的现场验收工作仍由建设主管部门牵头，建设主管部门根据复验的验收事项个数和类别，在征求建设单位和验收部门意见的情况下，确定验收组织形式。

4. 竣工验收备案

工程质量监督机构在工程竣工验收之日起 5 日内，向备案机关提交工程质量监督报告。全过程咨询单位协助建设单位自工程竣工并联并行验收合格之日起 15 日内，向工程所在地的备案机关备案。工程竣工验收备案前，建设单位应向工程项目所在地城建档案管理机构移交一套符合规定的验收通过的工程档案。

办理工程竣工验收备案应当提交下列文件：

（1）工程竣工验收备案表；

（2）工程竣工验收报告；

（3）法律、行政法规规定应当由规划等部门出具的认可文件或者准许使用文件；

（4）法律规定应当由消防验收主管部门出具的《特殊建设工程消防验收意见书》、其他建设工程的《建设工程消防验收备案凭证》或《建设工程消防验收备案抽查/复查结果通知书》；

（5）施工单位签署的工程质量保修书；

（6）法规、规章规定必须提供的其他文件；

（7）住宅工程还应当提交《住宅质量保证书》和《住宅使用说明书》。

备案机关收到建设单位报送的竣工验收备案文件后 5 个工作日内，经验证备案文件齐全的，在工程竣工验收备案表上签署备案文件收讫，并加盖备案专用章。

5. 竣工环保验收

国务院关于修改《建设项目环境保护管理条例》的决定（中华人民共和国国务院令第682 号），环境保护部关于发布《建设项目竣工环境保护验收暂行办法》的公告（国环规环评〔2017〕4 号）规定，编制环境影响报告书、环境影响报告表的建设项目竣工后，建设单位应当按照国务院环境保护行政主管部门规定的标准和程序，对配套建设的环境保护设施进行验收，编制验收报告，公开相关信息，接受社会监督。

建设工程项目竣工后，全过程工程咨询单位应督促施工单位对配套建设的环境保护设施进行调试，配合监测单位对环境保护设施运行情况和建设项目对环境的影响进行监测、编制验收监测（调查）报告。

建设项目竣工环境保护验收程序为：

（1）公开竣工日期；

（2）申领排污许可证；

（3）公开调试起止日期；

（4）开展验收监测（调查）；

（5）召开验收会议；

（6）编制验收报告；

（7）公示验收报告；

（8）录入信息平台；

（9）存档资料备查。

6. 不动产权属办理

全过程工程咨询单位协助建设单位办理房屋不动产权属。

（1）向所在地的县级以上房管局提交房屋前期证件资料及竣工核验证、竣工图纸、测绘成果文件等。

（2）根据实际测绘的面积结果到房管局交易部门立契过户办证。

（3）属于商品房的凭借买卖契约，房管局房证部门审核后制证、发证。

不动产权办理完成后，建设单位取得《房屋不动产权证书》。

10.2.3　竣工验收范围及管理内容

建设工程项目竣工验收范围及管理内容主要包括项目竣工验收、竣工结算、竣工档案资料管理、竣工移交、竣工决算及质量保修管理等。本节只介绍项目竣工验收的内容。

工程项目进入竣工验收期，全过程工程咨询单位咨询管理的内容主要是确定项目竣工验收条件是否具备，制定竣工验收计划，按进度督促各参建单位进行专项质量检测，协助建设单位进行工程竣工验收。

1. 工程专项验收

建设工程实施过程中应进行的工程专项验收包括：消防查验、电器检测、电梯检测、防雷检测、室内空气检测等，住宅工程还必须进行分户验收。

2. 工程竣工预验收

当完成合同约定的所有工程量，全过程工程咨询单位工程监理部门督促施工单位通过工程实体质量和工程资料自检合格后，施工单位应及时编制竣工验收计划，并提出竣工验收申请。全过程工程咨询单位组织五方责任主体单位进行工程预验收。预验收合格后，项目监理部门出具质量评估报告。

3. 工程竣工验收

工程竣工预验收合格后，施工单位向建设单位提交竣工验收报告。全过程工程咨询单位协助建设单位向属地建设工程质量监督部门提交竣工验收申请。质量监督部门确定验收时间后，全过程工程咨询单位组织各参建单位、质量监督部门验收组参加的工程竣工验收。竣工验收合格后，质量监督部门填写建设工程竣工验收记录表，五方责任主体项目负责人会签建设工程竣工验收报告。

4. 并联并行竣工验收

全过程工程咨询单位协助建设单位组织建设工程项目并联并行竣工验收。并联并行竣工验收合格后，建设行政主管部门出具工程项目许可或准许使用文件。完成竣工验收后，应进行竣工备案工作。备案完成后，可进行竣工移交。

　　为此，地方政府颁布具体规定。如成都市住房和城乡建设局关于印发《成都市建设工程项目竣工验收并联并行现场验收工作规程》的通知（成住建发〔2019〕288 号）规定：对于全市核发施工许可证的建设项目，将建设工程项目竣工验收涉及的规划、人防、国安、消防的专项竣工验收及工程质量监督的现场核实工作，按照"同时受理、并联核实、限时办理"的原则，与内业审查同时进行，并联并行、限时办结。

　　建设工程项目并联并行竣工验收的内容为：

　　（1）规划现场核实

　　现场验收内容：依据规划方案、建设工程规划许可及总平图（含附图、附件），对建设工程是否符合建筑用途、建筑密度、绿地率、建筑平面尺寸、层数、高度、间距、退界、航空限高等是否符合规划许可要求建设进行现场核实。

　　（2）人防现场验收

　　1）现场验收内容

　　① 人防工程是否已按经审查合格的图纸施工完成，工程实体质量是否符合规范要求和相关标准；

　　② 人防工程施工质量控制是否到位。

　　2）现场查验资料

　　① 工程变更资料及批准文件；

　　②《人防工程质量交底纪要》；

　　③ 各批次《人防防护设备进场检查记录表》；

　　④ 各阶段《人防工程隐蔽阶段施工、监理现场自检表》；

　　⑤ 各阶段《设备（门框）隐蔽检查记录表》；

　　⑥ 各阶段《人防工程隐蔽检查记录表》；

　　⑦ 各阶段《人防工程整改回复报表》；

　　⑧《人防工程竣工验收阶段施工、监理现场自验表》；

　　⑨《人防工程防护设备竣工报告》；

　　⑩《人防工程竣工验收阶段施工、监理现场自检表》；

　　⑪人防工程质量保修书。

　　（3）消防现场验收

　　1）现场查验内容

　　① 是否已按经审查合格的图纸施工完成，包括建筑类别及耐火等级，总平面布局和平面布置，建筑内部装修防火，防火分隔，防烟分隔，防爆和安全疏散通道；

　　② 对消防设施的功能进行现场测试，包括消防电梯、消火栓系统、自动喷水灭火系统、自动火灾报警系统、防排烟系统及通风空调系统防火、消防电气、建筑灭火器和其他灭火设施。

　　2）现场查验资料

　　消防产品质量合格证明文件。具有防火性能要求的建筑构件、材料、装修材料符合国家标准或者行业标准的证明文件和出厂合格证。

　　（4）国安现场验收

　　现场验收内容如下：

① 是否据实申报涉外选址申请，周边有无涉密单位；

② 建设项目用途是否发生改变；

③ 是否依法依规按照要求实施了安全保密防范措施。

（5）建设质量验收现场监督

1）现场监督内容

① 对五方责任主体单位的工程质量竣工验收组织形式、验收程序、执行验收标准进行现场监督；

② 听取责任主体单位履职情况的汇报及质量验收意见；

③ 抽查监督过程中发现问题的整改完成情况；

④ 抽查工程主要使用功能的实体质量情况。

2）现场查验资料

① 工程档案资料；

② 工程竣工验收报告。

建设单位在申请验收时已提交的资料和验收部门（单位）在工程建设过程监管中出具的各类文书，现场验收中不得要求建设单位重复提交；专项验收部门（单位）如需现场核对相关数据和资料，由其验收部门（单位）自行携带至现场核对。

关于建设项目竣工移交管理，详见第 10.3.1 节；

关于建设项目质量保修管理，详见第 10.3.2 节；

关于建设项目竣工结算管理，详见第 10.4.1 节；

关于建设项目竣工财务决算管理，详见第 10.4.2 节；

关于建设项目竣工档案资料管理，详见第 10.5.1 节。

10.2.4　竣工验收投资管理

1. 资金管理

全过程工程咨询单位应在工程竣工前，进行全面的投资分析，确保建设项目投资控制目标。检查有无建设资金计划未落实或建设资金未到位的情况，并找到问题症结所在，及时协助建设单位协调相关部门落实建设资金计划或建设资金。保证在竣工收尾阶段能按合同约定的时间节点按时支付建设资金，确保施工单位能及时支付农民工工资及供货商等工程款，避免因为此原因而影响竣工收尾工作。

全过程工程咨询单位应在工程竣工前，督促造价咨询部门对照项目合同台账、资金支付台账，依据合同约定的资金支付时间节点、支付比例等条款，按照工程进度情况，再次全面梳理建设资金支付情况。检查有无应该支付而未支付的情况，查明未支付原因并及时进行支付；对建设过程中已经支付的资金逐项进行清理，有无不应该支付而已经支付或应该支付但实际已超付的情况，查明原因并及时扣回或采取相应补救措施。同时，对已支付资金的申请资料进行清理，检查是否存在资料不齐或签字盖章手续不全的情况，查明原因并及时补签或加盖印章。

2. 履约保证金管理

全过程工程咨询单位应在工程竣工前，清理有无履约保函期限将到或已过的情况，若存在则督促施工单位立即补办延期履约保函。工程竣工验收合格后，及时退还项目建设参建方的履约保证金或履约保函等。

3. 质量保证金管理

建设工程质量保证金可以在合同中约定为从应付的工程款中预留，也可以用银行保函替代。保证金或保函均不得高于工程价款结算总额的3%。

在工程项目竣工前，已经缴纳履约保证金的，建设单位不得同时预留工程质量保证金；采用工程质量保证担保、工程质量保险等其他保证方式的，建设单位不得再预留工程质量保证金。工程质量保证金的管理按项目所在地财政主管部门的规定执行。

工程质量缺陷责任期内、工程质量保修期限内，修复质量缺陷的费用由责任方承担。因不可抗力造成的质量缺陷，维修费用由建设单位承担。

由于施工单位原因造成的缺陷，施工单位应负责维修并承担鉴定及维修费用。如施工单位不维修也不承担费用，建设单位可按合同约定从保证金或银行保函中扣除。费用超出保证金额的，发包人可按合同约定向施工单位进行索赔。施工单位维修并承担相应费用后，不免除对工程的损失赔偿责任。

由于非施工单位原因造成的缺陷，全过程工程咨询单位协助建设单位负责组织维修，施工单位不承担费用且建设单位不得从保证金中扣除费用。在保修期内，因质量缺陷造成房屋所有人、使用人或者第三方人身、财产损害的，其可以向建设单位提出赔偿要求。建设单位向造成房屋建筑工程质量缺陷的责任方追偿。因保修不及时造成新的人身、财产损害，由造成拖延的责任方承担赔偿责任。

工程竣工验收前，全过程工程咨询单位应对建设资金进行清理并进行投资分析；否则，将会出现投资控制失控的风险，或者将会出现竣工验收阶段建设资金短缺的风险，影响竣工验收工作的推进，甚至农民工闹事上访等恶劣事件发生，或者出现资金超付，发生国有资金流失的重大风险。

全过程工程咨询单位造价部门进行投资分析后，形成《建设项目竣工阶段投资分析报告》。

10.2.5　竣工验收质量管理

建设项目进入竣工收尾阶段后，主体结构工程及各专业工程已全部实施完毕，工程实体已成型，参建单位容易放松对工程质量的管理。此阶段实际上是非常重要的阶段，是对工程质量把关的最后一道关口，可以通过各参建单位的全面检查，将建设期间未被发现的质量缺陷或还未处理的质量缺陷进行一次全面的修复，确保项目使用期间的人身和财产安全。

1. 竣工验收

工程竣工后，全过程工程咨询单位应严把工程实体及工程资料质量关，督促各参建单位严格按照相关工程质量验收标准进行初验、预验收、竣工验收。对发现的质量缺陷问题及时整改，达到竣工验收条件后方可报建设单位批准进行竣工验收，确保建设项目质量控制目标。

当建设工程质量不符合要求时，应按以下原则进行处理：

（1）经返工重做或更换器具、设备的，应重新进行验收；

（2）经有资质的检测单位检测鉴定，能够达到设计要求的检验批，应予以验收；

（3）经有资质的检测单位检测鉴定，达不到设计要求，但经原设计单位核算认可能满足结构安全和使用功能的检验批，可予以验收；

（4）经返修或加固处理的分项、分部工程，虽然改变外形尺寸但仍能满足安全使用要求，可按技术处理方案和协商文件进行验收；

（5）经返修或加固处理仍不能满足安全和使用要求的分部工程、单位（子单位）工程，严禁通过验收。

2. 消防工程竣工验收

建设工程分为特殊建设工程和其他建设工程。特殊建设工程实行消防验收制度，其他建设工程实行消防验收备案、抽查制度。

特殊建设工程消防验收采用现场评定的方式，现场评定工作，按照"先随机确定检查部位，再对照开展现场评定"的方式进行。

现场评定应全部检查的项目为：防火间距、消防车登高操作场地、消防车道的设置及安全出口的形式和数量，其他每一项目的抽样数量不少于 2 处。当总数不大于 2 处时，全数检查。

消防验收现场评定符合下列条件的，结论为合格；不符合下列任意一项的，结论为不合格：

（1）现场评定内容符合经消防设计审查合格的消防设计文件；

（2）现场评定内容符合国家工程建设消防技术标准强制性条文规定的要求；

（3）有距离、高度、宽度、长度、面积、厚度等要求的内容，其与设计图纸标示的数值误差满足国家工程建设消防技术标准的要求；国家工程建设消防技术标准没有数值误差要求的，误差不超过 5% 且不影响正常使用功能和消防安全；

（4）现场评定内容为消防设施性能的，满足设计文件要求并能正常实现；

（5）现场评定内容为系统功能的，系统主要功能满足设计文件要求并能正常实现。

对消防验收现场评定结论为不合格的建设工程再次现场评定时，应先对上次现场评定主要存在问题复核后，再按照本规则重新评定。

3. 竣工验收合格后的使用

建设工程必须经竣工验收并合格后，方可交付使用。未经消防验收或者消防验收不合格的建设工程，禁止投入使用。未经竣工验收或者竣工验收不合格的建设工程，不得交付使用、出售、不予办理产权证。需要重新组织工程竣工验收的，在重新组织验收前建设单位不得擅自使用。

4. 质量保修

工程竣工验收合格后，进入工程质量缺陷责任期、工程质量保修期，施工单位对保修范围和保修期限内出现的质量缺陷履行保修义务。

工程质量保修期限分为工程质量缺陷期和工程质量保修期，工程质量缺陷责任期一般为 1 年，最长不超过 2 年；《房屋建筑工程质量保修办法》规定的工程质量缺陷保修期限是指最低期限。

关于工作质量保修管理，详见第 10.3.2 节。

5. 使用培训维保

全过程工程咨询单位应组织施工单位对建设单位、运营或物业单位，针对强电、弱电、暖通、消防、电梯等系统及设施设备的使用、维护、维修进行专业化培训。建设单位应聘请专业技术服务机构对电梯、消防设施进行维护保养。

（1）电梯

电梯制造单位应当向电梯使用单位提供电梯备品备件，提供相关技术指导和服务，协助开展应急救援等专业技能培训。电梯制造单位不得在电梯控制系统中设置技术障碍。

电梯使用单位应当在电梯投入使用前或者投入使用后 30 日内，向负责电梯安全监督管理的部门办理使用登记手续，取得使用登记证书，并在电梯轿厢内或者出入口的显著位置张贴电梯使用登记标志。

使用单位对其使用的电梯应当进行自行检测和维护保养，电梯的维护保养应当由电梯制造单位或者依法取得许可的安装、改造、修理单位进行。维护保养单位不得将维护保养业务转包、分包。

（2）消防

建设单位对建筑消防设施每年至少进行一次全面检测，确保完好、有效，检测记录应完整、准确，存档备查。

自动消防设施应当由具有相应资质的单位和人员定期进行维护、检测。维护情况应当每六个月书面报告消防救援部门，特殊重大情况及时报告；全面检测至少每十二个月进行一次，检测报告应当报送消防救援部门。消防控制室应当保持不得少于两名值班人员，二十四小时不间断值班。

工程竣工验收阶段工程质量初验合格后，监理部门形成《工程质量评估报告》，勘察部门形成《勘察质量检查报告》，设计部门形成《设计质量检查报告》。

工程竣工验收合格后，形成经五方责任主体签署同意竣工验收合格的《工程竣工验收报告》。

工程竣工并联并行验收合格后，规划、人防、消防、国安主管部门出具《验收意见书》。

工程竣工验收备案通过后，建设单位取得由备案机关签署意见的《工程竣工验收备案表》。

10.2.6　竣工验收进度管理

工程完工前，全过程工程咨询单位应组织各参建单位全面梳理问题、倒排工期，细化分解各项工作，制定详细的工程竣工验收收尾工作进度计划。抓住关键工作、关键节点、关键人，全面落实人、材、机、资金，将责任落实到单位、部门、人员。

工程完工前，全过程工程咨询单位应按照工程竣工验收收尾工作进度计划，督促各参建单位及时整理各自的工程档案资料；督促施工单位及时按照工程所在地档案管理机构规定整理工程档案资料，编制竣工图；督促监理部门审查资料。有错、漏、缺的及时补齐，对资料齐全的部分及时立卷归档。各参建单位要高度重视本阶段的资料整理工作，不要因为资料问题影响竣工验收工作的按期开展。

工程完工后，全过程工程咨询单位应按照工程竣工验收收尾工作进度计划，督促施工单位及时完成工程质量自检工作；督促监理部门及时组织施工单位进行工程质量初验工作。对发现的质量缺陷问题及时安排工人进行整改，经验收合格后，监理、勘察、设计部门及时出具工程质量评估报告、工程质量检查报告，确保按期组织工程竣工验收。

全过程工程咨询单位应按工程竣工验收收尾工作进度计划，不定期对现场进行检查，发现问题后及时召开专题会，分析延期原因，制定切实有效的纠偏措施，督促施工单位组织施工作业人员保证材料、机械供应，落实资金，确保按期进行竣工验收和完成工期控制目标。

工程完工后，全过程工程咨询单位应督促"多测合一"测绘单位工作，及时开展测绘工作，确保按期进行工程竣工并联并行验收工作。

工程竣工验收合格后，全过程工程咨询单位应协助建设单位及时完成工程竣工并联并行验收、工程档案移交及竣工验收备案工作。

工程竣工并联并行验收合格后，全过程工程咨询单位应在及时组织建设单位、监理部门、施工单位、运营或物业单位等进行工程清点及移交工作，移交应有书面交接记录和质量保修事宜。

工程质量缺陷保修期内，全过程工程咨询单位应及时向施工单位发出工程质量保修通知，督促施工单位按时完成保修工作。

建设项目竣工后，全过程工程咨询单位应配合建设单位及时办理配套建设的环境保护设施污染物排放许可证，及时进行调试和监测工作，组织验收，公示相关信息，确保建设项目需要配套建设的环境保护设施与主体工程同时投产或者使用。

工程竣工验收收尾阶段，各项工作一环扣一环，紧密相连。全过程工程咨询单位要严格按照竣工验收收尾工作进度计划安排督促各参建单位的工作，一定要有前瞻性，提前谋划，安排相关工作，过程中采取强有力措施及时纠偏；否则，将不能按时完成各节点工作，造成工期失控的风险，无法完成工期控制的目标。

在工程竣工验收收尾阶段，全过程工程咨询单位组织各参建单位编制形成《工程竣工验收收尾工作进度计划》的成果。

工程竣工移交证书可参考表 10-5 的要求填写。

工程竣工移交证书　　　　　　　　　　　表 10-5

工程名称：

建设单位	
监理单位	
施工单位	
使用单位	

移交内容说明：
　　附工程移交清单

　　本工程已于___年_月_日通过了_____等单位的验收,质量符合合同要求,现于
___年_月_日将_____移交给_____。按合同规定,工程保修期从___年_月_日至___年_月_日结束

施工单位签署盖章：

项目负责人：

续表

监理单位签署盖章：
负责人：

建设单位签署盖章：
负责人：

接受单位签署盖章：
负责人：

本证书一式四份，相关单位签署盖章后生效。

工程移交清单可参考表 10-6 的要求填写。

工程移交清单　　　　　　　　表 10-6

工程名称：

序号	移交内容	备注
1		
2		
3		
4		
5		
6		
7		
8		
9		

以上移交内容自　　年　　月　　日查验合格后，
移交给　　　　　　　保管使用。

监理单位：	施工单位：	接受单位：
代表：	代表：	代表：
日期：	日期：	日期：

10.2.7　竣工验收安全健康、环保管理

1. 安全健康管理

建设项目进入竣工收尾阶段后，建设任务已基本完成，建筑各专业的工人已基本撤场，仅留少量收尾工作的人员。在这个阶段，项目管理人员及工人都容易放松安全警惕，安全意识降低，安全措施不到位，容易导致安全事故的发生。因此，特别需要加大安全管理，避免因为安全事故影响竣工收尾工作的顺利推进。

全过程工程咨询单位应督促各参建单位切实履行安全生产职责，规范安全生产行为，

压实安全生产管理责任，一手抓项目推进，一手抓安全生产管理。施工单位加强工人安全生产教育，保障安全生产经费的投入，保证安全防护用品的使用，加强临边洞口等部位的防护，确保安全管理人员在位履职。监理部门要加大安全管理巡查频率及力度，及时发现安全隐患，按照"四不放过"的原则督促施工单位进行整改。

全过程工程咨询单位应督促监理部门定期进行日常安全巡查和不定期进行专项安全检查，对发现的安全问题督促施工单位采取切实有效的措施及时整改到位。加大安全生产防范工作，有序推进竣工验收收尾工作，避免因组织不当导致安全事故的发生。

当安全生产事故发生后，全过程工程咨询单位应快速启动应急救援方案，督促各参建到位立即采取有效措施，防止事故扩大。

在项目移交过程中，全过程工程咨询单位应督促相关单位向建设单位进行安全使用交底并形成交底记录。

工程完工后，竣工验收前，全过程工程咨询单位应协助建设单位申请办理终止施工安全监督手续，办理安全文明施工综合评分事宜。

工程质量缺陷责任期内，按安全管理规定应当编制安全专项方案的，施工单位必须编制安全专项方案，并经监理部门批准后方可实施。维修现场应按规定布置安全防护措施。施工单位及监理部门安全管理人员必须到场监督。

工程竣工验收及工程质量保修期间，全过程工程咨询单位更应重视和加强安全生产管理，全方位查找安全隐患，防患于未然；否则，将可能存在安全生产事故发生的风险。

2. 环保管理

建设单位是建设项目竣工环境保护验收的责任主体。在验收过程中，应当如实查验、监测、记载建设项目环境保护设施的建设和调试情况，不得弄虚作假。

环境保护设施必须与主体工程同时建成，建设单位在项目竣工后对环境保护设施进行调试和项目实际污染物排放之前，必须按相关规定申请排污许可证，不得无证排污或不按证排污；否则，不得对环境保护设施进行调试。

调试期间，建设单位应当对环境保护设施运行情况和建设项目对环境的影响进行监测，确保调试期间污染物排放符合国家和地方有关污染物排放标准和排污许可等相关管理规定。

建设单位不具备监测能力和编制验收监测（调查）报告能力的，可以委托有能力的技术机构进行监测和编制监测（调查）报告。建设单位对受委托的技术机构编制的验收监测（调查）报告结论负责。

以排放污染物为主的建设项目，参照《建设项目竣工环境保护验收技术指南污染影响类》编制验收监测报告；主要对生态造成影响的建设项目，按照《建设项目竣工环境保护验收技术规范生态影响类》编制验收调查报告。

验收期限指建设项目环境保护设施竣工之日起至建设单位向社会公开验收报告之日止的时间。除需要取得排污许可证的水和大气污染防治设施外，其他环境保护设施的验收期限一般不超过 3 个月；需要对该类环境保护设施进行调试或者整改的，验收期限可以适当延期，但最长不超过 12 个月。

验收报告分为验收监测（调查）报告、验收意见和其他需要说明的事项三项内容。验收报告编制完成后 5 个工作日内公开验收报告，公示的期限不得少于 20 个工作日。

验收报告公示期满后 5 个工作日内，建设单位应当登录全国建设项目竣工环境保护验收信息平台，填报建设相关信息，同时向环境评审批部门报送验收资料。建设单位应当将验收报告及其他档案资料存档备查。

建设项目环境保护设施存在下列情形之一的，建设单位不得提出验收合格的意见：

（1）未按环境影响报告书（表）及其审批部门审批决定要求建成环境保护设施，或者环境保护设施不能与主体工程同时投产或者使用的；

（2）污染物排放不符合国家和地方相关标准、环境影响报告书（表）及其审批部门审批决定或者重点污染物排放总量控制指标要求的；

（3）环境影响报告书（表）经批准后，该建设项目的性质、规模、地点、采用的生产工艺或者防治污染、防止生态破坏的措施发生重大变动，建设单位未重新报批环境影响报告书（表）或者环境影响报告书（表）未经批准的；

（4）建设过程中造成重大环境污染未治理完成，或者造成重大生态破坏未恢复的；

（5）纳入排污许可管理的建设项目，无证排污或者不按证排污的；

（6）分期建设、分期投入生产或者使用依法应当分期验收的建设项目，其分期建设、分期投入生产或者使用的环境保护设施防治环境污染和生态破坏的能力不能满足其相应主体工程需要的；

（7）建设单位因该建设项目违反国家和地方环境保护法律法规受到处罚，被责令改正，尚未改正完成的；

（8）验收报告的基础资料数据明显不实，内容存在重大缺项、遗漏，或者验收结论不明确、不合理的；

（9）其他环境保护法律法规规章等规定不得通过环境保护验收的。

编制环境影响报告书（表）的建设项目，其配套建设的环境保护设施必须经验收合格，方可投入生产或者使用；未经验收或者验收不合格的，不得投入生产或者使用。分期建设、分期投入生产或者使用的建设项目，其相应的环境保护设施应当分期验收。

在环保验收期限内，全过程工程咨询单位应督促施工单位和环境监测单位严格按规定程序办理，杜绝为通过验收而提供虚假验收报告，以及未通过验收或验收不合格的情况下就投入使用，否则，将面临被环境保护主管部门处罚的风险。

在环保验收阶段，将形成两个成果：一是环境监测（调查）机构完成监测任务后，编制形成《验收监测（调查）报告》；二是全过程工程咨询单位协助建设单位组织验收后，编制形成《验收报告》。

10.2.8　竣工验收招标投标与合同管理

1. 招标投标管理

《四川省行政审批中介服务"网上超市"建设方案的通知》（川办发〔2020〕66 号）规定：按照党中央国务院和省委省政府关于深化"放管服"改革，优化营商环境，依托省一体化政务服务平台，建设全省统一的中介超市。全省范围内使用财政性资金占主导且需要中介服务的项目（该中介服务须在政府集中采购目录以外且未达到采购限额标准），以及使用社会性资金且需要中介服务的项目，鼓励项目业主通过中介超市自主选取中介服务机构，政府及其部门（单位）不得为业主强制指定或变相指定中介服务机构。

工程竣工验收前，全过程工程咨询单位应协助建设单位在"中介超市"中选取或采用招标等方式确定使用期间的电梯维保、消防维保、物业管理等单位，确定建设项目环境保护设施验收监测（调查）报告编制单位，确定建设项目"多测合一"测绘单位，确定建设项目工程竣工结算审核单位，确定建设项目工程竣工财务决算编制单位，并协助建设单位与中标单位洽商、签订委托合同。

2. 合同管理

全过程工程咨询单位应督促各参建单位继续履行合约，完成合同约定中还未完成的内容，达到合同约定的质量、安全标准及其他约定。

工程竣工前，全过程工程咨询单位应再次全面清理合同，检查前期工作有无错、漏、缺的情况；如有，则及时修补。根据工程实际情况，需要签补充协议的时按程序签订。

全过程工程咨询单位应再次梳理施工合同条款，检查工程质量保证金预留的比例、方式，返还的时间、方式等是否存在未约定或约定不明；若存在，则尽快协商解决。

全过程工程咨询单位应再次梳理施工单位合同条款，检查竣工图编制、审核、出图、签章的单位，工程档案编制的套数、编制费用的承担单位，工程档案的质量和移交时间等是否存在未约定或约定不明；若存在，则尽快协商解决。

全过程工程咨询单位应在电梯维护保养合同中，明确维护保养的内容和要求、维护保养起止日期和频次、故障报修和应急救援等内容。

全过程工程咨询单位应在工程竣工结算审核合同、工程竣工财务决算编制合同中，明确委托标的、内容、范围、时限、权利、义务、责任、费用、质量标准等内容。

工程竣工验收收尾阶段，根据各项目的不同，全过程工程咨询单位将协助建设单位与相应中标单位签订以下合同：

(1)《建设工程电梯维护保养合同》；

(2)《建设工程消防设施维护保养合同》；

(3)《建设工程物业管理合同》；

(4)《建设工程竣工结算审核合同》；

(5)《建设工程竣工财务决算编制合同》；

(6)《建设工程环境验收监测（调查）报告编制合同》；

(7)《建设工程项目"多测合一"测绘合同》。

10.3 工程项目竣工移交与质量保修管理

工程项目在项目并联并行验收完成并合格后，全过程工程咨询单位在协助建设单位进行项目竣工备案的同时，应组织各参建单位按照项目竣工移交计划开展建设工程项目实体移交和竣工资料移交。竣工资料移交包括向建设单位的移交和向属地城建档案馆的移交。

工程项目在竣工验收合格之日起便进入质量保修期。全过程工程咨询单位应按照合同约定及项目质量保修要求与程序，督促各参建单位开展质量保修工作，直至保修期限结束。

10.3.1　竣工移交管理

1. 竣工移交程序

项目移交建议采用分阶段方式进行，工程竣工并联并行验收合格后，先移交项目实体及相关竣工资料；在工程结算审查完成，竣工财务决算审计完成，工程质量缺陷责任期结束后，分批次移交相应资料。

项目竣工移交主要指在政府监管部门见证下，工程项目实体移交以及项目全过程管理资料文件的移交，全过程咨询单位应建立交接记录，完善交工手续，提交项目移交报告，即表明项目移交的结束。

项目实体移交时，全过程咨询单位应提前编制移交工作计划及移交记录单，明确移交时间、移交及接受单位和其相关负责人。在提供项目移交报告前，应当进行项目移交的检查工作，仔细填写移交检查表，在移交过程中发现的问题应记录在表内并明确整改时间，并整改验收合格后再次移交，最后由移交及接收单位相关负责人签字确认后，完成项目实体移交。

一般情况下，项目文件的移交是一个贯穿项目整个生命周期的过程，只有在最后的收尾阶段，项目的文件移交具有深刻的意义和作用。竣工移交阶段的资料移交，应包括移交城建档案管理机构和建设单位。

2. 一般要求

全过程咨询单位应根据合同约定和法律法规、规范规定，制定项目竣工移交及质量保修期的管理制度和保修工作计划。

施工单位需完成承包范围内所有工程内容并达到合同约定的质量标准。合同承包范围内工程包括合同协议书约定的承包范围、施工过程中发承包双方签订的补充协议所约定的承包范围及设计变更等法定内容。其中，施工单位在完成施工合同的同时还须注意已完工程必须达到合同约定的质量标准，如合同中质量标准约定为"××优质工程"等，施工单位应达到该标准；否则，即使工程达到"合格"标准，建设单位也可按合同协议要求减少支付工程价款。

在办理工程项目移交前，施工单位应当编制竣工结算报告，以作为向建设单位结算最终拨付工程价款的依据。竣工结算报告应通过全过程工程咨询单位、监理部门、造价部门审核确认并签字提交建设单位审批通过后，才能办理工程价款的拨付手续。

当项目的实体移交、文件资料移交和项目款结清后，项目移交方、接收方应当在项目移交报告上签字，形成项目移交报告。项目移交报告即构成项目移交的结果。

3. 对于不同行业、不同类型的项目，国家及行业主管部门出台了各类项目移交的规程和规范

（1）对于个人投资项目（含外商投资项目），一旦验收程序结束，应由全过程咨询单位组织施工单位与建设单位按相应合同进行移交。移交内容为合同规定的项目成果、完整的项目文件、项目合格证书、项目产权证等。

（2）对于企事业单位投资项目，如企业利用自有资金对生产技术进行提升改造的项目，企事业单位作为项目建设单位，应由企事业单位法人代表作为建设单位进行项目竣工移交。移交内容为合同规定的项目成果、完整的项目文件、项目合格证书、项目产权证书等。

（3）对于国家投资项目，投资主体是国家，但是通常情况下通过国有资产的代表实施投资行为。一般情况下对中、小型项目，是地方政府的国企平台公司作为建设单位；对于大型项目，通常是国家或中央政府的大型国企或央企作为建设单位，项目建成后所有权属于国家或中央。对于国家投资项目，在项目建成后，项目的实际使用者与项目的所有者或建设单位不是一体的，因此竣工验收与移交需要分两个层次进行，这是全过程咨询单位需要注意的。

4. 移交内容

（1）工程实体移交，即建（构）筑物实体和工程项目内所包括的各种设备实体的移交。工程实体移交的繁简程度随工程项目承发包模式的不同及工程项目本身的具体情况不同而不同，需要全过程咨询单位提前编制计划并督促实施。

（2）工程技术档案文件移交。移交时要编制《工程档案资料移交清单》。建设单位、全过程咨询单位和施工单位应按清单查阅清楚并认可后，各方在移交清单上签字盖章。移交清单一式三份，三方各自保存一份，以备查对。

5. 建设工程竣工验收完毕后，施工单位应在规定的期限内将竣工项目移交给建设单位，及时转移撤出施工现场，解除施工现场全部管理责任

（1）向建设单位移交钥匙时，工程室内外应清扫干净，达到窗明、地净、灯亮、水通，排污畅通、动力系统可以使用。

（2）向建设单位移交工程竣工资料，在规定的时间内按工程竣工资料清单目录进行逐项交接，办清交验签章手续。

（3）原施工合同中未包括工程质量保修书附件的，在移交竣工工程时，应按有关规定签署或补签工程质量保修书。

（4）与建设单位签订工程移交记录表，确定工程移交时间及移交项目。工程未经竣工验收，建设单位提前使用的，应在交付记录表中注明。

（5）编制撤出施工现场的计划安排，全过程工程咨询单位应按照工程竣工验收、移交的要求，编制工地撤场计划。规定时间，明确负责人、执行人，保证工地及时清场转移。

6. 撤场计划安排的具体工作要求

（1）临时工程拆除，场内残土、垃圾要文明清运；

（2）对机械、设备进行润滑、油漆保养，组织有序退场；

（3）周转材料要按清单数量转移、交接、验收、入库；

（4）退场物资运输要防止重压、撞击，不得野蛮装卸；

（5）转移到新工地的各类物资要按指定位置堆放，符合平面管理要求；

（6）清场转移工作结束，解除施工现场管理责任。

10.3.2 质量保修管理

1. 保修期期限

保修期应从项目竣工验收合格至质量保修期结束。工程质量缺陷责任期从工程通过竣工验收之日起计。由于施工单位原因导致工程无法按规定期限进行竣工验收的，缺陷责任期从实际通过竣工验收之日起计。由于建设单位原因导致工程无法按规定期限进行竣工验收的，在施工单位提交竣工验收报告90天后，工程自动进入缺陷责任期。

在正常使用下，房屋建筑工程的最低保修期限为：

（1）地基基础工程和主体结构工程，为设计文件规定的该工程的合理使用年限；

（2）屋面防水工程、有防水要求的卫生间、房间和外墙面的防渗漏，为 5 年；

（3）供热与供冷系统，为 2 个供暖期、供冷期；

（4）电气管线、给水排水管道、设备安装，为 2 年；

（5）装修工程，为 2 年。

其他项目的保修期限由建设单位和施工单位约定。

2. 主要工作内容

（1）项目合同中一般都规定保修期，并对这段时间内所发生的质量问题以合同条款的形式规定出了预先处理方式。全过程咨询单位应协助建设单位按照合同要求督促施工单位进行保修。

（2）全过程咨询单位应根据合同约定和法律法规、相关规范规定，制定项目质量保修阶段管理制度。在质量保修阶段应当定期回访，并组织和监督其他参建单位按期进行回访工作。

（3）工程质量缺陷整改完成后，全过程咨询单位应当组织相关单位进行验收，验收合格后应现场签署书面验收文件。

（4）全过程咨询单位应当督促实施质量保修的相关单位，按照建设单位的相关规定办理进场及出场手续。

3. 保修期一般规定

（1）工程质量缺陷责任期内，出现不符合工程建设强制性标准、设计文件以及合同约定的质量缺陷后，全过程工程咨询单位应及时组织各相关参建单位到现场进行调查和分析，确需对质量缺陷进行鉴定的，由具有资质的单位进行鉴定。明确责任单位后，向责任单位签发限期整改通知单。责任单位在规定期限内，完成质量缺陷保修工作。

（2）在保修期内出现了工程质量问题，一般有以下处理方法：

1）因施工单位施工质量原因造成的问题，应由施工单位无偿进行保修。

2）因设计原因造成使用问题，则由建设单位提出修改意见由原设计单位提出具体修改方案，经建设单位向施工单位提出委托，进行处理或翻修，费用原则上由建设单位负担。

3）因建设单位在使用中有新的要求或建设单位使用不当需进行局部处理或返修时，由双方另行协商解决。若由施工单位进行处理或施工时，费用由用户负担。

4）对无法协商解决或协商不成的项目质量问题及其他问题，可提交相关仲裁部门仲裁或直接提请法院判决。

（3）发生涉及结构安全的质量缺陷，全过程工程咨询单位应协助建设单位立即向当地建设行政主管部门报告，采取安全防范措施；由原设计单位或者具有相应资质等级的设计单位提出保修方案，施工单位实施保修，原工程质量监督机构负责监督。发生涉及结构安全或者严重影响使用功能的紧急抢修事故，全过程工程咨询单位应单独或通过建设单位向政府管理部门报告，并立即通知施工单位到达现场抢修。

4. 保修期管理流程

（1）定期回访

全过程工程咨询单位应建立项目质量保修期回访制度，定期对建设单位的使用和设施设备运行情况进行回访，及时征求建设单位或使用单位的意见，及时发现使用中存在的问题。

（2）协调联系

1）对建设单位提出的工程质量缺陷，全过程工程咨询单位应安排监理部门进行检查和记录，并向施工单位发出保修通知，要求施工单位予以修复。施工单位接到保修通知后，应当到现场核查情况，在保修书约定的时间内予以保修。

2）按规定应当编制工程质量缺陷保修方案的，全过程工程咨询单位应督促施工单位应及时编制保修方案，监理机构及时审批。施工单位应按照建设单位的相关规定办理进出场手续，监理人应按规定进行监理或旁站监理，质量缺陷保修前后均应现场拍照或摄像，留存证据。

3）质量缺陷维修工作完成后，全过程工程咨询单位应组织各相关参建单位进行验收，并签署书面验收意见。

4）工程质量缺陷责任期结束后，全过程工程咨询单位应组织各相关参建单位对质量缺陷维修工作进行复核，如无异议则书面确认，保修工作结束。

质量缺陷整改通知单可参考表 10-7 的要求填写。

质量缺陷整改通知单　　　　　　　　　　　　　　　　　表 10-7

编号：

_____单位(责任单位名称)：

经检查，贵公司在_____项目存在如下质量缺陷(见下栏)，望接到本通知后，请于____年____月____日前完成整改并报验收。

需整改内容如下：

1.

2.

3.

……

附图：

　　　　　　　　　　　　　　　　　　　　　　　　　　　　_____单位(发文单位名称)

　　　　　　　　　　　　　　　　　　　　　　　　　　　　　　年　　月　　日

（3）界定责任

1）全过程工程咨询单位应组织相关单位对于质量缺陷责任进行界定。

2）首先应界定是否是使用不当责任，如果是使用者责任，施工单位修复的费用应由使用者承担；如果不是使用者责任，应界定是施工责任还是材料缺陷，该缺陷部位的施工方的具体情况，分清情况，按施工合同的约定合理界定责任方。

3）对非施工单位原因造成的工程质量缺陷，应核实施工单位申报的修复工程费用，并应签署工程款支付证书，同时应报建设单位。

（4）督促维修

施工单位对于质量缺陷的维修过程，监理部门应予监督，合格后应予以签认。

（5）检查验收

1）施工单位保修完成后，经全过程工程咨询单位、监理部门验收合格，由建设单位或者工程所有人组织验收。

2）涉及结构安全的，应当报当地建设行政主管部门备案。

3）由于保修工作千差万别，全过程工程咨询单位应根据具体项目的工作量决定保修期间的具体工作计划，并根据与建设单位的合同约定具体决定工作方式和资料留存。

（6）质量保证金的退回

全过程工程咨询单位应审核各相关单位的质量保证金退回申请，并协助建设单位办理质保金退回手续。

（7）资料移交

保修期结束后，全过程工程咨询单位应整理质量保修阶段的各项资料，并及时向建设单位进行移交，组织建设单位和各参建单位对保修工作进行确认。各方无异议后，签署工程质量保修期到期验收记录表。

工程质量保修期到期验收记录表可参考表 10-8 的要求填写。

工程质量保修期到期验收记录表　　　　　　　表 10-8

工程名称		工程地址	
建设单位		全过程工程咨询单位	
设计单位		监理单位	
施工单位		合同编号	
开工日期		竣工日期	
质保期		质保金额	
验收项目			
施工单位自检意见	签字（盖章）： 日期：		

监理单位意见	签字(盖章)： 日期：
设计单位意见	签字(盖章)： 日期：
全过程工程咨询单位	签字(盖章)： 日期：
建设单位意见	签字(盖章)： 日期：
使用注意事项	

建设项目竣工移交及质量保修阶段，全过程工程咨询单位应注意两点：一是必须待工程竣工验收合格后方可将建设项目移交给建设单位；二是质量保修期出现质量缺陷问题后，应及时书面通知施工单位履行保修职责。否则，将导致建设单位承担质量缺陷维修、鉴定等费用的风险。

全过程工程咨询单位组织参建单位和建设单位完成建设工程的清点后，形成经各方签字确认的《建设工程项目实体移交清单》；完成各阶段的工程档案资料清点后，形成经各方签字确认的《建设工程项目档案资料移交清单》；工程竣工验收前，施工单位签署《工程质量保修书》；工程质量保修期结束后，签署《工程质量保修期到期验收记录表》；全过程工程咨询服务工作结束后，全过程工程咨询单位编写《全过程工程咨询管理工作总结》。

10.4　工程项目竣工结算与决算管理

10.4.1　竣工结算管理

工程项目竣工验收合格后，全过程工程咨询单位应按合同约定督促施工单位及时编制并提交项目竣工结算报告及完整有效的竣工结算资料。全过程工程咨询单位组织竣工结算审核单位对施工单位提交的竣工结算报告及竣工结算资料进行全面审核。

工程项目竣工验收及并联并行验收合格后，全过程工程咨询单位应协助建设单位编制工程竣工财务决算报告，配合审计单位进行审计。

1. 竣工结算编审程序

工程竣工验收合格后，施工单位提交竣工结算报告及完整的结算资料，竣工结算经竣工结算审核单位进行竣工结算审核。审核工作完成后，提交竣工结算审核报告。

2. 竣工结算编制依据

工程项目竣工结算编制，应以施工合同、现行有关标准等为依据，竣工结算审核应以委托合同、工程结算书等为依据。

竣工结算的编制依据主要有以下几个方面：

（1）建设期内影响合同价格的法律、法规和规范性文件；

（2）施工合同、专业分包合同及补充协议，有关材料、设备采购合同；

（3）相关部门发布的建设工程造价计价标准、计价方法、计价定额、价格信息、相关规定等计价依据；

（4）招标文件、投标文件；

（5）工程施工图和竣工图、经批准的施工组织设计、设计变更、工程洽商、索赔与现场签证，以及相关的会议纪要；

（6）工程材料及设备中标价、认价单；

（7）双方确认追加（减）的工程价款；

（8）经批准的开、竣工报告或停、复工报告；

（9）影响工程造价的其他相关资料。

3. 竣工结算审核方式

建设工程项目竣工结算可在工程竣工后开展，也可以采取施工过程结算的方式进行。四川省住房和城乡建设厅《关于房屋建筑和市政基础设施工程推行施工过程结算的通知》（川建行规〔2020〕1号）规定：全省房屋建筑和市政基础设施工程施工合同工期两年以上的新开工项目要积极推行施工过程结算，鼓励其他项目根据工程具体情况实施施工过程结算。施工过程结算完成后，发包人应依据已确认的当期施工过程结算文件，按照合同约定足额支付结算款。

实行施工过程结算的建设工程，施工合同中应明确约定施工过程结算节点、施工过程分段结算详细范围、计量计价方法、计量计价争议处理、风险范围、验收要求，以及价款支付程序、时间、比例、逾期支付处理等内容。

采用过程结算的工程项目，除合同另有约定外，其工程结算文件用于价款支付时，应包括下列内容：

（1）本周期已完成工程的价款；

（2）累积已完成的工程价款；

（3）累积已支付的工程价款；

（4）本周期已完成的计日工金额；

（5）应增加和扣减的变更金额；

（6）应增加和扣减的索赔金额；

（7）应抵扣的工程预付款；

（8）应扣减的质量保证金；

（9）根据合同应增加和扣减的其他金额；

（10）本付款周期实际应支付的工程价款。

4. 竣工结算管理

全过程咨询单位应督促施工单位在工程竣工前，尽早整理工程竣工资料，编制竣工图，开展竣工结算编制工作，不定期检查工作进展情况，督促施工单位在合同约定期限内完成竣工结算编制工作，提交竣工结算报告及完整的结算资料。

全过程咨询单位造价部门应对竣工结算报告的完整性与真实性、编制依据的合规性、签章手续的齐备性进行初步审查。

全过程咨询单位应及时组织竣工结算审核单位与施工单位开展工程结算审核工作，加强沟通协调，及时召开专题会研究解决结算问题和分歧。督促双方在合同约定期限内完成结算审核工作，提交经审核单位、施工单位、建设单位共同签章确认的竣工结算审核报告。

全过程咨询单位应组织专题会议解决结算分歧问题，或咨询当地造价主管部门，若实在不能达成一致，结算审核单位可将非争议部分单独出具结算审核报告，争议问题按合同约定的争议解决方式处理。

竣工结算审核完成后，全过程咨询单位应协助建设单位依据招标投标文件、合同、结算资料、资金支付资料、财务管理资料等，完成各项账务处理及财产物资的盘点核实，编报工程竣工财务决算，做到账账、账证、账实、账表相符。

10.4.2　竣工决算管理

1. 竣工决算编审程序

全过程工程咨询单位应协助建设单位编制工程竣工财务决算，由建设单位报送政府相关部门进行工程竣工财务决算审计。审计工作完成后，由财政主管部门出具工程竣工财务决算批复。

2. 竣工决算编制依据

工程竣工财务决算编制的依据主要包括：

（1）国家有关法律法规；

（2）经批准的可行性研究报告、初步设计、概算及概算调整文件；

（3）招标文件及招标投标书，施工、全过程工程咨询服务、勘察设计、监理及设备采购等合同，政府采购审批文件、采购合同；

（4）历年下达的项目年度财政资金投资计划、预算；

（5）工程结算资料；

（6）有关的会计及财务管理资料；

（7）其他有关资料。

3. 竣工决算审计后的资金支付

全过程咨询单位应在工程结算审核、工程竣工财务决算审计工作完成后，按合同约定的支付比例、支付时间，以及审定的结（决）算金额，及时支付相应工程价款。缺陷责任期到期后，施工单位可申请返还质量保证金。

4. 竣工决算的管理

工程结算审查完成后，按照合同约定，由全过程咨询单位编制或配合建设单位编制工程竣工财务决算，由建设单位报送政府相关审计部门进行审计。全过程工程咨询单位应督促项目建设参建单位协助建设单位及时提交审计部门要求的相关资料，回复审计调查意见，配合审计工作，尽快完成审计工作，取得工程竣工财务决算批复。

施工单位编制完成竣工结算后，形成《工程竣工结算报告》及完整的结算资料。

竣工结算审核完成后，审核单位形成《竣工结算审核报告》。

建设单位编制完成工程竣工财务决算编制，形成《工程竣工财务决算报告》。

工程竣工财务决算审计完成后，审计部门形成《审计报告》，财政主管部门形成《工程竣工财务决算批复》。

10.5　工程项目竣工档案资料与信息化管理

10.5.1　竣工档案资料管理

一切建设工程项目活动，无论其过程如何复杂，最终只能留下两个建设成果：一个是建设工程项目实体本身；另一个就是建设工程项目竣工资料。建设工程项目能否圆满竣工验收通过，其档案资料的管理是重要保障。建设工程项目从项目决策到项目竣工目标的实现乃至项目运营维护的正常开展，更是离不开信息化管理。

《建设工程文件归档规范》GB/T 50328—2014（2019 年版）（见附录）将建设工程文件分为建筑工程、道路工程、桥梁工程和地下管线工程四个类别，工程文件归档范围按以下方式划分，各建设项目具体以项目所在地城建档案管理机构规定为准。

A 类：工程准备阶段文件

A1：立项文件

A2：建设用地、拆迁文件

A3：勘察、设计文件

A4：招标投标文件

A5：开工审批文件

A6：工程造价文件

A7：工程建设基本信息

B 类：监理文件

　　B1：监理管理文件

　　B2：进度控制文件

　　B3：质量控制文件

　　B4：造价控制文件

　　B5：工期管理文件

　　B6：监理验收文件

　　C类：施工文件

　　C1：施工管理文件

　　C2：施工技术文件

　　C3：进度造价文件

　　C4：施工物资文件

　　C5：施工记录文件

　　C6：施工试验记录及检测文件

　　C7：施工质量验收文件

　　C8：施工验收文件

　　D类：竣工图

　　E类：工程竣工文件

　　E1：竣工验收与备案文件

　　E2：竣工决算文件

　　E3：工程声像资料等

　　E4：其他工程文件

　　工程竣工前，全过程工程咨询单位应督促各参建单位随工程进展，及时收集工程建设相关资料，监理部门对施工单位自检合格的工程档案资料进行审核。全过程工程咨询单位按照现行法律法规及相关行业规定对各参建单位的工程竣工档案资料进行复核，各参建单位及时补充相关资料。

　　工程档案资料的移交按照以下方式进行：施工分包单位向施工总承包单位移交，施工总承包单位向全过程工程咨询单位移交。由建设单位平行发包的，由各施工单位分别向建设单位移交。验收合格后，全过程工程咨询单位协助建设单位在规定的时间内向城建档案管理机构移交。

　　竣工档案资料的相关要求：

　　（1）建设工程文件包括纸质文件，还包括电子文件和声像文件。

　　（2）建设工程文件应随工程建设进度同步编制，不得事后补编。

　　（3）隐蔽工程必须保存声像资料，保证资料真实、可靠。

　　（4）工程档案的编制不得少于两套，除向城建档案管理机构移交一套外，其余根据各单位的需求确定。

　　（5）每个项目应编制一套内容必须与纸质资料一致的电子档案资料，随纸质档案一并移交城建档案管理机构，归档的纸质工程资料应为原件。

　　（6）工程档案资料保存期限分为永久保管、长期保管和短期保管三种，同一案卷内有不同保管期限的文件时，该案卷保管期限应从长。

（7）工程档案资料密级分为绝密、机密和秘密三种。当同一案卷内有不同密级的文件时，应以高密级为本卷密级。

（8）各参建单位认为具有保存价值的工程资料，也应按各单位的规定进行收集、整理、立卷、归档。

10.5.2　信息化管理

全过程工程咨询服务采用信息化方式进行工程文件的收集、整理、立卷、归档是建设工程项目科学化管理，以提高管理效率的必然手段和途径。

1. 信息化管理的基本要求

（1）应包含全过程工程咨询的整个阶段和各个工作环节；

（2）应充分考虑信息化管理的数据成果在项目全过程各阶段间的有效衔接，确保项目整体信息化管理数据成果的完整、准确、及时传递；

（3）信息化管理的实施内容对象应包括相关的专业数据库管理和专业软件管理；

（4）全过程工程咨询服务单位应利用信息化技术将信息管理贯穿于工程咨询服务全过程；

（5）建立统一的信息化管理（云）平台，进行全过程工程咨询服务实施管理，与各信息子系统互联互通，并应保证项目信息化管理的数据安全可控。

2. 信息化管理规划应包含的内容

（1）目标；

（2）组织体系；

（3）具体实施点；

（4）分工界面；

（5）基本流程；

（6）IT 条件与需求。

3. 信息化管理实施应包括的内容

（1）数字化管理平台建设；

（2）数据服务层建设；

（3）多方参与协同信息共享；

（4）数字化项目管理；

（5）数字化管理流程建设；

（6）数字资产的形成；

（7）数字化管理人才培养。

4. 信息化管理应注意的事项

（1）在建设项目决策、勘察设计、招标采购、工程施工、竣工验收、运营维护等不同阶段，依据相关标准规范和项目具体要求编制全过程工程咨询相应专业的成果文件。

（2）以降低项目的管理成本，提高项目收益为目标，总结优化管理流程，建立企业的信息化管理标准。

（3）因地制宜，根据自身条件建立数字化管理流程及辅助平台。

工程参建各方可结合本单位网络办公管理系统等信息化手段，采用签署电子印章或电子签名的电子文件传输、接收工程文件的方式建立电子档案，达到快速、高效管理和应用的目的。

全过程工程咨询单位应运用互联网、物联网、云计算、BIM 等先进技术进行项目信息化管理，做到数据共享，协同管理。通过对建设工程全过程资料系统化、科学化、规范化、信息化管理，使工程文件更容易满足真实性、可追溯性、完整性的要求。

本章小结

竣工咨询是全过程工程咨询单位提供的在项目竣工阶段的项目管理服务和专业咨询服务。包括项目竣工验收管理、项目竣工结算管理、项目竣工资料管理、项目竣工移交管理、项目竣工决算管理、项目竣工备案管理及项目工程保修期管理七个部分。其中，竣工验收管理是七部分中最重要的部分。竣工验收是工程项目建设全生命周期中最重要一个环节。通过竣工验收，可以检验工程项目是否符合相关法律法规和工程建设强制性标准，是否符合设计文件及合同约定要求。

本章依据相关法律法规、技术规范对竣工验收的条件、内容、程序，以及对竣工阶段的投资、进度、质量、移交、结算、决算、成果文件管理的阐述，全面、系统性地揭示了竣工阶段项目竣工咨询的内容、方法及规律。对竣工阶段的管理咨询工作有较强的指导作用。

复习思考题

1. 竣工验收的目的是什么？
2. 竣工验收必须具备的条件是什么？
3. 竣工验收的验收程序是什么？
4. 全过程工程咨询单位竣工阶段投资管理的目标是什么？
5. 竣工备案是在竣工的哪个阶段进行？
6. 竣工移交包含哪些内容？
7. 竣工结算与竣工决算有什么区别？

本章参考文献

[1] 四川省住房与城乡建设厅. 四川省工程建设地方标准　四川省建设工程项目管理标准 DBJ51/T 101—2018 [S]. 成都：西南交通大学出版社，2018.

[2] 中国建筑业协会. 中国建筑业协会团体标准　全过程工程咨询服务管理标准 T/CCIAT 0024—2020 [S]. 北京：中国建筑工业出版社，2020.

[3] 吴玉珊等. 建设项目全过程工程咨询理论与实务. 北京：中国建筑工业出版社，2018.

[4] 中国建设工程造价管理协会. 全过程工程咨询典型案例——以投资控制为核心. 北京：中国计划出版社，2020.

[5] 王宏毅. 大型剧院类项目全过程工程咨询——四川大剧院实践案例. 北京：中国建筑工业出版社，2020.

第 11 章　工程项目运营维护咨询

主要内容:
- 工程运营维护项目管理
- 项目后评价与绩效评价
- 工程项目设施管理
- 工程项目资产管理

学习目标:

通过本章的学习,读者可以了解工程运营维护项目管理的基本内容;重点掌握项目后评价与绩效评价方法;熟悉工程项目设施管理内容;了解工程项目资产管理内容。

11.1　工程运营维护项目管理

全过程工程咨询服务单位具备工程项目运营维护管理能力的应依据合同自行完成项目运营维护咨询任务。全过程工程咨询服务单位不具备运营维护管理能力的,应按照合同约定或经建设单位同意,择优委托具有相应能力的单位承担运营维护咨询任务。

11.1.1　工程运营维护项目管理的概念

在全过程工程咨询项目管理中工程项目运营维护阶段是指项目建成竣工验收后投入实际使用直到项目结束的时期。这一阶段的咨询服务一般包括为建设单位提供项目后评价、项目绩效评价、工程项目设施管理、资产管理等内容。广义上的工程运营维护管理内容涉及工程项目运营阶段的各个方面,可以提升到企业管理的层面;狭义上的工程运营维护管理主要指项目运营阶段的与工程设施直接相关的管理。

1. 工程运营维护管理的目标

工程运营维护管理的目标是确保提供安全、可靠、经济的工程系统运行与维护服务,能按预期使用工程设施,甚至延长工程设施的使用寿命、提升工程设施的价值。具体目标如下:

(1) 保证工程项目的正常运行,满足用户的使用需求;

(2) 安排适当的运行与维护措施,保障运行,防止工程项目的系统和部件过早出现问题;

(3) 在提供必要的可靠度的基础上,按最经济的方式维护和使用工程设施;

(4) 合理安排维护周期和流程,减少和缩小总运行与维护费用;

(5) 预测和指派所需人员,满足正常运行和突发事件的需要;

(6) 始终坚持采用可行的工程解决方案来处理维修问题;

　　（7）通过工程项目运行与维护，为整个工程项目资产的保值与增值提供支持。

2. 工程运行与维护管理的内容

　　工程运行与维护管理的对象包括硬件系统、软件系统和其他等多个方面的内容。具体如下：

　　（1）工程系统，主要包括工程的基本信息，如建筑物的几何尺寸，构件性能，建筑分析数据，建筑图纸等。

　　（2）政策信息，由国家、地方发布的建筑、节能等的相关政策法规，上级主管部门颁发的条例规定等。

　　（3）设施设备系统，包括工程中使用的设施设备布置、参数信息，生产厂家，使用说明、维修说明等相关资料。

　　（4）空间系统，包括空间的使用状况、空间分配、空间的可视化浏览，对于商业建筑如酒店公寓等还有房间的租赁管理。

　　（5）档案信息，包括业主与各方的管理合同、协议，运维中产生的管理文件、会议记录，人员资料等，保存在运营维护管理系统中，提高文件的管理效率。

　　（6）能源系统，包括水、电、气的使用状况，利用系统进行数据汇统计，还可以与不同时期的数据进行对比分析，优化能源管理。

　　（7）资产系统，包括房屋出租出售状况，各种设施设备的资产管理。

　　（8）安全系统，日常治安管理，可接入门禁、监控、报警系统，实现人流量的统计。应急灾害管理，建立灾害应急管理机制，如日常应急演练，灾害应急处理，灾后恢复管理等。

　　（9）环境系统，如建筑内外环境的清洁维护，外部绿化管理，道路、停车及车辆管理信息。

11.1.2　工程项目运营管理

　　工程项目运营管理其实是一种提供服务的活动，其服务对象是人，为用户提供各种高效率的服务，为用户营造一个健康、舒适、高效的工作和生活环境为目标。因此，在工程运营管理的过程中，不仅要重视"物"的运行状态，更要重视"人"的使用需求。

1. 工程项目运营管理需求分析

　　工程项目运营管理的需求分析涉及三方面的内容，即"物"的运行状态、"人"的使用需求和管理需求。

　　工程项目运营管理需求分析的基本方法可以从人机料法环（4M1E）这五个子系统着手进行分析，从而得出具体项目和内容来绘制需求分析表（表11-1）。

工程项目运营需求分析表　　　　　　　　　　　　　表11-1

子系统	序号	分析项目	调查内容
人	1	工程项目使用者	使用人数、使用水平、使用时间、使用频率、使用要求
	2	运行与维护人员	操作、技术和管理人员的类型、数量及能力要求
机	3	建筑物与设备系统	设计指标、构成状况、技术标准、分布地点及安装位置等

续表

子系统	序号	分析项目	调查内容
材料	4	能源供应	能源供应的类型、数量、采购方式、供应商等
	5	备品配件	备品配件的类型、数量、采购方式、供应商、库存周期等
方法	6	操作规程	操作人员必须遵守执行的各类规章制度
	7	使用须知	使用者必须遵守执行的各类规章制度
	8	管理制度	运营与维护人员必须遵守执行的各类管理方法和管理规章
环境	9	法律环境	相关政策、法规、条例、规程、标准等强制性文件
	10	工作环境	自然环境,如照明、通风、温度、湿度及清洁状况等条件
	11	经济环境	运营与维护的财务预算数额及要求
	12	外包管理	外包工作的范围、类型、模式、数量和外包标准等

2. 工程项目运营手册

运营手册是指导工程项目运营管理的重要工作文件。设计良好的运营手册应该是结构清晰、易于阅读的,有助于工作的标准化和规范化,有助于减少管理者和操作者的工作失误,提高工作效率。运行手册的基本内容一般包括运营目标、组织结构、使用标准、运营环境、操作规程、工作流程、运营记录、应急预案等。

3. 工程项目运营评价

结合工程系统运营的详细情况进行工程项目运营评价,这是评价工程系统运营可靠性及进行后续改进优化的一个重要参考依据。工程项目运营评价是一个周期性的活动,不同工程系统的评价周期和评价指标各不相同,工程项目管理者应根据具体情况予以确定。

(1) 运营情况分析报告

工程项目运营情况分析报告是由各系统专业技术人员根据工程系统的运营情况定期提交的技术经济分析文件,它是评价工程系统运营状况的重要依据。工程项目运营分析报告须具备以下内容:

1) 分析工程系统运营的技术经济指标;

2) 分析系统运营的主要技术特点;

3) 分析出现故障的主要原因;

4) 对系统运营的评价;

5) 根据系统运营情况,提出今后运营管理的预测性意见。

(2) 关键设施运行可靠性分析

在工程系统的构成中,关键设施的运营状况起着举足轻重的作用,应该做出具体的可靠性评价。关键设施运营可靠性评价的具体指标包括以下内容:

1) 设施基本概况。包括设施的名称、型号、规格、编号以及安装地点、安装日期、投入使用日期等基本信息。

2) 周期总时间。根据日历显示的整个运行周期内的总时间,其单位一般为小时。

3) 设施运营时间。根据设施运营记录,统计整个周期内的正常运营时间,其单位一般为小时。

4) 设施运转率。设施运转率是体现设施利用程度的指标。一般来讲,该指标越高,表明设施的利用效率越高。从设施折旧的角度考虑，应尽可能提高运转率。设施运转率的计算公式为：

$$设施运转率＝运营时间÷周期总时间×100\%$$

5）总停机时间。它是指整个周期内设施的停机时间，这种停机包括计划停机和非计划停机。需要注意的是总停机时间并不一定是计划停机时间和故障停机时间之和，因为非计划停机的原因除了设施故障原因外，可能还有第三方原因。总停机时间的计算公式为：

$$总停机时间＝周期总时间－设备运行时间$$

6）计划停机时间。它是指设施按计划执行的停机时间。

7）故障停机时间。它是指设施因故障而导致的设备停机时间，该指标可根据工程运营记录予以统计。

8）故障停机频次。它是整个周期内设施因故障原因而产生的停机次数，该指标可根据工程运营记录予以统计。

9）平均停机时间（Mean Down Time，MDT）。平均停机时间是衡量设施维修效率的指标。其计算公式为：

$$平均停机时间＝故障停机时间÷故障停机频次$$

当故障停机频次为零时，取平均停机时间为零。

10）平均无故障时间（Mean Time Between Failure，MTBF）。它是衡量设施可靠性的指标，单位为小时。它反映了设施的时间质量，是体现设施在规定时间内保持功能的一种能力。具体来说，它是指相邻两次故障之间的平均工作时间，也称为平均故障间隔。其计算公式为：

$$平均无故障时间＝运营时间÷故障停机频次$$

当故障停机频次为零时，平均无故障时间取周期总时间。

11）设备运营可靠性。它是反映设备运营可靠程度的指标，其计算公式为：

$$运营可靠性＝运营时间÷（运营时间＋故障停机时间）×100\%$$

11.1.3　工程项目维护管理

按照英国标准《Glossary of terms used in terotechnology》BS 3811 的定义，维护（Maintenance）是"为确保设备（包括设施和装备）能履行其期望功能或是恢复其期望功能所进行的所有活动。期望功能包括设备用户对设备能力及其程度的要求。"工程项目维护是延缓工程系统劣化和避免系统故障的关键技术手段，它能够从质量、采购及使用成本、响应速度和服务四个方面对客户满意度产生重要影响。

1. 故障机理和特征

故障可以分为多种类型：

（1）按故障发生的状态，可分为突发性故障和渐发性故障；

（2）按故障发生的原因，可分为固有的薄弱性故障、操作维护不良性故障、磨损老化性故障等；

（3）按故障结果，可分为功能性故障和参数性故障；

（4）按故障的危险程度，可分为安全性故障和危险性故障；

（5）按功能丧失程度，可分为完全性故障和部分性故障。

根据不同的变化规律，故障可分为四种类型：

（1）常数型。故障率基本保持不变，是一个常数，它不随时间而变化；

（2）负指数型。又称渐减型。设施投入运转的初期故障很高，即有一个早期故障期。随着时间的推移，经过运转、磨合、调整，故障逐个暴露，并一个个排除后，故障率由高到低逐渐降低，并趋于稳定；

（3）正指数型。又称渐增型。设施随着时间的增长，逐渐发生磨损、腐蚀、疲劳等，故障急剧增多；

（4）浴盆曲线型。设施发生故障，包括前述的三种类型，由三条曲线叠加而成一条浴盆曲线。浴盆曲线型故障分布，如图 11-1 所示。浴盆曲线型是最常见的一种故障率类型。曲线划分成早期故障（初始故障）、随机故障（偶发故障）和耗损故障（衰老故障）三个阶段。

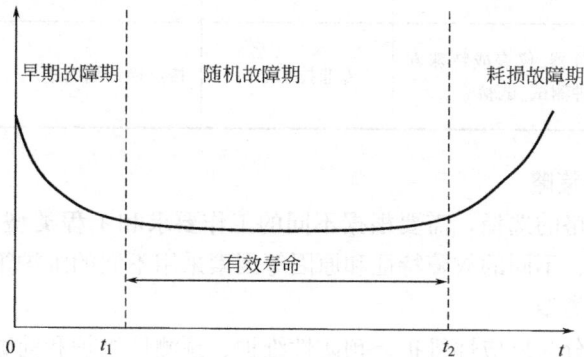

图 11-1　浴盆曲线型故障分布

2. 巡检与点检

实施过程控制是运营维护管理的重要一环，它不但有助于提高工程系统运营过程的可靠性，同时也是工程维护和评价的重要信息来源。在工程运营与维护的实践中，对工程系统的过程控制常采用"巡检与点检相结合"的方法。

（1）巡检制

巡检，即巡回检查之意，是指系统检查人员在规定的区域，按照规定的路线、规定的时间，使用规定的工具进行预先定好内容的检查。巡检主要是巡查系统是否正常运行，检查系统有无异常现象，最终形成巡检记录为后续的维护管理提供依据。巡检是工程运营过程中经常使用的一种检查方法，它主要以"观察"为主，适用于面广量大、检查内容简单明了、技术难度低的项目。

（2）点检制

点检制是一种科学的管理方法。它是利用人的感官（"五感"指视、听、触、嗅、味觉）或用仪表、工具，按照标准，定点、定人、定期地对设施进行检查，发现工程系统的异常、隐患，掌握系统故障的前兆信息，及时采取对策，将故障消灭在发生之前的一种管理方法。

点检管理是工程系统预防维修的基础，是工程运营与维护的核心工作。通过对系统进行点检作业，准确掌握系统状态，采取预防劣化措施，实行有效的预防维修。点检制以系统受控作为点检管理的目标,从以修为主转为以管为主。

按点检承担者、实施周期和工作内容的不同,点检可分为日常点检、定期点检和专业点检三类。点检周期分类表,见表 11-2。

点检周期分类表　　　　　　　　　　　　　　表 11-2

种类	点检方法	承担部门	周期	内容
日常点检	运转前后或运转中,主要凭五官感觉来检查	以操作人员为主	周期一般在 1 周以内	良否点检及给油脂等
定期点检	运转前后或运转中,凭五官及简单仪器进行检查	专业点检员	按设备而定,通常为 1 月以内	振动、温升、磨损、异音、松动等
定期点检	主要用解体或循环维修的方法,或用仪器、仪表测试的方法	专业点检员	按设备而定,通常为 1 月以上	精度、劣化程度、给油状况等
专业点检	使用特殊仪器、仪表或特殊方法进行各种测试、试验	专业技术部门	按点检计划而定	定量检测有关机械量、物理化学分析,如探伤、失效分析等

3. 工程项目维护策略

工程项目维护策略的选择,需要根据不同的工作要求和工程类型、不同的组织规模、不同的工程生命周期、不同的故障特征和原因等因素采用不同的维护策略。

(1) 维护策略的类型

常见的维护策略分为反应性维护、预防性维护、预测性维护和前瞻性维护 4 种类型。

1) 反应性维护。反应性维护是一种被动的维护方式,其基本思想是"故障修理",当工程系统出现故障时才进行检查和修理。由于维修作业突发,在事前难以制定维修计划,难以高效地配备人员、材料和维修器具,因此事后维护多用于准备简捷便当、平均故障间隔时间不固定、平均修复时间短、定期更换部件费用高昂的场合。

2) 预防性维护。预防性维护是指为了防止设备的功能、精度降低到规定的临界值或降低故障率,按事先制定的计划和技术要求所进行的维护活动。预防性维护的基本思想是以"预防为主",通过有计划的预防修理制来保障工程系统的正常运行,其理论依据是系统组成单元的磨损规律。

在工程项目维护管理中,预防性维护占有重要地位。预防性维护较故障后修复的维护模式更可以优化资产,降低非计划的停机时间,减少故障影响范围。预防性维护不但是目前主流的维护形式,同时也是进行持续改进,开展预测性维护和可靠性维护的基础。

预防性维护的类型主要有以下三种:

① 基于时间的预防性维护。在特定周期中执行基于时间的维护计划。根据不同的法律要求、行业标准或制造商的建议,某些工程设施将包含一些复杂的维护周期,不同的周期需要不同的维护操作(任务清单)。

② 基于绩效的预防性维护。根据各个工程系统功能位置的测量点安装的计数器读数来执行基于绩效的维护计划。某些工程系统要根据许多参数或状态来进行操作,这些参数或状态信息可能由测量点提供。系统设施上的计数器到达一定读数时,系统就需要进行维护。

③ 基于条件的预防性维护。部分工程系统将通过实时状态或操作参数如温度等来执行基于条件的维护计划。这些参数为实时读数，需要实时对其进行监控，可通过创建计量点来对设备瞬时读数进行评估。按照法律要求、行业标准或制造商的建议，若读数不在许可范围内，外部系统将收集该计量点数据，维护系统将创建计量凭证来记录读数信息，并创建维护申请。

3）预测性维护。又称基于状态的维护，是通过定期监测系统设备的振动、温度、润滑、钝化等各种运行参数，并将测得的参数与标准运行状态参数进行比较，或观察不良趋势的发生，预测故障可能出现的情况和出现的时间而进行的维护。预测性维护技术是在状态监测及故障分析基础上发展起来的一种维护技术，是对以时间为基础的预防性维护的细化延伸。

4）前瞻性维护。20 世纪 70 年代以后，国内外的研究与维护实践证明，预防性维护策略有严重的缺陷：它不能预防任何设备和系统都存在的随机故障；一刀切地更换元器件、零部件会浪费其使用寿命，造成不必要的经济损失；频繁地定期维修拆装，有时反而引入了新的缺陷而造成故障，由此人们逐渐提出了前瞻性维护策略的思想。其中比较有代表性的是可靠性导向维护（Reliability Centered Maintenance，RCM）。

以可靠性为中心的维护是目前国际上通用的、用以确定工程设施预防性维修需求、优化维修制度的一种系统工程方法。RCM 的基本思路是：对系统进行功能与故障分析，明确系统内各故障的后果；用规范化的逻辑决断方法，确定出各故障后果的预防性对策；通过现场故障数据统计、专家评估、定量化建模等手段在保证安全性和完好性的前提下，以维修停机损失最小为目标优化系统的维修策略。

在现代工程项目维护管理中，运用 RCM 思想采取的维护策略，是根据工程系统的不同特点和需要，采取不同的维修方式，即定时维修、视情维修及状态监控相结合的维护方式。据美国联邦能源署提供的资料显示，RCM 下不同维护方式的比例大致是：小于 10% 的反应性维护、25%～35% 的预防性维护和 45%～55% 的预测性维护。

（2）设施维护策略的比选

通过对工程系统进行分类和可靠性评价，判断哪些系统适合状态维修。可靠性评价的目标是从成本、效益、安全等角度系统评价不同设备在整个生产过程的重要性，可确定系统的薄弱环节、关键部位和重要程度，以及各种可能的潜在故障及应采取的措施，揭示各种故障模式及其内部的联系，指导故障诊断和维修方案的制定，确定系统检测装置的最佳配备等。工程项目维护策略选择的主要任务是根据系统可靠性以及对维修费用的影响，合理选择维修策略。不管采用哪种维修策略，目的都是为了降低维护成本，提高工程系统运营效益。

4. 维护周期分析

在工程项目维护管理中，定期预防维护仍是普遍采用的维护方式，而在定期预防维护中，维护周期是一个重要的工作指标。维护周期和维修级别的选择直接影响着工程系统使用的经济性。实际维护周期的确定与工程系统的结构性能、使用状况、故障规律、经济效果等多因素有关。为了制定一个合理频次的维护周期，除了参考理论数据以外，更要结合工程系统的自身状况和实际经验数据，从技术、经济和管理等方面予以综合考虑。常见设工程设施系统的维护周期，如表 11-3 所示。

常见设工程设施系统的维护周期一览表　　　　　　　　表 11-3

序号	设施系统名称	每日	每周	半月	每月	两月	季度	半年	每年
1	低压配电室	否	否	否	是	否	否	是	是
2	发电机	否	否	否	是	否	否	是	是
3	电梯	否	是	否	是	否	是	否	是
4	热水系统	否	是	否	否	否	是	否	是
5	给水排水系统	否	是	否	是	否	是	是	是
6	供暖系统(非/供暖期)	否/否	否	否	否/是	否	否	否	否
7	防雷接地	否	否	否	否	否	否	否	是

　　工程项目维护管理是确保工程系统实现其设计功能的状态的行为。当状态偏离其设计功能时，就必须对其进行状态补偿，即维修。根据状态偏离其设计功能的距离大小和严重程度，确定相应的维修程度，通常分为小修、中修和大修三个维修级别。

　　（1）小修。主要是清洗、更换和修复少量易损件，并作适当的调整、紧固和润滑工作。小修一般由维修人员负责，操作人员协助；

　　（2）中修。除包括小修内容之外，对工程系统的主要零部件进行局部修复和更换；

　　（3）大修。它是对工程系统进行局部或全部的解体、修复或更换磨损或锈蚀的零部件，力求恢复到原有的技术特性。中修、大修应由专业检修人员负责，操作人员只能做一些辅助性的协助工作。

11.2　项目后评价与绩效评价

11.2.1　项目后评价概述

1. 项目后评价概念

　　项目后评价是指在工程项目建成竣工验收并运行一段时间以后，对该项目的立项、决策、设计、实施和运营，以及项目的经济效益、社会效益等进行系统、客观的分析和总结。一般认为，生产性行业在竣工以后 2 年左右，基础设施行业在竣工以后 5 年左右，社会基础设施行业可能更长一些。工程项目后评价主要是与项目前期的可行性报告和项目前评估的结论进行对比，通过对工程项目活动实践的检查总结，判定项目预期的目标是否达到，项目规划是否合理有效，项目的主要效益指标是否实现；通过分析评价找出成败的原因，总结经验教训；并通过及时有效的信息反馈，为后评价项目实施运营中出现的问题提出改进建议，同时也为未来新的工程项目的决策提出建议，从而达到提高投资决策水平，增加项目投资效益的目的。

2. 工程项目后评价的类型

　　在实际工作中由于种种原因，工程项目后评价的时点是可以变化的。一般来讲，从项目开工之后，即项目投资开始发生以后，由监督部门所进行的各种评价，都属于项目后评价的范围，这种评价可以延伸至项目的寿命期末。因此，根据评价时点，工程项目后评价也可细分为实施过程评价、实施效果评价和影响评价（图 11-2）。

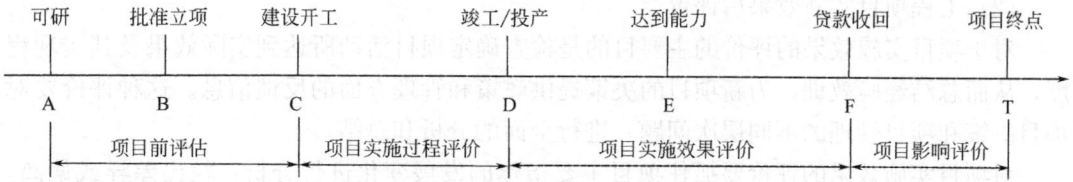

图 11-2　项目周期中的后评价

另外，根据后评价参与主体不同，也可以分为自我总结评价与项目后评价。自我总结评价是参与项目前期、建设实施阶段的单位和相关咨询机构进行的自我评价总结。而项目后评价是由独立的第三方机构对项目进行客观公正的评价。项目自我总结评价报告一般应包括：项目概况；项目实施过程总结；项目实施效果评价；项目目标评价；评价结论、主要经验教训和相关建议。而项目后评价报告一般包括如下内容：项目概况；项目全过程总结和评价；项目效果和效益评价；项目目标和可持续性评价；项目后评价结论、主要经验教训；相关的对策建议。

3. 项目后评价基本程序

工程项目后评价的基本程序一般包括制订后评价计划、选择后评价范围、建立后评价组织、实施后评价以及编制工程项目后评价报告等阶段（图 11-3）。

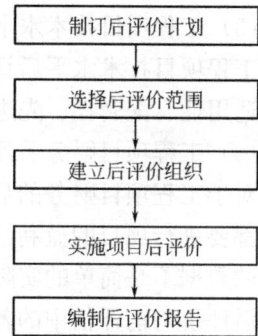

图 11-3　工程项目后评价的程序

11.2.2　项目后评价基本方法

1. 项目后评价内容

工程项目后评价的内容主要是对工程项目的目标、实施效果、技术水平、财务、国民经济、环境影响、社会影响等方面的评价。

（1）工程项目目标后评价

在工程项目后评价中，对于项目目标的评价主要是对照项目在立项和可行性研究阶段的前评估中关于项目目标的论述和确定，找出实际发生的目标变化，分析项目目标的实现程度及成败原因。同时，还应讨论最初的项目目标确定是否正确与合理，是否符合客观实际和组织发展的要求。这一评价的具体内容包括：

1）既定项目目标正确性与合理性的评价。

2）对于项目目标实现情况的后评价。对于项目目标实现情况的评价可以使用表 11-4 的方法。

项目预定目标和目的达到程度分析表　　　　　　　　　　表 11-4

项目目标的内容和名称	目标的预定值	目标实际达到的数值	目标的实现程度	目标偏离的原因分析

（2）工程项目实施效果后评价

对于项目实施效果的评价的主要目的是检查确定项目活动所达到实际效果及其实现程度，从而总结经验教训，为新项目的决策提供政策和管理方面的反馈信息。这种评价要对项目决策和项目管理的不同层次问题，进行全面的分析和总结。

对项目实施效果的评价要抓住项目主要指标的发展变化进行分析，找出差异或偏离，这样才可以比较顺利地进行这种分析和评价。项目实施效果评价的分析框架如表 11-5 所示。

项目实施效果后评价分析框架　　　　　　　　　　　表 11-5

项目的计划指标 （实施前的计划）	项目的实际指标 （实施效果）	对于项目实施 效果的评价

（3）工程项目技术水平后评价

工程项目技术水平后评价主要是对项目工艺技术、技术装备和工程技术选择的可靠性、适用性、配套性、先进性、经济合理性的再分析。

（4）工程项目财务后评价

对于工程项目财务的后评价，与项目前评估中的财务分析和评价的内容基本是相同的，都要进行项目的盈利性分析、清偿能力分析等方面的评价。但在工程项目后评价中，采用的数据不是简单的实际数据，应该对项目实际数据扣除物价指数的变动，以便使工程项目后评价与前评估中的各项评价指标在评价时点和计算范围上具有可比性。

（5）工程项目国民经济后评价

工程项目的国民经济后评价主要内容是通过编制全投资和国内投资社会经济效益费用流量表、外汇流量表、国内资源流量表等计算出项目实际的国民经济成本与盈利指标，分析和评价项目的建设实际上对当地经济发展、所在行业和社会经济发展的影响和推动本地区、本行业技术进步的影响等。

（6）工程项目环境影响后评价

对工程项目环境影响的后评价是指对照项目前评估时批准的项目环境影响报告书，重新审查项目对于环境影响的实际结果，并评价二者之间的差异及其原因。对于项目环境影响后评价一般包括五部分内容：①项目污染控制；②区域环境质量影响；③自然资源利用和保护；④区域生态平衡影响；⑤环境管理能力。

（7）工程项目社会影响后评价

对工程项目社会影响的后评价是分析项目对国家或地方的社会发展目标的实际影响情况等。项目社会影响后评价的具体内容主要包括：①项目对于就业的影响；②项目对地区收入分配的影响；③项目对居民生活条件和生活质量的影响；④项目对于地方和社区发展的影响；⑤项目对于文化教育和民族宗教的影响。

对于项目社会影响的后评价除了上述的一些专项评价以外，还要进行项目社会影响的综合评价。

2. 项目后评价常用方法

工程项目后评价的方法一般采用定量和定性相结合的方法，常用的有如下几种方法。

（1）逻辑框架法

逻辑框架法（Logical Framework Approach，LFA）是美国国际开发署在 1970 年开发并使用的一种项目设计、计划和评价的工具。目前，大多数国际组织把逻辑框架法作为援助项目的计划、管理和评价的主要方法。

逻辑框架法是一种概念化分析论述项目的方法，即用一张简单的框图来清晰地分析一个复杂项目的内涵和关系，使其更易理解。逻辑框架法是将几个内容相关且必须同步考虑的动态因素组合起来，通过分析其间的关系及其目标和实际结果来评价一项活动或工作。逻辑框架法为项目计划者和评价者提供一种分析的思路和框架，通过对项目目标和达到目标所需手段间逻辑关系的分析，用以确定工作的范围和任务。

工程项目后评价所使用的逻辑框架法的客观验证指标应反映出项目实际完成情况与项目前评估中原来预测指标的差别以及项目后续发展变化情况与项目前评估预测的差异。所以，在编制项目后评价的逻辑框架前应设立一张项目前评估与项目实际和后续预测数据指标的对比表，以求找出在逻辑框架表中应填写的主要内容，如表 11-6 所示。

工程项目后评价的逻辑框架

表 11-6

项目层次	验证对比指标			原因分析		可持续性（风险）
	项目原定指标	实际实现指标	差别或变化	主要内部原因	主要外部条件	
宏观目标（影响）						
项目目的（作用）						
项目产出（实施结果）						
项目投入（建设条件）						

（2）有无对比法

在一般情况下，工程项目活动的"前后对比"（Before and After Comparison）是指将项目实施之前与项目完成之后的情况加以对比，以确定项目效益的一种方法。而在项目后评价中，则是指将项目前期的可行性研究和评估的预测结论与项目的实际运行结果相比较，以发现变化和分析原因。

（3）因果分析法

因果分析的对象包括：对工程项目管理法规及办事程序的执行；工程技术及质量指标的变化，如设计方案、工期、工程建设数量及规模、设施设备技术标准等方面的变化；经营方式、管理体制及经济效益指标的变化。

因果分析常采用因果分析图的方式进行。根据因果分析图的形状，也可称为鱼刺图或树状图，如图 11-4 所示。

（4）综合评价法

一个工程项目的优劣通常应是综合性的表现，如项目实施后的技术效果（表现为技术的先进性、使用性、可靠性、灵活性、安全性等方面）、经济效果（投资少、效益高）、社会效果（减轻劳动强度、提高当地居民的生活质量、改善环境、减轻污染）等。特别是对

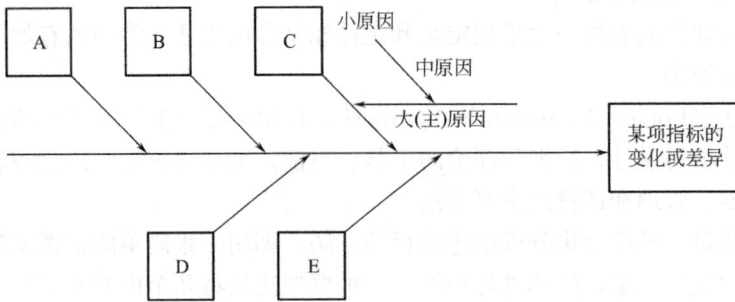

图 11-4 因果分析图

于大型建设项目，还应该有政治效果和国防效果等。项目后评价的综合评价法就是评价项目整体效果的方法。

（5）成功度评价法

成功度评价法需要对照项目前评估所确定的项目目标去分析项目实际结果，以评价项目目标的实现程度。工程项目的成功度可划分为五个等级：完全成功、基本成功、部分成功、不成功、失败。

工程项目成功度表设置了评价的主要指标。在评价具体项目的成功度时，并不一定要测定表中所有指标。评价者首先要根据具体项目的类型和特点，确定表中指标与项目相关的程度，把它们分为"重要""次要"和"不重要"三类，在表中第二栏相关重要性里填注。对"不重要"的指标就不用测定，只需测定重要和次重要的项目内容。

工程项目的成功度评价法使用的表格是根据项目后评价任务的目的与性质决定的，我国和国际上各个组织机构的表格各有不同，表 11-7 为国内比较典型的项目成功度评价分析表。

项目成功度评价　　　　　　　　　　　　　　　表 11-7

评价项目指标	相关重要性	评价等级	备注
1. 宏观目标和产业政策			
2. 决策及其程序			
3. 布局与规模			
4. 项目目标与市场			
5. 设计与技术装备水平			
6. 资源和建设条件			
7. 资金来源和融资			
8. 项目进展及控制			
9. 项目质量及控制			
10. 项目投资及控制			
11. 项目经营			
12. 机构和管理			
13. 项目财务效益			

续表

评价项目指标	相关重要性	评价等级	备注
14. 项目经济效益			
15. 社会和环境影响			
16. 项目可持续性			
项目总评			

11.2.3　绩效评价

工程项目绩效评价是指对项目决策、准备、实施、竣工和运营过程中某一阶段或全过程进行评价的活动。绩效评价可以根据设定的绩效目标,运用科学、合理的绩效评价指标体系、评价标准和评价方法,对财务支出的经济性、效率和效益进行客观、公正的评价。

1. 工程项目绩效评价体系

(1) 评价主体。即评价组织机构,是指由谁进行评价。从理论上讲,每一位工程项目利益相关者,都会出于某种目的对项目绩效进行评价。因此,评价主体可以包括工程项目经营管理者、政府相关部门、投资者和债权人,以及员工、社会、供应商等利益相关者。

(2) 评价客体。工程项目绩效评价系统的对象,亦即对谁进行评价。一般工程项目绩效评价客体包括项目单位、勘测设计单位、施工单位、监理单位等工程项目参与者。

(3) 评价目标。工程项目绩效评价体系的目标是指整个系统设计运行的指南和目的,它是整个绩效评价体系的中枢,其服从和服务于工程项目目标。工程项目目标包括质量、进度、成本等短期目标和经济效益、社会效益、环境效益、可持续发展等长期目标。而工程项目绩效评价的主要目标有:确保计划目标的如期实现、纠正管理上的浪费与偏差、重大问题的发现与解决、评估计划完成后的效益、改进管理方法及程序、作为事后奖惩的依据、矫正日常营运和管理等等。通过这几个目标的实现,纠正工程参与者行为可能出现的偏差,从而实现工程项目的既定目标。

(4) 评价内容。评价内容一般是指对哪些方面进行评价,具体讲是指对能够反映工程项目绩效的各个方面进行评价,而工程项目涉及的范围广、内容多。就工程项目本身的特点而言,可以分阶段选取相应的内容进行评价。如在项目建设期可以选取综合管理、质量管理、进度管理、资金管理、安全管理、廉政建设、工程资料等方面的内容进行评价。

(5) 评价指标。根据工程项目评价的内容进行评价指标的选取,建立相应的指标体系。一般评价指标体系包括指标名称、指标说明、指标表达式、指标评价标准、指标应用等内容,以及指标逻辑关系、指标权重和整体评价结果的分析。

(6) 评价标准。即评价的参照体系,亦即评价的对比标尺,是判断评价对象绩效优劣的基本依据。绩效评价要求选择与评价目标相关的适应标准,通过各种途径获得的项目绩效信息必须与预先确定的标准进行对比,才能判断出其状况的好坏。评价对比的标准不同,判断好坏的标准不同,得出的评价结论各异。选择什么标准作为评价的基准取决于评价的目的。

(7) 评价方法。评价方法是获取绩效评价信息、取得评价结果的手段。有了评价指标与评价标准,还需要采用一定的评价方法,从而实施对评价指标和评价标准的对比分析和判断，实现若干个单项指标实际值到产生评价结果的技术转换。随着绩效评价的发展，评价方法经历了观察法、统计法、财务评价法、财务评价与非财务评价相结合的四个发展阶段。目前，财务评价方法与非财务评价方法是最为常用的评价方法。

（8）评价结论。工程项目绩效评价结论是绩效评价系统的输出信息，也是绩效评价系统的结论性文件。项目绩效评价报告一般包括如下内容：项目基本概况，项目绩效评价的组织实施情况，项目绩效评价的指标体系、评价标准和评价方法，项目绩效分析及绩效评价结论，项目的主要经验及做法，存在问题及原因分析，相关建议。

这八项评价要素的逻辑关系如图 11-5 所示，这也是项目绩效评价的流程。

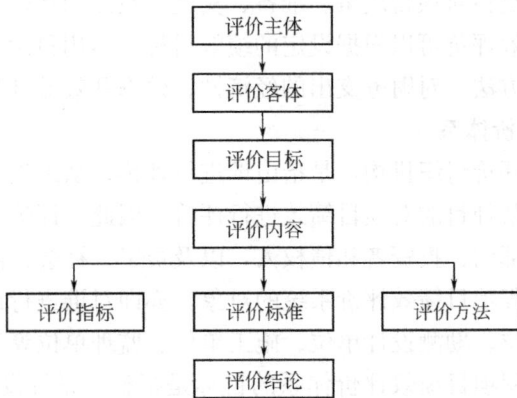

图 11-5 工程项目绩效评价体系

2. 工程项目绩效评价理论

在确定了绩效评价主客体及目标后，如何选取评价指标直接影响绩效评价结果是否准确有效。工程项目绩效评价相关理论如下：

（1）关键绩效指标理论

关键绩效指标（Key Performance Indicator，KPI）法起源于英国，是一种重要的绩效评价工具，它结合了目标管理和量化考核的基本思想，通过对目标的层层分解得到各层级的目标，并且保证分解目标不偏离考核的总目标，具有很好的评价与导向作用。

（2）平衡计分卡理论

平衡计分卡（The Balance Score-Card，BSC）理论迄今已有 20 多年发展与实践史，业内认可度极高。平衡计分卡是通过财务、客户、内部流程及学习与发展四个方面的指标之间的相互驱动的因果关系展现组织的战略轨迹，实现绩效考核——绩效改进以及战略实施——修正的战略目标过程。

（3）目标管理理论

目标管理（Management By Objective，MBO）理论认为，若需切实保障目标管理成功实施，必须确保目标设定得精确且严谨，以此为基础推动项目的完成。目标管理并非孤立存在，而是将一系列与目标完成关联的要素加以结合，如预算、绩效、人力资源等。目标管理不仅能促使员工高效达成任务，更能为管理层提供一套规范的考核体系。

（4）生命周期理论

生命周期理论是将生命周期运用工程项目管理领域，把工程项目看作一个生命体，研究其从构想到结束的过程。其研究目的就在于寻找项目各生命周期阶段（决策阶段、准备阶段、实施阶段及运维阶段）特点相适应的管理方法，使得项目能成功高效达成其目标。通过合理划分工程项目所处生命周期，合理选取指标并将其运用于绩效评价，具有很强的实践性，而且能够使评价更加准确。

（5）可持续发展理论

1987 年，《我们共同的未来》研究报告中明确提出可持续发展这一概念，是指既能满足当代人的需求，又不对后代人的需求构成危害的发展。其后可持续发展战略已经成为世界各国所共同选择的发展战略，可持续发展理念已经深入人心。而项目绩效评价也扩展到生态、社会、经济等更广阔的范围。

（6）环境绩效评价理论

2000 年 8 月，由世界可持续发展工商理事会发布的全球第一套生态效益评估标准中对环境绩效的内涵做了详细的界定，指出环境绩效是在满足人类需求的产品与劳务的前提下，整个生命周期中为适应人们所预计的地球负荷能力，逐渐降低对生态的冲击和资源使用的密集度。环境绩效管理是指以环境质量改善为主要目标，对环境政策实施后所取得的环境效果进行阶段性评估和再提高的过程。

（7）利益相关者理论

利益相关者包括股东、债权人、雇员、消费者、供应商等交易伙伴，也包括政府部门、本地居民、本地社区、媒体、环保主义等的压力集团，甚至包括自然环境、人类后代等受到项目运营直接或间接影响的客体。这些利益相关者与项目的生存和发展密切相关，他们有的分担了项目运营风险，有的为项目运营付出了代价，有的对项目进行监督和制约，项目运营决策必须要考虑他们的利益或接受他们的约束。这一管理思想从理论上阐述了绩效评价和管理的中心，为其后的绩效评价理论奠定了基础。

3. 工程项目绩效评价指标体系

工程项目绩效评价指标体系的建立可以根据具体的工程项目选取上述的理论方法来进行构架。如国家审计署"公共工程项目绩效审计评价指标体系"中按照项目实施阶段对石油天然气、火力发电、高速公路、铁路、市政路桥、城市轨道交通、水库等建设项目分别构建各自特点的绩效审计评价指标体系。

在其通用指标体系中考虑项目实施的每一阶段的评价目标评价内容和评价指标体系，以及评价标准和评价方法。评价指标体系包括指标名称、指标说明、指标表达式、指标评价标准、指标应用等内容，以及指标逻辑关系、指标权重和整体评价结果的分析。

以下是项目立项决策阶段工作绩效审计评价指标体系的具体内容，见表 11-8。

（1）指标体系

项目立项决策指标体系　　　　　　　　　　　　表 11-8

指标编号	指标名称	评价值（分）	指标权重	指标说明
1	项目立项及投资计划	5～20	20%	项目立项方面绩效审计评价的主要指标

续表

指标编号	指标名称	评价值(分)	指标权重	指标说明
2	可行性研究报告编报及审批	5～20	20%	可行性研究报告方面绩效审计评价的主要指标
3	环境影响评估	2.5～10	10%	环境影响评估方面绩效审计评价的主要指标
4	项目场址选择	2.5～10	10%	项目场址选择方面绩效审计评价的主要指标
5	项目建设用地	2.5～10	10%	项目建设用地方面绩效审计评价的主要指标
6	项目工程规划	2.5～10	10%	项目工程规划方面绩效审计评价的主要指标
7	项目建设资金筹措	5～20	20%	项目建设资金筹措方面绩效审计评价的主要指标
	7项	满分100分	100%	

（2）权重分布原则

各指标值分为优、良、中、差4个等级，7个指标权重合计100分，按各指标的重要性程度分配分值，并按优等级占比100%、良等级占比75%、中等级占比50%、差等级占比25%计算各指标的评价值，评价值合计数在25～100分之间。

（3）评价结果表述

上述7个指标能较为全面地反映项目在立项决策阶段的主要工作环节，通过各分项指标取值等级和权重值的计算，得出项目立项决策阶段绩效的评价值，分为四个档次：

☆评价值合计数95分及以上，评定档次为"优"；

☆评价值合计数80～94分，评定档次为"良"；

☆评价值合计数70～79分，评定档次为"中"；

☆评价值合计数69分以下，评定档次为"差"。

11.3　工程项目设施管理

11.3.1　工程项目设施管理概念

国际设施管理协会（IFMA）将设施定义为服务于某一目的而建造、安装或构建的物件，所包含的范围广泛，可以从两个层面来理解。狭义上，设施也即物业，指已建成并具有使用功能和经济效用的各类供居住和非居住的房屋，与之相配套的设备、市政公用设施，以及房屋所在的土地及附属的场地、庭院等；广义上，设施则包括所有的有形资产，不仅包括物业，也包括家具、生产设备、运输车辆等。

针对设施管理的对象，一般指服务于生产、生活和运作目的的建筑物本体及其相关的给水、排水、采光、供电、通风、暖气、消防、保安、通信、电机等设备、辅助性家具、工器具、水塔、锅炉房、变电站和室外绿化、道路、停车场地等构成的物理实体，及其围绕上述物理实体提供的相应服务的总和。

设施管理综合利用管理科学、建筑科学、经济学、行为科学和工程技术等多种学科理论，将人、空间与流程相结合，对人类工作和生活环境进行有效的规划和控制，保持高品质的活动空间，提高投资效益，满足各类企事业单位、政府部门战略目标和业务计划的要求。

11.3.2　设施空间管理

有效的空间管理可以发挥设施的最大效用，提供舒适、安全、高效率的工作环境。空间管理效果的考核最终都要归结到空间成本上，空间使用费通常是组织运作的第二大成本。高效的空间管理可以给组织带来一定的净收益。设施空间管理内容包括空间需求分析、空间配置及搬迁等。

1. 空间需求分析

设施空间管理应该满足组织的目标和使用者的需求，了解使用者需求是设施规划的首要课题。针对不同空间场所的外部环境，从情感和行为的角度去发掘用户的多层次需求，涵盖商业、技术、艺术和文化层面，包括用户自己都没有意识到的需求，并将这种深入的研究发现作为空间规划和设计前提条件。

（1）业务变化的空间需求

根据组织内部的业务变化情况，空间需求可分为组织内部的需求、跨组织的空间需求、场地借用需求、新增的空间需求等类型。

1）组织内部的需求。它是指在现有的设施空间条件下，满足组织内部生产或经营要求的空间。例如，内部员工的空间位置调整、安排新员工的空间需求等。

2）跨组织的空间需求。它是指当组织内部的办公空间不能满足员工的空间需求时，需要从其他组织获取空间来满足本组织的空间需求。

3）场地借用需求。它是指个人、团队或者组织发生了临时空间需求，需要从其他组织或者组织总部租借空间来满足这种临时的、短暂的空间需求。

4）新增的空间需求。它是指组织内发生的新空间需求超出了现有的空间规模，需要从外界租借或投资建设新空间来满足组织内部生产或经营的空间需求。

（2）使用功能的空间需求

按使用功能分，设施空间可分为可支配空间和不可支配空间两类。

可支配空间是指直接针对组织生产或经营的使用要求，而加以规划设计的空间；不可支配空间是指配合组织生产或经营的使用要求，而加以规划设计的空间，此部分的空间通常以不超过整体建筑面积的 25% 为限。例如，对图书馆空间而言，前者包括阅览空间、典藏空间、工作空间、特殊用途使用空间与会议室；后者是指非针对图书馆服务使用的空间，如储藏室、楼梯、走道、厕所与机电等支持系统所使用的空间。

不可支配空间因属于建筑实体，在设计、施工和使用后即无法变更。而可支配空间因使用习惯、管理需要或信息技术、环境需求与配合未来发展，有必要于一段使用时间后适当调整重置，以保持设施空间规划不仅符合管理与使用需求，也能适应外在环境的变化，维持良好服务质量。

（3）空间需求预测方法

对于空间重置、配置需求的预测是非常重要的一项工作。组织空间需求预测方法主要有分类加总法、对比分析法、指标推算法等。

1）分类加总法。它是由组织各个部门统计的空间需求分类加总，得到组织的空间需求的方法。可以根据组织的现有空间现状，来预测组织的未来的空间需求。

2）对比分析法。它是根据与本组织业务相近、发展经历相似的其他组织的空间布局，测算组织自己空间需求，推测未来空间需求的方法。

3）指标推算法。它是结合组织战略目标以及组织空间配置标准，按业务量和组织规模来测算组织未来空间需求的方法。例如，根据企业营业收入和人均产值得出未来几年的员工数量，再结合空间配置标准计算出设施空间需求。

2. 设施空间配置

空间管理中较为复杂、专业的工作就是对设施空间进行配置，它包括确定空间配置标准、面积分配和空间关系以及选择不同的空间类型（包括办公类型）。为了满足不同组织的生产或经营需求，空间类型也是多样的，既有传统的空间布局，也有敏捷空间等安排。

（1）设施空间配置标准

空间配置标准提供了一个计算各组织对空间面积需求，以及评价空间布局的基准，可以用来确定新空间的设计规模，判断是否重置，调整空间用途等。它的作用主要体现在：可以保持平衡和公正，如根据职位来配置办公空间；根据特定的用途配置空间；记录和监测设施要素的特点和质量；基于成本效益考虑满足由于员工的变动和技术的变革所带来的空间需求，并适当地预测和规划未来的空间需求。

常用的空间配置标准类型有很多，可以从成本和面积两个方面进行分类。

1）面积类。人均总建筑面积或者使用面积、平均每个座位所占的建筑面积或者使用面积、平均每个座位的员工人数、空间空置率、空间使用率等指标。

2）成本类。人均总摊销费用、平均每个座位的摊销费用等指标。

根据我国《办公建筑设计标准》JGJ/T 67—2019 的规定，普通办公室每人使用面积不应小于 $3m^2$，单间办公室净面积不宜小于 $10m^2$。小会议室使用面积宜为 $30m^2$ 左右，中会议室使用面积宜为 $60m^2$ 左右；中、小会议室每人使用面积：有会议桌的不应小于 $1.8m^2$，无会议桌的不应小于 $0.8m^2$。大会议室应根据使用人数和桌椅设置情况确定使用面积。

（2）设施空间关系分析

设施空间关系是指两个功能组织或功能区域之间的联系紧密度或者接近程度，可以采用关系密切、关系一般或没有关系等表示设施空间的关系程度，并进一步分析人员关系、信息交流、生产工艺、工作流程、共用资源等各种影响因素。

设施空间之间的关系可以采用作业相关图法的方法进行分析。作业相关图法是由理查德．缪瑟（Richard Muther）提出的一种系统性平面布置方法（Systematic Layout Plan-ning，SLP）。它首先通过图解关系矩阵，判别各组织之间的关系。然后根据关系密切程度布置各单位的位置，并将各单位实际占地面积与位置关系图结合起来，形成作业单位面积相关图；通过进一步的修正和调整，得到可行的布置方案，最后采用加权评价等方法对得到的方案进行优选评估。该方法适用于对功能组织或功能区域进行平面布置。

（3）空间标识系统

标识系统是以系统化设计为导向，综合解决信息传递、识别、辨别和形象传递等功能的整体解决方案，在一些复杂的建筑设施中用来确认、指示和通知某些信息的工具。

1）标识的分类。根据标识的功能，可以分为定位标识、导向标识、形象标识和公益标识四类。

① 定位标识。它是帮助使用者在环境中及时定位的标识，通常采用地图、分解图、平面图等形式。常见的楼层牌、科室牌、桌面台牌、楼层平面图标识牌等；都是定位标识。

② 导向标识。它是明晰的导航工具。一般列出目的地，并伴有指向箭头或与目标地点间的距离，有助于人们对位置做出选择，并随时量度行进的过程。通常这类标识以连贯的措辞和统一的细部为特征，并作为一个有序的系统而存在，如分流标识牌、楼层索引牌。

③ 形象标识。主要有形象标志牌、宣传栏。

④ 公益标识。主要有温馨提示标语牌、公共安全标识牌、火灾/危险警告标识牌、开水间、洗手间指示牌，天气预报、出入口和日期提示标牌。

根据建造方式，标识又可划分为立式、卧式、悬挂式、立面镶嵌、立面半挑、移动立牌、桌面立牌等。

2）标识系统的设计。标识系统是寻路设计中的重要内容。空间标识系统的对象定为初次来访者，初次来访者对建筑内空间没有任何的感观认识。如果能利用标识系统来满足这类人群的寻路需求，就能满足各类人员的寻路、识别要求。

人在不同的位置都有着不同的信息需求。要满足这些信息需求，就必须设置不同内容的标识。某办公楼动线概括起来主要为：确定主入口→经过门厅→进入电梯厅→找到办公室。由此可制定该办公空间内人的行为模式细分图，作为标识系统设计的参考依据。

11.3.3　设施环境管理

设施环境是指在满足人类使用功能的前提下，设施空间服务范围内所提供的舒适和健康情况或条件。根据设施使用功能不同，从使用者的角度出发，设施环境管理研究的内容是室内的温度、湿度、气流组织的分布、空气品质、采光性能、照明、噪声和音响效果等及其相互组合后产生的效果。根据国家和地区的环境政策和法规，设施管理组织应制定各种设施环境评估标准、监测方法、管理方案和评估方法，组织实施、检查和评估并对此制定科学的控制措施。

1. 设施环境管理目标

设施环境管理目标是指在设施全生命期内，采取各种管理措施及技术措施（包括环保设计技术、节能技术、新的施工技术、污染处理技术、建筑垃圾分类处理及回收利用技术等），在实现设施功能、安全、可靠、耐久、高效等目标的基础上，减少设施全生命期内的能源消耗、原材料消耗，减少污染，减少对自然生态环境的影响，提供舒适的环境，最终实现设施管理的可持续发展。提供舒适的环境是设施环境的最重要的目标，它的具体内容包括：①健康舒适；②高效清洁；③协调共融；④开放持续。

2. 设施环境要素分析

设施环境的研究对象为所有全封闭或半封闭的空间，如办公室、教室、医院、商场、旅馆等场所。按设施环境要素，设施环境管理的对象又可分为室内空气环境、热环境、声环境和光环境等。

（1）室内空气环境

室内各种装饰装修材料的使用，以及更多的家具和日用化学品进入室内，使室内污染物的来源和种类增多。

室内空气环境影响因素。影响室内空气品质的因素很多，其主要因素有三大类：一是室外环境污染的影响；二是室内空气各种污染物作用；三是在室内的人员。

室内空气污染包括物理性污染、化学性污染和生物性污染三类。

（2）热环境

热环境是指一切热物理量的总称，分为室内热环境和室外热环境。设施热环境的主要成因是外扰和内扰的影响以及建筑物及设备本身的热工性能。外扰是指室外对设施热环境的影响，主要来自太阳辐射和室外气温的共同作用（包括气温、湿度、风速、风向等），通过建筑围护结构把大量热量传进室内，还通过门窗透过太阳辐射热和缝隙渗透热湿空气影响设施热湿环境。内扰是指室内照明、电器等工艺设备、人体等散发的热量和水蒸气，以及空气流速。它们以不同的散热、散湿形式，直接或通过建筑内表面间接地影响着设施的热环境。人的代谢率（主要由劳动强度、劳动时间决定）和着装状况等，也与人体热平衡有关。

适宜的热环境不仅能保持人体正常的热平衡，保持主观的舒适感，而且能确保人的健康和正常的工效。热环境基本参数包括空气温度、热辐射温度、空气相对湿度、空气流速。

（3）声环境

声环境就是通过人耳所感知的周围声音活动的状况，人们可以听到的所有声音都属于声环境的范畴。建立良好的设施声环境，目的是创造符合人们听闻要求的舒适环境。声环境由两个部分组成：室内声环境和室外声环境。要创造一个良好的室内声环境，必须控制室内外噪声源（道路交通噪声、工业噪声、社会生活噪声、建筑设备噪声）的干扰，切断传播途径，减小建筑内部社会生活噪声的影响。

（4）光环境

人们只有在良好的光环境下，才能进行正常工作、学习和生活。创造良好的光环境可以减少视觉疲劳，保证视觉健康和身心健康，提高劳动生产率，降低能耗。

对建筑物来说，光环境是由光照射于其内外空间所形成的环境，包括天然采光和人工照明两方面。它的功能是要满足物理、生理（视觉）、心理、人体功效学及美学等方面的要求。

天然采光的影响因素包括天气条件、使用场所、建筑的形式对采光有很大的影响。人工照明的影响因素因素有光源类型、照明方式、灯具的布置形式。

3. 设施环境管理体系

设施环境管理体系是组织内部环境管理的一项工具，旨在帮助组织实现自身设定的环境方针、目标和指标水平，落实组织设施环境管理活动的组织机构、管理规范、工作职责、任务分工、运作程序、过程和资源分配，并不断地改进环境行为，不断达到更新更佳的高度。

（1）设施环境要素标准

根据设施环境的要素分类，设施环境标准可分为室内空气质量标准、噪声标准及照明标准。我国设施环境标准体系由环境质量标准、污染物排放标准、环境方法标准、环境基础标准、环境标准样品标准和环保设备仪器标准组成。

（2）设施环境管理流程

设施环境管理流程是设施管理活动的具体载体，是设施环境管理高效运作的重要保证。设施环境管理包括明确设施环境的基本要求，制定设施环境方针和目标，设施环境管理的组织和实施，设施环境管理的监督、确认和持续改进等环节。

（3）设施环境监测

制定整个建筑物生命周期内环境监测活动的安排，目的在于发现在运营维护阶段所引发的关键性的环境质量变化。环境监测的作用是和预测的影响相对比，得出当前环境影响的范围和严重程度，判定对设施环境影响的趋势。

（4）设施环境控制

1）室内空气环境的控制。设施环境中室内空气污染控制方法的指导思想可以概括为堵源、节流和稀释。堵源是指采取合理的方法控制甚至消除污染源；节流即建筑维护方法，主要是采用化学、生物或空气净化的方法消除室内空气污染物；稀释就是通风控制方法，即引入新鲜空气降低空气中的有害物浓度。

2）热环境的控制。影响设施热环境的主要因素是保温性和太阳辐射，这是设施抗寒暑的基本性能。设施热环境的控制主要是在围护结构保温和遮阳两方面进行。

3）声环境的控制。噪声控制的措施可以在噪声源、传播途径和接收者三个层次上实施。

4）光环境的控制。光环境直接影响到生活气氛和工作效率。舒适、健康的光环境应该满足易于观看、安全美观的亮度分布、眩光控制和照度均匀控制等要求。天然采光可对人的情绪产生影响，使室内的静止空间具有活力。为充分利用天然光，国外已开发成功一些新的材料或装置，使室内天然光照度的均匀度大大提高，如智能调光玻璃、天然光采光系统装置、日光收集与导光装置。

人工照明就是利用各种人造光源的特征，通过灯具造型设计和分布设计，造成特定的人工光环境。从环境需要来看，不仅要求光线均匀，还应避免过强、过弱、反差过大的眩光。

11.3.4　设施可持续发展管理

生态、经济和社会环境对现代设施管理提出了越来越高的标准，并不断融入企业的战略目标。可持续发展要求设施规划和管理最优化地使用能源设施，关注环境和以人为本，以支撑企业组织的稳定、健康发展。

1. 能源消耗控制

在建筑物生命周期中，建筑内照明、供暖、空调等各类电器消耗的能源总量巨大，约占建筑全生命周期能源消耗的 80%。因此，设施运行能耗节约是建筑节能的主要关注对象，也成为目前设施运行成本节约的重要议题。

根据统计，通过生命周期节能增效方案，最大可实现 30% 的节能。其中，通过安装低能耗高效设备和装置，可降低 10%～14% 的能耗；通过设施系统的优化使用，可降低 5%～14% 的能耗；通过长期的监测和系统改进，可降低 2%～8% 的能耗。

2. 环境管理 4R 措施

作为设施管理的一项重要工作，环境管理倡导使用环保原材料，进行危险品、废弃物业管理以及室内空气质量管理等多方面的工作。环保管理的 4R 概念深受欢迎，推广 4R 措施还可以节约成本。4R 的内涵是：

（1）减少使用（Reduce）

选择双面影印与打印，并采用电子通信方式，从而减少用纸量；选用替换装的产品；改善流程控制，减少废品；采购批发装的产品，减少制造废物；妥善管理存货，尽量减少产生过期货品/消耗品；小心处理及储存物料，减少破损或溢漏情况。

（2）重复使用（Reuse）

为废弃的包装材料、包装胶带、信封及其他可循环再用的物料分开设置收集箱；选择可循环使用的餐具、杯碟及咖啡滤网（例如避免使用纸造滤网）；将包装物料（例如纸箱、胶袋等）循环再用；要求供应商收回包装材料，反复使用；循环再用设备零件与装置，以及修补家具等，以减少制造废物。

（3）循环再造（Recycle）

收集本来要废弃的材料，分解后再制成新产品，或者是收集用过的产品，清洁、处理之后再出售。这样可以减少垃圾的制造以及原料的消耗。一般回收的材料包括玻璃，纸，铝，柏油，钢铁。这些材料的来源可以分为事业废弃物与一般废弃物。

（4）替代（Replace）

以水溶性油漆代替溶剂油漆；以耐用的用具代替用完即弃的物品（例如以有柄大杯/玻璃杯代替纸杯）以干风机或毛巾代替纸巾；尽量选用环保的代替品，例如可天然分解的清洁剂和垃圾袋，并使用毒性较弱的化学物质；租用而不购买影印机及电脑等器材，以减少系统升级造成的废物。

3. 设施可持续发展管理途径

设施可持续发展不能仅仅停留在设施本身，还应该从人、科技、社会等途径着手进行推广。

（1）设施途径

设施节能就是对建筑内的设备、仪器机械等进行更新和技术改造，构建一个结构优化，层次分明的设备应用标准，使其达到一定节能效果的节能行为。对高能耗设备与劣质设备应及时清理和更新，确保设备正常运行，以便有效地节能减排。

（2）行为途径

行为途径就是规范人的行为。设施管理主体必然是人，所以必须注重相关人员的可持续发展意识的培养，应经常学习，使节能成为习惯。需要定期针对较大的能源损耗问题召开研讨会，及时查明原因，记录问题。并且，制定一个科学、有效、严格执行的可持续发展指标。诸如人员问题，设施是否损坏等，以可持续发展指标为基础，找出问题，解决问题，避免问题的再次发生。

（3）科技途径

先进的科学技术给社会带来巨大的变化。设施管理注重科学节能的方式加强新技术、新工艺的开发与学习；结合科学技术，推广新设备的应用；学习新知识，提升管理理念的高度。

（4）社会途径

设施可持续发展不仅可以减少能耗费用，降低运营成本，而且还可以合理利用资源，缓解能源紧缺压力，保护环境，这是所有人应有的社会责任，因此应从社会上推广可持续发展的理念，让每个人都具有可持续发展的思想，在日常的工作生活中保持可持续发展的行为。

11.4　工程项目资产管理

11.4.1　工程项目资产增值与保值

资产保值主要是指保持资产原有的价值不变，即在一定营运周期内，资产能够补偿因损耗而计提的折旧额；同时，在通货膨胀等情况下，仍然能够有效降低资产的流失率，使资产净值恒定不变的情形。资产增值则是在原有的基础上，资产超过了原有价值，实现了价值新增，即资产在损耗计提后获得了比原有价值更高的折旧价值，或者资产增值率上涨等情形。如何实现资产的增值、保值，许多组织通过价值管理的方法，降低资产全生命周期成本，以实现资产价值最大化。

1. 资产全生命周期管理

资产全生命周期管理思想源自全生命周期成本管理这一概念，是全生命周期成本管理理念的丰富和发展。全生命周期成本是指一个工程项目系统或者设备在它的整个生命周期中，为维护其正常运行所需要支付的所有费用，其中包括开始阶段的设计、采购、开发、生产运行、维修及维护和最终报废所需的直接或间接关联的所有费用之和。

资产全生命周期管理在以资产为研究对象的基础上以工程项目整体的经济效益为出发点，通过采用多种的技术措施，对资产从规划设计到基建采购、运行维护、技术整改及报废的整个过程进行全面管理，在保证安全、高效的基础上，对全生命过程中的费用进行控制，追求资产全生命周期成本的最优化，实现资产的增值保值。

2. 价值管理

价值管理是以价值为基础，以系统论、信息论、决策论、组织行为学、运筹学等相关理论为前提，以项目全过程的管控为核心的管理。项目不同阶段的特点不同，其相应的管理方式也不一样，资产管理者应该以资产的全生命周期为管理对象进行动态的监控，根据实际情况因时而异地制定管理方案，并做到信息的及时更新、沟通和分享，最终达到全面管理的目的。价值管理要求企业在日常管理中建立相应的理念，综合利用现代先进的科技成果和科学的管理指标，在经营的各个项目中进行全面的价值管理和价值控制，从而达到改善企业的经营情况、实现资产的保值增值、提高企业竞争力的目标。

3. 工程项目资产增值保值途径

如何实现工程项目资产增值保值，可以从以下三个方面着手：

（1）通过运营管理使得项目增值保值

从项目定位、调研、设计、建设、推广、租赁至营运及维护等，全过程都会影响到日后资产能否保值和增值。特别是在项目正式交付之后的运营期，运营效果的好坏直接决定了整个项目的营业收入。而项目运营管理的核心是为用户提供各种高效率的服务，只有满足用户的需求，资产的价值才能得以体现。

（2）通过翻新改造使得项目增值保值

通过定期的翻新改造，可以使项目能够与时代更新的需求相匹配。翻新改造可以从以下几个方面着手：整体定位改造；室内装修翻新；硬件设施改善；空间设计改造。这些都是为了用户得到更好的体验，从而获得更多的收益。如空间改造还有可能带来的新增可租赁面积、可销售面积。

（3）通过物业管理使得项目增值保值

通过物业管理可以确保设施的正常使用，避免出现大的维修事件，造成大额成本损失，同时确保资产可以获得评估价值的进一步提升。一是编制合理的修缮计划；二是建立维修服务档案；三是大中修外包监督管理。

11.4.2　运营安全与风险管理

运营安全管理要了解哪些风险会对运营安全造成影响。首先要进行风险识别，然后进行风险评估，根据评估结果选择相应的应对策略。

1. 设施风险识别

感知风险和分析风险构成风险识别的基本内容，两者相辅相成。

（1）感知风险。即通过调查和了解，识别风险的存在。例如，调查组织是否存在财产损失、责任负担和人身伤害等方面的风险。

（2）分析风险。即通过归类分析，掌握风险产生的原因和条件，以及风险所具有的性质。

2. 风险识别的途径

通常运营风险识别主要通过以下几种途径：

（1）环境调查。风险识别过程的关键是辨别清楚环境风险源。评估物质、社会、经济、政治、法律等不同环境所需要的信息，其来源各不相同。

（2）文档分析。组织的历史及其当前的运营状况都会由各种各样的文档记录下来，这些记录是在设施运营风险识别和风险评估中所需信息的基本来源。

（3）面谈。组织中每个雇员或管理者对于他们各自职权与活动范围内的风险信息了解得最清楚。通过与雇员谈话的方法让他们参与风险识别的过程，较为容易地获得各成员的广泛认同。

（4）现场检查。对运营场所进行检查，与管理者和一般员工交流，常常可以引起对原来忽视的风险的关注。

3. 设施风险识别结果

一般组织的运营风险可简单地区分为内部及外部两大类。常见的内部风险有设备故障、火灾、爆炸、机密信息外泄、重要管理人员被同业挖角、产品发生重大质量问题等；外部风险有电力中断、恐怖袭击、天灾（台风、水灾、地震）、金融风暴、竞争对手恶意攻击等。同时，这两大类风险中又可以分为人为和意外两种情况。

4. 风险评估

风险评估就是对识别后所存在的风险做进一步的分析及度量，是对组织某一特定风险的性质、发生的可能性以及可能造成的损失进行估算、测量。通过风险评估不仅可以计算出比较准确的损失概率和损失严重程度，也有可能分辨出主要风险和次要风险，为风险定量评价提供依据，也为风险决策提供依据。

（1）风险发生概率的评估

风险评估首先要解决的是风险事件在确定时间内（如 1 年、1 月或者 1 周）发生的可能性，即概率的大小。概率评估的具体方法有定性分级和概率测算两种。前者是运营持续管理小组根据自己对风险的观念，将风险事件按发生的可能性大小分级；后者则是根据统计资料应用概率统计的方法进行计算。

（2）风险损失程度的度量

风险损失程度是指风险发生后可能的损失金额的大小。风险损失程度的评估实际上就是对损失的严重性进行估算。组织在确定损失的严重程度时，必须考虑每一特定风险可能造成的各类损失及其对组织设施运营的最终影响，既要评估潜在的直接损失，也要估计潜在的间接损失。

（3）风险等级评估

风险评估方法有很多种，有德尔菲法、风险矩阵分析法、层次分析法，还有模糊综合评估法和风险价值法等。

风险矩阵分析法是一种普遍采用的方法。它是指将风险发生的概率及风险的严重性划分为 5 个等级，并给每个等级赋值，然后对识别出的每项风险，将其概率和严重性相乘得出该风险的风险等级，即：

$$风险等级＝风险概率×风险严重性$$

对所有风险按照风险等级分类：0.1～0.5 为低度风险（Ⅰ）；0.7～3.5 为中度风险（Ⅱ）；4.5～8.1 为高度风险（Ⅲ），由此构建风险等级矩阵表。

5. 风险减轻策略

风险减轻策略可以减少风险事件发生的可能性或最大限度地减少或降低其潜在影响。因为不是所有的风险事件都可以预防或者降低到组织可接受的程度，所以风险减轻策略应与其他方案结合使用。风险减轻策略主要包括风险转移、风险最小化和风险吸收。

（1）风险转移

风险转移是指组织将自身可能遭遇的损失或不确定性后果转嫁给他人的风险处理方式。风险转移一般有两种形式：第一种是风险的财务转移。即风险活动承担者不变，只是财务损失承担主体发生了转移，最常见的方式是向保险公司购买保险；第二种是风险的非财务转移或实体转移。即风险活动连同其财务责任全部由一个承担主体转移到另一个承担主体，最常见的有外包、委托、出售等方式。

（2）风险最小化

组织可以通过回避风险、减少风险和消除风险三种途径来减少风险发生的机会或降低风险的严重性，使风险最小化。

1）风险回避。风险回避是指经过设施风险预测评价，权衡利弊得失，主动放弃或改变某项可能引起较大风险损失的活动，从而中断风险源，遏制风险事件的发生。风险回避只有人们对风险事件的存在与发生，对损失的严重性完全有把握的基础上才具有积极的意义。由于人们认识能力有限，无法对所有的风险都进行识别并评价，因而风险回避的方法存在着一定的局限性。

2）风险减少。风险减少是指通过缓和或预知等手段来减少风险，降低风险发生的可能性或减缓风险带来的不利后果，以达到风险减少的目的。风险减少的有效性在很大程度上取决于对风险的认识。

3）风险消除。风险消除是指从风险源入手，将风险的来源彻底消除，是对所有可能风险给予明确分析和测定后实施的对抗措施。通常采用：①有形手段。它是指通过采用新技术来降低物质性的风险威胁，如采取防止风险因素出现、减少已存在的风险因素、隔离风险因素等措施；②无形手段。包括教育法、程序法等。

（3）风险吸收

当转移、减少、消除、回避风险变得不可能或者带来的成本组织无法承受时，组织就会选择自己承担这些风险，并设立意外损失准备基金来应对风险造成的损失；另外，组织也可以选择与其他组织共担风险。

11.4.3　工程项目资产清查

工程项目资产清查是指对工程项目的各项资产进行全面的清理、核对和查实。包括流动资产清查、固定资产清查、长期投资清查、在建工程清查、无形资产清查、递延资产清查、负债清查、所有者权益清查。

1. 资产清查基本要求

资产清查的基本要求包括以下方面：

（1）全面清理；

（2）账实相符；

（3）真实准确；

（4）核实产权。

2. 流动资产的清查

流动资产的清查要按流动资产的形态分别进行清查。

（1）货币资金的清查

货币资金是包括现金、存款和其他货币资金。货币资金清查的基本要求是查实资金、查实记录、确认余额。

（2）应收及预付款项的清查

应收及预付款项的清查内容包括应收票据、应收账款、其他应收款、预付账款和待摊费用。其要求是分类查实、核对账款、清理债权、清理拖欠、核对明细。

（3）短期投资的清查

短期投资的清查要求是核对账户余额、确定投资收益。

（4）存货的清查

存货清查的基本要求是清仓查库、鉴定处理、查收外借、代查保管。

3. 固定资产的清查

固定资产清查的内容包括：固定资产价值额（原值、净值、已提折旧额）的清查；固定资产数额（已提足折旧的、待报废的和提前报废的固定资产数额）的清查；固定资产损失、待核销数额的清查；租出固定资产的清查和土地资产的清查。

（1）固定资产清查的要求

价值分类、核对出租、清理外借、查明盈亏、重新登记、处理闲置资产。

（2）土地资产清查的要求

土地清查的范围包括企业依法占用和出租、出借给其他企业使用的土地，企业举办国内联营、合资企业以使用权作价投资或入股的土地，企业与外方举办的中外合资、合作经营企业以使用权作价入股的土地。

4. 长期投资的清查

对长期投资清查的要求是按长期投资账户的账面值和清查值进行登记；核算股利和利息收入，确定投资收益。

5. 在建工程的清查

在建工程的清查要求是确认投资、核实支出、及时入账、规范报废。

6. 无形资产的清查

无形资产清查的范围和内容包括各项专利权、商标权、特许权、版权、商誉、土地使用权及房屋使用权等。无形资产清查的原则是对无形资产的清查进行全面盘点，确定其真实价值及完整内容，核实权属证明材料，检查实际摊销情况。

7. 递延资产及其他资产的清查

递延资产的清查原则是逐项清理，核查摊销余额。

8. 负债的清查

负债清查的范围包括各项流动负债和长期负债。流动负债要清查各种短期借款、应付及预收款项、预提费用及应付福利费等；长期负债要清查各种长期借款、应付债券、长期应付款、住房周转金等。对负债清查时，企业、单位要与债权单位逐一核对账目，达到双方账面余额一致。

9. 所有者权益的清查

所有者权益包括投入资本、资本公积、盈余公积、未分配利润。所有者权益清查的重点是投入资本。

（1）投入资本的清查

投入资本的清查要求是按投资者类别设置明细账，明细账账面余额应当与"实收资本"账户一致。

（2）资本公积的清查

资本公积的清查要求是资本公积按类别逐一核对，明细账余额应当与资本公积账户一致。

（3）盈余公积的清查

盈余公积的清查要求是盈余公积按实际提取数记账，盈余公积设明细科目核算。清查时，各明细科目余额之和应当与盈余公积账户余额一致。

（4）未分配利润的清查

未分配利润的清查要求是利润分配账户余额即为累计积存的未分配利润。清查时，按账面实际余额登记。

10. 资产清查结果分析

资产清查的目的不仅仅是为了摸清工程项目资产的现状，而且要通过对资产的清查核实，了解资产的使用效果及管理状况，针对问题采取措施，加强管理，提高资产的营运效益。因此，对资产的清查结果必须进行认真分析，以便掌握情况，总结经验，制订计划，进行决策。

11.4.4　工程项目资产价值重估

1. 资产价值重估与资产评估

（1）资产价值重估概念

资产价值重估是对企业账面价值和实际价值背离较大的主要固定资产和流动资产按照国家规定的方法、标准进行重新估价。企业在以前清产核资中已经进行资产价值重估或者因特定经济行为需要已经进行资产评估的，可以不再进行价值重估。

资产价值重估是清产核资工作的组成部分，是清产核资工作的中间环节。账面价值是指按固定资产购建时的原始成本登记在账面上的价值。实际价值是指按现时市场价值计算的固定资产重置成本价值。

（2）资产价值重估与资产评估的区别

资产价值重估与资产评估都是对资产价值重新估价的活动。但是，两者又存在区别，主要是：

1）目的不同。资产价值重估的目的，主要是解决资产账面价值与实际价值的背离问题，为正确核算成本和核定国有资本金服务；资产评估的目的，主要是为产权变动提供依据。

2）范围不同。资产价值重估，是对全国范围内进行清产核资的企业和单位的某些资产进行重新估价；资产评估，是对发生产权变动的资产业主单位的全部资产进行评估。

3）估价标准不同。资产价值重估，按市场价格或者重置成本估算；资产评估，则除了按这两种标准外，还采用收益现值和清算价格估算。

4）估价的依据不同。资产价值重估，依据国务院制定的《清产核资办法》和《清产核资资产价值重估实施细则》等文件进行；资产评估，主要依据国务院颁发的《国有资产评估办法》进行。

5）估价机构不同。资产价值重估，由开展清产核资的企业单位组织专门小组进行；资产评估，由资产占用企业单位委托资产评估机构进行。

2. 资产价值重估方法

（1）物价指数法

物价指数法是以资产购置年度的价格为基期价格，按重估目录所列的价格指数进行资产价值重估的方法。此方法适用于价格已经完全放开的固定资产的价值重估。物价指数法的基本公式是：

资产重估价值＝资产账面原值×重估年度的资产价格/购置年度的资产价格

其中：

1）资产重估价值：被评估资产按现行价格计算的价值额。

2）资产账面原值：被评估资产购置年度的账面价值额。

3）重估年度的资产价格/购置年度的资产价格为被评估资产的物价指数。

（2）重置成本法

重置成本法是指按重新购置固定资产的市场价格来确定资产重估价值的方法。此方法适用于行业专用非标准设备、少量自制设备和经过多次技术改造的设备、多次翻修的房屋建筑等的价值重估。重置成本分为复原重置成本和更新重置成本。

复原重置成本，是指按现行市场价格，购建以同样材料、技术复制的固定资产所需要的成本。更新重置成本，是指按现行市场价格，购建以新材料、新技术构成的固定资产所需要的成本。计算公式为：

资产重估价值（原值）＝重置直接费用（材料费＋人工费＋其他直接费）＋间接费（车间管理费＋工厂管理费＋其他间接费）

（3）现行基本价格法

现行基本价格法，又称国家定价法，是按《清产核资价值重估统一标准目录》规定的固定资产现行基本价格，对资产价值进行重新估价的方法。此方法适用于各级政府确定了指令性或者指导性价格的固定资产的价值重估。

（4）汇率调整法

汇率调整法是以原资产实际购入价格为基期价格，按外汇汇率变动指数来确定资产重估价值的方法。此方法适用于价格明显低于国内同类产品价格的引进设备的价值重估。计算公式为：

资产重估价值＝原资产实际购入价格（人民币）×资产重估年度汇率/资产购置年度汇率

11.4.5　工程项目招商与租赁管理

资产招商是指国有或企事业单位将拥有所有权或经营权的资产，通过租赁、投资、委托运营等方式，从品牌知名度、运营能力、口碑信用等方面择优招引承租方、合作方或受托方的行为。而资产租赁指国家或企事业单位将拥有所有权或经营权的资产，出租给自然人、法人或者其他组织使用并收取固定租金或浮动租金（分成）的行为。

1. 工程项目招商策划

项目招商策划不但涉及项目前期调研、产品策划、产品包装等，还涉及后期的整合执行。因此在制定招商策略时，要清醒地了解自己的资源、优势和能够给予应招者的重要条件，并与应招者共同探讨总体的市场策略，告知其真实的市场支持，才能让双方长期合作。

（1）进行招商调查

招商调查一般包括招商环境调查和招商专项调查两类。

1）招商环境调查。招商环境调查一般包括：①政治环境调查。②经济环境调查。③社会文化环境调查。

2）招商专项调查。招商专项调查的内容主要包括：①投资需求调查。②投资者群体调查。③招商组合影响调查。包括项目策略、价格策略、推介策略、渠道策略、开发策略各项分别或组合应用对招商影响的调查。④竞争情况调查。包括各类竞争项目的数量和规模、竞争项目招商成功率、竞争者的招商策略等方面的调查。

（2）确定招商对象

在招商调查的基础上，通过目标特征描述进行准确的目标客户定位，制定招商对象搜索方案，确定招商对象清单。

（3）选择招商方式

1）广告招商。它主要是通过各种广告媒体将项目的招商信息传播出去，通过电话、传真、电子邮件等方式来收集客户资料，通过进一步谈判确定招商对象。

2）招商会。是很普遍的一种招商方式。在招商会上，项目信息和业内人士比较集中，是招商的大好时机，而且通过这种方式的招商成本最小。

3）样板市场。选择一个范围比较小的市场。利用样板市场的示范效应招商。

4）走访招商。走访招商也是最直接的一种招商方式，它主要是在确定招商对象后，针对竞争对手和相关项目有目的地进行走访和沟通，传达招商信息，进行招商。其优点是针对性强，速度快，可以节省大量的广告费。

2. 工程项目资产租赁管理

工程项目资产租赁管理内容一般包括租赁价值评估、选择租赁方式、租赁合同管理、续租管理。

1）租赁价值评估。一般工程项目资产租赁需要先进行资产评估，原则上应当委托有资质的中介机构对拟招租资产的租赁价值进行评估，其结果作为确定资产招租价格的参考依据。

2）选择租赁方式。资产租赁应采取公开招租的方式：招标租赁、协议租赁及国家法律法规规定的其他方式。①招标租赁。一般为批量和大宗资产及其他需要公开招标的资产采用公开招标的方式进行租赁。采用公开招标方式的，须在报刊、信息网络或其他媒介发布招标公告。②协议租赁。其租用范围是：公开招标流标的资产；经公告后只有一个具有租赁意向投标者报名的资产；经公告后只有两个投标者报名的资产，通过谈判、协商选择一家比较理想的承租人；资产处置较复杂，公开竞争成本过高以及不宜公开招标的资产。

3）租赁合同管理。租赁合同签订后，招租的详细情况以书面形式随同租赁合同归档。补充协议与租赁合同，具有同等法律效力，须一起存档。租赁合同跟进人员应及时跟进租赁合同履行情况，包括：检查承租人的经营业态是否与合同约定的相符；检查承租人是否擅自转租；检查承租人是否按合同约定支付保证金、租金及其他费用，并按照租金及水电收缴工作流程及时跟进；检查合同约定的其他事项。

4）续租。一般租赁合同到期三个月前，承租人须提出续租申请，对承租人在承租期内的情况进行综合评估，并完成评估报告，提出合同续租的相关条件建议（包括租金标准及续签期限等），决定是否续租。不予续签合同的情况一般有：承租人经营项目不符合国家法律法规及安全卫生规定的；承租人在经营过程中有欠租、欠费等不诚信行为的；同一市场租金水平大幅变动，须重新招标的。不予续租的，一般应在租赁合同到期前提前一个月告知承租人，并告知不予续租的理由。

本章小结

工程运营维护阶段是指工程项目建成竣工验收后投入实际使用直到项目结束一段时期。这一阶段的咨询服务一般包括为建设单位提供项目后评价、项目绩效评价、工程项目设施管理、资产管理等内容。工程项目运行手册的基本内容一般包括运营目标、组织结构、使用标准、运营环境、操作规程、工作流程、运营记录、应急预案等。工程项目维护策略分为反应性维护、预防性维护、预测性维护和前瞻性维护四种类型。工程项目后评价是指在工程项目建成竣工验收并运行一段时间以后，对该项目的立项、决策、设计、实施和运营，以及项目的经济效益、社会效益等进行系统客观的分析总结。工程项目后评价的方法一般采用定量和定性相结合的方法，常用的有逻辑框架法、有无对比法、因果分析法、综合评价法、成功度评价法。工程项目绩效评价体系由评价主体、评价客体、评价目标、评价内容、评价指标、评价标准、评价方法、评价结论这八项评价要素构成。工程项目绩效评价相关理论有：关键绩效指标理论；平衡计分卡理论、目标管理理论、生命周期理论、可持续发展理论、环境绩效评价理论、利益相关者理论。设施管理的内容包括空间管理、运维管理、环境和风险管理、绿色运行管理、其他系统与运维系统的数据交换管理等内容。工程项目的保值增值可以通过价值管理和全生命周期成本管理得以实现。工程项目资产清查是指对工程项目的各项资产进行全面的清理、核对和查实。包括流动资产清查、固定资产清查、长期投资清查、在建工程清查、无形资产清查、递延资产清查、负债清查、所有者权益清查。资产价值重估与资产评估都是对资产价值重新估价的活动；两者又存在区别，主要是目的不同、范围不同、估价标准不同、估价机构不同。资产价值重估方法有物价指数法、重置成本法、汇率调整法。项目招商策划涉及招商调查、确定招商对象、选择招商方式。工程项目资产租赁管理包括租赁价值评估、选择租赁方式、租赁合同管理、续租管理。

复习思考题

1. 什么是工程项目运营维护？
2. 工程项目运营手册包含哪些内容？
3. 工程维护策略有哪些类型？
4. 工程项目后评价的内容有哪些？方法有哪些？
5. 工程绩效评价的体系构成有哪些？
6. 绩效评价的理论和方法有哪些？
7. 工程项目设施管理包括哪些内容？
8. 如何进行全生命周期成本分解？
9. 工程项目资产清查包含哪些内容？
10. 资产价值重估与资产评估有什么区别？
11. 资产价值重估的方法有哪些？
12. 工程项目招商租赁包含哪些内容？

本章参考文献

[1] 曹吉鸣、缪莉莉. 设施管理概论. 北京：中国建筑工业出版社，2011.

[2] 审计署固定资产投资审计司. 公共工程项目绩效审计评价指标体系. 北京：中国时代经济出版社，2015.

[3] 王永忠. 河北省建设投资公司企业综合绩效考核评价方法. 石家庄：河北科学技术出版社，2008.

[4] 李松森、孙哲、孙晓峰. 国有资产管理. 3 版. 大连：东北财经大学出版社，2016.

[5] 李晓丹. 国有资产管理与经营. 北京：中国统计出版社，2000.

[6] 周鹏. 项目验收与后评价. 北京：机械工业出版社，2007.

第 12 章　全过程工程咨询数字化

主要内容：

- 全过程工程咨询数字化综述
- 全过程工程咨询数字化规划
- 全过程工程咨询数字化实施
- 全过程工程咨询数字化展望

学习目标：

通过本章的学习，读者可以掌握全过程工程咨询数字化的基本概念与特征；了解全过程工程咨询数字化的国内外发展；了解项目全过程工程咨询数字化的实施路径，了解全过程工程咨询数字化发展要素。

12.1　全过程工程咨询数字化综述

12.1.1　全过程工程咨询数字化的定义

全过程工程咨询即全过程工程咨询服务，是指在工程建设项目全生命周期（从前期立项研究、投资决策、勘察设计、施工建设直至项目运营维护）内，从组织、管理、经济和技术等不同角度为工程建设项目在规划、设计、施工、运维等不同阶段的管理提供专业意见并组织参与工作。

全过程工程咨询数字化是利用云计算、大数据、物联网、移动互联网、数据库、BIM等现代信息技术，通过升级工程咨询企业工作流程与组织方式，提升工程咨询的科学性、合理性、时效性、协调性和服务质量，最终实现建设项目全生命周期（从前期决策、勘察设计、施工建设到项目运维）的全方位的数字化工程咨询服务与管理的总称。

全过程工程咨询服务数字化管理实施应包括但不限于数字化管理平台建设、数据服务层建设、多方参与协同信息共享、数字化项目管理、数字化管理流程建设、数字资产的形成以及数字化管理人才培养。

1. 数字化管理平台建设

数字化管理平台建设应以全过程工程咨询服务业务内容为导向，具体建设要求包括：

（1）可灵活设置或默认固化全过程工程咨询服务管理的组织结构、工作流程、工作内容，实现全过程咨询工程服务工作指引和实施指导、技术人员引导操作；

（2）可提供菜单式服务，即"1+N+X"模式，模块化灵活设置，适应各种全过程工程咨询服务组合；

（3）可灵活配置咨询方案，与 BIM 模型既可深度链接协同配置，也可实现无 BIM 模型下的咨询信息集成。

2. 数据服务层建设

具体建设要求包括：

（1）过程资料收集与分类可通过驻场人员用移动端、监控设备等方式快速采集项目施工现场情况，实施现场监控完成咨询同步及信息集成，形成过程资料，并对收集资料分类上传至数字化管理平台；

（2）数据统计分析处理应满足全过程工程咨询服务项目各参与方的需求，形成数据看板，配置多模块定制化的项目看板，迅速了解项目进展情况，为各参与方提供数据支撑。

3. 多方参与协同信息共享

具体建设要求包括：

（1）可通过协同圈等一系列方式实现即时沟通，高效协同；

（2）对协同过程交流及信息传递系统留痕存档，各阶段交流信息留痕记录存储，基于统一端口沟通，形成可追溯的信息化资料。

4. 数字化项目管理

可实现项目策划管理、报建报批、勘察管理、设计管理、合同管理、投资管理、招标采购管理、施工组织管理、参建单位管理、验收管理，以及质量、进度计划、安全、信息、沟通、风险、人力资源等管理与协调工作的数字化管理。

5. 数字化管理流程建设

可实现自主工作流引擎，固化流程和自定义流程相结合，关联项目各参与方，规范化及流程化开展各方的信息协同共享。

6. 数字资产的形成

应将整个建设工程项目过程的全部资料形成完整的电子档案，作为企业的数字资产在云端或本地服务器进行存储、备份，通过数据积累，完善工作内容设置及固化表单，形成项目模板，为其他同类全过程工程咨询服务项目提供参考和数据支撑。

7. 数字化管理人才培养

具体建设要求包括：

（1）培养专门的系统运营维护团队，对系统进行日常运行维护，以保障业务的平稳运行；

（2）培养组建项目信息人才综合性管理团队，满足全过程工程咨询对信息化统一管理的要求，并快速复制、推广到其他在建或新开建项目的管理工作，更好地支撑各参与方的业务运营。

（3）加强项目建设全过程工程咨询数字化综合型、技能型、适用性高技能人才培训、培养，促进建设领域的数字化发展。

12.1.2　国外全过程工程咨询数字化应用

三次工业革命中许多新技术推动了西方国家的经济不断高速发展。而西方国家的工程咨询行业经过超过 100 年的发展，无论制度还是运营模式，一直在不断完善，其业务覆盖了大部分国际市场。

国外工程咨询企业发展经历了由小到大、由单项到多项咨询，随着项目规模扩大、技术复杂程度的上升、项目参建主体的增多以及对项目管理精细化要求的提高，全过程工程咨询业务在市场竞争中逐渐发展成型。依托企业的技术优势、企业的信用（而非资质）、文化优势在设计咨询的主导下通过各专业的集成，尤其是数字化信息集成管理技术，使全过程工程咨询业务形成无缝连接的一体化服务，为业主提供了覆盖投资、融资、设计、建设、项目管理、试运营、运行维护等工程项目全生命周期的所有专业咨询服务。

1. 建立了项目的 360 度仿真模拟管理系统

通常国际工程多为大型项目，设计工作面广，项目资金量大，因此国际工程数字化施工管理的首要工作是在项目实施前将项目进行仿真模拟。其主要工作是利用计算机强大的计算功能与高效的图形处理能力，直观、智能地辅助工程设计人员进行设计与分析的技术。它可以同时实现整体施工过程的可视化与智能化。包括设计条件可视化（地质、水文、地形、建筑物布置及施工条件等可视化）、建模可视化、技术分析可视化与设计成果可视化（三维真实感图形显示及空间数据的图表，文字输出）等。

2. 可视化施工现场管理的广泛应用

可视化施工现场是在项目实施前，构建整个项目的可视化识别系统。在图形平台上构造 3D 实体模型，并实现从任意位置和角度对 3D 模型进行动态显示变换，实现施工现场的 3D 可视化。其中的每个实体不仅有位置、形状、大小等特征，还包含该实体特定的场地属性，如设备的名称、型号以及相关技术指标等。

通过 3D 场地模型与进度计划实行双向链接，对场地布置与施工进度之间、各种施工设施之间、材料供给与需求之间等诸多复杂的依存关系进行分析，找到项目中各种施工资源的"时间-空间-数量"关系，最终实现 3D 场地模型与进度计划之间的双向数据交流和反馈，保证场地布置与施工进度在时间和空间上协调一致。

3. 资料信息数字化的广泛应用

国际工程数字化施工管理中，一个重要的应用就是利用数字化技术对所有工程技术资料与项目管理资料实现数字化收集、传输、存储、管理和调阅。所谓资料信息数字化就是将资料档案转化为电脑可以识别的数据，解决传统资料难以保存、传输和查阅的问题。

当前，在国际工程项目中，资料信息数字化的硬件建设已经基本形成，在工程实施过程中，将收集、整理工程数字化资料，按照档案整理的规范要求对其进行编辑，并通过现场播映、信息查询、网络传播等方式为技术人员、管理人员、咨询人员和项目业主服务。

4. 智能化施工的广泛应用

智能化施工是在工程施工过程中，采用智能化施工机械降低传统人工的使用量，并实现机械设备的独立运行，并与其他智能设备一起，实现施工作业方式的变革。

在项目施工过程中，采用智能化施工系统、机械、器具等来解决实际应用问题，具有很强的适应性和可靠性，降低高危岗位的操作风险，具备较高的解决难题效率。因此，智能化施工系统应用方兴未艾，前景广阔。

12.1.3　国内全过程工程咨询数字化应用

1. 国内促进建筑业信息化数字化的相关政策

长期以来，建筑业在加快信息化软件硬件建设的同时，加大相关法规政策的制定和技术标准的出台，有力促进我国建筑业数字化的发展。

2017 年 2 月 21 日，国务院办公厅印发的《关于促进建筑业持续健康发展的意见》（国办发〔2017〕19 号），对建筑业信息化发展提出明确要求。明确提出加快推进 BIM 技术在规划、勘察、设计、施工和运营维护全过程的集成应用，实现工程建设项目全生命周期数据共享和信息化管理；在新建建筑和既有建筑改造中推广普及智能化应用，完善智能化系统运行维护机制，实现建筑舒适安全、节能高效。

住房和城乡建设部于 2003 年、2011 年、2016 年先后发布三版全国建筑业信息化发展规划纲要，对建筑业信息化建设起到积极的引导和推动作用。在《2016—2020 年建筑业信息化发展纲要》中将行业监管与服务信息化建设作为重点，既充分贯彻落实了《国家信息化发展战略纲要》，又顺应信息技术发展趋势和建筑业改革创新发展的需要，也是"十三五"建筑业信息化发展的实施方案。规划的总体目标是，以全面提高建筑业信息化水平为主线，以增强 BIM、云计算、大数据、物联网、移动互联网、人工智能等信息技术集成应用能力，建成一体化行业监管和服务平台，形成一批具有较强信息技术创新能力和信息化应用达到国际先进水平的建筑企业为核心，以数字化、网络化、智能化取得突破性进展，数据资源利用水平和信息服务能力提升为基本特征。

2015 年 6 月 16 日，住房和城乡建设部印发《关于推进建筑信息模型应用指导意见》（建质函〔2015〕159 号），要求"以工程建设法律法规、技术标准为依据，坚持科技进步和管理创新相结合，在建筑领域普及和深化 BIM 应用，提高工程项目全生命期各参与方的工作质量和效率，保障工程建设优质、安全、环保、节能""到 2020 年末，建筑行业甲级勘察、设计单位以及特级、一级房屋建筑工程施工企业应掌握并实现 BIM 与企业管理系统和其他信息技术的一体化集成应用"，新立项的以国有资金投资为主的大中型建筑和申报绿色建筑的公共建筑和绿色生态示范小区的勘察设计、施工、运营维护中，集成应用 BIM 的项目比率达到 90%。

2016 年 12 月 2 日，住房和城乡建设部发布了《建筑信息模型应用统一标准》GB/T 51212—2016，统一建筑信息模型应用基本要求。这是我国第一部建筑信息模型应用的工程建设标准，标志着 BIM 技术在我国的发展有据可依，对促进我国 BIM 技术应用和发展具有重要指导作用。

2017 年 10 月 25 日，住房和城乡建设部颁布了《建筑业 10 项新技术（2017 版）》，将基于 BIM 的现场施工管理信息技术正式纳入进行推广应用。

2018 年 10 月 26 日，住房和城乡建设部办公厅颁布了《全国建筑工人管理服务信息平台数据标准（试行）》和《全国建筑工人管理服务信息平台数据接口标准（试行）》（建办市函〔2018〕603 号），统一全国建筑工人实名数据标准，为第三方服务商与全国建筑工人管理服务信息平台进行数据交互使用提供条件。

2017 年 5 月 4 日，住房和城乡建设部发布了《建筑信息模型施工应用标准》GB/T 51235—2017，规范和引导施工阶段建筑信息模型应用，提升施工信息化水平，提高信息应用效率和效益，适用于施工阶段建筑信息模型的创建、使用和管理。

与建筑信息模型有关的标准还有《建筑信息模型分类和编码标准》GB/T 51269—2017、《建筑信息模型设计交付标准》GB/T 51301—2018 和《建筑工程设计信息模型制图标准》JGJ/T 448—2018 和《制造工业工程设计信息模型应用标准》GB/T 51362—2019 等。

一些地方住房和城乡建设部门也研究颁布了适合当地的 BIM 标准，例如，2015 年 8 月 12 日，四川省住房和城乡建设厅颁布了《四川省建筑工程信息模型交付标准》DBJ51/T 047—2015；2017 年 2 月 13 日，广西壮族自治区住房和城乡建设厅颁布了《建筑工程信息模型施工应用标准》DBJ45/T 038—2017；2018 年 1 月 17 日，重庆市城乡建设委员会颁布了《建筑工程信息模型设计标准》DBJ50/T 280—2018；2019 年 12 月 2 日，天津市住房和城乡建设委员会发布了《天津市市政工程信息模型设计技术导则》（津住建〔2019〕74 号），等等。

2. 国内数字化应用现状

国家发展改革委、住房城乡建设部在《关于推进全过程工程咨询服务发展的指导意见》中指出，应充分开发和利用包括大数据、物联网等在内的信息技术和信息资源，努力提高信息化管理与应用水平，为开展全过程工程咨询业务提供保障。如何探索利用数字化技术支撑全过程工程咨询的发展，将成为工程项目管理领域发展的趋势。

目前，各工程咨询单位为解决全过程工程咨询中信息碎片化、无法共享，专业咨询之间衔接配合差、项目进度管理难等问题，组建了各类科研组，引入数字化信息技术，皆尝试自主研发项目管理平台，力求实现数据交流的便捷性。在国内近几年也出现了一些建筑软件开发公司为建筑行业的全过程工程咨询服务管理提供技术平台搭建。这类服务型管理平台多为建筑公司、设计单位、高等院校、科技公司联合参与制作的；此类平台大多皆是综合集成了 BIM 技术与大数据、云存储等技术打造而成，将资料管理、模型管理、进度管理等相关咨询服务内容集于平台中。由于这些平台均还处于试行阶段，其功能和稳定性等都还有待不断完善。

目前，一些全过程工程咨询项目管理平台已经在具体的在建工程中投入推广使用。如香港大学深圳某医院项目引入全过程工程咨询服务，作为全过程工程咨询方，采用了一种覆盖投资、进度、质量、安全、档案、合同、协同办公等项目管理重要环节的管控系统——工程管理业务平台，实现管理过程的数字化，有效推动工程项目过程管理的规范化、透明化、精细化，提高项目过程管控能力。广西某文化教育中心项目将全过程工程咨询平台技术作为全新的互联网辅助设计的基础技术，不仅针对具体服务内容建立咨询分析整合数据库，而且为工程建设参与各方提供了高效的交流平台，辅助咨询单位在设计、施工及竣工运营等阶段对出现的问题均能及时解决，极大地提高了复杂问题解决方案优化的能力，降低了建设工程的总成本。

至今为止，国内部分工程咨询企业采用了单一关键业务管理层面的数字化管理，而全过程工程咨询的数字化应用还在探索中，少数咨询企业开始尝试，有待于学术界与产业界的共同努力，解决数字化推广在技术与管理层面的诸多难题。对于全过程工程咨询的数字化应用，必须改革创新，加快发展。

12.2　全过程工程咨询数字化规划

12.2.1　全过程工程咨询数字化服务内容

（1）全过程工程咨询是对工程建设项目投资、进度、质量、安全等主要总控目标的管理，涉及项目全生命周期，包括但不限于前期咨询管理、报批报建管理、工程勘察管理、工程设计阶段管理、招标采购管理、施工阶段管理、验收管理、运营维护管理。

（2）各专业咨询服务内容，包括前期咨询、工程勘察、工程设计、工程监理、造价咨询、招标采购、BIM 咨询及其他咨询，根据发包人的需求进行菜单式选择（两项及两项以上）。

（3）全过程工程咨询项目在实施过程中各专业咨询服务工作的开展需要相互沟通协调，各专业咨询负责人在项目咨询总师的带领下开展工作。

12.2.2　全过程工程咨询数字化服务重点

全过程工程咨询数字化服务是运用数字技术和智能化对咨询服务持续优化的过程，是一次系统工程。

全过程工程咨询数字化的基础是进行全量、全要素的采集，所有相关数据做到互联互接，随时能被调用、被看到、被感知到，但全过程工程咨询数字化不是一蹴而就的，数字化不是一连就成、一连就智能，而是要把着力点放在指导建设单位业务运营和决策上，就是这些连进来的数据该怎么更好地为建设单位带来价值，这一点至关重要。全过程工程咨询数字化服务绕不开的三个重点是：

（1）改变意识。为建设单位解决问题，为建设方带去价值，这是全过程工程咨询数字化的立命之本，跳出单一的服务内容，起到统筹协调的价值，使各方角色主体在统一的数字化平台作业，避免重复工作，提高投资效益，打破条块分割。

（2）组织变革。建立数字化实施部门，基于 BIM、云计算、大数据、物联网、移动互联、人工智能等新技术对传统业务进行赋能，根据服务合同，制定服务策划，确定组织架构、应用目标、选择合适的数字化平台和实施路径。

（3）制度创新。全过程工程咨询服务是从各阶段各角色的咨询服务开始，抽取出统一的业务内容，并对传统业务进行数字化改造，新技术应用对传统工作模式是颠覆性的，这个过程需要咨询企业一把手亲自推动，形成数字化新工作模式下适合本企业的管理制度，以保障数字化实施的顺利进行。

12.2.3　全过程工程咨询数字化组织架构

全过程工程咨询数字化业务的实现需要建立一套数字化的平台数据架构，实现全量、全要素的采集和连接做到实时反馈，同时这套组织架构应具备预测、预警、监控、协同、调度、决策和指挥七项职能，以某 BIM5D 咨询版平台系统为例，如图 12-1 所示。

12.2.4　全过程工程咨询数字化策划

以某项目全过程工程咨询数字化施工阶段策划为例，本项目成立了 BIM 中心，进行 BIM、云、大、物、移、智等新技术的数字化应用。

1. 项目概况

本项目批复的概算为 3.63 亿元，其中工程费为约 3.1 亿元。规划总建筑面积为 65028m²，其中包含地下建筑面积：约 17688m²。包含 1、2 号楼两栋办公楼、5 号楼一栋产品展示及监控中心以及相关配套设施。其中 1、2 号楼为框架-剪力墙结构，地上 7 层，

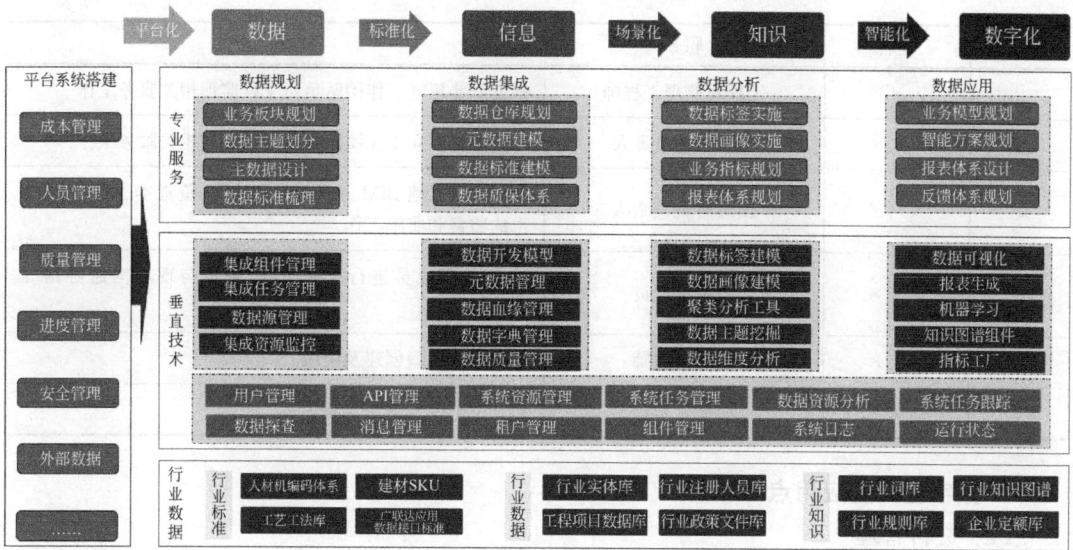

图 12-1　某 BIM5D 咨询版全过程工程咨询组织架构

地下 2 层，总高 30.1m。5 号楼为框架结构，地上 4 层，地下 1 层，总高 21.5m。

2. 项目难点

本项目建设单位为大型国有企业，在项目建设投资控制、实施进度、质量、安全及资料管理流程上均有较为精细的内部管理要求，该项目投产后将是国内高端网络运营支撑服务中心，有着大量的新理念、新技术应用。

项目采用代建制（项目管理）方式进行建设管理，涉及的参建单位较多，管理工作的流转时间较长。

多单位、多专业参建人员不能协同办公，资料不能及时存档定稿，导致结算资料不齐全，有效性、准确性失真。

3. 应用目标

完成基于新技术的全过程工程咨询数字化管理，提升管理水平，打造企业核心竞争力。应用目标有：

（1）节约建设成本，降低咨询人力投入；

（2）完成数据整合，准确划分界面及主要构件监控；

（3）监控实施进度，即时呈现，辅助甲方决策；

（4）保障项目质量，符合建设标准；

（5）确保安全监管，减低安全风险。

4. 组织体系

全过程工程咨询团队人员配置见表 12-1。

全过程工程咨询团队人员配置参考表　　　　　　　　表 12-1

序号	姓名	职务	任务及分工
1	×××	总咨询师	负责全过程工程咨询服务项目所有事务，各专业负责人在项目咨询总师的带领下开展各项工作

序号	姓名	职务	任务及分工
2	×××	工程总监理工程师	根据需要建立工作团队负责工程监理相关服务工作
3	×××	造价咨询负责人	根据需要建立工作团队负责造价咨询相关服务工作
4	×××	BIM咨询负责人	参与制定实施BIM方案与组织协调，负责本工程BIM技术的监督和实施工作
5	×××	数据管理员	监督、组织成员进行相关工作，负责与现场沟通协调等工作
6	×××	土建工程师	负责土建模型创建及应用
7	×××	机电工程师	负责机电模型创建与应用

5. 数字化实施应用点

(1) 资料管理

1) 建立项目资料目录树，指定项目资料上传规则;

2) 通过建造过程中不断丰富的模型信息，将施工图、变更图、变更通知单、签证单、索赔单、甲供料明细、各类合同、概算书、招标清单、中标预算书或清单报价书、变更签证索赔结算书和现场踏勘图片等造价相关资料档案全部记载在系统中，保证了资料的齐全、可追溯。

(2) 数据集成

将项目各专业模型上传到BIM平台集成，关联成本，实现模型、成本、进度、质量、安全的数据管理。

1) 本项目通过多角度浏览模型，查看节点详情;

2) 根据形象进度准确提取进度工程量，为进度付款提供数据支撑;

3) 通过施工流水模拟，对实际的施工组织计划进行流水调整、出具工期预案，有效降低工期延误风险。

(3) 可视化模型模拟

对施工方提交的深化方案，通过BIM建模、结合施工场地软件，加快深化方案审核时间，提出优化建议，做到有效节约造价。

(4) 成本管理

通过BIM技术进行施工过程中的成本管理，合同执行过程中每一项成本变化，实时反映到动态成本中。针对该项目合同超支结余情况，实时动态分析预警，过程中变更签证、量价变化等影响实时追踪，实现对资金总体管控。对概算进行逐级分解控制，预计结算金额、对比概算结余金额、预计结余比例、主要费发生项目等具体金额从台账上可以直接看出。工程建设其他费结余及支出情况可以直观地向业主展示。如图12-2所示。

(5) 进度管理

1) 进度照片BIM5D平台列表管理;

2) 计划管理，进度实时跟踪;

3) 现场实时连接监控把控进度。

原投资控制流程

```
┌─────────────┐     ┌─────────────┐     ┌─────────────┐     ┌─────────────┐
│  Excel表格  │────▶│ 施工单位报  │────▶│ 造价人员审核 │────▶│  统计、保存 │
│ 登记变更事项 │     │ 送变更签证  │     │             │     │             │
└─────────────┘     └─────────────┘     └─────────────┘     └─────────────┘
```

BIM投资控制流程

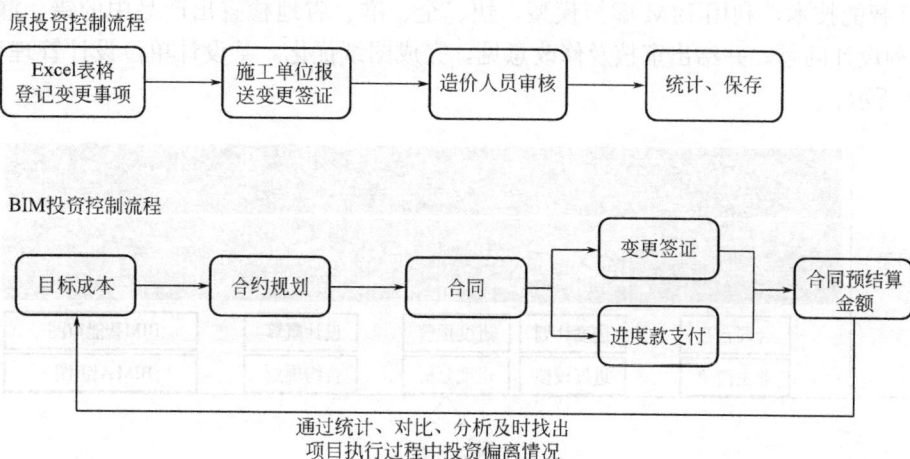

图 12-2 投资管控流程图

（6）质量安全管理

建立企业安全管理数据仓库，以此为基础通过数字化手段实现现场检查、整改、复查等业务智能流转。从而实现对项目质量、安全监控、自动生成业务表单，最终通过大数据的手段，对项目管理状况进行指标分析、趋势分析，为甲方决策提供数据依据。

12.3 全过程工程咨询数字化实施

全过程工程咨询项目管理内容，涉及项目全生命周期，包括但不限于前期咨询管理、报批报建管理、工程勘察管理、工程设计阶段管理、招标采购管理、施工阶段管理、竣工验收管理。

目前，行业内全过程工程咨询数字化相关平台参差不齐。本节以某设计管理系统、招标采购管理系统、斑马进度计划、BIM5D咨询版为例，对工程设计阶段、招标采购阶段、施工阶段的数字化管理实施进行阐述。

12.3.1 设计阶段数字化应用

通过 BIM、AI 智能及大数据分析，实现对设计全生命周期管理，管理作业在线化、标准提升在线化、产品力提升在线化，从而有效提升设计阶段的数字化应用价值。

1. 设计阶段的在线化管理

（1）管理作业在线化

设计合同管理，对合同编号、合同名称、合同双方主体、合同内容、合同金额、签订时间、合同变更、合同付款及结算进行在线化动态管理。当设计时间、设计行为、成果质量、付款与合同约定产生偏差时，进行提示和预警。

设计进度管理，将方案设计、初步设计和施工图设计计划节点和实际进度进行在线化展示，当计划节点和实际进度产生偏差时，进行系统预警和干预。

设计质量管理，通过 BIM 技术，实现对设计不合理、设计浪费、错漏缺等问题的有效管理；通过 AI 审图功能将各类审图标准解析、梳理、归类成人机共读的结构化语言，借助 AI 智能技术，利用 BIM 虚拟模型，快、全、准、省地检查出产品中的错、漏、碰、缺等各种设计问题，并给出审核及修改意见，完成图纸优化。某设计单位设计管理系统如图 12-3 所示。

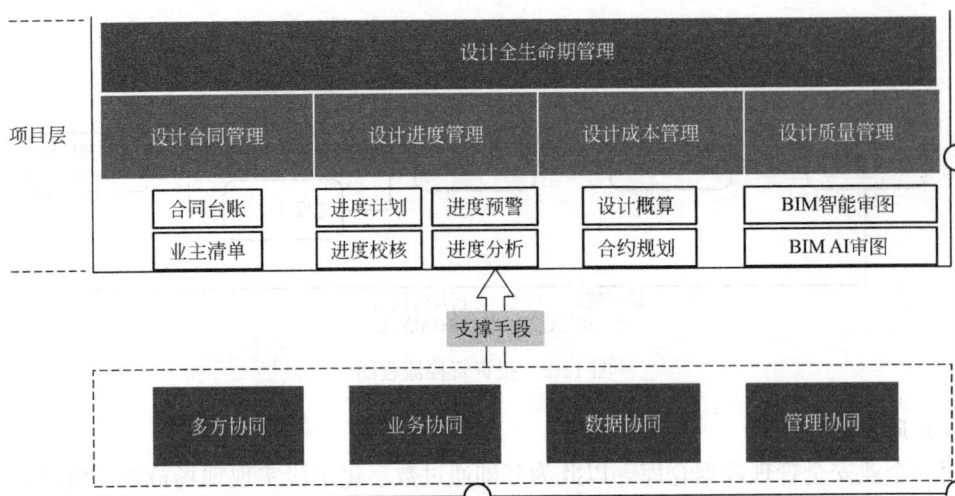

图 12-3   某设计管理系统

（2）标准提升在线化

通过大数据、BIM 图形技术实现设计标准化的提升。建立标准库，包括产品线标准、单体标准、户型、外立面标准、部品部件标准，并实现在线使用。通过数据平台实现规划设计指标、图形标准、建造标准的积累和沉淀，形成数据、图形资产，实现业务反哺，助力高层决策。如图 12-4 所示。

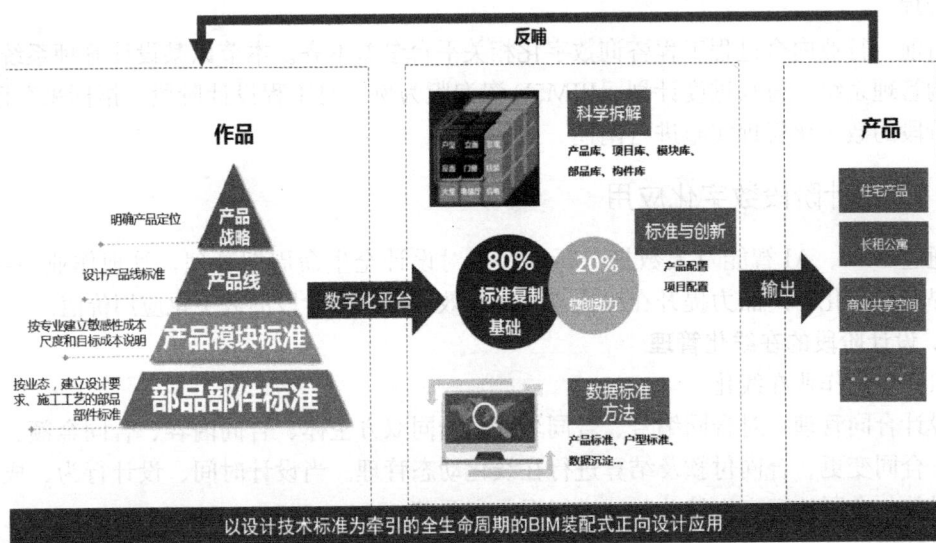

图 12-4   某设计管理系统

（3）产品力提升在线化

设计思维的创新通过设计模型固化，并应用到方案及施工设计。最终实现功能的创新、单体建筑型的创新、户型的创新、智能化创新等。

设计和成本关联，在设计模型加入插件，并进行设计系数设置、成本适配设置，通过 AI 智能和大数据计算，实现设计标准、建造标准与标准适配成本、成本基因、成本限额相融合，实现用最优成本取得最溢价产品的目的。

设计赋能其他业务，如实现 BIM 算量、BIM 抽离材料设备清单等。通过 BIM 建模输入模型文件，清单编码反写、材料编码反写、反写文件标识，加入 Revit BIM 算量插件，进行构件映射、构件挂接清单、构件挂接物料，并进行算量规则设置，最终形成自动算量和材料清单统计。BIM 算量并对接计价模块，形成清单预算和重计量编制；材料清单可以形成甲供材及集采招标清单，助力招标提速提量。BIM 算量使计量过程前置，省去成本人员计量过程，大大提升工作效率。BIM 模型还可以完善施工方案，预演施工环节，跟踪并校核施工过程。

2. 设计阶段数字化应用价值

运用数字孪生技术、通过数字空间对物理空间精准映射，虚实交互，智能干预，将产业链各种要素进行数字化定义，对建筑的每一个环节实现数字化的 PDCA 循环，实现设计方案最优，实施方案可行，施工图纸最精，成本管理最优，保障建筑产品交付后的高可用性。通过搭建建筑业和工业之间的通道，实现由手工、离散的传统建筑业向高效、集约的现代制造业转变。实现数据共享和结果可视，驱动管理体系标准化和规范化，最终实现设计提速、品控提升、管理提效。在助力项目精益化管理的价值体现方面，总结如下：

（1）产品力提升。以地产项目为例，设计创新以及设计为成本和工程赋能，能够有效降低成本、提高售价、促进营销，最终实现企业利润和 *ROE* 的提升，同时从健康、美学、智能、性能、人文等方面赋能人居价值。

（2）标准化提升。将产品线、产品模块逐步标准化，进而利用数字化的设计管理系统和模型软件，将产品模型科学拆解，通过统一的数据标准执行落地，最终输出不同高效产品。同时，可不断优化产品，创造出新的更优产品。

（3）效率提升。智能作业、AI 审图查出的问题数量是人工审图发现问题数量的数倍，能够有效减少漏审，帮助发现和解决更多设计问题，最大限度地提高设计质量，降低施工返工率，缩短施工工期，进而节约施工成本，并且 AI 审图系统拥有持续学习的算法能力，随着积累的数据越来越多，该系统审查的质量和效率也将不断提升。

12.3.2　招标采购阶段数字化应用

通过建立线上招采系统，实现合约规划、招采计划、资格预审、入围、招标文件、发标、回标、开标、评定标、合同签订等全流程全环节管控，实现对项目招标的快速化、精准化、可控化、规模集采化，有效提升招标采购阶段数字化的应用价值。

1. 招标采购阶段的在线化管理

（1）建立供应商资源库

建立自有供应商库，并可链接外部供应商库，外部供应商资源满足评价和使用标准后可自动转入自有供应商库。建立供应商评价体系，进行过程及后评价，实现评价在线化，通过 AI 智能和大数据分析技术，根据评价结果系统自动对供应商按等级和类别进行入库或出库。

（2）建立招标信息发布平台

链接企业内平台、外部信息平台和政府招标平台，实现招标信息的公开化。

（3）建立资格预审和入围在线化模块

通过对资格预审文件的标准格式化管理，并运用 AI 智能和大数据分析技术，实现对申请单位的智能化资格预审，自动形成预审结果。通过对申请单位和项目的考察，实现在线化考察评价。资格预审结果和考察评价自动汇入入围审核流程，实现入围审批。

（4）建立招标投标文件在线编辑模块

实现招标清单在线编辑，同时具备一键模拟工程量和一键载价功能，并通过和材料网对接，进行市场价查询和使用。包括施工总包清单、精装修清单、园林景观清单、门窗清单、桩基工程清单等。投标单位可以通过 SAAS 平台进行投标预算编制，直接在招标平台形成投标报价。

（5）建立在线化发回标、开标模块

通过互联网、物联网以及端对端对接，实现发标、回标及开标动作和过程，并通过 AI 智能、云计算对发回标时间、投标文件格式、投标的有效性进行检查和记录，可进行一键开标，并完成开标记录的统计。

（6）建立在线化清标及定标模块

技术清单：在线化端对端技术清标，在要求时间内独立完成打分，通过 AI 智能和云计算技术形成技术打分统计表，并形成技术标评标报告。

商务清标：通过导入报价文件和基准文件，设置分析规则（偏差系数），对投标报价进行全面分析，包括工程总价、单方造价、各专业造价、分部分项清单、措施清单和费率项等实现智能清标，并能实现不平衡报价的智能调价，形成合同预算。并按报价高低排名形成清标文件，并形成商务标评标报告。

将技术评标和商务评标综合形成定标文件，并通过定标流程实现定标。

（7）建立集采系统

利用数字化工具（互联网、物联网、AI 智能、大数据、云计算技术）和在线信息化技术制定集采清单、集采模式、集采流程、材料验收、材料保管、材料交接、付款管理以及评价体系，通过规模化采购实现议价能力的提升。集采系统和成本系统、工程系统以及供应商拉通，将采购信息在关联方进行无缝对接和反馈。

2. 招标采购数字化应用价值

（1）实现快速精准招标。通过互联网、物联网、AI 智能、大数据、云计算等技术实现快速精准招标，实现对投标单位和材料的可视化，为施工单位和材料提前进场打下良好基础，为项目建造提高了最大保障。

（2）实现成本控制。通过合约规划和目标成本模块对接，以及资格预审入围系统、清标评标定标系统、集采系统等实现目标成本内的招定标，实现最优化成本落地。

（3）为成本和工程赋能。招采可以为完善和更新成本数据赋能，给目标成本提供了控制空间；好的招标会带来性价比高的施工单位和材料设备，进而影响或决定了项目的进度、质量和安全。

3. 基于 BIM 技术在招标投标阶段的数字化应用

BIM 技术作为建筑行业的新兴技术，极大地促进了建筑行业整体的精细化程度和管理水平。借助 BIM 技术，可以直观地基于三维场景下对项目进行方案展示和论证。在评标环节，通过 BIM 技术的引入代替传统的纸质投标方案或电子化投标方案，就招标投标中的重要环节进行可视化模拟分析，为建设工程招标投标环节带来又一次的技术革新，从而实现招标投标改革四阶段（图 12-5）的最终过渡，实现 BIM 可视化评审的新时代。

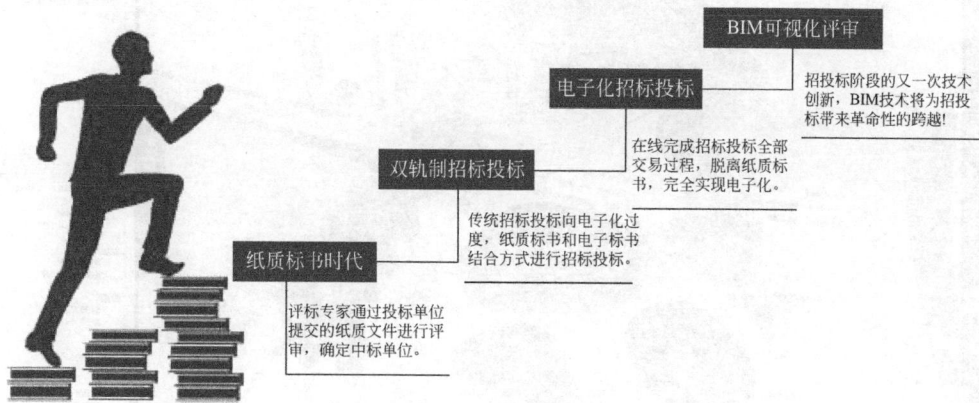

图 12-5　招标投标改革四阶段图

（1）设计 BIM 技术数字化评标介绍

1）实施方案评审。查看实施目标、应用价值点及保障方案等，对投标人 BIM 能力进行综合评审。如图 12-6 所示。

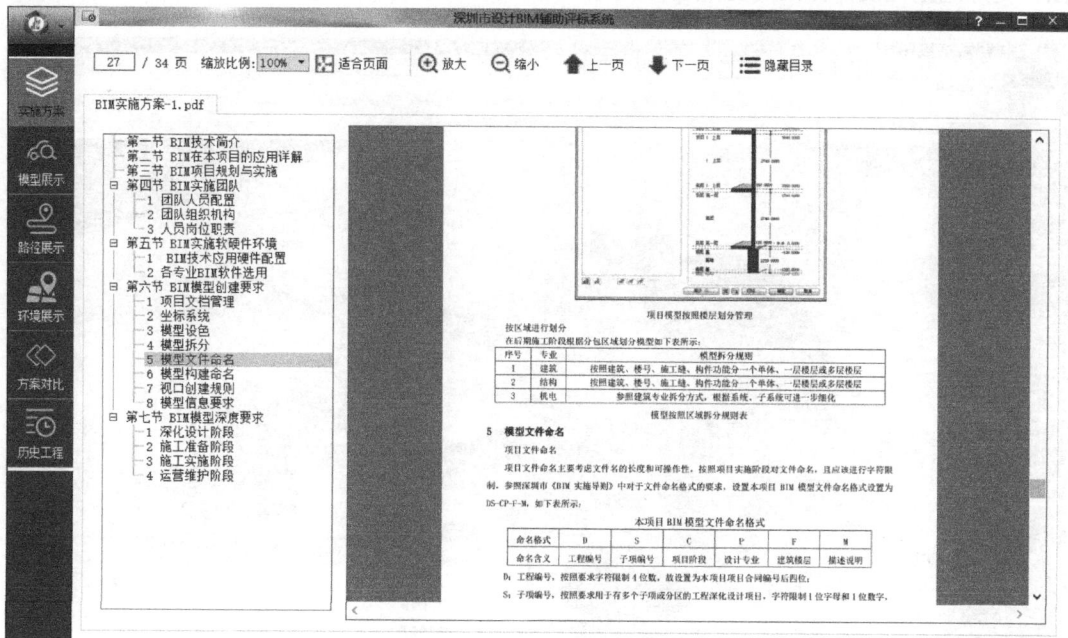

图 12-6　实施方案评审展示

2）模型展示。基于 BIM 模型，查看设计方案外观，快速了解设计方案设计思路和方案特点。如图 12-7 所示。

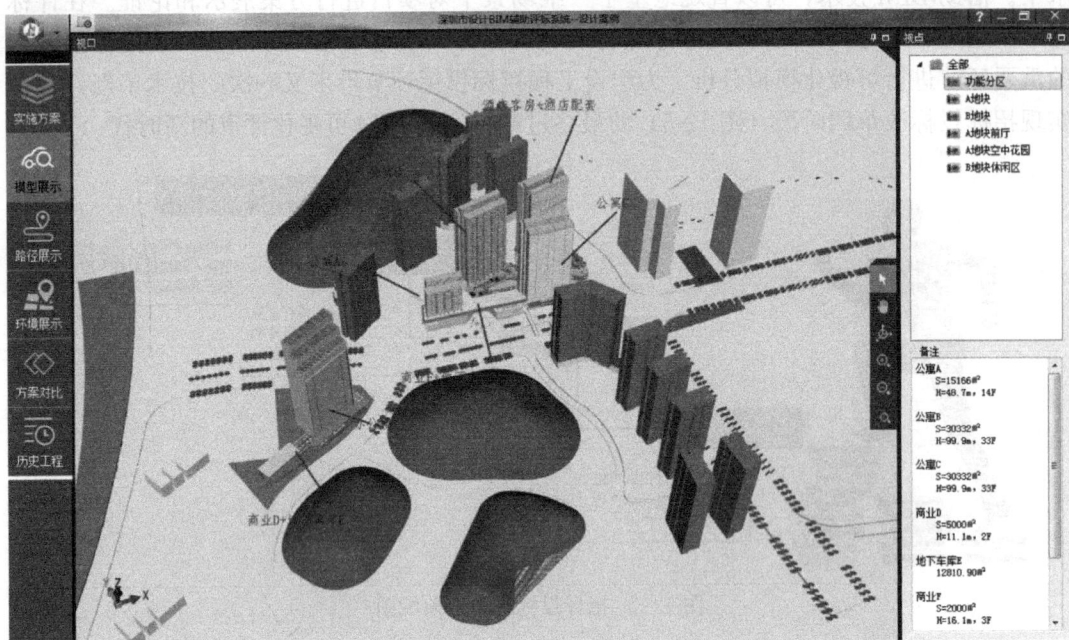

图 12-7　模型展示

3）路径展示。通过路径动画，查看建筑内外部漫游，帮助评标专家理解设计方案意图，更好地把握设计方案的亮点。如图 12-8 所示。

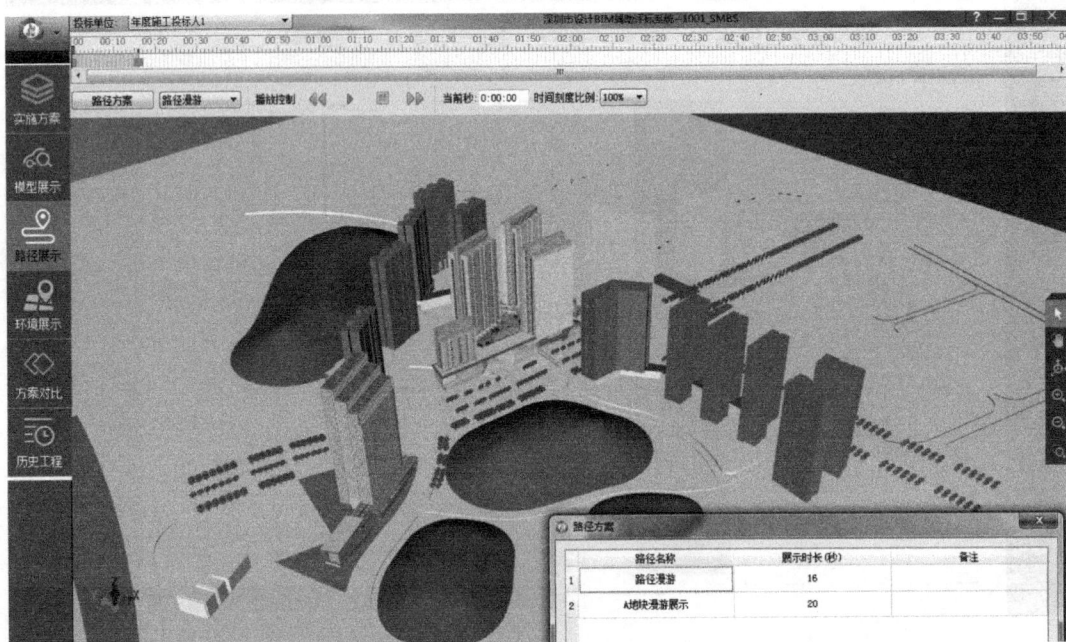

图 12-8　路径展示

4）环境展示。将设计方案模型基于真实空间地理信息系统（GIS），对拟建方案与周边环境的融合度进行评审。如图 12-9 所示。

图 12-9 环境展示

5）方案对比。对当前招标项目不同投标人的方案进行横向同屏对比，便于选取最优设计方案。如图 12-10 所示。

图 12-10 方案对比

6）历史工程查看。基于 BIM＋大数据技术对历史同类工程和投标人历史中标工程方案进行对比分析。如图 12-11 所示。

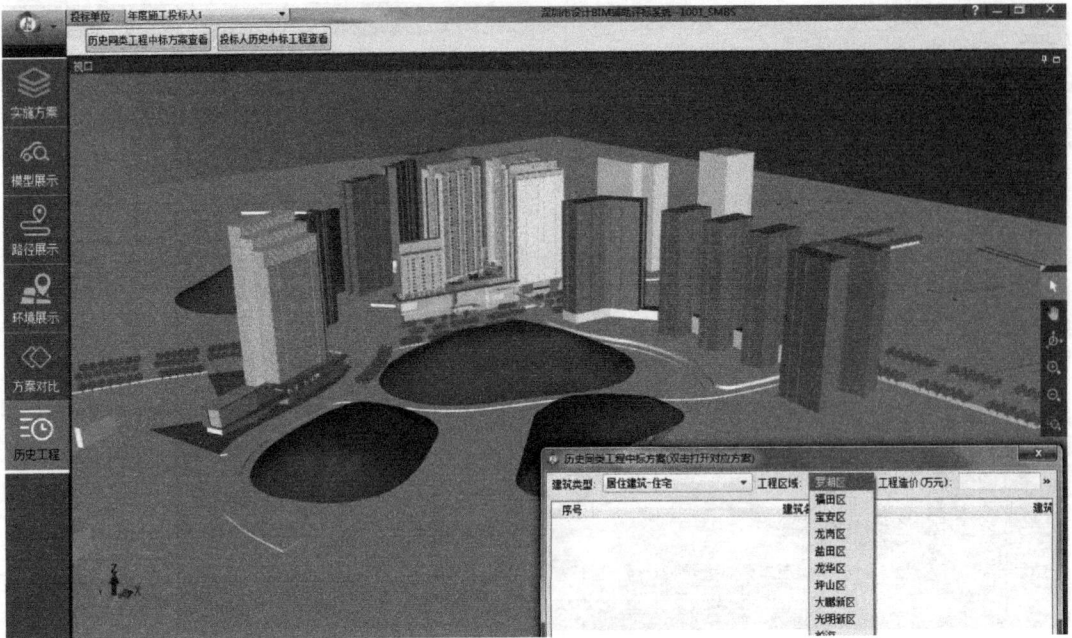

图 12-11　历史工程查看

（2）施工 BIM 数字化评标介绍

1）实施方案评审。查看实施目标、实施团队、软硬件环境、应用价值点及方案、实施保障措施等，对投标人的 BIM 实施能力进行综合评审。如图 12-12 所示。

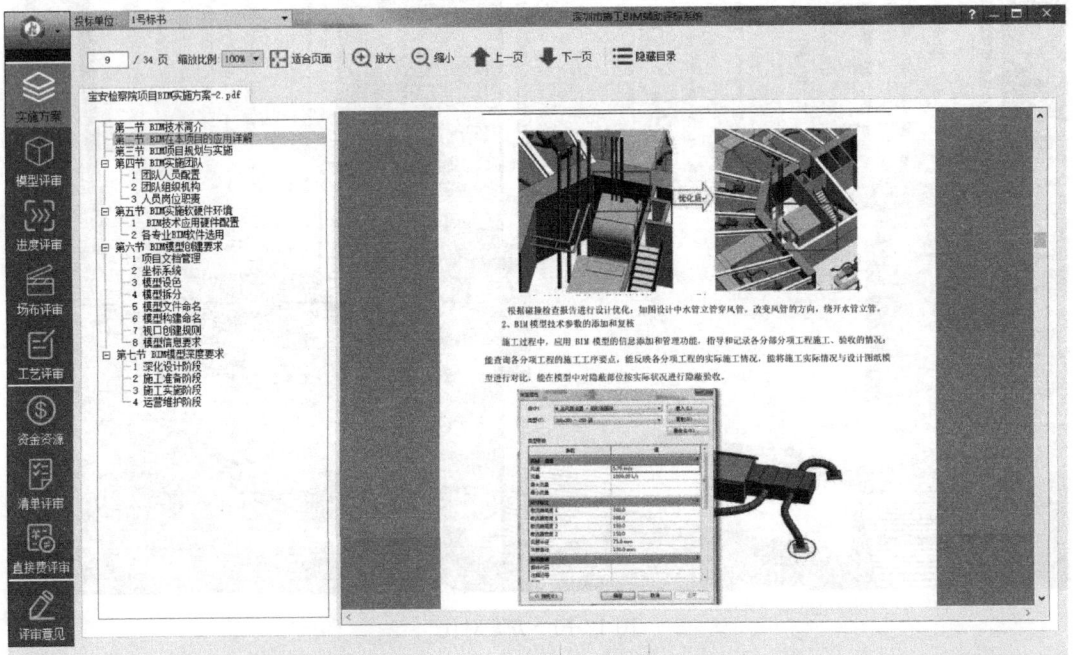

图 12-12　实施方案评审

　　2）模型评审。按照单体、楼层、专业、构件多维度查看模型及构件属性，对投标人图纸理解和建模精度进行评审。如图 12-13 所示。

图 12-13　模型评审

　　3）进度评审。基于 BIM 模型查看动态查看施工进度模拟，通过关键路径图查看关键节点，对投标人的施工组织安排进行评审。如图 12-14 所示。

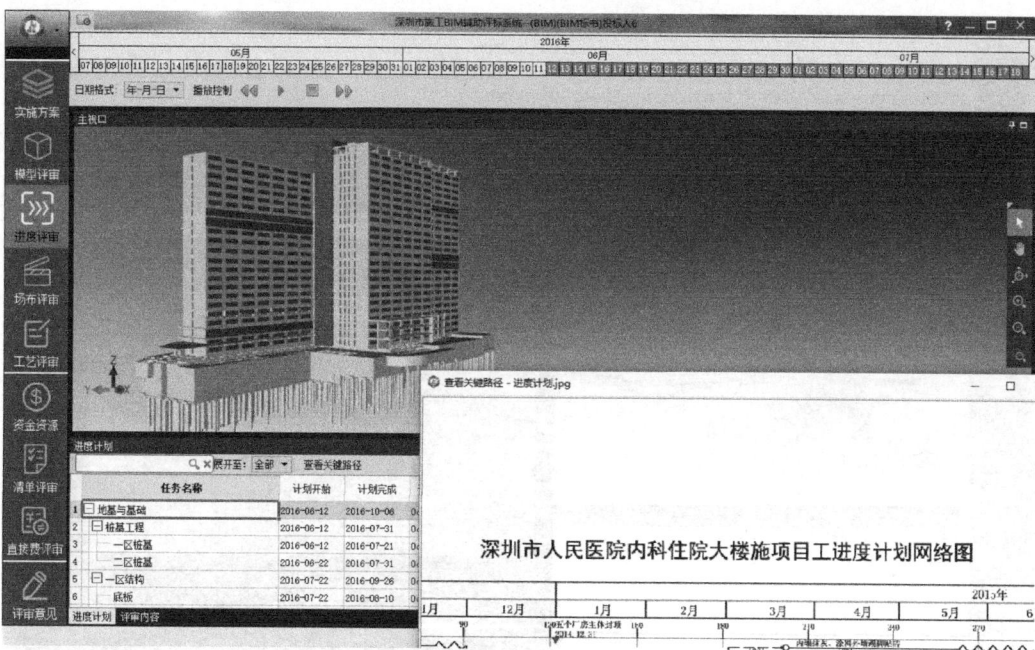

图 12-14　进度评审

4) 场布评审。查看不同阶段的场区道路、措施部署三维模型,对投标人方案的文明施工组织进行评审。如图 12-15 所示。

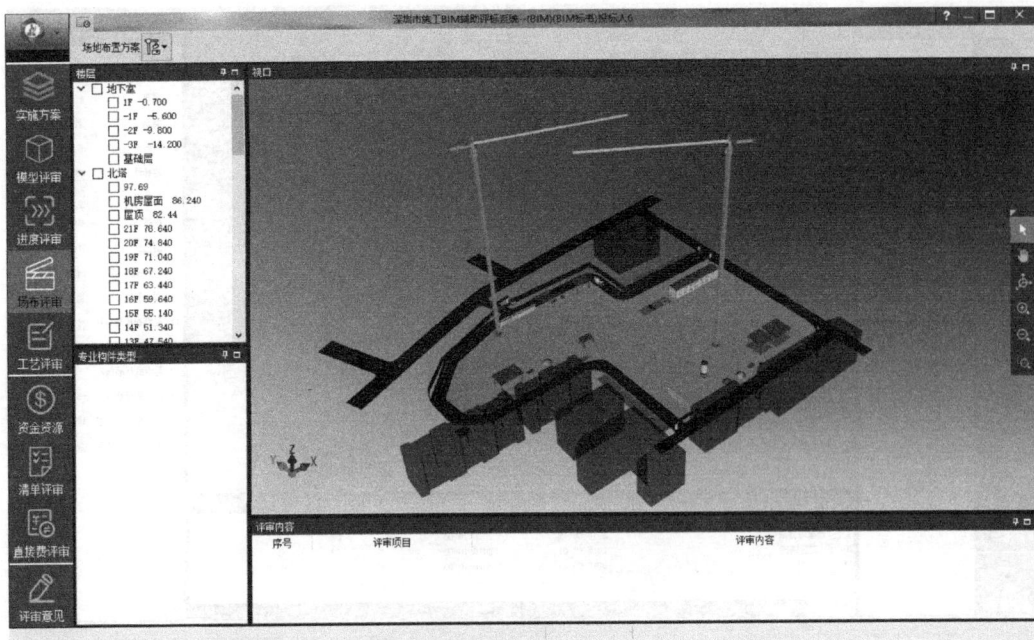

图 12-15 场布评审

5) 工艺评审。基于 BIM 模型动画演示或者视频演示,查看关键工艺的动画,对项目的重难点方案进行可视化动态评审。如图 12-16 所示。

图 12-16 工艺评审

6）资金资源评审。查看项目建设周期内不同阶段的资金资源投入情况，实现技术商务的联动评审，对投标人的资金资源统筹情况和安排的合理性进行评审。如图 12-17 所示。

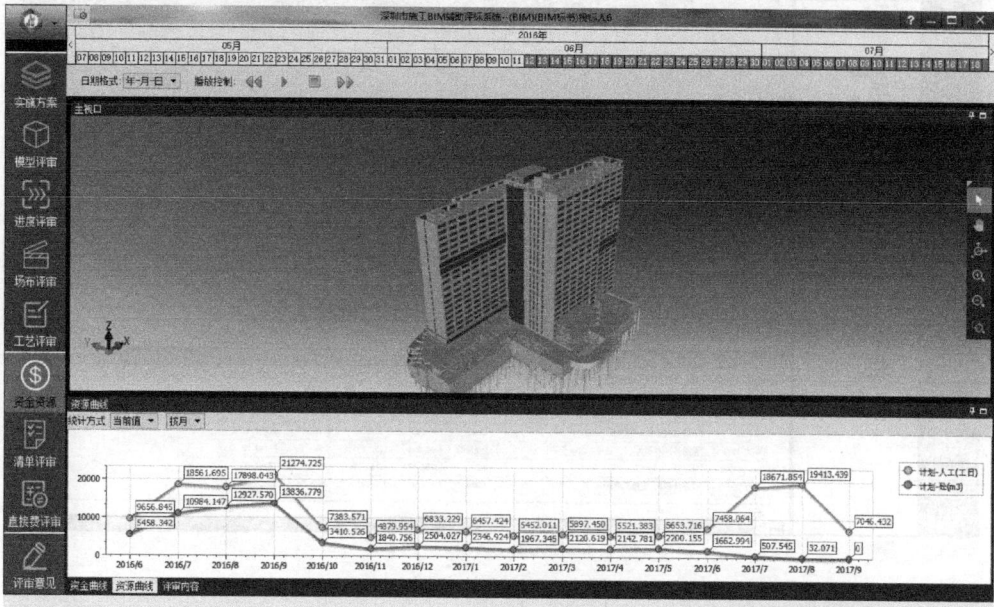

图 12-17　资金资源评审

7）清单评审。查看项目所有清单及费用构成，实现清单模型联动评审。基于 BIM＋大数据技术，对项目清单深度评审。如图 12-18 所示。

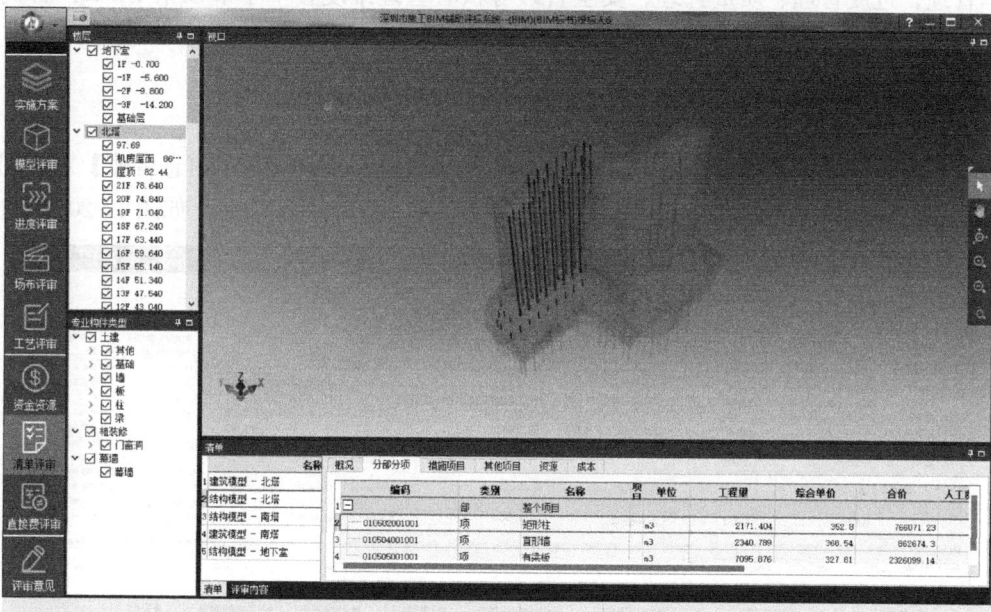

图 12-18　清单评审

8）直接费评审。通过选取不同部位的模型，查看对应部位的直接费用，实现对关键部位成本造价的重点审核。如图 12-19 所示。

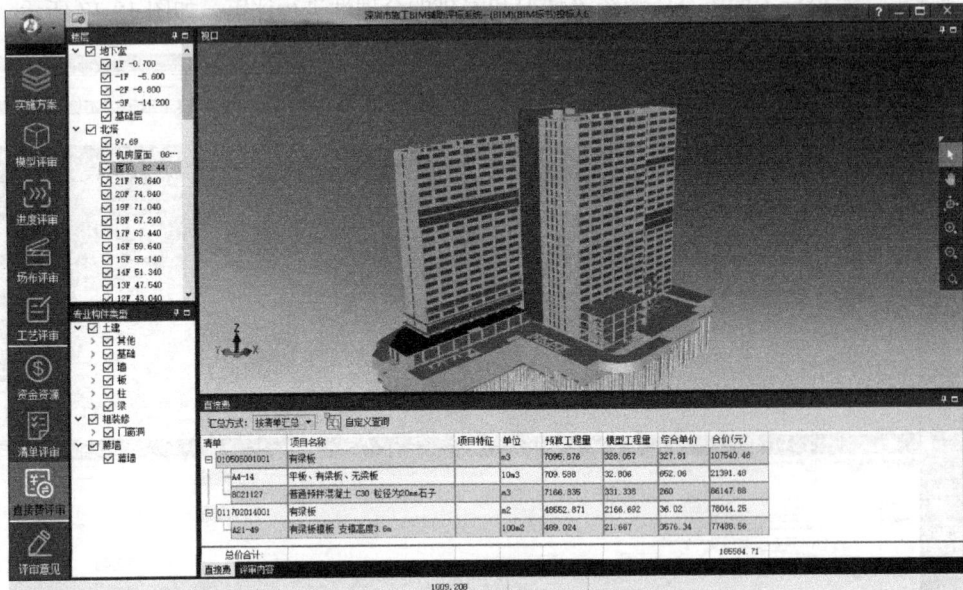

图 12-19　直接费评审

12.3.3　施工阶段应用数字化应用

施工阶段的数字化应用是全过程工程咨询业务全生命周期中最重要的环节之一，涉及成本管理、进度管理、质量管理、安全管理等核心管理维度，本小节以某 BIM5D 咨询版系统为例进行应用阐述。

1. 成本管理数字化应用流程

（1）合同管理应用

1）合同基本信息台账。完成合同基本信息的录入，在【合同基本信息台账】对合同进行统一管理，查看合同费用、合同付款条款信息、合同相关附件等内容。如图 12-20 所示。

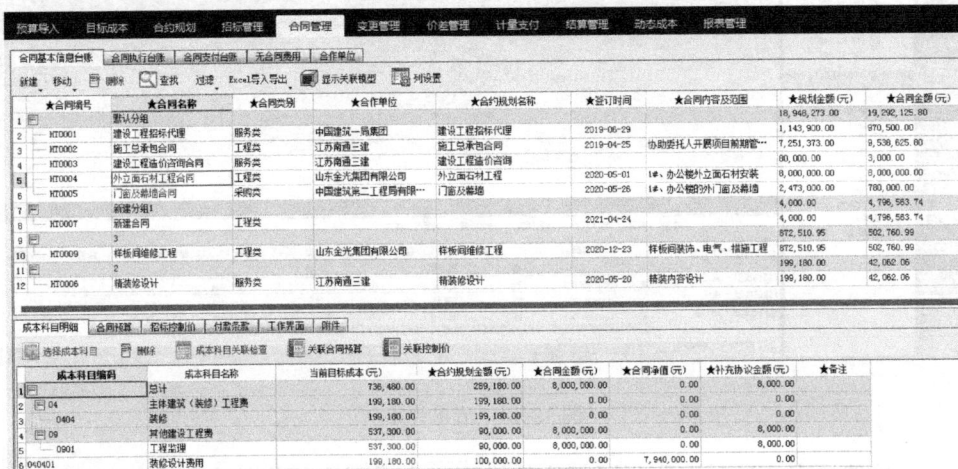

图 12-20　合同基本信息台账

2）合同执行台账。在合同执行过程中，发生的图差、价差、设计变更、现场签证等内容，自动统计至【合同执行台账】。可实时查看每个合同的预结算金额，进行合同维度动态成本的管控。如图 12-21 和图 12-22 所示。

图 12-21　合同执行台账

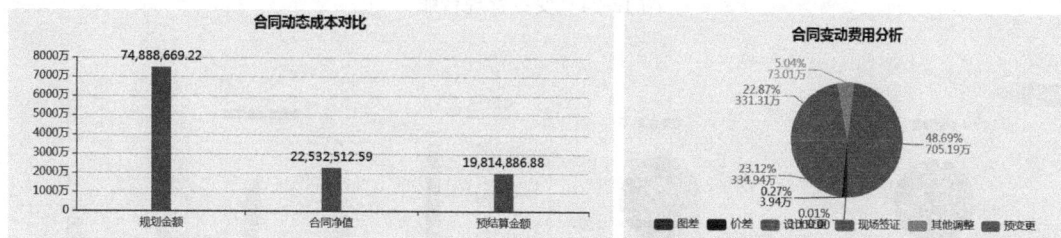

图 12-22　合同动态成本分析

3）合同支付台账。在【合同支付台账】，可实时查看每个合同的产值和支付情况。如图 12-23 所示。

图 12-23　合同支付台账

（2）变更签证应用

1）设计变更台账。完成台账信息的录入，在【设计变更】模块对变更内容进行统一管理，查看变更费用及相关附件。如图 12-24 所示。

网页端自动生成图表，实现原因、数量、金额的汇总分析，数据更加直观。如图 12-25 和图 12-26 所示。

	预算导入	目标成本	合约规划	招标管理	合同管理	变更管理	价差管理	计量支付	结算管理	动态成本	报表管理		

设计变更　现场签证　其他费用

新建　移动　删除　查找　过滤　Excel导入导出　显示关联模型　仅显示正式变更　获取流程台账　列设置

	★设计变更编号	★设计变更内容	★有效状态	★设计变更原因	★合同编号	★合同名称	送审金额(元)	审核金额(元)	审增减比例(%)
18		HT0002 施工总承包合同					1,006,300.00	678,000.00	32.82
19	SJBG0002	护坡桩	正式变更	施工原因	HT0002	施工总承包合同	170,000.00	145,000.00	14.71
20	SJBG0002	地基变化	预变更	业主原因	HT0002	施工总承包合同	50,000.00	48,000.00	4
21	SJBG0003	设计图纸变更	正式变更	设计原因	HT0002	施工总承包合同	5,300.00	5,000.00	5.66
22	SJBG0008	炭纤维加固处理楼板开洞	正式变更	业主原因	HT0002	施工总承包合同	781,000.00	480,000.00	38.54
23		HT0004 外立面石材工程合同					9,137,400.00	7,386,200.00	19.17
24	SJBG0006	预埋件增加	正式变更	设计原因	HT0004	外立面石材工程合同	592,400.00	486,200.00	17.93
25	SJBG0010	领导检查临时清理垃圾	预变更	施工原因	HT0004	外立面石材工程合同	8,545,000.00	6,900,000.00	19.25
26		HT0005 门窗及幕墙合同					1,654,200.00	1,350,560.00	18.36
27	SJBG0004	1#门洞尺寸变化	预变更	监理原因	HT0005	门窗及幕墙合同	78,000.00	70,560.00	9.54
28	SJBG0005	外幕墙开启腐变化	正式变更	监理原因	HT0005	门窗及幕墙合同	894,000.00	700,000.00	21.7
29	SJBG0007	隔音墙做法变化	正式变更	勘察原因	HT0005	门窗及幕墙合同	682,200.00	580,000.00	14.98
30		HT0006 精装修设计					90,000.00	40,000.00	55.56
31	SJBG0009	垫层厚度调整	无效变更	监理原因	HT0006	精装修设计	90,000.00	40,000.00	55.56
32		样板间维修工程					173,000.00	120,000.00	30.64
33	SJBG0011	样板间地面维修	正式变更	业主原因	HT0009	样板间维修工程	150,000.00	120,000.00	20
34	SJBG0012	样板间墙面维修	预变更	设计原因	HT0009	样板间维修工程	20,000.00	0.00	100

图 12-24　变更管理台账

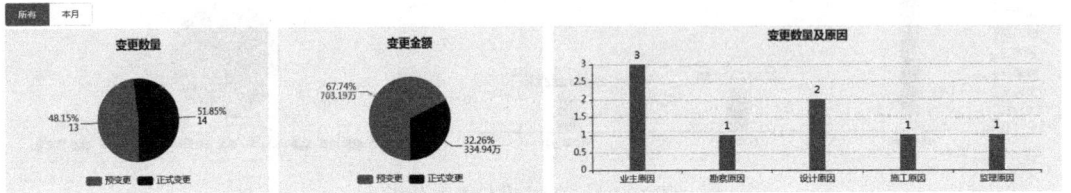

图 12-25　变更管理图表分析

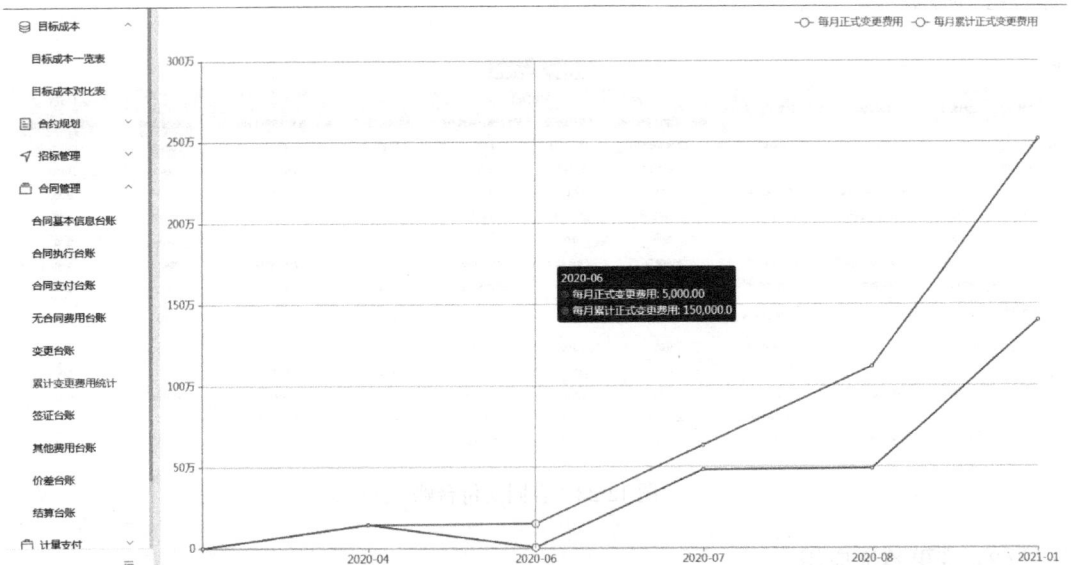

图 12-26　累计变更费用统计

2）合同执行台账。正式变更、预变更自动统计至合同执行台账，合同预结算实时更新。如图 12-27 所示。

	合同编号	合同名称	合同总金额(元)	★图差(元)	★价差(元)	变更金额(元)	签证金额(元)	预变更金额(元)
1		默认分组	19,308,025.80	1,000.00	367.24	3,229,387.08	2,853,000.00	7,018,560.00
2	HT0001	建设工程招标代理	971,000.00	0.00	0.00	700.00	382,000.00	0.00
3	HT0002	施工总承包合同	9,544,625.80	1,000.00	367.24	630,000.00	9,800.00	48,000.00
4	HT0003	建设工程造价咨询合同	3,800.00	0.00	0.00	0.00	0.00	0.00
5	HT0004	外立面石材工程合同	8,008,000.00	0.00	0.00	486,200.00	2,460,000.00	6,900,000.00
6	HT0005	门窗及幕墙合同	780,800.00	0.00	0.00	2,112,487.08	1,200.00	70,560.00
7		新建分组1	4,796,563.74	0.00	0.00	0.00	0.00	0.00
8	HT0007	新建合同	4,796,563.74	0.00	0.00	0.00	0.00	0.00
9		3	512,760.99	0.00	1,000.00	120,000.00	5,000.00	20,000.00
10	HT0009	样板间维修工程	512,760.99	0.00	1,000.00	120,000.00	5,000.00	20,000.00
11		2	42,662.06	0.00	38,073.79	0.00	455,123.20	13,339.08
12	HT0006	精装修设计	42,662.06	0.00	38,073.79	0.00	455,123.20	13,339.08

	成本科目名称	合约规划金额(元)	合同金额(元)	★图差(元)	★价差(元)	变更金额(元)	签证金额(元)	预变更金额(元)
1	总计	289,180.00	8,000,000.00	0.00	0.00	0.00	0.00	0.00
2	主体建筑(装修)工程费	199,180.00	0.00	0.00	0.00	0.00	0.00	0.00
3	装修	199,180.00	0.00	0.00	0.00	0.00	0.00	0.00
4	其他建设工程费	90,000.00	8,000,000.00	0.00	0.00	0.00	0.00	0.00
5	工程监理	90,000.00	8,000,000.00	0.00	0.00	0.00	0.00	0.00
6	装修设计费用	100,000.00	0.00	0.00	32,548.52	486,200.00	2,460,000.00	6,900,000.00

图 12-27　合同执行台账

（3）计量支付应用

1）计量支付台账。完成每期预付款、进度款计量的录入后，在计量支付台账可统一查看每个合同的产值完成情况和支付情况，对于合同支付超过约定比例的情况，平台将给出超支预警提示。如图 12-28 所示。

	★编号	★名称	合同类别	支付类型	产值(元) ★送审金额	★审核金额	审减金额	审减率(%)	★应付金额	应付支付比例(%)	支付(元) ★实际支付金额	实际支付比例(%)	支付状态
17	HT0003	建设工程造价咨询合同	服务类		0.00	0.00	0.00	0	300.00	0.01	0.00	0	
18	BL0031	2021年1月		预付款	0.00	0.00	0.00		8.33	0.00		0	未支付
19	HT0004	外立面石材工程合同	工程类		151,796,853.11	47,736.67	151,749,114.44	99.97	-29,634.96	-41.08	1,259,350.00	1140	
20	BL0008	2020年1月份		进度款	151,744,353.11	0.00	151,744,353.11	100	-72,140.00	-0.91	420,000.00	5.28	已支付
21	BL0009	2020年2月份		进度款	40,000.00	37,000.00		7.5	40,000.00	0.5	35,000.00	0.44	已支付
22	BL0010	2019年3月份		进度款	12,000.00	9,604.06	2,395.94	19.97	1,920.81	0.02	800,000.00	10.07	已支付
23	BL0016	2020年7月		进度款	0.00	0.00	0.00	0	0.00	0	0.00	0	未支付
24	BL0017	2020年7月		进度款	0.00	0.00	0.00	0	0.00	0	0.00	0	未支付
25	004	hgyhgxa		预付款	500.00	300.00	200.00	40	300.00	0	350.00	0	已支付
26	BL0019	2020年7月		进度款	0.00	834.61	-834.61	0	284.23	0	0.00	0	未支付
27	HT0005	门窗及幕墙合同	采购类		1,500.00	1,948,898.15	-129826.54	1,948,698.15			1,201,050.00		
28	BL0011	2020年1月份		进度款	0.00	1,947,998.15	-1,947,998.15	0	1,947,998.15	262.96	1,200,000.00	161.99	已支付
29	001	进度款		进度款	500.00	300.00	200.00	40	300.00	0.04	350.00	0.05	已支付
30	005	ft v		结算款	500.00	300.00	200.00	40	300.00	0.04	350.00	0.05	已支付
31	006	gftvu		维修款	500.00	300.00	200.00	40	300.00	0.04	350.00	0.05	已支付

图 12-28　计量支付台账

2）合同分类支付统计表。以合同大类的维度，呈现整个项目土地类、工程类、服务类等合同的合同金额、审核金额、应付金额、实际支付金额的对比情况。如图 12-29 所示。

3）合同审核与支付明细表。以合同台账的维度，呈现整个项目所有合同的合同金额、审核金额、应付金额、实际支付金额的对比情况。如图 12-30 所示。

4）累计中期付款示意图。通过合同总金额曲线、月度曲线、累计曲线等 7 条曲线，呈现整个项目每个月产值和支付的趋势情况。如图 12-31 所示。

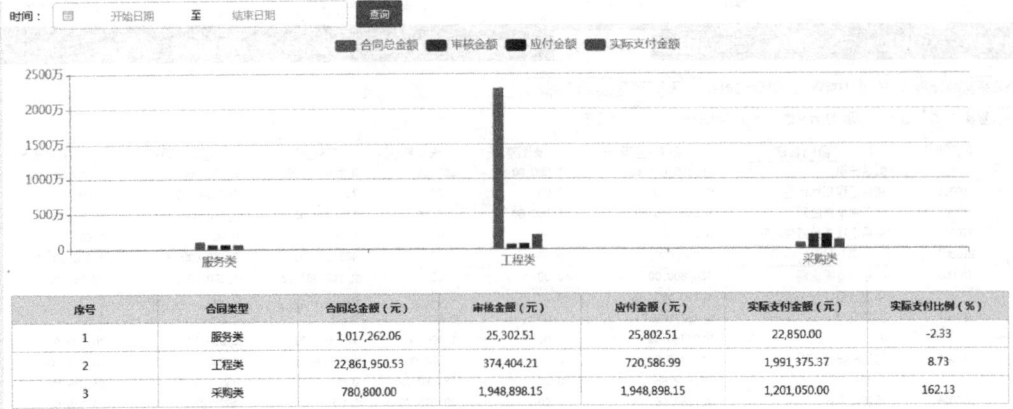

图 12-29　合同分类支付统计表

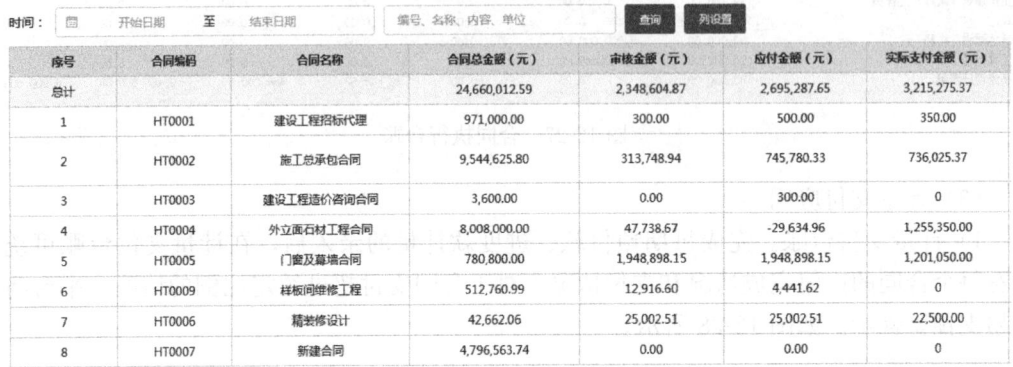

序号	合同类型	合同总金额（元）	审核金额（元）	应付金额（元）	实际支付金额（元）	实际支付比例（%）
1	服务类	1,017,262.06	25,302.51	25,802.51	22,850.00	-2.33
2	工程类	22,861,950.53	374,404.21	720,586.99	1,991,375.37	8.73
3	采购类	780,800.00	1,948,898.15	1,948,898.15	1,201,050.00	162.13

图 12-29　合同分类支付统计表

序号	合同编码	合同名称	合同总金额（元）	审核金额（元）	应付金额（元）	实际支付金额（元）
总计			24,660,012.59	2,348,604.87	2,695,287.65	3,215,275.37
1	HT0001	建设工程招标代理	971,000.00	300.00	500.00	350.00
2	HT0002	施工总承包合同	9,544,625.80	313,748.94	745,780.33	736,025.37
3	HT0003	建设工程造价咨询合同	3,600.00	0.00	300.00	0
4	HT0004	外立面石材工程合同	8,008,000.00	47,738.67	-29,634.96	1,255,350.00
5	HT0005	门窗及幕墙合同	780,800.00	1,948,898.15	1,948,898.15	1,201,050.00
6	HT0009	样板间维修工程	512,760.99	12,916.60	4,441.62	0
7	HT0006	精装修设计	42,662.06	25,002.51	25,002.51	22,500.00
8	HT0007	新建合同	4,796,563.74	0.00	0.00	0

图 12-30　合同审核与支付明细表

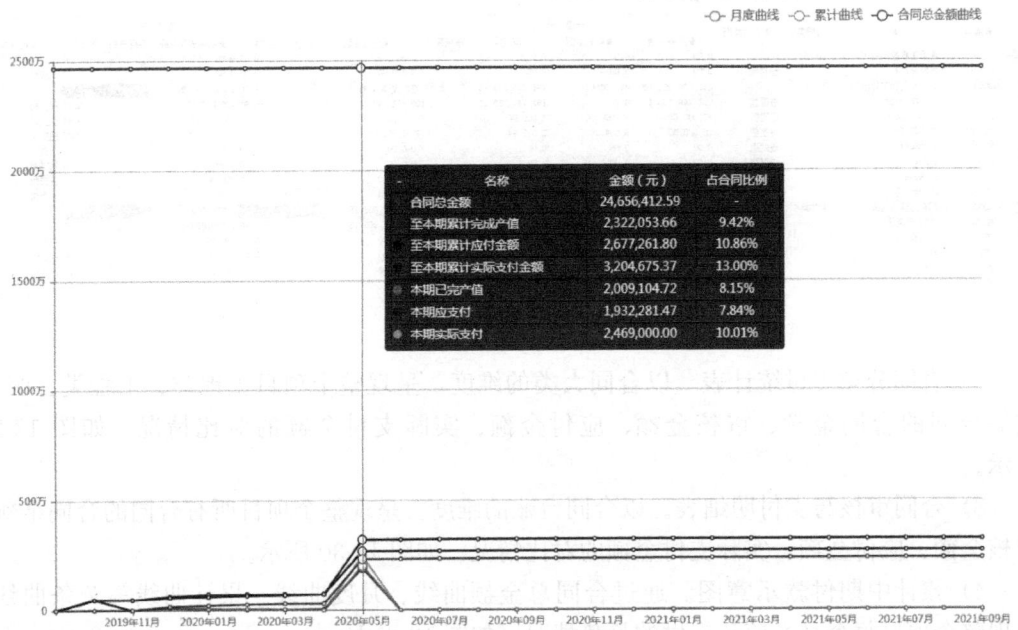

图 12-31　累计中期付款示意图

（4）价差管理应用

1）价差管理台账。在【价差管理】模块对调差进行统一管理，可查看项目所有的金额及相关明细。如图 12-32 所示。

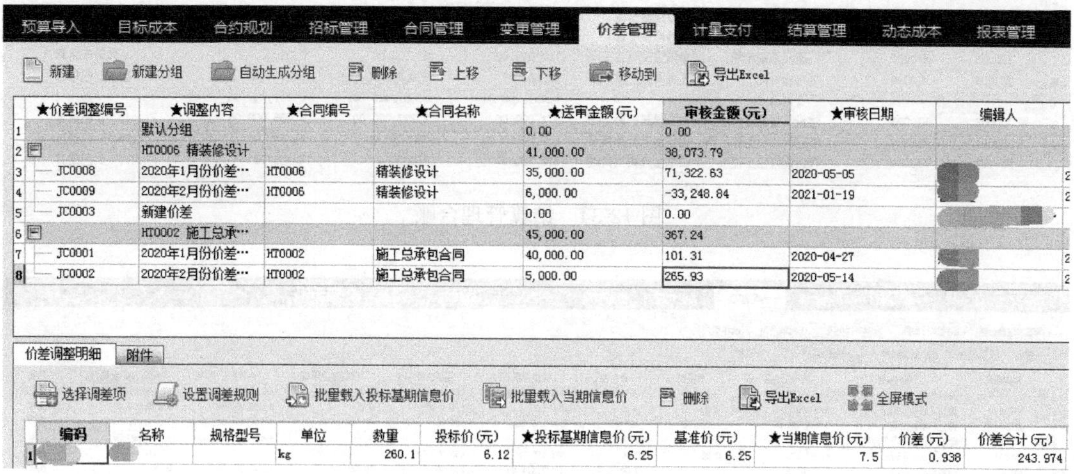

图 12-32　价差管理台账

2）合同执行台账。价差审核金额自动统计至【合同执行台账】，合同预结算金额实时更新。如图 12-33 所示。

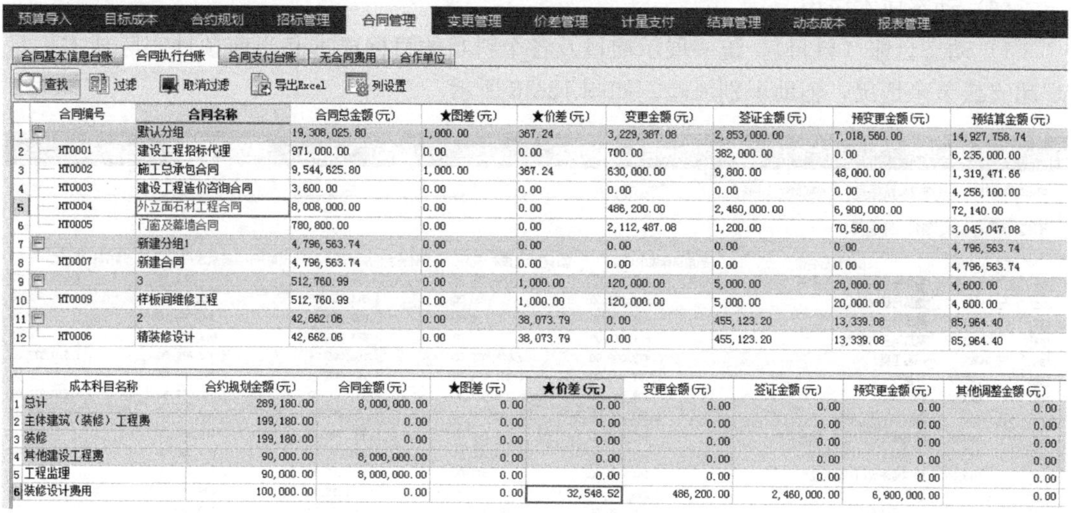

图 12-33　合同执行台账

（5）结算管理应用

1）结算管理台账。可直观地看到本项目所有合同结算的送审金额、审核金额以及审减率等信息。如图 12-34 所示。

2）合同执行台账。合同已结算后，结算金额自动统计至合同执行台账，合同动态成本实时更新。如图 12-35 所示。

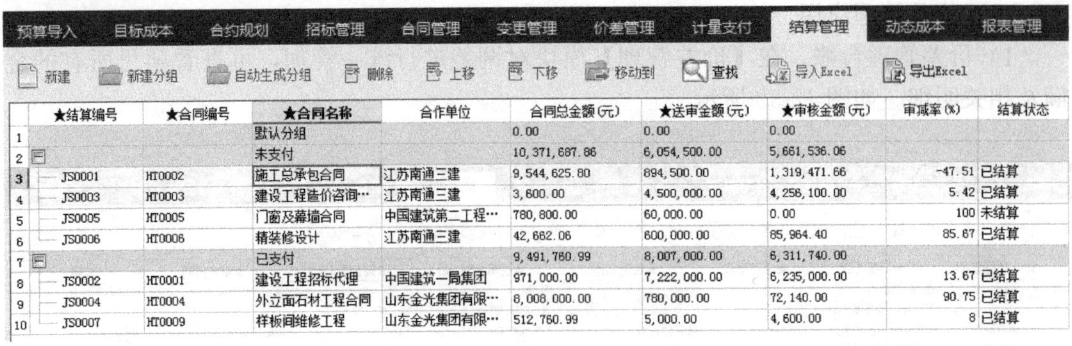

图 12-34　结算管理台账

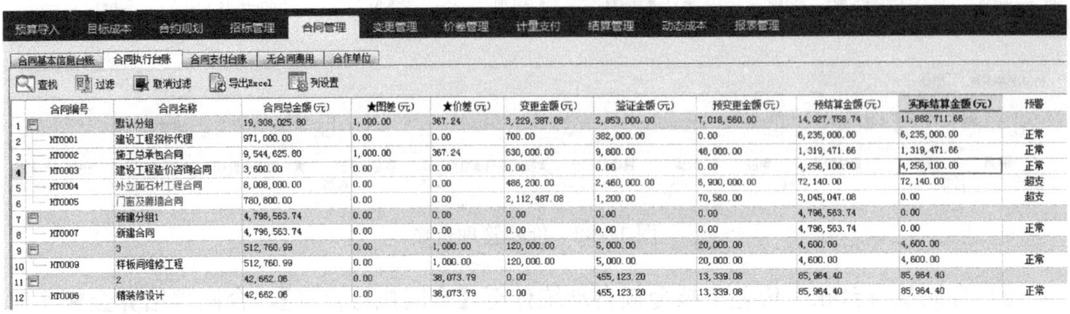

图 12-35　合同执行台账

（6）动态成本应用

1）动态台账（科目）。统一展示项目及各个科目的目标成本和当前预计实际成本，呈现超支或节余情况，辅助识别风险。如图 12-36 所示。

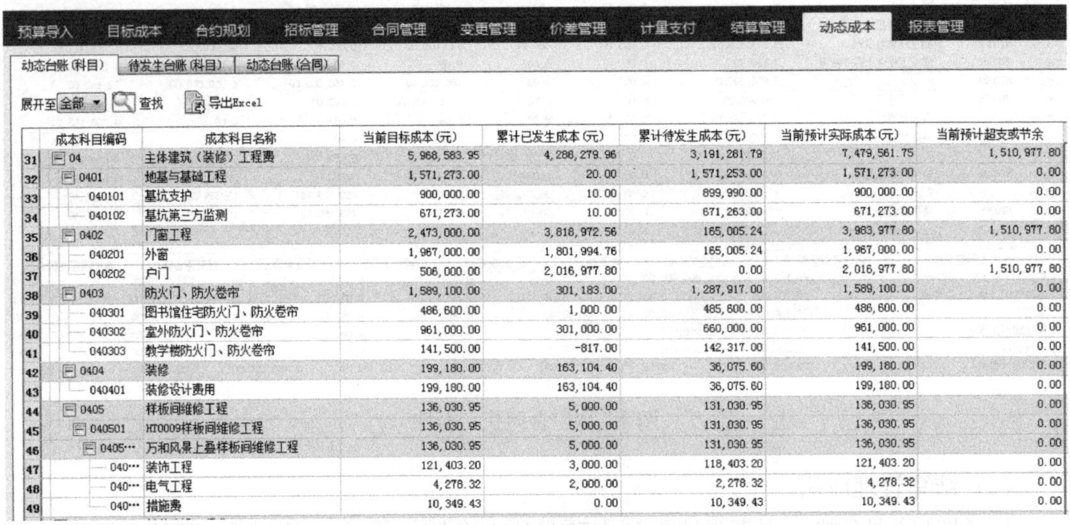

图 12-36　动态台账（科目）

2）动态台账（合同）。呈现概算费用和合同执行过程中的动态成本对比，以及当前合同已支付比例，辅助识别风险。如图 12-37 所示。

动态导入　目标成本　合约规划　招标管理　合同管理　变更管理　价差管理　计量支付　结算管理　**动态成本**　报表管理

动态台账(科目)　待发生台账(科目)　**动态台账(合同)**

选择成本科目　匹配合同　删除　导出Excel

★编号	项目资金名称	合同金额(元)	合同净值(元)	补充协议金额(元)	图差(元)	值差(元)	变更金额(元)	签证金额(元)	其他调整金额(元)	预变更金额(元)	预结算金额(元)
0201	报批报建费	780,800.00	740,000.00	0.00	0.00	0.00	2,112,487.08	1,200.00	120,000.00	70,580.00	3,046,047.08
03	前期工程准备费	8,008,000.00	7,940,000.00	8,000.00	0.00	0.00	486,200.00	2,460,000.00	0.00	6,900,000.00	72,140.00
0301	勘测定量费	8,008,000.00	7,940,000.00	8,000.00	0.00	0.00	486,200.00	2,460,000.00	0.00	6,900,000.00	72,140.00
030101	勘察费	8,008,000.00	7,940,000.00	8,000.00	0.00	0.00	486,200.00	2,460,000.00	0.00	6,900,000.00	72,140.00
030102	地勘审查	0.00	0.00	0.00	0.00	0.00	0.00	0.00	0.00	0.00	0.00
04	主体建筑(装修)工程费	0.00	0.00	0.00	0.00	0.00	0.00	0.00	0.00	0.00	0.00
0402	厂面工程	0.00	0.00	0.00	0.00	0.00	0.00	0.00	0.00	0.00	0.00
0404	装修	0.00	0.00	0.00	0.00	0.00	0.00	0.00	0.00	0.00	0.00
09	其他建设工程费	974,600.00	973,500.00	1,100.00	0.00	0.00	700.00	382,000.00	520,140.00	0.00	10,491,100.00
0901	工程监理	974,600.00	973,500.00	1,100.00	0.00	0.00	700.00	382,000.00	520,140.00	0.00	10,491,100.00
KTD001	建设工程招标代理	971,000.00	970,500.00	500.00	0.00	0.00	700.00	382,000.00	520,140.00	0.00	6,235,000.00
KTD003	建设工程造价咨询	3,600.00	3,000.00	600.00	0.00	0.00	0.00	0.00	0.00	0.00	4,256,100.00
0902	清单造价咨询	0.00	0.00	0.00	0.00	0.00	0.00	0.00	0.00	0.00	0.00

图 12-37　动态台账(合同)

(7) 成本管理的数字化应用核心价值

某 BIM5D 系统平台利用 BIM、云、大、物、移、智等新技术辅助咨询企业进行建设工程全过程工程咨询多参与方的智能管控,应实现工作内容、流程表单、咨询报告的自定义设计,项目数据的可视化分析,多阶段造价数据的统一管理。工程造价全过程智能化管理平台具备的核心价值如下:

1) 企业管理数字化:智能决策,溯源反查。审批流程灵活配置,审批状态实施跟踪,管理留痕;流程关联业务数据,数据变动可追溯;管理数据、造价数据实时沉淀,在线分析,提供决策依据。

2) 多参与方协同化:分层管理,安全、高效。建设项目组织架构自定义,多方人员统一管理;功能、数据权限灵活配置,千人千面,实现数据定向保密。

3) 多端数据一体化:项目云化,移动化办公。项目数据云端存储,随时随地实现项目管控;支持 PC 端、Web 端、手机端多场景应用,实现三端数据协同共享。

4) 项目数据可视化:动态预警,原因分析。成本数据实时分析;成本、合同超概自动预警;成本管控数据深入采集,快速定位超支数据。

5) 项目资料在线化:集中管理,形成数据资产。资料权限灵活设置到文件级,保障数据安全;过程管理资料自动归档,提高资料的管理效率。

6) 项目汇报多样化:一键生成,即时呈现。报告模板灵活配置,一键调用项目数据,快速生成项目汇报;项目汇报线上展示,手机端扫描二维码可随时随地查看;PPT、图表、动态模型、H5 多样式呈现。

2. 进度管理数字化应用流程

进度管理主要划分为三个阶段:施工进度编制阶段、施工进度实施阶段和施工进度控制阶段。施工进度计划编制可根据企业现有模式进行编制(支持斑马计划或 Project 计划)。通过系统实现项目进度的动态管控机制。实现项目多专业、多参与方的施工任务协同,并通过快捷的信息反馈机制,以数据、图形等形式动态化呈现施工现场的生产状态,通过视频监控远程查看项目现场实际进展;同时,进度可关联预算文件,实现项目资金、资源投入与进度数据同步,使项目管控各层级及时掌控项目进展情况,发现进度风险,合理调配资源,采取措施进行纠偏,确保合同工期履约,为管理层提供多维度信息,辅助项目管控和高效决策。

(1) 网络计划编制

总计划从粗到细逐级细化,可按需自动截取生成期间计划(月、周计划),并完成任务派发。任务实际情况反馈到期间计划，形成前锋线向上层层反馈，支持多级里程碑管理，真正打通多级计划管理，防止产生总、月、周计划脱节问题。一旦计划和生产脱节问题发生，工期会自动预警，实时掌控风险。如图 12-38 所示。

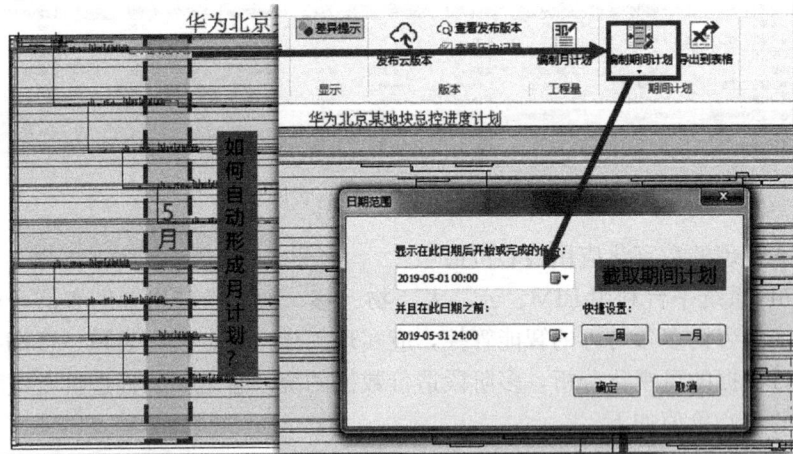

图 12-38　网络计划编制

　　将 Project 编制的计划导入到斑马进度计划软件中，可自动生成双代号网络图，直观发现 Project 计划的逻辑关系错漏问题，检查关键路径和工期是否正确，为编制高质量进度计划保驾护航。辅助项目提前规避越到后期发现越干不完活、无效抢工等风险。如图 12-39 所示。

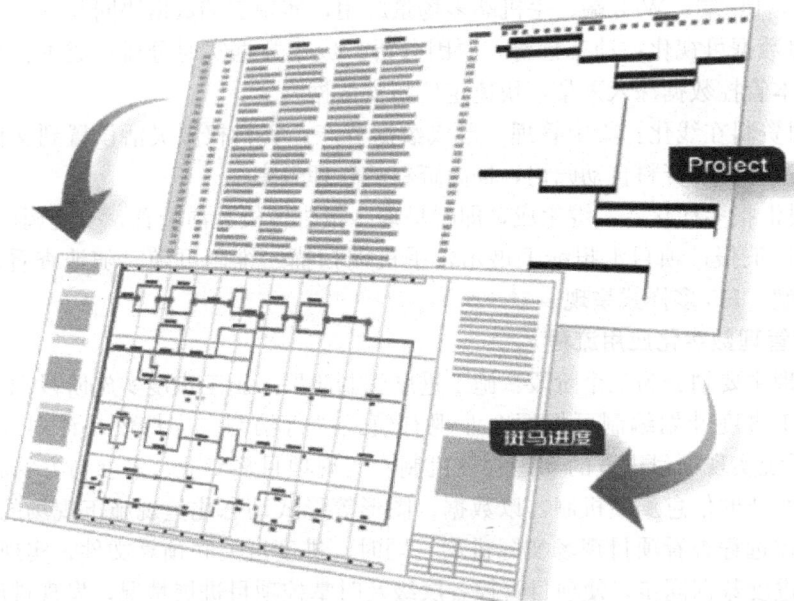

图 12-39　斑马进度计划

　　计划检查评分，快速发现计划问题所在，辅助做一份高质量计划。如图 12-40 所示。
　　时间＋空间＋逻辑关系三位一体，直观易懂，是工程多方案比选的必备神器，尤其适

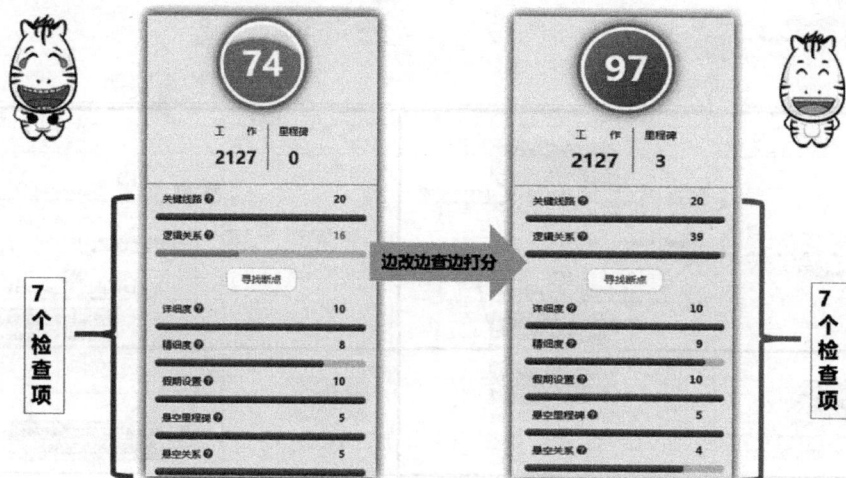

图 12-40　斑马进度移动应用

用于穿插施工方案分析与优化。如图 12-41 所示。

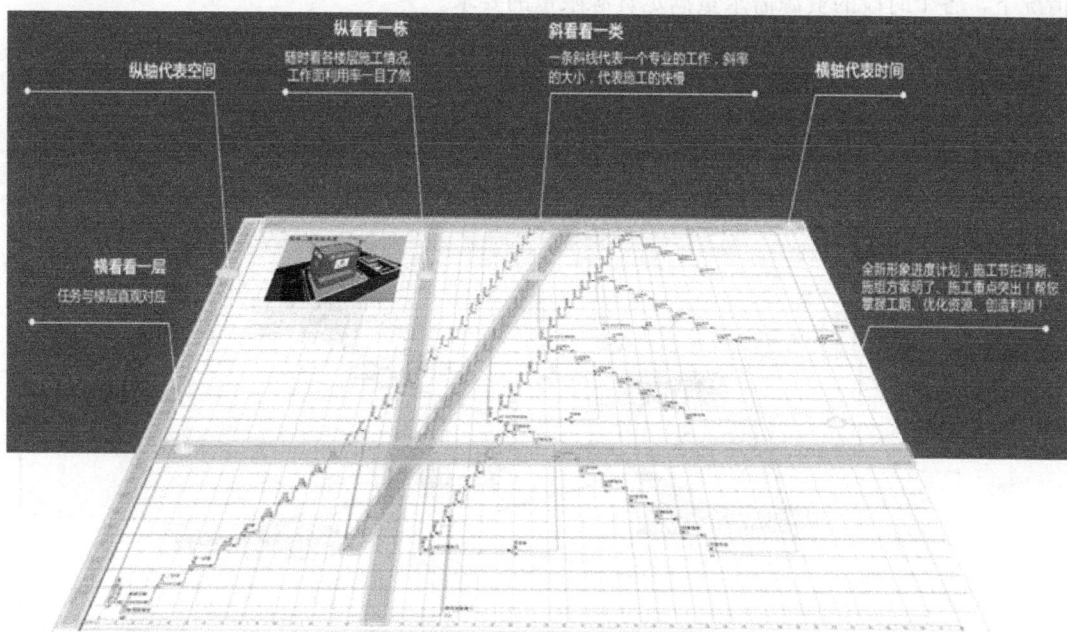

图 12-41　云计划模板

　　各行业和企业优秀工程计划相互参考复用，快速提升工作效率。大幅降低计划编制专业门槛，同时为未来做企业计划标准化和大数据分析储备知识库。资源（人材机）可以快速批量挂接到工作，资源和时间实现联动计算；同时，支持创建企业和项目定额库（单位工程量所需的人材机），资源可自动均衡，结合资源变化，让计划更好地落地。

　　工期固定，资源均衡智能优化。利用非关键工作的时差，采用削峰填谷法，在保证总工期不变的情况下，尽可能地减少该资源的震荡幅度和范围，使得资源均衡，尽量减少资源不均衡所导致的资源流失或浪费。如图 12-42 所示。

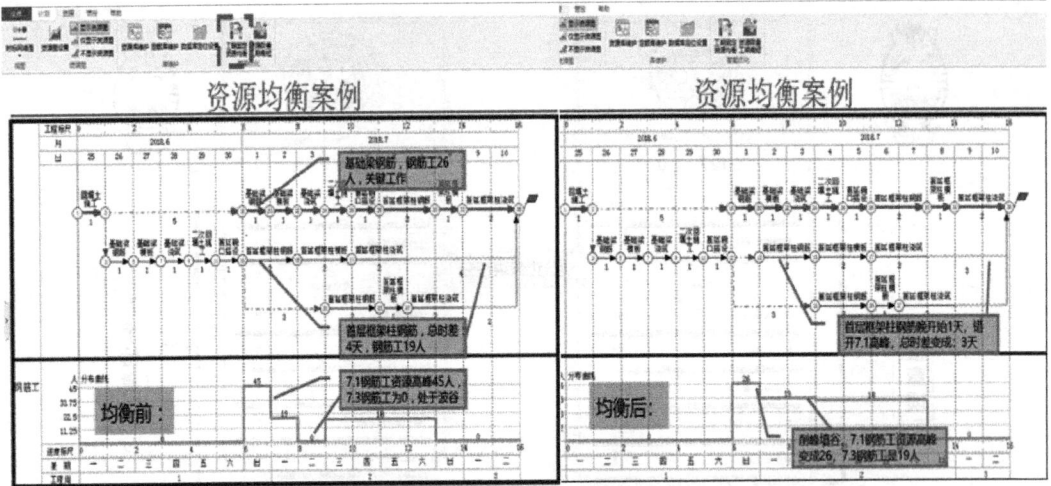

图 12-42　资源均衡案例一

资源限量，工期最短智能优化。根据资源的最大限量调整计划安排，使得工期最短的情况下，各个时段的资源需求量满足资源限量的要求。

（2）计划与实际对比

前锋线直观、全面地反映计划与实际的差异，作业性计划的执行情况对上级控制性计划的具体影响也可以直观看出，方便项目及时发现进度提前和滞后偏差，分析原因，进而采取纠偏措施。如图 12-43 所示。

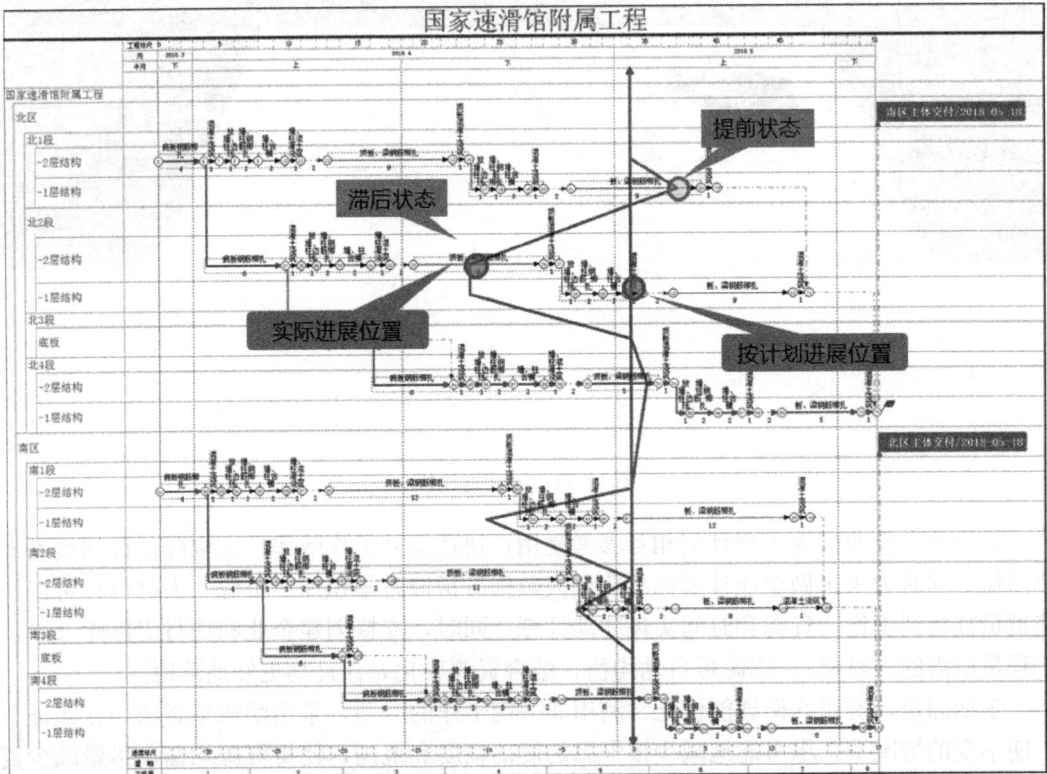

图 12-43　前锋线清晰展示

　　拉直前锋线，后续工作关联影响以及关键线路变化自动计算，总工期和关键里程碑工期实时预警，辅助项目掌控风险，还可以动态调整计划，直至符合控制目标，并形成计划变动分析表辅助项目将任务落地执行，前锋线动态控制，打通 PDCA 循环，将变化变成计划的一部分，解决计划与变化之间的动态平衡，让项目进度了然于心，也可用来做工程索赔的依据。

　　工程实际进展可按周、月、季、年等不同维度与进度计划进行对比分析，得到对比曲线图（可按工程量、资金、资源等维度形成计划与实际的对比曲线）、里程碑节点偏差等信息。如图 12-44 所示。

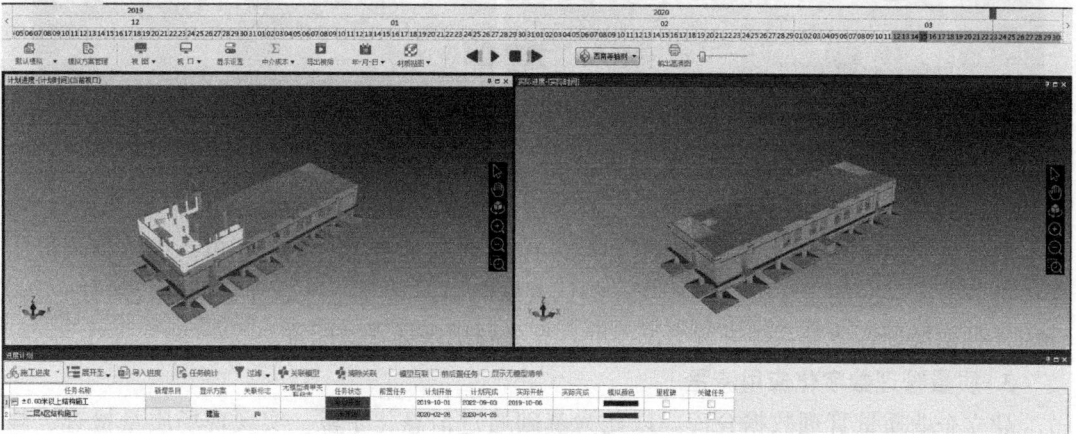

图 12-44　计划与实际对比图

（3）进度实时监控

　　通过延期状态、形象进度照片、计划完成率等多视角，实时掌握各项目进度状态。如图 12-45 所示。

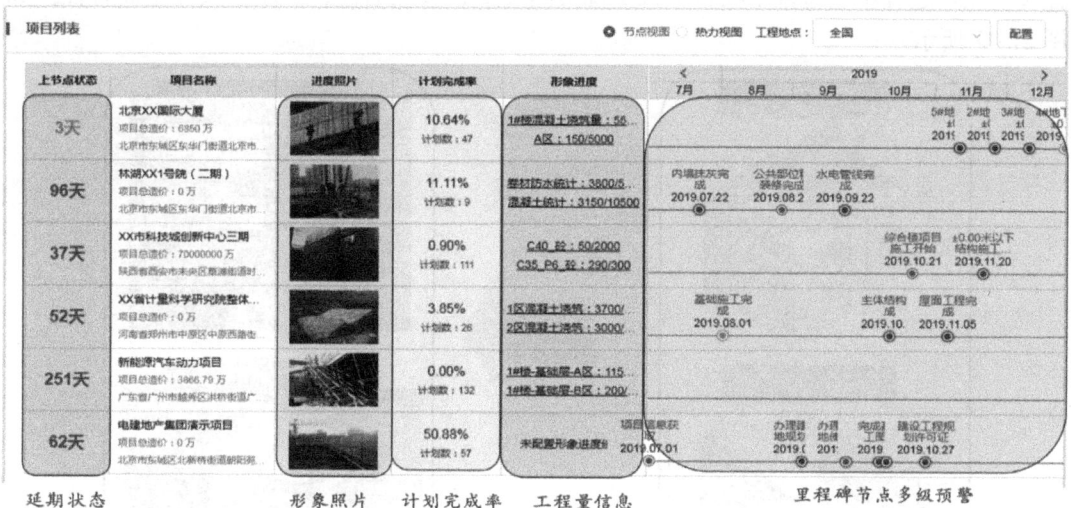

图 12-45　进度实时监控

　　通过进度看板及时预警和提醒，公司可以指导项目及时采取调整措施。

　　系统对接海康、大华以及满足国标协议的其他视频监控系统，系统可以对工地各区的关键要害部位、重点区域等的现场情况进行 24 小时实时监控。对每个进入监视区域的人、进入时间、离开时间以及在监视区的活动情况，都会有清晰的显示。全方位摄像机则可以对较大范围内的情况进行监视。值班人员在值班室内就可以同时对各个监控点的情况进行监视。若有异常，可以立即采取必要的措施，从而防止意外情况的发生。如图 12-46 所示。

图 12-46 视频监控

视频监控系统接入平台后，支持 1/4/9/16 多种界面分配，操作简单。还可将项目用于监控的显示屏应用于多种展示场景，例如观摩时显示智慧工地软件界面进行对外宣传，同时还可切换到各业务系统进行会议投屏，充分利用现场资源配置。

3. 质量管理数字化应用流程

建立企业质量管理数据仓库，以此为基础通过信息化手段，实现现场质量检查、整改、复查等业务智能流转。从而实现对项目质量状况实时监控、自动生成业务表单，最终通过大数据的手段对项目管理状况进行指标、趋势分析，为公司决策提供数据依据。

（1）项目质量策划

通过 BIM 技术建立数字质量样板、利用系统保障质量标准，事前做好严格的质量预控及交底，过程中通过数字项目平台实现实测实量、过程巡检、工序验收等全面管控。如图 12-47 所示。

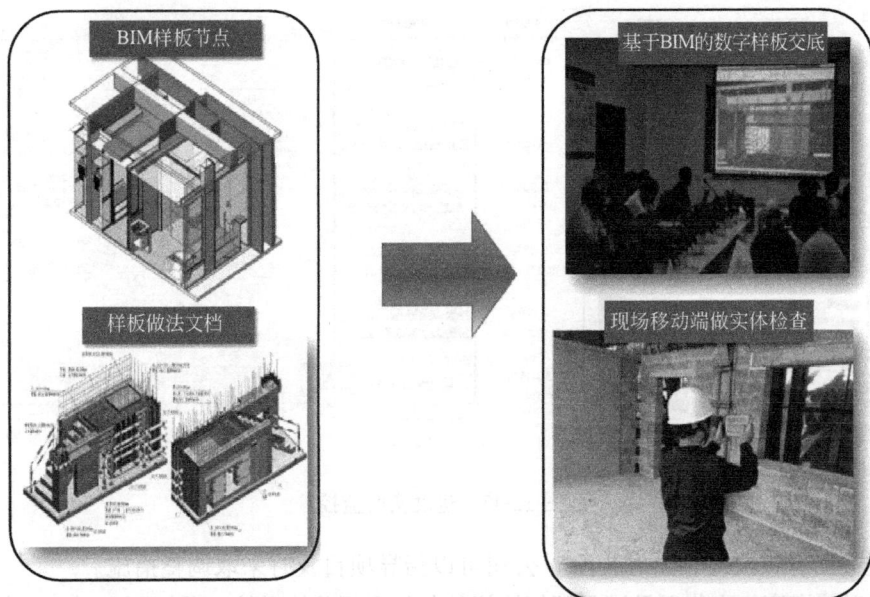

图 12-47 质量样板策划

质量策划及质量体系文件形成后，在系统中由项目质量监管部发起线上流程，审批通过后归档到企业质量知识库中。如图 12-48 所示。

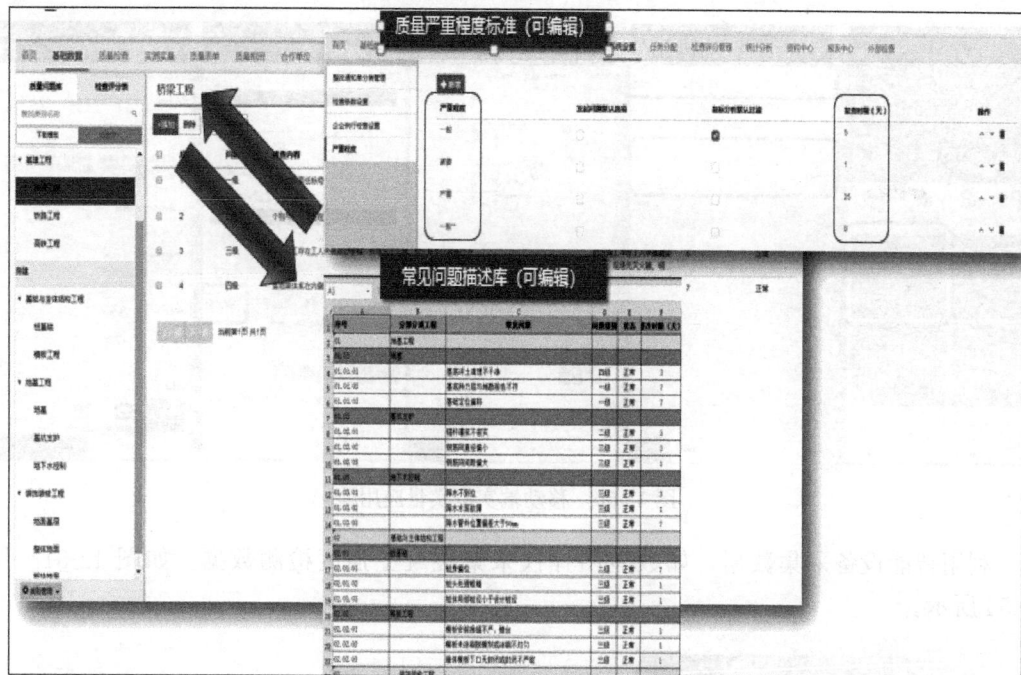

图 12-48　质量知识库编制

（2）项目质量检查

系统涵盖国内最全的质量问题清单库，问题清单项超过 5000 条。如图 12-49 所示。

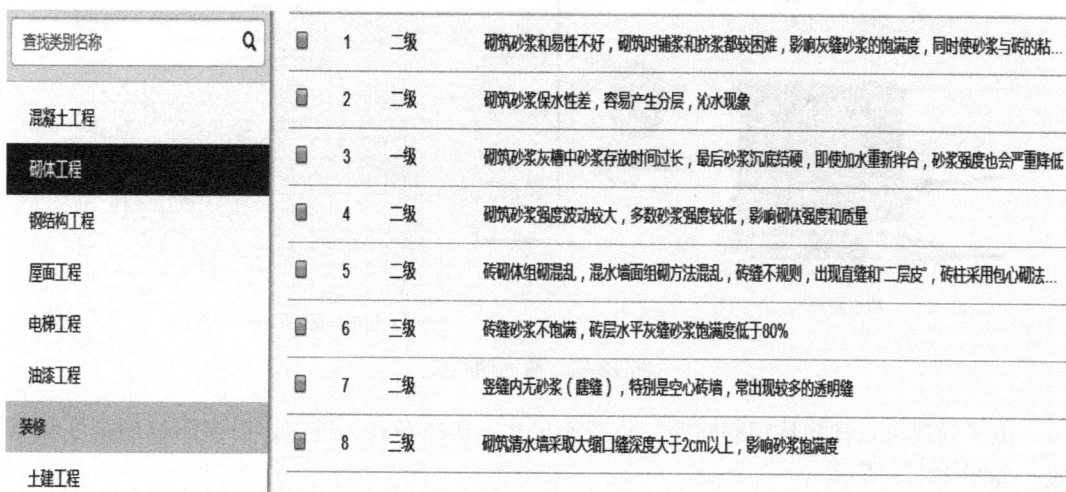

图 12-49　问题清单库

移动端支持照片连拍、录制小视频，可自动带出整改人和通知人，相关人员能实时接收到相关信息，并自动生成可直接打印的整改通知单。

平台内置检查模板，可现场引用，支持 APP 录入实测数据或者通过智能设备进行自动采集录入，自动汇总、分析、出图和报表。如图 12-50 所示。

图 12-50　移动端实测实量应用

利用智能设备采集数据，如数显回弹仪采集混凝土强度检测数据。如图 12-51～图 12-54 所示。

回弹法现场检测混凝土强度

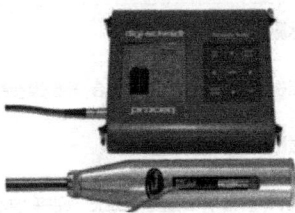

数显回弹仪

自动生成混凝土回弹检测报表

图 12-51　激光测距仪

电子卷尺可自动测量钢筋间距、柱截面尺寸、房间净高、进深、门窗洞口的高度和宽度。如图 12-55 所示。

根据所记录的实测值和预设值对比，超出阈值时会有预警，平台会自动爆点统计，用于预警分析。如图 12-56 和图 12-57 所示。

（3）项目质量验收

系统内置质量验收库，由工程类型、分部工程、子分部工程、分项工程、分类和检查内容构成。如图 12-58 所示。

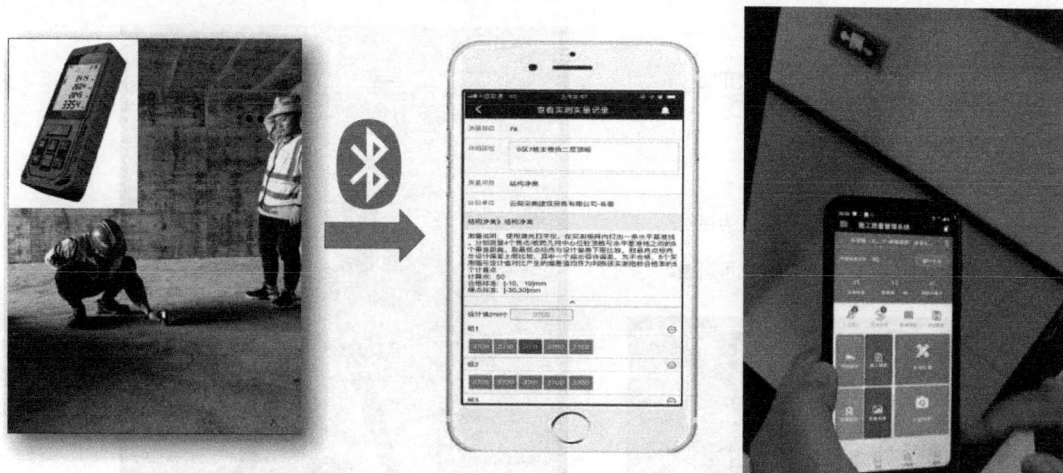

图 12-52　智能靠尺

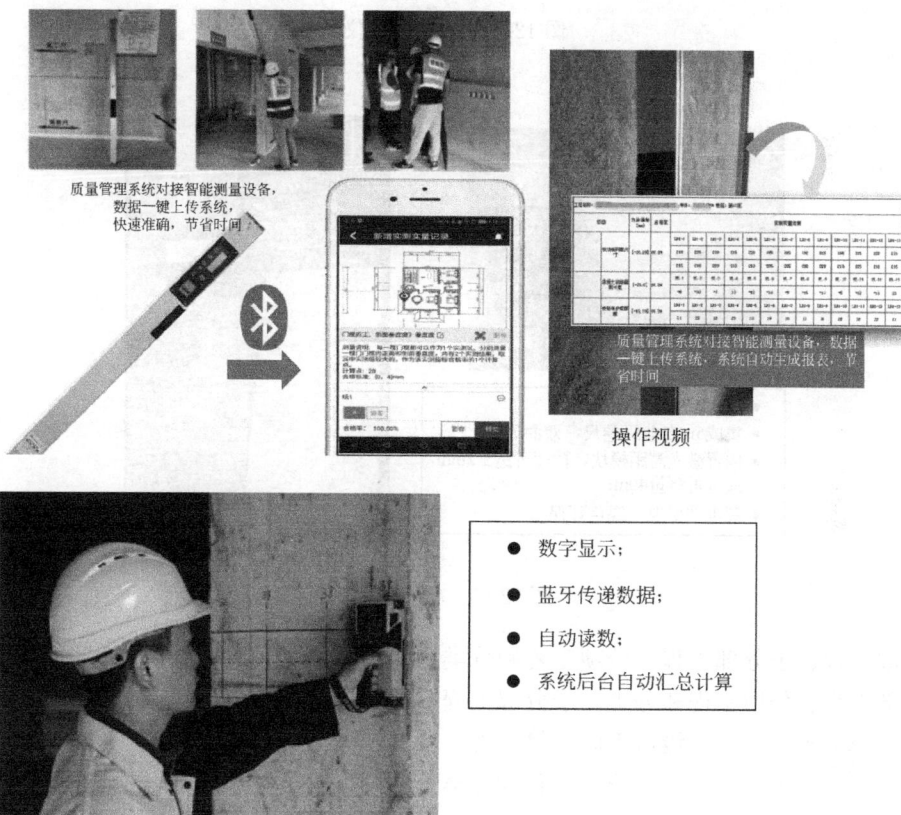

质量管理系统对接智能测量设备，数据一键上传系统，快速准确，节省时间

质量管理系统对接智能测量设备，数据一键上传系统，系统自动生成报表，节省时间

操作视频

- 数字显示；
- 蓝牙传递数据；
- 自动读数；
- 系统后台自动汇总计算

图 12-53　测厚仪

工程类型须在系统内置的 16 种类型中选择，包括房建、市政、安装、装饰、公路、铁路、冶炼、矿山、化工石油、水利水电、电力、农林、港口与航道、航天航空、通信和其他。

基于法如点云扫描仪二次开发

1. 测量效率是人工的3倍；

2. 测量精度更高；

3. 测量数据客观，减少人为误差；

4. 测量永久保存，测量点可追溯。

图 12-54　点云扫描仪

- 2.0寸背光LCD屏；
- 集成5m专业级卷尺，双面印刷；
- 内置激光测距模块，精度可达±2mm，最远可测量40m；
- 锂电池供电，绿色环保

图 12-55　电子卷尺

　　分部工程、子分部工程、分项工程和分类为父子级结构关系，分部工程的下级只能选择子分部工程、分项工程和分类，子分部工程下级只能选择分项工程和分类，分项工程下级只能选择分类，分类下级可无限挂接分类。

　　分部工程、子分部工程、分项工程和分类下都可以挂接检查内容，检查内容可关联实测实量测量项目。

　　平台提供标准验收库，支持将其与单位工程做关联挂接，用户可直接在系统中填写隐蔽验收、质量验收记录。如图 12-59 所示。

　　项目成员进入 APP 项目层界面，列表数据展示所有的待验收任务，可根据验收人、分部分项、检查部位等条件进行筛选。可上传验收记录及详情。如图 12-60 所示。

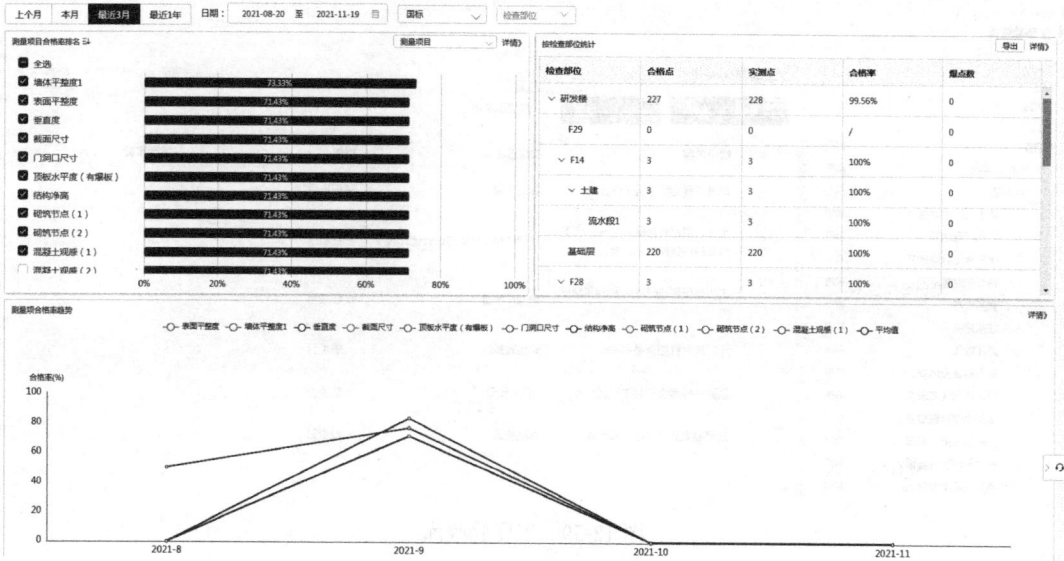

图 12-56　问题原因分析

图 12-57　报表输出

图 12-58　质量验收库

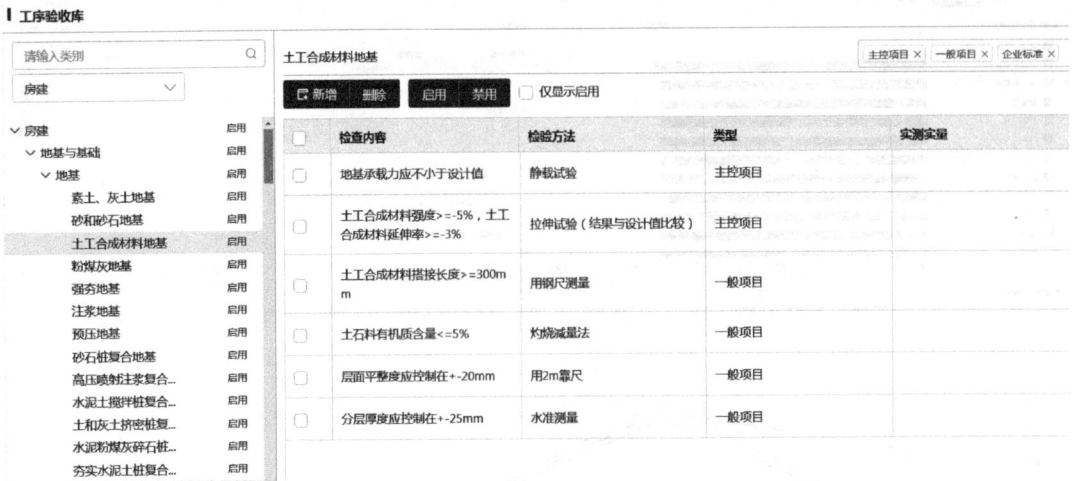

图 12-59　工序验收库

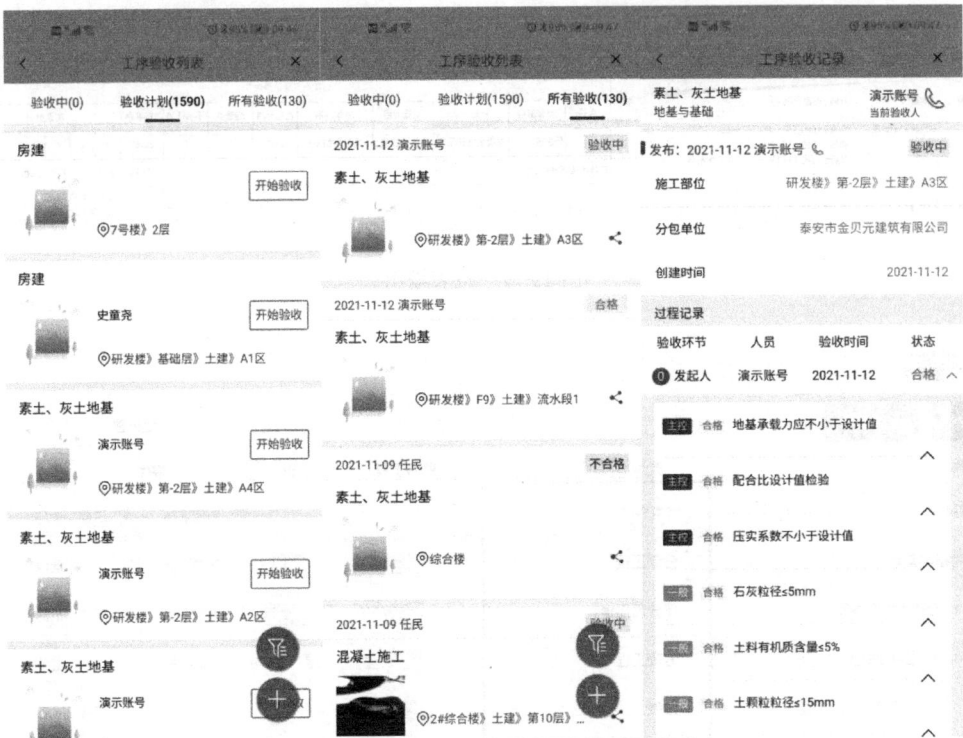

图 12-60　安全移动应用

列表默认展示当前账号为验收人的任务项，业务管理员可对所有待验收任务进行验收，一般用户仅能对自己作为验收人的任务进行验收。

4. 安全管理数字化应用流程

（1）安全风险管理

风险分级管控，项目安全管控重点突出，安全监管效能充分发挥；危险性较大分部分项工程实施过程监管清晰。

内置行业专家共同制定的 2000 多条风险清单数据库，包含作业活动和设备设施两方面，涵盖房屋建筑工程、工业水利工程、交通工程、市政园林工程等专业。风险库亦可根据企业实际情况进行构建。如图 12-61 所示。

图 12-61　风险库

项目可从风险清单数据库中根据自己项目实际选择，确定本项目存在的风险点，并实现对各风险点的危险源辨识与分析，提高风险辨识效率。可直接生成风险清单。如图 12-62 所示。

图 12-62　风险辨识

根据重大、较大、一般、低风险等级对应不同管控级别（级别可设定），内置数据库可对每条风险自动生成对应的管控措施，同时支持对管控措施进行修改补充。完成后，可导出风险分级管控清单、风险控制措施评审记录表、重大风险管控统计表。如图 12-63 和图 12-64 所示。

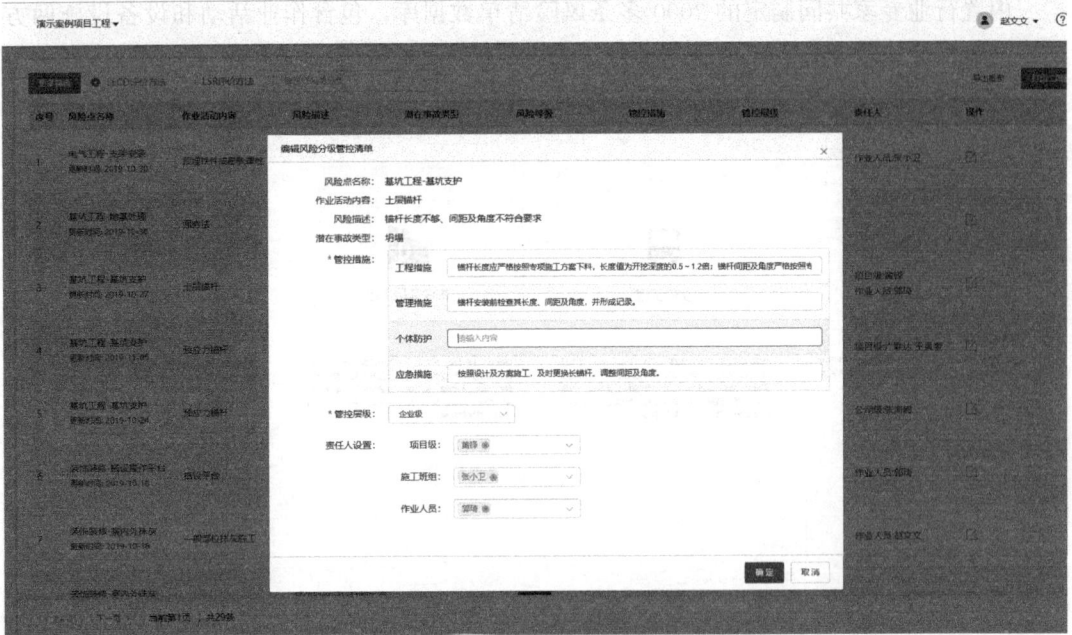

图 12-63 风险分级管控

	序号	分部分项工程/作业任务	作业活动名称及内容	风险描述	风险等级	日常 专项 综合	排查时间	排查范围	管控等级	责任人	备注
	1	模板工程	模板运输-模板运输	模板吊运使用的钢丝绳断股起毛	一般风险	✓ ✓	未设置排查时间	未设置排查范围	施工班组	未设置责任人	-
	2	模板工程	模板运输-模板运输	吊运大模板或整体模板时，吊点不足	一般风险	✓ ✓	未设置排查时间	未设置排查范围	施工班组	未设置责任人	-
	3	模板工程	模板运输-模板运输	吊运散装模板时，堆码不整齐、捆绑不...	低风险	✓ ✓	未设置排查时间	未设置排查范围	作业人员	未设置责任人	-
	4	模板工程	模板运输-模板运输	超荷载进行模板吊运	较大风险	✓ ✓	未设置排查时间	未设置排查范围	项目级	未设置责任人	-
	5	模板工程	模板运输-模板运输	随模板（或平台）吊起提升	一般风险	未设置排查类别	未设置排查时间	未设置排查范围	施工班组	未设置责任人	-
	6	模板工程	模板运输-模板运输	垂直运输设备或塔吊转运钢	一般风险	未设置排查类别	未设置排查时间	未设置排查范围	施工班组	未设置责任人	-

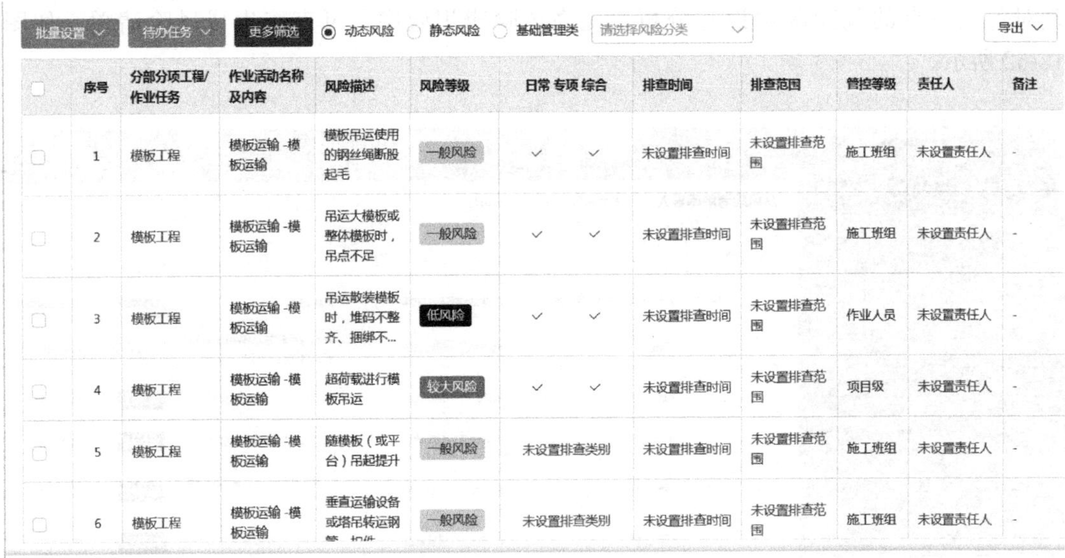

图 12-64 风险分级管控清单

责任人在要求进行风险检查的周期内，通过手机端进行风险排查。过程资料可以通过手机端作为附件上传，记录排查情况。如图 12-65 所示。

（2）人员安全管理

现有项目的人员监管，主要存在以下风险：

图 12-65　记录排查情况

1）作业人员随意进出工地，无法掌控人员信息：对于作业现场违章人员，无法第一时间记录并形成有效的用工评价，缺少建立用工履历的基础，不能为施工企业内优质工人名录提供数据支撑；人员的安全教育信息无法存档，实时调取，难以有效掌握受教育情况，存在安全隐患。

2）社会人员擅自进入工地，发生意外：场地进出设有有效的通行屏障，难以阻拦外部社会人员的通行，无形中提高安全管理难度，增加安全隐患。

3）超龄、未经安全教育等不合规人员进入工地：不合规人员的登记作业会引起不必要的政府监管问题，同时会因作业人员安全意识不到位而造成安全风险提升。

4）人员位置的非有效跟踪，当在密闭空间等高风险区域发生安全事故时，无法快速有效组织施救，扩大影响。

通过系统做到有效的安全跟踪，对于高危区作业人员和管理人员，可以通过佩戴智能安全帽的方式实现人员定位和轨迹跟踪。智能安全帽内置蓝牙芯片，通过蓝牙传输信号与布设在施工现场工地宝的连接，实现人员位置的打卡。当作业人员进入下个工地宝的布设位置，即可形成运动轨迹，实现人员轨迹的查看。安全帽编码唯一，通过手持端在管理人员办理登记的同时下发安全帽实现人帽信息的关联，后期可通过安全帽编号查找人员信息，可再次利用。

也可针对旋钮式安全帽，外加定位芯片实现智能定位。如图 12-66 和图 12-67 所示。

还可以针对长期滞留人员进行主动预警，提高安全意识，降低人员事故发现的不及时性。如图 12-68 所示。

图 12-66　人员定位跟踪硬件组成

大屏端人员分布图

图 12-67　人员定位跟踪

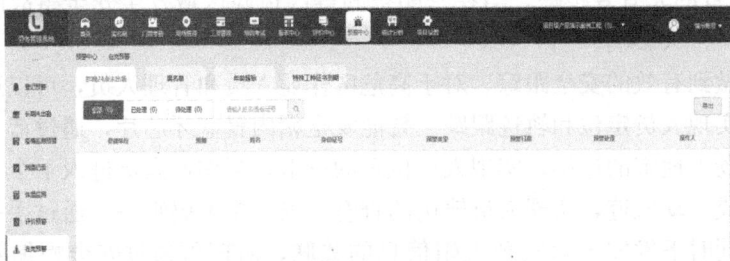

图 12-68　在岗预警

12.4　全过程工程咨询数字化展望

当前，在各行各业中大数据、云计算、区块链、虚拟现实、人工智能、5G 等技术领域和信息管理平台得到了广泛的应用。在引领创新和驱动转型方面，数字化所起到的先导性作用日益凸显。在近些年的项目建设中，各种信息化技术，如 BIM、智慧工地、装配建造等的广泛应用，为全过程工程咨询数字化的普及打下了坚实的基础。

历经十余年的发展，伴随着 BIM 技术在各项目中的应用实施，其在实践中的应用价值在业界内已达成了共识。因为 BIM 技术先天具备可视化及协同优势，所以 BIM 可作为数据载体，在推进全过程工程咨询项目的数字化建设与转型发挥关键作用，为各岗位、各业务部门赋能。在建设项目中，打造"智慧工地"数字化管理平台，集成管理、指挥和决策中心系统，涵盖工程项目综合管理、质量安全管理、实名制管理、生态环境监测管理、视频监控管理、监理管理等功能模块，实现对工程项目实名制、生态环境监测、视频监控管理等基本功能，拓展质量、安全、监理管理等功能，推进 BIM 等新技术在"智慧工地"平台中创新应用，强化建筑施工动态监管。同时，在装配式建造模式中进行 BIM 的集成应用，以云技术、RFID 等为技术手段，利用数字化管理平台，打通"设计、采购、加工、运输、装配一体化"的全流程，有效提升了项目进度管控水平，加强了安全质量管理力度。

12.4.1 工程咨询企业的数字化转型思路

在国家大力提倡建设数字经济的时代背景下，工程咨询企业作为全过程工程咨询服务模式中最为重要的参与方之一，无论是出于满足客户需求还是寻求提升自身竞争优势，数字化转型升级已然成为工程咨询企业发展的必选之路。

工程咨询企业的转型升级不能仅停留在信息化的层面，而是要涉及业务经营方向战略调整、资源配置优化、数据资产使用等多个方面的数字化升级改造，分别有以下几个方面值得注意：

（1）数字化不是目的，也不是万能的。数字化只能作为工具和手段，其目的是通过数字化重塑业务或商业模式，提升企业的竞争力。面对客户日益增长的需求，工程咨询企业可以利用数字化工具改善业务流程和组织方式，满足项目业主（委托方）对全过程工程咨询的一体化需求，提高效率节约成本，增进企业收入和利润，增强咨询企业的市场竞争力。同时，面对项目业主各种期望与难题，也不是数字化就可能完全解决的。只有根据当时的约束条件深入分析，提出有针对性、可行的解决方案。

（2）数字化不同于信息化，需多方参与。对企业来说，信息化是将原来线下的业务经营活动、人财物等业务流程迁移到线上。而数字化是信息化的延伸，是调取沉淀在业务系统中的运营数据，进而优化业务逻辑和管理过程。信息化不涉及原有业务流程的改变，但能提升效率；数字化则会对业务本身进行升级和重构，影响是多方面的。围绕着全过程工程咨询服务的开展，众多项目参建方均需具备数字化思维与行动，而不单是工程咨询企业唱独角戏，众人拾柴火焰高，有了整个建设领域生态系统中各相关方的参与，工程咨询行业才有可能因此而改变。

（3）结合现有业务，分阶段逐步推进。工程咨询企业的数字化转型是一项异常复杂且长期持续的工作，绝非一朝一夕可完成，需基于现有的业务类型逐步去解决，而不是建立大而全的系统或平台。工程咨询企业需做好顶层设计，结合自身变革和痛点、难点，围绕企业发展战略和业务目标分解目标，制定长期规划，寻找适合自身特点的数字化转型路径，逐步推进数字化转型系统的开发和落地。

（4）积累数据，有效赋能数字资产。通过数字化管理平台将整个工程过程涉及的项目管理、前期决策、勘察设计、造价咨询、监理咨询、BIM 应用等资料进行数据化，作为工程咨询企业的数字资产存储下来，通过历史数据存档，为企业业务定期复盘提供数据化有效支撑，将数据真正变现成数字化资产。数字资产不仅可以为同类全过程工程咨询服务项目提供参考和数据支持，还可为咨询企业提供数据支撑赋能战略决策。

12.4.2　全过程工程咨询数字化人才培养

工程咨询企业之间在数字化转型升级的竞争中，归结到底是人才的竞争。在数字化转型应用方面，人才的业务水平将直接影响数字化转型与推广的成败。全过程工程咨询数字化，未来对于人才的培养方向如下：

1. 综合型人才化

数字化与全过程工程咨询的融合发展，需要工程咨询企业拥有多元化应用人才，除了要视项目管理为核心引擎外，还需要通晓造价、招标投标、合同、BIM 等业务领域，懂法律、经济，并在系统开发、产品应用等较为专业的综合型人才。全过程工程咨询企业要大力培养和发掘跨专业综合型人才。

2. 专业化人才

在全过程工程咨询项目或工程咨询企业中，需要培养专门的数字化管理系统运营维护人才团队，维护数字化管理系统的日常运行，保证项目系统的平稳推进。同时，需组建项目的 IT 人才专业化团队，满足全过程咨询对数字化统一管理的要求，并可结合其他项目的特点快速建立数字化体系与实施方案，作为各参建方实施项目管理的有力支撑，更有利于全过程工程咨询数字化的复制与推广。

3. 高层次人才

全过程工程咨询行业的蓬勃发展，离不开高校的人才培养及输出，通过高校持续输出高学历高水平人才，从而提升行业整体从业人员素质，有助于打造全过程工程咨询数字化生态。同时，企业也可与高校建立数字化人才的招募渠道，探索校企合作培养模式，积极引进高层次人才。

12.4.3　全过程工程咨询数字化组织保障

全过程工程咨询数字化转型升级的目标决定了系统的组织，而组织是目标是否实现的决定性因素。所以，数字化转型升级的基础保障就是组织的各个部分的高效联动，以及由上至下的积极参与，总的来说就是领导主导、管理层重视以及鼓励全员参与。具体的组织保障措施如下：

1. 领导主导

无论是作为企业的数字化转型还是全过程工程咨询项目的数字化应用，都需要企业"一把手"领导全力支持，由高层负责领导工作，进行数字化顶层规划、架构设计，建立考核机制，提供资源支持。单纯依靠 IT 部门或 BIM 人员来推动，难以实现工程咨询企业数字化转型的实施。

2. 管理层重视

咨询企业管理层需十分重视这项工作，充分发挥相关部门的能动性，做好上传下达的承接作用,保障数字化转型思路的顺利落地。如促进业务部门和数字化人才的轮岗、流动,针对数字化人才进行有效的培训和培养,进行差异化的激励与分配并进行考核等。

3. 鼓励全员参与

数字化是一项持续性较长的工作,需要定期向所有相关人员组织交底与培训,使其不断提升数字化相关技能和形成数字化思维,借助数字化工具,为日常工作赋能;另外,相关人员可借助数字化工具,及时反馈一线的需求、业务变化、使用情况,从而可持续改进数字化系统和把控风险。

综上所述,建筑业是国民经济的支柱产业,正经历着由粗放、单一、分散化传统发展模式向全方位、精细化、集成化、数字化管理方向发展的趋势。全过程工程咨询服务模式贯穿于决策、实施和运营三阶段,数字化技术可在其中扮演着重要角色。行业的蓬勃发展,离不开建立健全全过程工程咨询数字化服务体系,促进企业积极参与数字化的建设,建立人才培养机制,制定实施人员保障措施,加速全过程工程咨询数字化的实现,促进我国建筑业的高质量发展。

本章小结

全过程工程咨询数字化是利用计算机、通信、网络等信息技术,引导各类工程咨询企业进行数字化服务转型,运用数字技术升级工作流程与组织方式,提升工程咨询的科学性、合理性、时效性、协调性和服务质量,最终实现建设项目全生命周期的数字化工程咨询服务与管理的总称。

国外,工程咨询企业的全过程工程咨询业务在市场竞争中逐渐成形,分别在项目的360°仿真模拟、可视化施工现场、资料信息数字化和智能化施工方面得到了广泛的应用。国内,相关部门加大出台了相关法规政策和技术标准,全力推动全过程工程咨询的数字化工作,越来越多的建筑业企业通过数字化应用来进行创新、升级和转型。同时,针对全过程工程咨询数字化实施进行了分析,分别从服务内容、难点、组织架构和实施路径进行了阐述。现阶段,BIM 技术、智慧工地和装配建造等的推广为在各建设项目数字化实施中做出了有益的探索。在数字化转型升级中,咨询企业需要具备清醒的认知,要思考围绕增强核心竞争力去努力工作。与此同时,组织的要素将直接影响数字化转型与推广的成败,应思考将领导层、管理层和执行层充分调动起来,建立人才引进与培养机制,为全过程工程咨询数字化的实现提供有力的支撑。

复习思考题

1. 什么是全过程工程咨询数字化?
2. 国内外的全过程工程咨询数字化应用现状是怎样的?
3. 全过程工程咨询数字化的实施路径是怎样的?
4. 现有工程项目中使用的哪些技术可以与数字化技术有效结合?
5. 工程咨询企业在数字化的转型升级中,应当注意哪些方面?
6. 数字化转型升级中对于人才要求有哪些?对于组织的要求有哪些?

本章参考文献

[1] 马智亮，张光明.中国建筑业信息化发展报告（2020）：行业监管与服务的数字化应用与发展.北京：中国建筑工业出版社，2020.

[2] 蔡兆旋.基于 BIM 技术和全过程工程咨询模式下数字化项目管理平台建设研究.中国工程咨询，2021（2），2021.

[3] 陆敏敏.全过程工程咨询项目数字化管理的实践与探索.建筑经济，第 41 卷第 S1 期，2020.

[4] 丁洁，申恒杰.浙江省全过程工程咨询应用分析与研究.中国工程咨询，2020（11），2020.

[5] 陈元浩.全过程工程咨询项目管理平台在建设工程中的应用研究.长春：长春工程学院，2020.

[6] 王和义.广联达 BIM＋全过程造价管理应用指南，2020.

[7] 李东红，葛菲.2020 中国企业数字化转型研究报告.北京：清华大学全球产业研究院，2020.

附　录

建筑工程文件归档范围

类别	归档文件	保存单位				
		建设 单位	设计 单位	施工 单位	监理 单位	城建 档案馆
工程准备阶段文件(A 类)						
A1	**立项文件**					
1	项目建议书批复文件及项目建议书	▲				▲
2	可行性研究报告批复文件及可行性研究报告	▲				▲
3	专家论证意见、项目评估文件	▲				▲
4	有关立项的会议纪要、领导批示	▲				
A2	**建设用地、拆迁文件**					
1	选址申请及选址规划意见通知书	▲				▲
2	建设用地批准书	▲				▲
3	拆迁安置意见、协议、方案等	▲				△
4	建设用地规划许可证及其附件	▲				▲
5	土地使用证明文件及其附件	▲				▲
6	建设用地钉桩通知单	▲				▲
A3	**勘察、设计文件**					
1	工程地质勘察报告	▲	▲			▲
2	水文地质勘察报告	▲	▲			▲
3	初步设计文件(说明书)	▲	▲			
4	设计方案审查意见	▲	▲			▲
5	人防、环保、消防等有关主管部门(对设计方案)审查意见	▲	▲			▲
6	设计计算书	▲	▲			△
7	施工图设计文件审查意见	▲	▲			▲
8	节能设计备案文件	▲				▲
A4	**招投标文件**					
1	勘察、设计招投标文件	▲	▲			
2	勘察、设计合同	▲	▲			▲
3	施工招投标文件	▲		▲	△	
4	施工合同	▲		▲	△	▲
5	工程监理招投标文件	▲			▲	
6	监理合同	▲			▲	▲

续表

类别	归档文件	保存单位				
		建设单位	设计单位	施工单位	监理单位	城建档案馆
A5	**开工审批文件**					
1	建设工程规划许可证及其附件	▲		△	△	▲
2	建设工程施工许可证	▲		▲	▲	▲
A6	**工程造价文件**					
1	工程投资估算材料	▲				
2	工程设计概算材料	▲				
3	招标控制价格文件	▲				
4	合同价格文件	▲		▲		△
5	结算价格文件	▲		▲		△
A7	**工程建设基本信息**					
1	工程概况信息表	▲	△			▲
2	建设单位工程项目负责人及现场管理人员名册	▲				▲
3	监理单位工程项目总监及监理人员名册	▲			▲	▲
4	施工单位工程项目经理及质量管理人员名册	▲		▲		▲
	监理文件(B类)					
B1	**监理管理文件**					
1	监理规划	▲			▲	▲
2	监理实施细则	▲		△	▲	▲
3	监理月报	△			▲	
4	监理会议纪要	▲		△	▲	
5	监理工作日志				▲	
6	监理工作总结				▲	▲
7	工作联系单	▲		△	△	
8	监理工程师通知	▲		△	△	△
9	监理工程师通知回复单	▲		△	△	△
10	工程暂停令	▲		△	△	▲
11	工程复工报审表	▲		▲	▲	▲
B2	**进度控制文件**					
1	工程开工报审表	▲		▲	▲	▲
2	施工进度计划报审表	▲		△	△	
B3	**质量控制文件**					
1	质量事故报告及处理资料	▲		▲	▲	▲
2	旁站监理记录	△		△	▲	

续表

类别	归档文件	保存单位				
		建设单位	设计单位	施工单位	监理单位	城建档案馆
3	见证取样和送检人员备案表	▲		▲	▲	
4	见证记录	▲		▲	▲	
5	工程技术文件报审表				△	
B4	**造价控制文件**					
1	工程款支付	▲		△	△	
2	工程款支付证书	▲		△	△	
3	工程变更费用报审表	▲		▲	▲	
4	费用索赔申请表	▲		▲	▲	
5	费用索赔审批表	▲		△	△	
B5	**工期管理文件**					
1	工期延期申请表	▲		▲	▲	▲
2	工期延期审批表	▲			▲	▲
B6	**监理验收文件**					
1	竣工移交证书	▲		▲	▲	▲
2	监理资料移交书	▲			▲	
	施工文件(C类)					
C1	**施工管理文件**					
1	工程概况表	▲		▲	▲	△
2	施工现场质量管理检查记录			△	△	
3	企业资质证书及相关专业人员岗位证书	△		△	△	△
4	分包单位资质报审表	▲		▲	▲	
5	建设单位质量事故勘察记录	▲		▲	▲	▲
6	建设工程质量事故报告书	▲		▲	▲	▲
7	施工检测计划	△		△	△	
8	见证试验检测汇总表	▲		▲	▲	▲
9	施工日志			▲		
C2	**施工技术文件**					
1	工程技术文件报审表	△		△	△	
2	施工组织设计及施工方案	△		△	△	△
3	危险性较大分部分项工程施工方案	△		△	△	△
4	技术交底记录	△		△		
5	图纸会审记录	▲	▲	▲	▲	▲
6	设计变更通知单	▲	▲	▲	▲	▲

类别	归档文件	保存单位				
		建设单位	设计单位	施工单位	监理单位	城建档案馆
7	工程洽商记录(技术核定单)	▲	▲	▲	▲	▲
C3	**进度造价文件**					
1	工程开工报审表	▲	▲	▲	▲	▲
2	工程复工报审表	▲	▲	▲	▲	▲
3	施工进度计划报审表			△	△	
4	施工进度计划			△	△	
5	人、机、料动态表			△	△	
6	工程延期申请表	▲		▲	▲	▲
7	工程款支付申请表	▲		△	△	
8	工程变更费用报审表	▲		△	△	
9	费用索赔申请表	▲		△	△	
C4	**施工物资出厂质量证明及进场检测文件**					
	出厂质量证明文件及检测报告					
1	砂、石、砖、水泥、钢筋、隔热、保温、防腐材料、轻骨料出厂证明文件	▲		▲	▲	△
2	其他物资出厂合格证、质量保证书、检测报告和报关单或商检证等	△		▲	△	
3	材料、设备的相关检验报告、型式检测报告、3C强制认证合格证书或3C标志	△		▲	△	
4	主要设备、器具的安装使用说明书	▲		▲	△	
5	进口的主要材料设备的商检证明文件	△		▲		
6	涉及消防、安全、卫生、环保、节能的材料、设备的检测报告或法定机构出具的有效证明文件	▲		▲	▲	△
7	其他施工物资产品合格证、出厂检验报告					
	进场检验通用表格					
1	钢材试验报告	▲		▲	▲	▲
2	水泥试验报告	▲		▲	▲	▲
3	砂试验报告	▲		▲	▲	▲
4	碎(卵)石试验报告	▲		▲	▲	▲
5	外加剂试验报告	△		▲	▲	▲
6	防水涂料试验报告	▲		▲	△	
7	防水卷材试验报告	▲		▲	△	
8	砖(砌块)试验报告	▲		▲	▲	▲
9	预应力筋复试报告	▲		▲	▲	▲

类别	归档文件	保存单位				
		建设单位	设计单位	施工单位	监理单位	城建档案馆
10	预应力锚具、夹具和连接器复试报告	▲		▲	▲	▲
11	装饰装修用门窗复试报告	▲		▲	△	
12	装饰装修用人造木板复试报告	▲		▲	△	
13	装饰装修用花岗石复试报告	▲		▲	△	
14	装饰装修用安全玻璃复试报告	▲		▲	△	
15	装饰装修用外墙面砖复试报告	▲		▲	△	
16	钢结构用钢材复试报告	▲		▲	▲	▲
17	钢结构用防火涂料复试报告	▲		▲	▲	▲
18	钢结构用焊接材料复试报告	▲		▲	▲	▲
19	钢结构用高强度大六角头螺栓连接副复试报告	▲		▲	▲	▲
20	钢结构用扭剪型高强度螺栓连接副复试报告	▲		▲	▲	▲
21	幕墙用铝塑板、石材、玻璃、结构胶复试报告	▲		▲	▲	▲
22	散热器、供暖系统保温材料、通风与空调工程绝热材料、风机盘管机组、低压配电系统电缆的见证取样复试报告	▲		▲	▲	▲
23	节能工程材料复试报告	▲		▲	▲	▲
24	其他物资进场复试报告					
C5	**施工记录文件**					
1	隐蔽工程验收记录	▲		▲	▲	▲
2	施工检查记录			△		
3	交接检查记录			△		
4	工程定位测量记录	▲		▲	▲	▲
5	基槽验线记录	▲		▲	▲	▲
6	楼层平面放线记录			△	△	△
7	楼层标高抄测记录			△	△	△
8	建筑物垂直度、标高观测记录	▲		▲	△	△
9	沉降观测记录	▲		▲	△	▲
10	基坑支护水平位移监测记录			△	△	
11	桩基、支护测量放线记录			△	△	
12	地基验槽记录	▲	▲	▲	▲	▲
13	地基钎探记录	▲		△	△	▲
14	混凝土浇灌申请书			△	△	
15	预拌混凝土运输单			△		
16	混凝土开盘鉴定			△	△	

续表

类别	归档文件	保存单位				
		建设单位	设计单位	施工单位	监理单位	城建档案馆
17	混凝土拆模申请单			△	△	
18	混凝土预拌测温记录			△		
19	混凝土养护测温记录			△		
20	大体积混凝土养护测温记录			△		
21	大型构件吊装记录	▲		△	△	▲
22	焊接材料烘焙记录			△		
23	地下工程防水效果检查记录	▲		△	△	
24	防水工程试水检查记录	▲		△	△	
25	通风(烟)道、垃圾道检查记录	▲		△	△	
26	预应力筋张拉记录	▲		▲	△	▲
27	有粘结预应力结构灌浆记录	▲		▲	△	▲
28	钢结构施工记录	▲		▲	△	
29	网架(索膜)施工记录	▲		▲	△	▲
30	木结构施工记录	▲		▲	△	
31	幕墙注胶检查记录	▲		▲	△	
32	自动扶梯、自动人行道的相邻区域检查记录	▲		▲	△	
33	电梯电气装置安装检查记录	▲		▲	△	
34	自动扶梯、自动人行道电气装置检查记录	▲		▲	△	
35	自动扶梯、自动人行道整机安装质量检查记录	▲		▲	△	
36	其他施工记录文件					
C6	施工试验记录及检测文件					
	通用表格					
1	设备单机试运转记录	▲		▲	△	△
2	系统试运转调试记录	▲		▲	△	△
3	接地电阻测试记录	▲		▲	△	△
4	绝缘电阻测试记录	▲		▲	△	△
	建筑与结构工程					
1	锚杆试验报告	▲		▲	△	△
2	地基承载力检验报告	▲		▲	△	▲
3	桩基检测报告	▲		▲	△	▲
4	土工击实试验报告	▲		▲	△	▲
5	回填土试验报告(应附图)	▲		▲	△	▲
6	钢筋机械连接试验报告	▲		▲	△	△

续表

类别	归档文件	保存单位				
		建设单位	设计单位	施工单位	监理单位	城建档案馆
7	钢筋焊接连接试验报告	▲		▲	△	△
8	砂浆配合比申请书、通知单			△	△	△
9	砂浆抗压强度试验报告	▲		▲	△	▲
10	砌筑砂浆试块强度统计、评定记录	▲		▲	△	△
11	混凝土配合比申请书、通知单	▲		△	△	△
12	混凝土抗压强度试验报告	▲		▲	△	▲
13	混凝土试块强度统计、评定记录	▲		▲	△	△
14	混凝土抗渗试验报告	▲		▲	△	△
15	砂、石、水泥放射性指标报告	▲		▲	△	△
16	混凝土碱总量计算书	▲		▲	△	△
17	外墙饰面砖样板粘结强度试验报告	▲		▲	△	△
18	后置埋件抗拔试验报告	▲		▲	△	△
19	超声波探伤报告、探伤记录	▲		▲	△	△
20	钢构件射线探伤报告	▲		▲	△	△
21	磁粉探伤报告	▲		▲	△	△
22	高强度螺栓抗滑移系数检测报告	▲		▲	△	△
23	钢结构焊接工艺评定	△		△	△	△
24	网架节点承载力试验报告	▲		▲	△	△
25	钢结构防腐、防火涂料厚度检测报告	▲		▲	△	△
26	木结构胶缝试验报告	▲		▲	△	
27	木结构构件力学性能试验报告	▲		▲	△	
28	木结构防腐剂试验报告	▲		▲	△	△
29	幕墙双组分硅酮结构胶混匀性及拉断试验报告	▲		▲	△	△
30	幕墙的抗风压性能、空气渗透性能、雨水渗透性能及平面内变形性能检测报告	▲		▲	△	△
31	外门窗的抗风压性能、空气渗透性能和雨水渗透性能检测报告	▲		▲	△	△
32	墙体节能工程保温板材与基层粘结强度现场拉拔试验	▲		▲	△	△
33	外墙保温浆料同条件养护试件试验报告	▲		▲	△	△
34	结构实体混凝土强度验收记录	▲		▲	△	△
35	结构实体钢筋保护层厚度验收记录	▲		▲	△	△
36	围护结构现场实体检验	▲		▲	△	△
37	室内环境检测报告	▲		▲	△	△
38	节能性能检测报告	▲		▲	△	▲

续表

类别	归档文件	保存单位				
		建设单位	设计单位	施工单位	监理单位	城建档案馆
39	其他建筑与结构施工试验记录与检测文件					
	给水排水及供暖工程					
1	灌(满)水试验记录	▲		△	△	
2	强度严密性试验记录	▲		▲	△	△
3	通水试验记录	▲		▲	△	
4	冲(吹)洗试验记录	▲		▲	△	
5	通球试验记录	▲		△	△	
6	补偿器安装记录			△	△	
7	消火栓试射记录	▲		▲	△	
8	安全附件安装检查记录			▲	△	
9	锅炉烘炉试验记录			▲	△	
10	锅炉煮炉试验记录			▲	△	
11	锅炉试运行记录	▲		▲	△	
12	安全阀定压合格证书	▲		▲	△	
13	自动喷水灭火系统联动试验记录	▲		▲	△	△
14	其他给水排水及供暖施工试验记录与检测文件					
	建筑电气工程					
1	电气接地装置平面示意图表	▲		▲	△	△
2	电气器具通电安全检查记录	▲		△	△	
3	电气设备空载试运行记录	▲		▲	△	△
4	建筑物照明通电试运行记录	▲		▲	△	△
5	大型照明灯具承载试验记录	▲		▲	△	
6	漏电开关模拟试验记录	▲		▲	△	
7	大容量电气线路结点测温记录	▲		▲	△	
8	低压配电电源质量测试记录	▲		▲	△	
9	建筑物照明系统照度测试记录	▲		△	△	
10	其他建筑电气施工试验记录与检测文件					
	智能建筑工程					
1	综合布线测试记录	▲		▲	△	△
2	光纤损耗测试记录	▲		▲	△	△
3	视频系统末端测试记录	▲		▲	△	△
4	子系统检测记录	▲		▲	△	△
5	系统试运行记录	▲		▲	△	△

续表

类别	归档文件	保存单位				
		建设单位	设计单位	施工单位	监理单位	城建档案馆
6	其他智能建筑施工试验记录与检测文件					
	通风与空调工程					
1	风管漏光检测记录	▲		△	△	
2	风管漏风检测记录	▲		▲	△	
3	现场组装除尘器、空调漏风检测记录			△	△	
4	各房间室内风量测量记录	▲		△	△	
5	管网风量平衡记录	▲		△	△	
6	空调系统试运转调试记录	▲		▲	△	△
7	空调水系统试运转调试记录	▲		▲	△	△
8	制冷系统气密性试验记录	▲		▲	△	
9	净化空调系统检测记录	▲		▲	△	
10	防排烟系统联合试运行记录	▲		▲	△	
11	其他通风与空调施工试验记录与检测文件					
	电梯工程					
1	轿厢平层准确度测量记录	▲		△	△	
2	电梯层门安全装置检测记录	▲		▲	△	
3	电梯电气安全装置检测记录	▲		▲	△	
4	电梯整机功能检测记录	▲		▲	△	
5	电梯主要功能检测记录	▲		▲	△	
6	电梯负荷试运行试验记录	▲		▲	△	△
7	电梯负荷运行试验曲线图表	▲		▲	△	
8	电梯噪声测试记录	△		△	△	
9	自动扶梯、自动人行道安全装置检测记录	▲		▲		
10	自动扶梯、自动人行道整机性能、运行试验记录	▲		▲	△	△
11	其他电梯施工试验记录与检测文件					
C7	**施工质量验收文件**					
1	检验批质量验收记录	▲		△	△	
2	分项工程质量验收记录	▲		▲	▲	
3	分部(子分部)工程质量验收记录	▲		▲	▲	▲
4	建筑节能分部工程质量验收记录	▲		▲	▲	▲
5	自动喷水系统验收缺陷项目划分记录	▲		△	△	
6	程控电话交换系统分项工程质量验收记录	▲		▲	△	
7	会议电视系统分项工程质量验收记录	▲		▲	△	

类别	归档文件	保存单位				
		建设单位	设计单位	施工单位	监理单位	城建档案馆
8	卫星数字电视系统分项工程质量验收记录	▲		▲	△	
9	有线电视系统分项工程质量验收记录	▲		▲	△	
10	公共广播与紧急广播系统分项工程质量验收记录	▲		▲	△	
11	计算机网络系统分项工程质量验收记录	▲		▲	△	
12	应用软件系统分项工程质量验收记录	▲		▲	△	
13	网络安全系统分项工程质量验收记录	▲		▲	△	
14	空调与通风系统分项工程质量验收记录	▲		▲	△	
15	变配电系统分项工程质量验收记录	▲		▲	△	
16	公共照明系统分项工程质量验收记录	▲		▲	△	
17	给水排水系统分项工程质量验收记录	▲		▲	△	
18	热源和热交换系统分项工程质量验收记录	▲		▲	△	
19	冷冻和冷却系统分项工程质量验收记录	▲		▲	△	
20	电梯和自动扶梯系统分项工程质量验收记录	▲		▲	△	
21	数据通信接口分项工程质量验收记录	▲		▲	△	
22	中央管理工作站及操作分站分项工程质量验收记录	▲		▲	△	
23	系统实时性、可维护性、可靠性分项工程质量验收记录	▲		▲	△	
24	现场设备安装及检测分项工程质量验收记录	▲		▲	△	
25	火灾自动报警及消防联动系统分项工程质量验收记录	▲		▲	△	
26	综合防范功能分项工程质量验收记录	▲		▲	△	
27	视频安防监控系统分项工程质量验收记录	▲		▲	△	
28	入侵报警系统分项工程质量验收记录	▲		▲	△	
29	出入口控制(门禁)系统分项工程质量验收记录	▲		▲	△	
30	巡更管理系统分项工程质量验收记录	▲		▲	△	
31	停车场(库)管理系统分项工程质量验收记录	▲		▲	△	
32	安全防范综合管理系统分项工程质量验收记录	▲		▲	△	
33	综合布线系统安装分项工程质量验收记录	▲		▲	△	
34	综合布线系统性能检测分项工程质量验收记录	▲		▲	△	
35	系统集成网络连接分项工程质量验收记录	▲		▲	△	
36	系统数据集成分项工程质量验收记录	▲		▲	△	
37	系统集成整体协调分项工程质量验收记录					
38	系统集成综合管理及冗余功能分项工程质量验收记录	▲		▲	△	
39	系统集成可维护性和安全性分项工程质量验收记录	▲		▲	△	
40	电源系统分项工程质量验收记录	▲		▲	△	

续表

类别	归档文件	保存单位				
		建设单位	设计单位	施工单位	监理单位	城建档案馆
41	其他施工质量验收文件					
C8	**施工验收文件**					
1	单位(子单位)工程竣工预验收报验表	▲		▲		▲
2	单位(子单位)工程质量竣工验收记录	▲	△	▲		▲
3	单位(子单位)工程质量控制资料核查记录	▲		▲		▲
4	单位(子单位)工程安全和功能检验资料核查及主要功能抽查记录	▲		▲		▲
5	单位(子单位)工程观感质量检查记录	▲		▲		▲
6	施工资料移交书	▲		▲		
7	其他施工验收文件					
	竣工图(D类)					
1	建筑竣工图	▲		▲		▲
2	结构竣工图	▲		▲		▲
3	钢结构竣工图	▲		▲		▲
4	幕墙竣工图	▲		▲		▲
5	室内装饰竣工图	▲		▲		▲
6	建筑给水排水及供暖竣工图	▲		▲		▲
7	建筑电气竣工图	▲		▲		▲
8	智能建筑竣工图	▲		▲		▲
9	通风与空调竣工图	▲		▲		▲
10	室外工程竣工图	▲		▲		▲
11	规划红线内的室外给水、排水、供热、供电、照明管线等竣工图	▲		▲		▲
12	规划红线内的道路、园林绿化、喷灌设施等竣工图	▲		▲		▲
	工程竣工验收文件(E类)					
E1	**竣工验收与备案文件**					
1	勘察单位工程质量检查报告	▲		△	△	▲
2	设计单位工程质量检查报告	▲	▲	△	△	▲
3	施工单位工程竣工报告	▲		▲	△	▲
4	监理单位工程质量评估报告	▲		△	▲	▲
5	工程竣工验收报告	▲	▲	▲	▲	▲
6	工程竣工验收会议纪要	▲	▲	▲	▲	▲
7	专家组竣工验收意见	▲	▲	▲	▲	▲
8	工程竣工验收证书	▲	▲	▲	▲	▲

续表

类别	归档文件	保存单位				
		建设单位	设计单位	施工单位	监理单位	城建档案馆
9	规划、消防、环保、民防、防雷等部门出具的认可文件或准许使用文件	▲	▲	▲	▲	▲
10	房屋建筑工程质量保修书	▲				▲
11	住宅质量保证书、住宅使用说明书	▲		▲		▲
12	建设工程竣工验收备案表	▲	▲	▲	▲	▲
13	建设工程档案预验收意见	▲		△		▲
14	城市建设档案移交书	▲				▲
E2	**竣工决算文件**					
1	施工决算文件	▲		▲		△
2	监理决算文件	▲			▲	△
E3	**工程声像资料等**					
1	开工前原貌、施工阶段、竣工新貌照片	▲		△	△	▲
2	工程建设过程的录音、录像资料(重大工程)	▲		△	△	▲
E4	**其他工程文件**					

注：表中符号"▲"表示必须归档保存；"△"表示选择性归档保存。